KB061755

개정판

인간행동과 사회환경

나남
nanam

나남신서 1958

인간행동과 사회환경

2011년 3월 5일 초판   발행
2016년 9월 5일 초판   2쇄
2018년 3월 5일 개정판 발행
2018년 3월 5일 개정판 1쇄

지은이 姜晛景
발행자 趙相浩
발행처 (주) 나남
주소   경기도 파주시 회동길 193
전화   (031) 955- 4600 (代)
FAX   (031) 955-4555
등록   제 1-71호 (1979. 5. 12)
홈페이지 http://www.nanam.net
전자우편 post@nanam.net

ISBN 978-89-300-8958-6
ISBN 978-89-300-8001-9 (세트)

책값은 뒤표지에 있습니다.

개정판

인간행동과 사회환경

강상경 지음

나남
nanam

Human Behavior
and
the Social Environment

2nd Edition

by

Kahng, Sang Kyoung

nanam

개정판을 펴내며

저자가 학부과정에서 '인간행동과 사회환경'이라는 과목을 처음 접했을 때의 느낌이 지금도 생생한데, 그 느낌을 한마디로 하면 "와! 이 과목 상당히 어렵고 복잡하구나!" 하는 것이었다. 저자의 이러한 경험을 바탕으로 새로운 교재를 통해서 독자들이 좀더 쉽게 과목에 접근하고 '인간행동과 사회환경'이라는 교과목을 왜 배우는지, 목적이 무엇인지를 이해할 수 있도록 하는 것이 바람이었다. 초판을 발행하고 약 7년이라는 시간이 지났다. 강의에서 교재로 사용하면서 초판의 불완전한 부분들에 대한 개선이 필요하다는 점을 느꼈고, 특히 4차 산업혁명의 시대로 표현되는 가까운 미래사회의 변화를 고려할 때 이 교재에서 내용적으로 보충되어야 하는 부분이 있다는 점을 느껴서 개정을 하게 되었다.

개정판에서 바뀐 내용들을 간략하게 요약하면 다음과 같다. 첫째, 최근 회자되는 4차 산업혁명으로 일컫는 급속한 사회변화로, 인간행동이나 성격 및 발달에 영향을 주는 환경요인으로서 물리적 환경뿐 아니라 사이버공간에 대한 현황 및 사회복지적 함의에 대한 논의의 필요성이 점차 증가하고 있다. 초판에서는 사이버공간에 대한 논의가 전혀 없었기 때문에 개정판에서는 사이버공간을 다루는 독립된 장인 제10장을 추가적으로 구성하였다. 관련된 장에서 환경을 논의할 때 물리적 공간과 사이버공간을 함께 고려해 논의하였다. 이와 더불어 사회환경에 대한 심층적인 이해를 돕기 위해 인간행동을 횡단적으로 이해하는 제 2부를 제 2부와 3부로 분리하였다. 둘째, 초판에서는 생애주기별 발달을 살펴보는 부분에서 영유아기, 아동청소년기 등을 묶어서 다루었는데, 개정판에서는 이를 영아기와 유아기로, 아동기와 청소년기로 나누어서 좀더 세분화해 살펴보았다. 셋째, 초판에서는 발달단계별 인간행동 및 부적응 양상을 DSM-Ⅳ를 기준으로 논의하였는데, 개정판에서는 2013년 발간된 DSM-5를 기준으로 논의를 변경하였다. 넷째, 초판에서는 교재의 서론이자 총론인 사회복지학 부분과 인간행동과 사회환경 부분을 하나의 장에서 살피고, 결론인 교재 요약과 사회복지분야와의 연관성을 하나의 장에서 살펴보았는데, 개정판에서는 각각 두 개의 장으로 나누어서 좀더 세부적으로 고찰하였다. 결과적으로 초판은 전체 총 15장으로 구성되었는데, 개정판은 총 21장으로 다음과 같이 구성되었다.

제 1부는 총론으로 제 1장과 2장으로 구성되어 있다. 제 1장은 복지국가 및 사회복지학에 대해서 살펴보고, 제 2장에서는 '인간행동과 사회환경'이 무엇인지에 대해서 살펴보았다.

제 2부와 3부는 인간행동의 횡단적 이해와 관련된 이론들을 다루며 각각 제 3장부터 8장, 제 9장부터 11장까지로 구성되어 있다. 제 2부는 초판과 유사하게 사회복지에 영향을 준 전통적 심리학 성격이론들을 다루었다. 제 3부의 9장과 10장은 사회환경에 대한 부분으로 초판에서 다루지 못하였던 사이버공간에 대한 논의를 제 10장에서 추가하였고, 제 11장에서 체계 간 상호작용에 대한 이해 부분에서는 물리적 환경과 사이버공간에서의 인간행동 및 성격형성에 대해서 논의하였다.

제 4부는 인간행동의 종단적 이해와 관련된 이론들을 다루며 제 12

장부터 19장까지 총 8개의 장으로 구성되어 있다. 제 12장은 발달이론 개관 부분이고, 제 13장에서는 영아기, 제 14장에서는 유아기, 제 15장에서는 아동기, 제 16장에서는 청소년기, 제 17장에서는 성인초기, 제 18장에서는 성인중기, 제 19장에서는 성인후기인 노년기에 대해서 살펴보았다.

제 5부는 결론으로 제 20장과 21장으로 구성되었다. 제 20장에서는 교재의 내용을 요약하고, 제 21장에서는 교재의 내용과 사회복지체계 및 분야와의 연관성에 대해서 살펴보면서 이 교재에서 다루는 내용이 사회복지체계나 후속 교과목과 갖는 연관성에 대해 고찰한다.

개정을 시작할 때는 저술을 시작할 때와 마찬가지로 큰 목표를 가지고 야심차게 시작한 것 같았는데, 시간이 지날수록 진전은 없고 써 놓은 원고도 성에 차지 않아 전전긍긍하면서 마무리하는 데 어려움을 겪었다. 무기력에 빠져 있을 때 언제나 주변에서 지지와 격려를 아끼지 않은 동료 교수들이 없었다면, 오늘의 탈고는 불가능했을 것이다. 힘들 때 함께할 수 있는 친구들이 없었다면 더 힘들었을 것 같다. 그리고 항상 나에게 자극을 주는 학부학생들과 대학원생들이 없었다면 중간에 포기하였을 것 같다. 물적, 심적으로 항상 나의 믿음직한 지원자가 되어 성원해 준 배우자와 아들에게 평소에 잘 하지 못하던 "고맙다"라는 말을 이 자리를 빌려서 다시 한 번 전하고 싶다. 개정작업을 하는 기간은 역시 나 자신과 주변을 돌아보는 중요한 계기가 되었다. 자신에게 실망하고 때로는 힘든 기간이었지만, 한편으로 그 기간은 부족한 나 자신을 채워 줄 사람들이 주변에 있다는 것을 깨닫게 해준 소중한 시간이었다.

마지막으로 저술 및 개정의 기회를 준 나남출판사와 서울대학교 사회복지연구소에 감사드리며, 현재 부족한 점을 가능하면 빠른 시일 내에 또 다른 개정판을 통해 개선하리라고 다짐하면서 이 교재가 학생들에게 조금이나마 도움이 될 수 있기를 간절히 바라는 바이다.

2018년 1월 관악에서
강 상 경

인간행동과 사회환경

차 례

제1부

총론

제1장 사회복지학이란?

제2장 인간행동과 사회환경이란?

제1부 총론은 사회복지학에 대한 간단한 소개와 더불어 《인간행동과 사회환경》 교재의 목적 및 전체적 구성에 대해 설명한다. 사회복지학의 기초가 되는 이론 및 관점에 대해서 다루는 '인간행동과 사회환경' 교과목은 주로 사회복지개론을 이수한 다음 수강하게 되는 사회복지학과 기초교과목 중의 하나이다. 다른 과목의 이해를 위해서 필요한 기초이론에 대해서 공부하는 관계로 사회복지학을 전공하는 학생들이 사회복지 분야나 교과목의 전반적 구성에 대한 이해가 충분하지 않은 상태에서 인간행동과 사회환경 교과목을 수강하게 된다. 이러한 이유로 인간행동과 사회환경을 수강하는 학생들이 왜 이 시점에서 인간행동과 사회환경에 대한 이해가 요구되는지 교과목의 내용이 앞으로 배울 다른 사회복지 전공 교과목들과 어떤 맥락에서 연결되는 것인지에 대해서 충분한 이해가 없는 상태에서 수업에 임하게 되는 경우가 빈번하다. 이러한 고충을 조금이나마 덜어주기 위해서 이 교재의 총론에서는 제1장에서 복지국가 및 사회복지학에 대해서 살펴보고, 제2장에서 인간행동과 사회환경 교과목의 특성 및 이 교과목에서 배울 내용의 전체적 구성에 대해서 소개한다.

사회복지학이란?

　이 장에서는 '인간행동과 사회환경'이라는 주제가 왜 사회복지학에서 중요한 주제인지를 이해하기 위한 기초단계로, 복지국가의 등장배경과 복지국가의 특성 및 사회복지학의 특성에 대해서 공부한다. 복지국가의 등장배경과 특성 및 사회복지학에 대한 이해는 사회복지학도들에게 왜 인간행동과 사회환경에 대한 이해가 사회복지학 제반 영역을 공부하기 전에 필요한지를 이해하는 데 도움이 될 것이다. 이 장의 주요 목적인 '복지국가의 등장배경 및 특성'에 대해 이해하기 위해서, 이 장은 다음의 두 가지 주제를 포함한다.

　첫째가 복지국가에 대한 이해이다. 인간행동과 사회환경은 사회복지학의 한 분야이고, 사회복지학이라는 것은 역사적으로 복지국가에 대한 관심이 대두된 이후에 주목받게 된 학문영역이므로 먼저 복지국가의 개념과 등장배경에 대해서 논의할 필요가 있다. 그러므로 이 장은 먼저 복지국가의 등장배경과 복지국가의 개념에 대한 이해로부터 시작한다.

둘째가 사회복지학 및 사회복지영역에 대한 이해이다. 복지국가가 등장하면서 복지국가의 현상에 대해서 과학적으로 이해하고 접근하는 사회복지학이 학문의 한 분야로서 자리 잡게 된다. 복지국가가 기능하기 위해서는 거시적 차원의 관련법과 정책, 중시적 차원의 서비스 전달체계 및 운영, 미시적 차원의 일선서비스 전달 등이 유기적으로 연관되어서 기능해야 한다. 사회복지학은 이러한 거시적, 중시적, 미시적 차원의 복지국가의 현상을 과학적으로 기술하고 연구하는 학문이다. 따라서 이러한 거시, 중시, 미시적 복지국가의 현상들이 사회복지학의 주된 학문적 대상이자 관심 영역이 된다.

요약하면, 이 장은 복지국가 및 사회복지학의 특성을 이해하고, 왜 사회복지분야에서 인간행동과 사회환경에 대한 이해가 필요한지를 공부하는 장이다.

이 장의 구성

1. 복지국가란?
2. 사회복지학이란?
3. 인간행동과 사회환경에 대한 이해의 필요성
· 요약   · 토론과제

'인간행동과 사회환경' 교과목이 사회복지학 교과목의 하나이고, 사회복지학이라는 학문적 영역이 복지국가 등장 이후에 생겨난 학문이라는 점을 고려할 때, 인간행동과 사회환경을 논하기 전에 복지국가의 개념과 등장배경에 대해서 이해할 필요가 있다.

1) 인간이 살아가는 궁극적 목표

인간은 '사회적 존재'라는 점에 이견을 제시할 사람은 많지 않으리라고 생각된다. 즉, 인간은 다양한 사회적 환경에 속해서 나름대로의 역할을 수행하면서 살아간다. 그렇다면 인간이 살아가는 궁극적 목표는 무엇일까? 학생들이 공부도 열심히 하고, 직장인이 맡은 역할도 열심히 수행하면서, 여가활동도 즐기려고 하는 제반 활동들의 궁극적 목표는 논자에 따라서 약간은 다를 수 있지만 가장 큰 목적 중의 하나는 신체적, 사회적, 정신적, 경제적으로 또는 종합적 차원의 '안녕상태'(well-being)를 유지하고 증진하는 것이다(김상균 외, 2008).

안녕상태를 구성하는 요인들의 다 차원성에서 추론할 수 있듯이, 인간이 '안녕상태'를 달성하려면 개인이 가지고 있는 신체적 욕구, 사회적 욕구, 정신적 욕구, 경제적 욕구 등의 다차원적 욕구가 균형 있게 일정 정도 충족되어야 한다. 인간의 삶은 다양한 차원의 욕구를 총체적으로 충족해 나감으로써 전체적인 '안녕상태'를 달성하려고 하는 제반 과정이라고 이해할 수 있다.

인간의 총체적 욕구인 '안녕상태'는 개인이 처한 환경적 요소들이나 개인적 특성요소들의 영향을 받는다. 예를 들면, 장애인이 장애로 인해서 직업을 가지지 못하게 되면 직업인으로서의 사회적 역할을 수행하고자 하는 자아실현의 욕구가 저해되고 더불어 소득원이 제한받게 되므로 경제적 욕구가 충족되지 못하게 된다. 만약 장애인이 가족을 부양해야 하는 사람이라면 장애인 개인의 총체적 욕구뿐 아니라 가족구성원 전체의 욕구가 충족되지 못하고, 나아가 가족 전체의 '안녕상태'를 위협받게된다. 개인 및 가족에 대한 안녕상태의 위협은 개인이나 가족의 문제로 끝나는 것이 아니다.

특정 사회 내에 안녕상태를 위협받는 개인이나 가족이 많을 경우에는 사회 전체의 안녕상태가 위협받게 되고 사회불안이 나타날 수 있다. 이러한 메커니즘을 염두에 두고 개인이나 가족의 최소한의 안녕상태를 보장해 주기 위해서 등장한 제도가 복지제도이다. 복지제도란 개인이나 사회의 안녕상태를 유지·증진하기 위해서 복지국가에서 나타나는 현상인데, 그렇다면 복지국가란 무엇이고 왜 복지국가가 등장하게 되었는가?

2) 복지국가의 개념 및 등장배경

'복지국가'란 인간의 '안녕상태'를 유지하는 데 필요한 재화나 용역의 일부분을 국가에서 담당하여 제공함으로써, 국민의 안녕상태를 일정 정도 이상으로 유지하려고 하는 국가형태를 일컫는다(김태성, 2000). 복지국가는 순수자본주의의 한계를 수정하는 과정에서 등장하게 된다. '보이지 않는 손'에 의한 자유시장 체제하에서는 국민이 안녕상태를 유지하는 데 필요한 재화와 용역의 생산과 공급 전부를 시장에서 담당하였다.

하지만 초기 순수자본주의 체제의 시장경제하에서는 개인의 안녕상태를 유지하는 데 한계가 있는 도시빈민과 같은 사회계층들이 등장하게 된다. 급속한 산업화와 도시화로 인한 도시빈민이나 저임금 노동자 같은 계층의 증가는 당사자들 개인의 안녕상태를 저해할 뿐 아니라 계층 간 갈등으로 인해 사회 전체를 위협하는 위험요소로 작용하게 된다. 초기 자본주의에서 새롭게 등장한 이러한 사회적 위험요소에 대응하는 양식은 국가마다 약간씩 달랐지만(전광석, 2005), 크게 두 가지 유형으로 분류해 볼 수 있다.

첫 번째 유형은 '사회주의'이다. 사회주의 체제하에서는 사회구성원의 안녕상태 유지에 필요한 모든 재화와 용역의 생산, 공급 및 재원을 국가에서 담당한다. 구소련이나 과거 중국 등이 이러한 국가에 해당한다고 할 수 있다.

또 다른 유형은 '복지국가'라고도 불리는 '수정자본주의'이다. 수정자본주의 체제하에서는 자본주의 시장경제 체제를 기본적 골격으로 유지하면서 구성원의 안녕상태를 저해하는 제반 요소들을 제거할 수 있는 재화, 용역의 생산 공급 및 필요한 재원을 공공에서 담당한다. 영국, 미국, 프랑스, 독일 등의 대부분의 서구 선진국들이 순수자본주의의 한계를 극복하기 위해서 수정자본주의를 채택하였으며, 이러한 수정자본주의는 현재 여러 나라에서 채택하고 있는 복지국가의 기초가 된다. 이렇듯 복지국가는 순수자본주의 체제의 한계를 극복하기 위한 대안 중의 하나로 등장하였다.

하지만 공공에서 담당하는 안녕상태 유지에 필요한 재화나 용역의 생산·공급이나 이에 필요한 재원을 정부에서 부담하는 정도는 나라마

제1장 사회복지학이란?

다 다양하게 나타난다. 복지국가의 유형은 다양하게 분류될 수 있지만 크게 제도적 복지국가와 잔여적 복지국가로 나누어 볼 수 있다(Wilensky & Lebeaux, 1958).

제도적 복지국가 체제를 띠고 있는 스웨덴과 같은 사회민주주의 국가에서는 전체 국민의 기본적 안녕상태를 유지하는 데 필요한 의료, 보건, 주택, 교육 등의 상당부분을 공공에서 담당한다. 반면, 미국과 같은 잔여적 복지국가 체제를 띠고 있는 나라에서는 시장경제하에서 안녕상태를 유지하는 데 한계가 있는 장애인, 저소득자, 노인 등의 취약계층을 위한 서비스는 공공에서 담당하지만 일반 국민 대다수는 본인의 안녕상태에 필요한 재화와 용역을 시장체계 안에서 해결하여야 한다. 제도적 복지국가이든 잔여적 복지국가이든 간에 복지국가에서는 정도의 차이는 있지만 국민의 안녕상태 유지를 위한 서비스의 공급, 생산, 재원의 특정 부분을 공공에서 담당한다.

이렇듯 복지국가는 자본주의의 한계를 극복하기 위해서 등장하게 되었지만 오늘날 대부분의 서구 선진국가들의 국가형태로 자리매김하였다. 국민의 안녕상태를 유지하고 증진하는 데 필요한 서비스의 제공을 위한 구체적인 복지국가의 실현과정은 다양한 수준에서 나타날 수 있다. 거시적 차원에서는 특정 복지제도의 법적 근거, 관련 제도 및 정책 등을 마련할 필요가 있고, 중시적 차원에서는 복지서비스를 전달하기 위한 전달체계 또는 행정체계가 필요하며, 미시적으로는 일선에서 욕구 대상자에게 서비스를 전달해야 한다. 사회복지학은 복지국가에 대한 연구이므로 사회복지학의 특성은 이러한 복지국가의 다차원적 특성을 반영한다.

2 사회복지학이란?

위에서 살펴본 것처럼 복지국가의 실현은 거시적, 중시적, 미시적 차원에서 다양한 형태로 나타난다. 사회복지학이란 이러한 거시, 중시, 미시적 차원에서 일어나는 다양한 복지국가의 현상을 과학적으로 고찰하면서 경험적으로 연구하고 이론화한 다음, 이를 토대로 어떻게 하면 보다 나은 복지서비스를 전달할 수 있을지를 고민하는 학문이다(김상균 외, 2008).

사회복지학의 이러한 특성 때문에 사회복지학의 대상 영역은 사회복지와 관련된 법, 제도, 정책 등의 거시적 차원, 복지서비스의 전달체계를 대상으로 하는 중시적 차원, 일선서비스 전달을 대상으로 하는 미시적 차원으로 나누어 볼 수 있다. 여기서는 사회복지학의 개념, 사회복지학의 대상영역, 그리고 사회복지학의 특성에 대한 고찰을 토대로 사회복지학도로서 인간행동과 사회환경을 이해할 필요성을 도출해 보도록 한다.

1) 사회복지학의 개념

사회복지(*social welfare*)의 개념을 한마디로 정의하는 데는 학자에 따라서 이견이 있을 수 있다. '사회복지개론'이나 '사회과학과 사회복지' 교과목 등에서 배운 것처럼, 사전적 의미에서 사회복지는 'social'(사회적)이라는 형용사와 'welfare'(복지)라는 명사의 개념적 복합체이다(김성이 · 김상균, 1994). '복지'로 번역되는 'welfare'의 사전적 의미가 '행복한

삶' 또는 '안녕상태'라는 점을 고려할 때, 사회복지는 '사회적 안녕상태'라고 정의할 수 있다.

사회복지의 개념에서 미루어 짐작할 수 있듯이 사회복지의 목적은 "사회구성원의 욕구를 충족시킴으로써 인간다운 생활을 영위할 수 있도록 사회 전체 성원의 안녕(well-being)을 추구하는 것"이다(김상균 외, 2008, p.457). 사회복지의 목적을 달성하기 위해서는 사회구성원 개개인의 안녕상태를 저해할 수 있는 요소들을 줄이고 안녕상태의 달성 및 유지에 도움이 될 수 있는 사회적 조건을 형성하는 노력이 필요하다. 이러한 사회적 조건 형성을 위해서 전제되어야 하는 사회현상에 대한 이해 및 이론 구축을 통한 실천적 함의 창출을 목적으로 사회현상이나 사회문제에 대해 과학적으로 연구하는 학문분야가 사회복지학이다.

요약하면, 사회복지학은 사회적 안녕상태를 극대화하기 위해서 과학적 방법으로 사회현상을 관찰하고 이론화하고, 이러한 관찰과 이론을 바탕으로 안녕상태의 극대화를 위한 구체적 개입방법을 주 관심으로 하고 있는 학문분야이다. 연구방법에 있어 현상에 대한 관찰, 현상관찰을 바탕으로 한 유형화 및 관찰된 유형을 이론화하고 이론을 검증하는 과학적 접근법을 취한다는 면에서 사회복지학은 과학의 한 분야이다.

2) 사회복지학의 특성

사회현상의 측면에서 사회복지학의 주 대상영역은 개인체계 내적 요소, 사회환경체계 요소 및 이들 간의 상호작용 등이다(권중돈·김중배, 2005). 개인체계 내적 요소들은 심리학의 주 연구대상이고, 사회환경적 요소들은 사회학, 정치학, 경제학 등의 주 연구대상이고, 개인체계와 사회환경의 상호작용은 사회심리학 또는 생태체계이론(Bronfenbrenner, 1979)의 주 관심대상이다. 즉, 학문의 대상에 있어 사회복지학은 인접 사회과학 분야와 유사한 점이 많다.

구체적으로 살펴보면, 사회복지의 운영에 관한 측면에서 사회복지의 주 영역은 법, 정책, 제도와 관련된 거시적 측면과, 서비스의 전달체계와 관련된 중시적 측면 및 일선서비스의 전달과 관련된 미시적 측면으로 나누어 볼 수 있다. 법, 정책, 제도는 법학, 정책학, 정치학 등의 주 연구대상이고, 전달체계는 행정학의 주 연구대상이며, 미시적 접근

그림 1-1　　　사회복지학과 다른 학문영역과의 관계

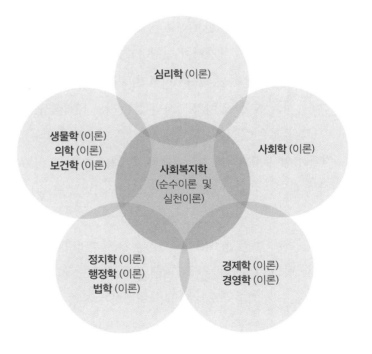

제1장 사회복지학이란?

은 심리학이나 보건의학 등의 주 연구대상이다.

요약하면, 사회현상 측면에서 사회복지학의 연구대상 영역이나, 사회복지 운영과 관련된 거시·중시·미시 차원의 영역은 인접 학문분야와 공통점이 많다. 이러한 사회복지학의 인접 학문분야와의 관련성을 도식적으로 표현하면 〈그림 1-1〉과 같다.

3) 사회복지학과 사회과학

사회복지학을 순수 사회과학 분야와 비교할 때 공통점과 차이점은 무엇인가? 공통점은 과학적 지식과 방법을 사용하는 과학적 학문분야라는 점이지만 사회복지학을 타 학문분야와 차별화하는 특성은 사회복지학은 순수한 이론적 발전에 대한 관심뿐 아니라 어떻게 하면 인간의 욕구 (*human needs*)를 적절하게 해결하여 안녕상태를 극대화할 수 있는가에 대한 실용적 측면을 강조하는 실사구시적인 응용학문이라는 점이다(김상균 외, 2008). 사회복지학 분야가 과학의 한 분야로 대학에서 가르치고 연구되기 시작한 것은 물리학이나 생물학 같은 자연과학이나 사회학, 정치학, 경제학 같은 사회과학 분야보다는 상대적으로 늦은 1900년대에 들어와서이고 한국은 이보다 늦은 1950년대 전후이다(한국사회복지연구회, 2009).

20세기에 들어와 급속한 산업화와 도시화가 이루어지면서 사회경제적 구조의 변화 및 소외계층의 증가로 인해 인간 욕구는 급속하게 증가하였다. 기존의 순수 사회과학들은 안녕을 저해하는 부정적 사회현상에 대한 관찰이나 실증적 연구에 기반을 둔 이론을 구축하는 데는 큰 공헌을 했으나 증가하는 사회문제를 실증적으로 해결하는 방안을 제시하는 데는 역부족이었다. 이러한 시대적 상황을 반영하여 이론뿐 아니라 사회문제에 대한 실질적 대응에 관심을 가진 학자들이 증가하게 되었고, 그 결과 실사구시적 사회복지학이 하나의 학문적 분야로 자리 잡는 계기가 되었다.

사회복지학의 이러한 등장배경에서 미루어 짐작할 수 있듯이 사회복지학의 사회현상을 연구하는 기본적 틀은 기존의 인접 과학 분야와 대동소이하다. 하지만 사회복지학은 지식 축적과 이론을 통한 사회현상의 이해에 그치지 않고, 어떻게 하면 현상적으로 관찰된 사회문제들에 대응해서 인간의 안녕상태를 증진하고 유지할 것인가에 대한 실질적 개입방법에도 관심을 갖는 것이 특징이다(김상균 외, 2008).

3 인간행동과 사회환경에 대한 이해의 필요성

위에서 살펴본 것처럼 사회복지의 목적은 사회성원의 안녕상태를 추구하는 것이다. 구성원의 안녕상태를 결정하는 요인은 논자에 따라 다양하게 나타날 수 있지만, 체계이론적 입장에서 개인의 안녕은 개인적 요소, 환경적 요소 및 개인적 요소와 환경적 요소의 상호작용에 의해서 결정된다(Dale et al., 2010; Zastrow & Kirst-Ashman, 2004).

개인의 안녕상태는 개인체계 내적인 신체적, 심리적, 행동적 욕구가 충족되었을 때 달성될 수 있는데, 개인체계 내적 요인들은 개인이 속한 사회환경적 요소에 영향을 받는다. 그러므로 사회복지학의 대상은 안녕상태에 영향을 주는 '개인체계 내적 요소', '사회환경적 요소', 그리고 이들 간의 상호작용의 질 등이 사회복지학의 주 대상영역이 된다(권중돈·김동배, 2005).

요약하면, 사회복지학은 '인간행동'으로 대표되는 '개인체계 내적 요소'에 대한 이해와 '사회환경'으로 대표되는 '사회환경적 요소'에 대한 이해 및 이들 간의 상호작용에 대한 이해와 불가분의 관계에 있다고 볼 수 있다. 따라서 사회복지학을 공부하기 위해서는 '인간행동과 사회환경'에 대한 이해가 필수적이다.

요 약

　이 장에서는 복지국가란 무엇이고 사회복지학의 특징 및 영역은 어떠한 것인가에 대해서 공부하였다. 복지국가는 자유시장경제 체제의 한계를 극복하기 위해서 등장한 다양한 사회주의 및 수정자본주의 등 다양한 국가형태 중의 하나로, 수정자본주의와 대동소이한 개념이다. 사회복지학이란 복지국가의 등장과 함께 등장한 상대적 신흥 학문으로 사회복지학의 대상영역은 첫째, 복지국가의 실행구조와 관련된 영역과 둘째, 사회현상 영역으로 대분해 볼 수 있다.

　복지국가의 실행구조와 관련된 영역은 법, 정책, 제도를 포함하는 거시적 영역, 전달체계를 포함하는 중시적 영역, 일선서비스 전달과 관련된 미시적 영역으로 나누어 볼 수 있다. 사회복지의 실행구조와 관련된 자세한 공부는 인간행동과 사회환경을 공부한 뒤 앞으로 여러분들이 수강하게 될 사회복지정책, 사회복지행정, 사회복지실천론 및 실천기술론의 사회복지학 내에서 위상을 이해하는 데 도움을 준다. 다시 말하면 사회복지정책, 제도 및 법은 거시적 영역의 사회복지의 실행구조와 관련된 교과목들이고, 사회복지행정은 중시적 영역의 사회복지 실행구조와 관련된 교과목이며, 사회복지실천론이나 실천기술론은 미시적 영역의 사회복지 실행구조와 관련된 교과목이다.

　제1장에서 소개된 큰 주제들을 정리하면 다음과 같다.

　첫 번째 주제는 복지국가에 대한 이해이다. 인간행동과 사회환경은 사회복지학의 한 분야이고, 사회복지학이라는 것은 역사적으로 복지국가에 대한 관심이 대두된 이후에 주목을 받게 된 학문영역이므로 먼저 복지국가의 개념과 등장배경에 대해서 논의하였다. 복지국가란 순수자본주의의 한계를 극복하기 위한 대안의 하나이며 복지의 목적인 안녕상태를 증진 · 유지하는 데 필요한 서비스의 생산 · 공급 및 이에 필요한 재원의 일정부분을 국가에서 담당하는 국가체제를 말한다.

두 번째 주제는 사회복지학 및 사회복지영역에 대한 이해이다. 복지국가가 등장하면서 복지국가의 현상에 대해서 과학적으로 접근하는 사회복지학이 학문의 한 분야로서 자리 잡게 된다. 복지국가가 유기적으로 기능하기 위해서는 거시적 차원의 관련법과 정책, 중시적 차원의 서비스 전달체계 및 운영, 미시적 차원의 일선서비스 전달 등이 유기적으로 연관되어서 기능해야 한다. 사회복지학은 이러한 거시적, 중시적, 미시적 차원의 복지국가의 기제와 관련된 현상을 과학적으로 연구하는 학문이다. 복지국가의 효율성을 높이기 위한 방안을 고찰하기 위해서는 사회현상에 대한 이해가 필수적인데, 사회복지학의 대상이 되는 사회현상은 개인체계 내적 영역과 개인체계 외적 영역인 사회환경 및 이들 간의 상호작용 영역으로 크게 대분해 볼 수 있다.

마지막 주제로, 이러한 논의들을 바탕으로 복지국가에 대한 이해 및 사회복지학에 대한 학문적 이해를 넓히기 위해서 왜 인간행동과 사회환경에 대한 이해가 필요한지에 대한 이유를 피력하였다. 요약하면, 사회복지학은 '인간행동'으로 대표되는 '개인체계 내적 요소'에 대한 이해와 '사회환경'으로 대표되는 '사회환경적 요소'에 대한 이해 및 이들 간의 상호작용에 대한 이해와 불가분의 관계에 있다고 볼 수 있다. 따라서 사회복지학을 공부하기 위해서는 '인간행동과 사회환경'에 대한 이해가 필수적이다.

토론

• 사회복지학의 영역을 복지국가의 실행기제와 관련된 거시, 중시, 미시의 영역으로 구분하여 논하시오.

• 사회복지학의 등장배경은?

• 사회복지학의 영역을 개인체계 내적 현상, 개인체계 외적 사회환경 현상 및 개인체계와 환경 간의 상호작용 현상 등으로 구분하여 이해하고 이러한 이해의 필요성에 대해서 논하시오.

• 복지국가의 개념과 등장배경은?

인간행동과
사회환경이란?

　　제 1장에서 복지국가 및 사회복지학의 특성을 공부하면서, 사회복
지학의 이해를 높이기 위해서 '인간행동' 및 '사회환경'에 대한 심층적
이해의 필요성을 피력하였다. 제 1장에서의 이러한 논의를 바탕으로 제
2장에서는 사회복지학과 연관해서 '인간행동과 사회환경'에 대한 횡단
적 이해의 필요성과 종단적 이해의 필요성에 대해서 공부한다. 이러한
목적을 달성하기 위해서 제 2장에서는 다음과 같은 주제들을 다루어 볼
필요가 있다.

　　첫째가 '인간행동과 사회환경'에 대한 횡단적 이해와 이에 따른 사회
복지 실천의 관계이다. 사회복지학의 영역은 거시 및 중시적 영역의 환경
체계, 미시적 영역인 개인체계, 그리고 환경체계와 개인체계 간의 상호
작용 영역으로 대분해 볼 수 있다. 그러므로 사회복지학의 대상 및 영역
에 대한 기본적 시각을 제공하는 인간행동과 사회환경 교과목도 '인간행
동'으로 대표되는 개인체계 이론, '사회환경'으로 대표되는 환경영역에

대한 이론 및 '생태체계론'으로 대표되는 개인체계 내적 요소와 환경요소들 간의 상호작용에 대한 이론으로 대분하여 고찰한다. 따라서 이 교재에서도 인간행동과 사회환경에 대한 횡단적 접근은 개인체계 이론, 환경이론 및 이들 간의 상호작용에 대한 이론들로 크게 구분하여 접근한다.

둘째, 정태적이지 않고 시간의 흐름에 따라서 동태적인 '인간행동과 사회환경'에 대한 종단적 이해와 이에 따른 사회복지 실천의 관계이다. 위에서 언급한 체계 내적 '인간행동'이나 개인체계가 속한 '사회환경'은 정태적인 것이 아니라 시간이 흐름에 따라, 또는 개인이 성장해 감에 따라서 변화한다. 따라서 개인과 환경 및 이들 간의 상호작용에 대한 횡단적 이해만으로는 인간행동과 사회환경을 이해하는 데는 한계가 있고, 발달단계에 따른 개인과 환경의 변화 및 이들 간의 상호작용의 변화에 대한 종단적 이해가 필요하다.

셋째, 위의 논의를 바탕으로 이 장에서는 이 《인간행동과 사회환경》 교재가 어떠한 식으로 구성되어 있는지에 대한 전체적인 소개를 하고 이 교재를 본격적으로 공부하기 전에 필요한 기초적 이해를 도모하고자 한다.

이 장의 구성

1. 인간행동과 사회환경의 횡단적 이해와 사회복지 실천
2. 인간행동과 사회환경의 종단적 이해와 사회복지 실천
3. 주요용어 정리 및 교재의 구성
 • 요약 • 토론과제

인간행동과 사회환경의
횡단적 이해와 사회복지 실천

　제1장에서 논의한 것처럼 사회복지의 목적은 사회성원의 안녕상
태를 추구하는 것과 연관성이 많다. 구성원의 안녕상태를 결정하는 요
인은 논자에 따라 다양하게 나타날 수 있지만, 체계이론적 입장에서 인
간의 안녕은 개인적 요소, 환경적 요소 및 개인적 요소와 환경적 요소
의 상호작용에 의해서 결정된다(Dale et al., 2010; Zastrow & Kirst-
Ashman, 2004).

1) 사회체계이론과 횡단적 이해

　〈그림 2-1〉은 체계이론적 관점에서 안녕상태를 결정하는 요인들을
도식적으로 표현한 것이다. 개인의 안녕상태는 개인체계 내적인 신체
적, 심리적, 행동적 욕구가 충족되었을 때 달성될 수 있는데, 개인체계
내적 요인들은 개인이 속한 사회환경적 요소에 영향을 받는다. 그러므로
사회복지학의 대상은 안녕상태에 영향을 주는 '개인체계 내적 요소', '사
회환경적 요소', 그리고 이들 간의 상호작용의 질 등이 사회복지학의
주 대상영역이 된다(권중돈·김동배, 2005).

　인간행동을 이해하는 데 있어 개인적 차원의 특징과 환경적 특징의
상호작용을 이해하기 위해서는 개인적 특징과 환경적 특징 및 이들 간의
상호작용을 전체적 입장에서 이해해야 하는데, 이러한 전체적 이해에
도움을 주는 이론이 '사회체계이론'이다. '사회체계'란 학자에 따라서 다

그림 2-1   인간행동과 사회환경의 횡단적 이해

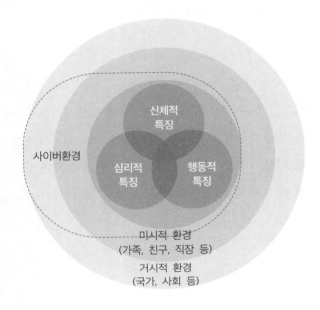

신체적
특징

사이버환경

심리적
특징

행동적
특징

미시적 환경
(가족, 친구, 직장 등)

거시적 환경
(국가, 사회 등)

양하게 정의될 수도 있으나 일반적으로 '상호작용하고 상호의존하는 개인적 차원 및 환경적 차원의 부분들로 구성된 전체'라고 정의된다(von Bertalanffy, 1968). 횡단적으로 사회복지의 연구대상이 되는 현상들은 개인체계 내적 요소, 사회환경적 요소 및 이들 간의 상호작용 및 역동성으로 요약될 수 있다(Dale et al., 2010).

사회복지를 전공하는 사람들이 궁극적으로 추구하는 바는 순수이론에 대한 이해를 바탕으로 사회구성원의 안녕을 증진할 수 있는 효과적 개입이라고 해도 과언이 아니다. 사회복지적 개입은 크게 개인에 초점을 두는 미시적 실천, 거시적 환경에 초점을 두는 실천, 그리고 정책이나 제도와 같은 거시적 실천을 통하여 개인 차원의 안녕을 증진하기 위해서 필수불가결한 사회서비스의 전달과정과 관련된 중시적 실천으로 나누어 볼 수 있다. 이러한 실천은 순수이론을 기반으로 형성된 실천이론을 바탕으로 구체적 개입이 이루어진다.

2) 순수이론과 실천이론

개인에 초점을 두는 미시적 실천을 위해서는 심리학 이론들을 바탕으로 어떻게 하면 이러한 심리학적 이론들을 실제 인간의 안녕을 증진시키는 데 적용할 수 있는가 하는 응용・실천이론에도 관심을 가져야 한다. 인간의 인지와 행동에 관련된 심리학적 순수이론을 바탕으로 형성된 인지・행동적 접근은 순수이론이 미시적 수준의 실천이론으로 전환(translation)된 하나의 예라고 할 수 있다. 또한 사회보험이나 공적부조와 같은 제도들은 정치학이나 경제학 등의 거시적 순수이론들을 바탕으로 실천적 개입이 이루어지고 있는 예라고 할 수 있다. 이러한 사회복지학의 특성을 이론과 실천과의 관계로 나누어서 살펴보면 〈그림 2-2〉와 같다.

(1) 순수이론

〈그림 2-2〉에서 도식화된 것처럼 순수이론은 개인이나 환경과 같은 사회체계의 각 부분에 대한 이해에 도움을 주는 이론들이다. 예를 들어서 개인체계에서 신체에 관계된 순수이론들은 주로 생물학이나 의학 분야의 이론들이고, 심리나 행동에 대한 순수이론은 주로 심리학 이론들이다. 이러한 개인체계는 환경의 영향을 받는데, 가족환경을 이해하는 데

그림 2-2 　　　사회체계 및 순수이론과 실천이론

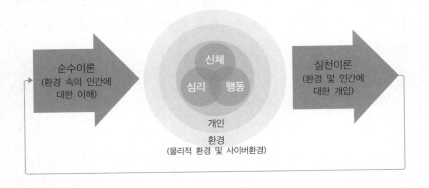

도움이 되는 가족이론이나 친구집단을 이해하는 데 도움이 되는 소집단 이론 등이 미시적 환경과 관련된 순수이론의 예이다. 좀더 넓게 가족체계나 개인은 국가라는 환경에 속해서 생활하는데, 정치과정론과 같은 정치학적 이론들이 거시적 환경과 관련한 순수이론의 예라고 할 수 있다. 요약하면 순수이론은 환경 속의 인간을 이해하는 데 도움을 주는 개인수준이론이나 환경수준의 이론으로 심리학, 사회학, 정치학 등의 기타 사회과학 분야의 이론과 대동소이하다.

　　다음은 몇 가지 순수이론의 예이다. 먼저 심리학적 순수이론으로는 중요한 사람과의 사별로 인해 우울증상이 심해져서 안녕상태가 깨진 사례의 경우, '사별'이라는 스트레스로 인한 항상성 저하와 이에 대한 정서적 적응 현상인 우울증상의 증가라는 상관관계를 이해하는 데 도움을 주는 스트레스 관련 이론들을 예로 들 수 있다.

　　사회학적 순수이론으로는 건강상태와 사회경제적 지위 간의 관계를 이해하는 데 도움이 되는 '사회원인이론'(social causation theory)이나 '사회선택이론'(social selection theory)들을 예로 들 수 있다. 이 두 이론은 건강과 사회경제적 지위 간의 상관관계를 이해하는 데 도움이 되는 이론으로, 사회원인이론은 소득수준과 같은 사회경제적 지위가 건강수준에 영향을 준다고 가정하는 이론이고, 사회선택이론은 건강수준이 사회경제적 지위를 결정짓는 요인이라고 가정하는 이론이다.

(2) 실천이론

개인과 환경 간의 부적응 현상으로 인해 안녕상태를 유지하는 데 어려움이 생겼을 때, 안녕상태의 회복을 위한 개입을 하는 데 실질적으로 유용한 이론이 실천이론이다. 앞에서 살펴본 사별로 인한 우울증상의 증가라는 현상의 원인이 사별로 인한 스트레스에 기인한다고 판단될 경우, 사별로 인해 저해된 항상성을 회복하기 위해 개입하는 방법은 다양하게 고려해 볼 수 있다.

당사자가 '사별'이라는 자체에 대해서 인지적으로 이해하고 스스로 적응하도록 도와주는 방법이 있을 수 있다. 즉, 당사자가 인지적으로 모든 만남은 이별을 전제로 하고 있다는 사실에 대한 이해를 통해서 '사별'이 본인에게만 혹독하게 다가오는 것이 아니라 누구에게나 닥치고 모두가 적응해야 하는 것으로 이해하면 사별로 인한 안녕상태 저해현상을 완화하는 데 도움이 될 수 있다. 이러한 경우 개입의 목표는 '사별'에 대한 인지적 이해 및 정서적 적응이 될 것이다.

또 다른 접근의 하나는 사별로 인해서 저해된 항상성을 회복하기 위해서 도움이 되는 내적·외적 자원을 동원하는 것이다. 자아효능감을 높여서 상황에 대한 적응 자신감을 높이거나, 동원 가능한 친구나 가족

등의 사회적 지지를 통해 사별로 인해서 증가한 우울감을 극복하는 데 도움을 주는 개입을 시도할 수 있다.

위의 예에서 살펴본 것처럼 '사별'이라는 스트레스에 대한 인지적 이해도를 높이거나 사회적 지지 등의 보호요인의 활성화를 통해서 우울증상 극복을 위한 개입을 이론적으로 뒷받침하는 것이 '스트레스 과정이론'이다. 스트레스 과정이론에 따르면 스트레스의 해소나 내적 외적 자원에 대한 동원을 통해서 스트레스에 대한 적응력을 높이는 것이 사별로 인한 우울증상 완화에 도움이 될 수 있다. 이러한 개입에 적용된 스트레스 과정이론은 순수이론을 응용한 실천이론이 활용된 하나의 예가 될 수 있다.

사회학적 순수이론의 예로 제시한 '사회원인이론'(social causation theory)이나 '사회선택이론'(social selection theory)의 실천이론적 적용의 예는 다음과 같은 것들이 있다. 건강불평등 양상의 원인이 사회경제적 지위에 따른 것이라는 '사회원인론'적 관점을 수용할 경우, 건강불평등 양상을 해결하기 위한 실천이론적 접근의 예는 균형 잡힌 식단 및 건강관리를 위한 소득지원 프로그램이나 의료서비스 접근성을 높일 수 있는 의료보장정책의 확립 등이 될 수 있다. '사회선택이론'은 장애로 인한 건강 저하나 장애로 인한 스티그마 때문에 근로를 하지 못하게 되면 빈곤해질 수 있다는 점을 보여주는 이론으로, 장애 및 장애로 인한 사회적 스티그마와 사회경제적 지위의 관계를 이해하는 데 도움이 된다. 선천적 장애나 후천적 장애로 인한 기능 저하로 근로활동을 할 수 없어서 사회경제적 지위상의 불평등 양상이 나타난 것으로 진단될 경우, 소득 및 의료보장정책과 더불어 다양한 장애인 생활지원 프로그램이 개입의 대안이 될 수 있다. 또한 장애인이 스티그마와 편견으로 인해서 취업과 소득활동에 장애가 있다고 판단될 경우, 사회적 차원의 장애인에 대한 스티그마 해소 프로그램이 하나의 실천전략이 될 수 있다. 이러한 예들은 '사회선택이론'적 관점이 응용된 실천이론의 하나의 예가 될 수 있다.

(3) 소결

〈그림 2-2〉에 제시된 것처럼, 실천이론은 순수이론의 발전에 영향을 주고 나아가서는 사회체계를 이해하는 순수이론의 발전에 기여한다. 사회복지 각론에서 배울 사회복지 교과목들을 단순화하면 거시, 중시, 미시적 접근으로 단순화해 볼 수 있다. 인간행동과 사회환경 교과목의 목적은 이러한 거시, 중시, 미시적 실천의 이론적 기반이 되는 인접한 사회과학 분야의 순수이론과 이러한 순수이론들을 바탕으로 효과적인 사회복지적 개입을 위해 형성된 실천이론을 이해하는 것이다.

사회복지 실천이 거시, 중시, 미시적 차원으로 나누어질 수 있듯이 관련된 이론도 거시, 중시, 미시적 다차원으로 이해할 수 있다. 거시적 이론이라고 하면 넓은 의미에서 한 나라의 복지제도의 전반적 측면과 관계가 있는 사회복지정책이나 제도, 법 등과 관련된 것이다. 미시적 이론이라고 하면 개인 차원의 안녕상태와 관계가 있는 육체적, 심리적, 행동적 측면과 관련된 이론들이다. 중시적 이론은 국가 차원의 거시적 사회복지정책이나 제도가 어떠한 중간체계의 전달체계나 서비스를 통하여 인간행동에 영향을 미치는가에 관계된 이론들이다. 마지막으로 미시적 이론은 거시 및 중시체계의 하위단위로서 존재하는 개인내적으로 상위체계의 영향을 받는 과정이나 개인이 상위체계인 환경에 적응하는 과정과 관련된 이론들이다.

2

인간행동과 사회환경의
종단적 이해와 사회복지 실천

위와 같은 인간행동과 관련된 거시, 중시, 미시적 이론들은 인간행동과 환경을 횡단적으로 이해하는 데 도움을 준다. 하지만 사회체계적 관점에서의 환경체계와 개인체계는 정적인 것이 아니라 시간이 지남에 따라서 변하는 동적 속성을 가진다(Zastrow & Kirst-Ashman, 2004).

환경체계적 관점에서는 100년 전의 한국사회는 현재의 한국사회와는 주된 생산양식이 달랐고, 유사한 관점에서 100년 전 사회구성원들의 인지특성은 현대를 살고 있는 성원들의 인지와 차이가 있다. 경제구조도 농경사회에서 산업사회로 바뀌었을 뿐 아니라, 과거의 왕정이 의회제도에 기반을 둔 민주주의 체제로 바뀐 점에서 알 수 있듯이 정치구조도 많이 바뀌었다. 또한 과거에는 상당 기간이 걸려야 갈 수 있었던 서울에서 부산, 광주는 현재 KTX나 SRT와 같은 고속철도를 이용하여 몇 시간이면 갈 수 있다. 이러한 예들은 환경체계적 측면들이 시간이 지남에 따라서 변한다는 점을 보여주고, 사회환경의 이해를 위해서는 횡단적 차원의 이해와 더불어 종단적 접근이 필요하다는 점을 반증한다.

개인체계적 차원에서도 이러한 '변화'는 일어나는데, 인간행동과 사회환경 교과목에서는 이러한 변화를 '발달'이라고 표현한다(Zastrow & Kirst-Ashman, 2004). 다시 말해, '발달'이란 '인간이 수정에서부터 죽음에 이르기까지의 전 생애에 걸쳐서 신체, 심리, 사회적 측면에서 나타나는 상승적이거나 퇴행적인 연속적 변화과정'을 의미한다(권중돈・김동배, 2005).

인간은 수정에서부터 사망에 이르기까지 전 생애과정을 통하여 변화·발전하는 존재이다. 즉, 육체적으로는 수정란에서부터 출생 및 성장과정을 거쳐 사망에 이르기까지 지속적으로 변화를 거듭한다. 사회체계의 한 단위로서의 개인은 이러한 육체적 변화와 더불어 심리사회적으로도 지속적으로 변화하는 존재이다. 예를 들어 신생아의 인지능력과 초등학생의 인지능력은 확연히 차이가 나고 초등학생의 인지능력도 교육과 환경의 영향으로 지속적으로 변화한다(김정민, 2006).

생애주기에 따라 이러한 개인의 육체적, 심리적 변화뿐 아니라 개인이 속한 환경도 지속적으로 변화한다. 어머니의 몸에서부터 출생과 더불어 개인은 가족이라는 환경에 속하게 되며, 유아기에는 유치원, 아동기에는 초등학교, 청소년기에는 중·고등학교, 성인기에는 직장이란 환경에서 상당한 시간을 보내며 생애주기에 따라 다양한 사회적 환경에 속하

| 그림 2-3 | 인간행동과 사회환경의 종단적 이해

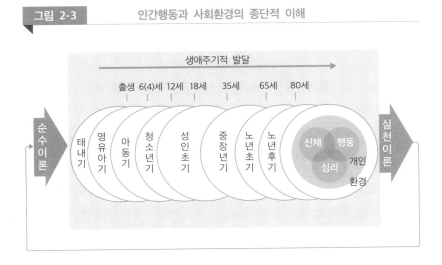

제 2 장 인간행동과 사회환경이란?

게 된다.

　지금까지의 논의를 요약하면 인간행동을 이해하기 위해서는 횡단적으로 개인의 신체, 심리, 행동적 속성을 미시, 중시, 거시적 이론을 중심으로 이해하고, 전 생애적으로 개인요소의 변화뿐 아니라 생애주기적으로 미시, 중시, 거시적 요인들의 변화를 보여주는 전 생애적 이해가 선행되어야 한다(Ashford et al., 2001). 그러므로 횡단면과 종단면에 대한 역동적 이해가 인간행동과 사회환경을 이해하는 데 필요하다.

　횡단적으로는 사회체계이론을 축으로 다양한 차원의 사회체계에 대한 이해를 위해서 사회복지 이론뿐 아니라 심리학, 사회학, 정치학, 경제학적 이론에 대한 이해가 필요하고, 종단적으로는 이러한 사회체계가 생애주기에 따라서 변화하기 때문에 생애주기적으로 사회체계를 보여줄 수 있는 생애주기이론의 적용이 필요하다. 이러한 맥락에서 이 교과목, 인간행동과 사회환경의 기본적인 이론적 패러다임(*paradigm*)은 〈그림 2-3〉과 같이 정리할 수 있다.

3　주요용어 정리 및 교재의 구성

　지금까지 제 1장에서 복지국가란 무엇이고, 사회복지학이 무엇인지를 논의한 다음, 제 2장에서 사회복지학의 대상영역을 사회체계이론 맥락에서 '인간행동'과 '사회환경'의 횡단적 차원과 종단적 차원에서 살펴보았다. 이러한 논의를 바탕으로 여기에서는 앞으로 지속적으로 사용될 몇 가지 용어들에 대해서 개념을 정리하고, 이 교재의 구성에 대해서 고찰해 보고자 한다.

1) 주요용어 개념 정리

사회복지의 목적을 실현하기 위한 복지국가의 운영체계에 관한 차원에서 사회복지의 영역은 법, 제도, 정책 등을 연구하는 거시적 차원, 전달체계를 연구하는 중시적 차원, 일선서비스 전달을 연구하는 미시적 차원으로 구분된다. 사회현상을 이해하기 위한 사회복지의 대상 영역은 체계이론적 관점에서 체계 내적 요소들과 환경적 요소들로 구분하였다.

인간행동과 사회환경 교과목에서는 '체계 내적 요소'들을 총칭해서 '인간행동'이라는 용어로 표현하고, '환경적 요소'들을 총칭해서 '사회환경'이라는 용어로 표현한다. 즉, '인간행동'이란 사전적 의미인 인간의 행동만을 지칭하는 것이 아니라 개인체계 안에서 일어나는 사고, 감정, 무의식 등의 정신적 요소들과 신체적 및 행동적 요소들을 포괄적으로 지칭한다(권중돈·김중배, 2005). 또한 '사회환경'이란 개인요소와 상호작용하는 가족, 집단, 조직, 지역사회, 문화 등의 사회적·물리적·다차원적 환경을 총칭하는 용어이다(Ashford et al., 2001). 사회체계가 정적인 것이 아니라 동적으로 '발달'하는 것이기 때문에 위와 같은 횡단적 사회체계를 생애주기적 관점에서 이해할 필요가 있다.

2) 교재의 구성

앞으로 사회복지학을 체계적으로 접근하기 위해서는 인간행동과 사회환경의 횡단적 특성에 관계된 이론과 종단적 특성에 관계된 이론을

표 2-1	교재의 구성: 체계의 횡단 및 종단적 이해	

목차		주제
제 2 부		인간행동의 횡단적 이해 1 : 개인체계 중심 이해
체계 내적 요소 관련 이론	제 3 장	무의식 결정론
	제 4 장	정신분석이론가들 사이에서 무의식 결정론에 대한 도전에서 형성된 이론들
	제 5 장	인본주의 이론
	제 6 장	행동주의 이론
	제 7 장	인지이론
	제 8 장	인지행동치료 이론
제 3 부		인간행동의 횡단적 이해 2 : 환경체계 및 체계 간 상호작용 중심 이해
체계 외적 환경요소 관련 이론	제 9 장	사회환경의 이해 — 사회 · 정치환경
	제 10 장	사회환경의 이해 — 사이버환경
	제 11 장	체계 간 상호작용에 대한 이해
제 4 부		인간행동의 종단적 이해
생애주기별 접근	제 12 장	발달이론 개관
	제 13 장	영아기
	제 14 장	유아기
	제 15 장	아동기
	제 16 장	청소년기
	제 17 장	성인초기
	제 18 장	성인중기
	제 19 장	성인후기(노년기)
제 5 부		결론
결론	제 20 장	교재 요약
	제 21 장	결론: 사회복지체계 및 분야와의 연관성

통합적으로 이해할 필요가 있다. 인간행동은 횡단적 측면에서 이해하는 데 도움이 되는 접근이 '사회체계이론'적 접근이고 인간행동을 종단적 측면에서 이해하는 데 도움이 되는 접근이 '생애주기이론'적 접근이다.

이러한 점을 염두에 두고 이 교재는 인간행동과 사회환경을 이해하는 데 도움이 되는 이론들을 횡단적 관점과 종단적 관점으로 나누어서 고찰해 보는 것을 목적으로 한다. 이러한 목적을 달성하기 위해서 이 교재는 〈표 2-1〉과 같이 구성되어 있다.

요 약

이 장의 주요 목적은 사회체계이론적 맥락에서 '인간행동과 사회환경'을 이해하고, 이 교과서의 주요 구성에 대해서 이해하는 것이다. 더불어 개인체계나 환경체계 각각의 요인 및 이들 요인들 간의 상호관계를 이해하는 순수이론, 그리고 이러한 순수이론들이 안녕의 증진을 위한 개입에 응용되었을 때의 실천이론의 특징 및 이들 간의 관계에 대해서 공부하였다. 이러한 목표를 달성하기 위해서 이 장에서는 인간행동과 사회환경의 횡단적 이해와 종단적 이해를 도모한 다음, 마지막으로 이 교재의 구성에 대해서 소개하였다. 구체적으로 제 2장에서는 다음에 대해서 공부하였다.

첫째, '인간행동과 사회환경'에 대한 횡단적 이해와 이에 따른 사회복지 실천의 관계이다. 사회복지학의 영역은 거시 및 중시적 영역의 환경적 측면과 미시적 영역인 개인체계 내적 측면, 그리고 환경적 측면과 개인체계 내적 측면의 상호작용 영역으로 대분해 볼 수 있다. 그러므로 사회복지학의 영역에 대한 기본적 시각을 제공하는 인간행동과 사회환경 교과목도 '인간행동'으로 대표되는 개인체계 내적 이론, '사회환경'으로 대표되는 환경영역에 대한 이론 및 '생태체계이론'으로 대표되는 개인체계 내적 요소와 환경요소들 간의 상호작용에 대한 이론으로 대분하여 고찰한다. 이러한 현상에 대한 고찰은 인접 순수사회과학 분야와 크게 다르지 않다. 인접 순수사회과학 분야들과 차별화되는 사회복지학의 독창성은 순수이론을 바탕으로 사회현상을 이해하고 사회문제의 해결이나 안녕의 증진을 위한 구체적인 개입의 바탕이 되는 실천이론을 구현하는 응용학문이라는 점이다.

둘째, 정태적이지 않고 시간의 흐름에 따라서 동태적인 '인간행동과 사회환경'에 대한 종단적 이해와 이에 따른 사회복지 실천의 관계이다. 위에서 언급한 체계 내적인 '인간행동'이나 개인체계가 속해 있는 '사회환경'은 정태적인 것이 아니라 시간이 흐름에 따라, 또는 개인이 성장해 감에 따라서 변하므로 횡단적 이해만으로는 인간행동과 사회환경을 이해하는 데에는 한계가 있다. 그러므로 발달단계에 따른 개인체계 내적인 '인간행동'의 특성과 '사회환경'의 특성을 종단적으로 이해하고 생애주기별로 나타나는 신체적, 심리적, 사회적 특성에 대한 이해를 바탕으로 발달단계에 적합한 실천이론을 구축하려고 시도하는 것이 바람직하다.

마지막으로, 이러한 논의들을 바탕으로 이 《인간행동과 사회환경》 교재가 어떠한 식으로 구성되어 있는지에 대한 전체적 소개를 함으로써 교재의 전체적 이해를 높이고 독자들이 교재를 사용하는 데 어려움을 덜어주고자 하였다.

토 론

- 사회복지학의 영역을 복지국가의 실행기제와 관련된 거시, 중시, 미시의 영역으로 구분하고 이와 관련된 교과목들을 생각해 보시오.

- 사회복지학의 여러 과목과 연관하여 '인간행동과 사회환경' 교과목의 위상에 대해서 논하시오.

- 개인체계 및 사회체계가 정적인 것이 아니라 동적인 것이라는 점을 염두에 두고 발달론적 관점에서 사회현상을 생애주기적 특징으로 나누어 이해하는 것의 중요성에 대해서 논하시오.

- 발달이란?

- 인간행동이란?

- 사회환경이란?

- 이 교재의 전체적 구조는 어떠한가?

제2부

인간행동의 횡단적 이해 1

개인체계 중심 이해

제3장 무의식 결정론

제4장 정신분석이론가 사이에서
무의식 결정론에 대한 도전에서 형성된 이론들

제5장 인본주의 이론

제6장 행동주의 이론

제7장 인지이론

제8장 인지행동치료 이론

제1부에서 배운 것처럼 인간행동과 사회환경 교과목에서는 신체·심리·행동적인 다양한 개인체계 내적 요소의 특징을 총칭하여 '인간행동'이라는 용어로 표현한다. 인간행동은 신체·심리·행동적인 특징에 의해서 규정되고, 이러한 인간행동은 개인 성격의 영향을 받으므로 인간행동의 이해를 위해서는 성격에 대한 이해가 선행되어야 한다 (이인정·최해경, 2004). 성격(*personality*)이란 사전적으로는 라틴어로 '~을 통하여'라는 의미를 지니는 'per'와 '언급하다'라는 의미를 지니는 'sonare'의 합성어다(최순남, 2002). 이러한 사전적 의미를 토대로 성격을 개념적으로 규정하면, 성격이란 '사회환경에 속한 개인이 사회적 역할을 수행하는 과정에서 다른 사람들에게 주는 신체·심리·사회적 특성을 포함하는 총체적 이미지'라고 정의할 수 있다(권중돈·김동배, 2005). 제2부에서는 인간행동의 이해를 위해서 인간행동에 영향을 주는 성격에 대해 이해하는 것을 주목적으로 한다.

사회체계론적 관점에서 사회복지학의 대상이 되는 현상을 횡단적으로 구분해 보면 크게 ① 개인체계 내적 영역인 '인간행동'과 ② 개인체계 외적 영역인 '사회환경' 및 ③ 개인체계 내적 영역과 외적 영역의 상호작용 등 세 가지로 나누어 볼 수 있다(Ashford, Lecroy & Lortie, 2001). 제2부는 인간행동의 횡단적 특성에 대한 이해를 위해서 성격형성에 영향을 주는 개인체계 내적 관련 요소들에 대한 이해를 주목적으로 한다.

개인체계 내적 요소들을 중심으로 설명하는 이론들은 다음의 순서로 살펴본다. 먼저 향후 개인체계 내적 요소의 형성 및 역동성을 설명하는 이론들의 선구자라고 할 수 있는 무의식 결정론 관점의 프로이트(Sigmund Freud)의 정신역동이론에 대해서 살펴본다. 둘째, 기본적으로 정신역동이론을 수용하면서 프로이트와 직간접적으로 관계를 가지고 있던 학자들 사이에서, 정신역동이론이 지나치게 무의식 결정론적이라는 점에 이의를 제기하면서 등장하여 향후 인간과 환경의 중요성을 주장하는 이론들의 발전에 전환점을 제공한 융(Carl Jung)의 분석심리이론, 아들러(Alfred Adler)의 개인심리이론 및 에릭슨(Erik Erikson)의 자아심리이론에 대해서 공부한다. 셋째, 성격형성에 있어 인간의 중요성을 중심으로 이론을 펼치는 인본주의 이론, 넷째, 성격형성에 있어 환경의 중요성을 중심으로 논의를 전개하는 행동주의 이론을 살펴보고, 다섯째, 인간과 환경의 중요성을 공히 인정하면서 개인체계 내적 요소에 중심을 두고 성격형성이 인간과 환경의 상호작용에 의해서 영향을 받는다고 주장하는 통합적 성격의 인지행동이론을 살펴본다.

기존의 인간행동과 사회환경 교재에서는 각 이론들에 대한 사회복지 실천과의 관련성을 중요한 부분으로 다룬다. 저자가 생각하기에 각 이론들에 대한 실천과 관련된 논의는 사회복지실천론 또는 실천기술론에서 중점적으로 다루는 내용이므로, 여기서는 사회복지를 막 시작하려고 하는 사회복지학도들에게 각 이론의 특징을 소개하는 차원에서의 논의를 진행하면서 앞으로 배울 사회복지 교과목들을 위한 기본적인 지식과 시각을 형성하는 데 도움을 주고자 한다. 그러므로 이 교재에서는 각 이론에 대해서 기본적 관점(인간관이나 가정)과 이론의 주요내용을 중심으로 논의를 진행한다.

3

무의식 결정론

　인간행동에 영향을 주는 성격적 특징은 개인체계 내적인 신체·심리·행동적 특성들(*biopsychobehavioral characteristics*)에 의해서 영향을 받는다(Greene, 1994; Greene & Ephross, 1991). 이 장에서는 인간행동에 영향을 주는 성격형성을 설명하는 이론의 원조격인 프로이트의 정신분석이론을 중심으로 한 '무의식 결정론'에 대해서 고찰한다.

　무의식 결정론인 프로이트의 정신분석이론을 이해하기 위해서 이 장에서는 다음과 같은 내용들을 다루고 있다.

　첫째, 이론의 기본적 패러다임을 이해하기 위해서 이론의 인간관이나 기본가정에 대한 이론의 기본관점을 소개한다.

　둘째, 이러한 관점을 바탕으로 형성된 이론의 주요내용을 소개한다.

　셋째, 기초교과목을 공부하는 사회복지학도로서 알아두면 향후 공부하는 데 도움이 된다고 생각되는 정신분석이론과 관련된 주요개념들을 소개한다.

넷째, 위의 논의들을 바탕으로 정신분석이론 강점과 한계에 대해서 비판적으로 고찰한다.

무의식 결정론의 기본관점

프로이트 당시에 유럽을 지배하던 사조는 인간을 합리적 존재로 간주하는 시각이 강하였다. 하지만, 지그문트 프로이트(Sigmund Freud)는 당시의 지배적 인간관에 반하여 세상을 보는 시각을 가지고 있었다. 먼저 프로이트의 인간관을 살펴보면 그는 '인간은 의식의 영역 안에서 합리적으로 판단하고 행동할 수 있는 존재가 아니라, 의식의 영역 밖에 속한 무의식이나 생물학적 요소에 의해서 지배를 받는 피동적 존재'로 인식하였다(강영계, 2001; 정문영, 1998; 최영민, 2010). 즉, 프로이트에 따르면 인간의 인지, 정서, 행동 등은 인간이 의식의 영역에서 조절하고 통제하는 상황에서 형성된 것이 아니라 무의식적인 생물학적 본능에 의해서 형성된다. 요약하면 정신분석이론의 인간관에 따르면 인간은 무의식적인 생물학적 성적 본능에 의해서 지배받는 피동적 존재이다.

프로이트의 이러한 무의식 결정론적 인간관은 정신분석이론의 기본적 관점들에서 잘 나타난다. 프로이트는 인간의 인지, 정서, 행동 등의 모든 체계 내적 특성들이 인간의 자유의지나 우연에 의해서 형성되는 것이 아니라 근원적 원인이 있다고 가정한다(박성수·한승완, 2003). 예를 들어서 현재 '갑'이라는 사람이 불안한 정서상태를 보이고 있다면, 이러한 불안한 정서에는 반드시 원인이 있다고 이해한다. 즉, 불안이란 인간의 자유의지에 의해서나 우연에 의해서 결정되는 것이 아니고, 근원적 원인이 있으므로 불안을 해결하려면 그것이 무엇인가를 이해해야 한다. 이러한 근원적 원인은 인간이 의식 수준에서 이해할 수 있는 요인들보다 성적 또는 생물학적 본능이나 경험을 했더라도 현재는 의식할 수 없는 무의식 수준에 깔려 있는 요인들이 대부분이다. 정서뿐 아니라 체계 내적 차원에서 일어날 수 있는 행동적 특징이나 인지적 특징도 우연이나 자유의지에 의해서 결정되는 것이 아니라 생물학적 성적 에너지와 무의식의 지배를 받는다고 가정한다(박성수·한승완, 2003).

2 무의식 결정론의 주요내용

1) 의식의 수준

프로이트는 눈에 보이지 않는 인간의 개인체계 내적 특징들, 즉 정신구조를 가시적 지도로서 제시하였는데, 이것이 바로 '지형학적 모형'이다(최영민, 2010). 정신분석이론의 지형학적 모형에서는 의식의 수준을 의식(conscious), 전의식(preconscious), 무의식(unconscious)으로 구분하였다(〈그림 3-1〉 참고). 〈그림 3-1〉에서 보는 것처럼 인간정신의 대부분은 무의식의 수준이고, 의식의 수준은 전체 정신구조의 빙산의 일각에 해당하는 조그마한 부분으로 이해된다. 점선으로 표시한 것에서 짐작할 수 있는 것처럼 현재 의식의 수준에 있는 지각이라도 전의식이나 무의식의 수준으로 잊혀질 수 있고, 반대로 무의식의 수준에 있는 잊혀진 경험이 치료를 통해서 의식의 수준으로 전환될 수도 있다는 것을 가정한다.

'의식'이라는 것은 특정 순간에 개인이 인식할 수 있는 감각, 지각, 경험, 기억 등을 말한다(유상우, 2010). 의식이 작용하고 있다는 증거는 우리가 일상생활에서 감각하고, 지각하고, 기억하고, 경험하는 것이 가

그림 3-1   의식의 수준

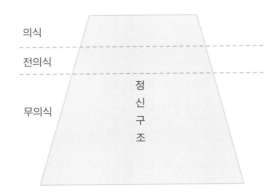

정
신
구
조

의식

전의식

무의식

출처: 조현춘 외, 2002..

능하다는 것을 생각하면 쉽게 이해할 수 있으리라고 사료된다. 다양한 경험과 인지활동을 하면서 살아가는 인간이 경험과 인지의 모든 것을 기억하지는 못하고 극히 일부분만을 기억할 수 있다는 것을 생각하면 의식 부분이 무의식 부분보다 상대적으로 작을 수밖에 없다는 것을 이해할 수 있다.

'전의식'은 일상적으로는 의식의 수준에서 인식할 수 없으나 주의를 집중하고 노력하면 의식이 될 수 있는 정신영역을 말한다(유상우, 2010). 전의식이 작용하고 있다는 증거는 다음의 예에서 살펴볼 수 있다. 초등학교 때 친구에 대한 기억이나, 몇 주 전의 저녁식사 메뉴 등은 일상생활에서 우리가 의식적으로 인식하지 못하는 경우가 많다. 하지만 초등학교 친구와 찍은 사진을 본다거나 몇 주 전에 저녁식사를 같이한 사람과 우연히 만나서 만남에 대해서 회고적 대화를 하는 과정에서, 친구나 메뉴에 대해서 인식하지 못하고 있던 부분들(즉, 전의식 부분)이 현실적으로 인지할 수 있는 의식의 수준으로 변환될 수 있다.

'무의식'은 욕구나 본능이 깊이 자리하고 있는 영역임과 동시에, 일생 동안 경험한 지식이나 감정, 경험이 모두 저장되는 영역으로 프로이트의 정신분석이론에 의하면 인간의 사고와 행동을 결정하는 가장 영향력이 있는 부분으로 간주된다(유상우, 2010). 무의식의 영역은 쉽게 자각하지 못하는 모든 것을 포함하는 영역인데, 프로이트의 정신분석이론에 의하면 치료를 통해서 의식으로 끌어낼 수 있다. 이러한 무의식은 의식으로 표출될 때 상징화된 형태로 나타나는 것이 일반적이다(김대규, 1994). 예를 들어서 무의식적으로 깔려 있는 생식기에 관련된 성적 갈등이 의식적 수준에서는 뱀에 대한 두려움으로 나타난다. 무의식은 의식을 하지 못하는 부분이기 때문에 실제적으로 무의식이 작용하고 있다는 증거를 찾아내는 것은 쉽지 않으나, 정신분석이론가들은 몇 가지 증거들을 통하여 무의식의 작용 근거로 제시하고 있다. 그 하나의 예가 말실수(*parapraxis*)이다. 회의가 빨리 끝나기를 무의식적으로 바라는 사회자가 회의를 개최하는 과정에서 "신사 숙녀 여러분, 현재의 정족수를 확인하였으며, 지금부터 개회가 끝남을 선언합니다"라고 얘기하는 경우, 이러한 말실수는 회의 사회자가 모임이 빨리 끝나기를 바라는 무의식의 발로라고 이해한다.

2) 성격의 구조

프로이트의 정신분석이론은 의식, 전의식, 무의식의 지형학적 정신구조와 함께, 성격으로 대표되는 정신구조의 구체적 영역을 원초아(*id*), 자아(*ego*) 및 초자아(*superego*)로 제시하였는데, 이것이 바로 성격의 조직을 도식적으로 보여주는 '구조적 모델'이다(유상우, 2010). 성격의 이러한 세 부분은 서로 상호작용하면서 전체적인 성격특징을 형성한다. 즉, 이러한 하위영역의 특징에 따라서 개인의 정서, 인지, 행동의 구체적 특징들이 영향을 받는다. 이러한 성격의 하위영역은 실증적 자료에 의해서 형성된 것이 아니라 개념화된 것이기 때문에 무의식의 수준에 머물러 있는 원초아와 같은 경우는 실존 여부에 대해서 논쟁의 여지가 많은 부분이다. 하지만 일부분이나마 의식의 수준으로 개념화된 자아나 초자아의 경우 존재 자체를 부정하는 학자는 거의 없다. 〈그림 3-2〉는 프로이트의 정신분석이론에서 나타난 성격의 구조를 도식화한 것이다.

　'원초아'는 출생 시부터 타고나는 본능과 충동을 포함한 정신에너지의 저장소이다(유상우, 2010). 본능과 충동을 포함하고 있다는 점에서 가장 원시적인 체계이지만, 원초아에서 자아와 초자아가 분화되어 나온다는 점에서 성격구조의 원천이라고 볼 수 있다. 인간이 처음 태어났을 때는 자아와 초자아는 분화되지 않았지만, 이들의 원천이 되는 원초아는 타고난다고 본다. 원초아는 표면적으로 의식화되지 못한다는 점에서 외부세계와는 단절상태이고, 시간과 경험에 의해서 거의 영향을 받지 않고 변하지 않는 것으로 간주된다. 원초아의 작동원리는 기본적으로 '쾌락주의'(pleasure principle) 적이다. 즉, 현실과 상관없이 욕구의 즉각적 충족을 요구하며, 오로지 이러한 욕망을 충족시키는 데만 관심을 갖는다. 원초아적 욕구는 의식적 수준에서 나타나는 것이 아니라 거의 무의식적 수준에서 표출되는 것이기 때문에 욕구 도출과정에서의 사고과정은 기본적으로 비합리적 사고(primary process thinking)로 특징지어진다. 현대적 관점에서 인간의 특징적 요소를 신체, 심리, 사회적 요소로 구분할 때, 생물학적 요소를 많이 지니고 있는 성격부분이라고 할 수 있다. 배가

그림 3-2 　　　　　　　　　성격의 구조

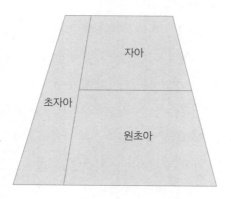

출처: 조현춘 외, 2002.

고프면 먹을 것이 연상된다거나 생리적 욕구의 해소를 갈망하는 것 등은 원초아가 작동하는 하나의 예라고 할 수 있다.

　　성격구조의 두 번째 요소는 '자아'이다. 자아는 원초아의 욕구를 외부세계의 제약을 고려하면서 표현하고 충족시키려고 노력하는 조직적이고, 합리적이며, 현실지향적 성격구조이다(유상우, 2010). 프로이트의 정신분석이론에 의하면 인간이 처음 태어났을 때는 원초아만 존재하지만 생후 4~6개월 정도가 지나면서 자아가 형성되기 시작한다고 본다. 즉, 태어나서 보고, 듣고, 만지고 하는 것을 통해서 외부세계를 배우면서 원초아의 충동적 욕구를 외부세계에서 만족시키는 방법을 서서히 배우게 되는데, 이러한 욕구 충족과 조절과정에서 중요한 역할을 하는 것이 '자아'이다. 원초아의 작동원리가 쾌락주의임에 비해, 자아의 작동원리는 '현실주의'(reality principle)적이다. 자아는 원초아로부터의 욕구가 있더라도 현실적으로 적당한 대상과 방법을 찾을 때까지 본능적 충동들을 억제하고 지연시킬 수 있다. 이러한 점에서 자아는 원초아의 본능적 충동과 사회규범적 역할을 하는 초자아의 요구를 통합적으로 소화해내는 기능을 한다고 볼 수 있다. 원초아가 비합리적 원시적 사고에 의존하는 것이 특징이라면, 자아는 욕구 충족을 위한 적절한 대상과 방법에 대한 탐색을 필요로 한다는 점에서 합리적인 신중한 사고과정(secondary process of thinking)에 의존한다는 특징이 있다. 위에서 예로 든 것처럼 배고프거나 생리적 욕구는 원초아적이지만, 남의 음식을 함부로 먹지 않는다거나, 버스 안에서 생리작용을 참는다거나 하는 것은 자아 작동의 예가 될 수 있다. 인지과정을 통한 신중한 사고과정을 거친다는 점에서 현대적 의미의 개인체계 내적 구성요소들인 신체, 심리, 사회적 요소들 중에서 심리적 부분과 가장 유사한 부분이라고 해석될 수 있다.

'초자아'는 옳고 그름을 판단하고 결정하여 사회가 인정하는 도덕적 기준에 따라서 행동하도록 유도하는 기능을 하고, 삶의 목표, 양심, 죄책감 등의 정신현상을 유발하는 정신활동들을 포함하는 개념이다(유상우, 2010). 초자아는 원초아로부터 기본적 에너지를 제공받아서 자아로부터 분화된다. 초자아는 시기적으로는 대략 1세 전후부터 생겨나서 5~6세에 최고의 발달을 보이고 10~11세가 되면 기틀이 잡혀 기본적 도덕관이 형성되지만, 이후의 성장과정을 통하여 추가되거나 변경될 수 있는 여지가 있는 것으로 이해한다. 원초아로부터 본능적·생물학적 욕구가 표출될 때 초자아는 현실적으로 타당하지 않은 욕구들을 충족하려는 행동을 억제하는 역할을 한다. 원초아의 본능적 욕구와 초자아의 도덕적 기준은 자아를 통하여 현실적으로 실현 가능하고 도덕적 목표를 달성할 수 있는 행동이 나올 수 있도록 조절된다. 초자아를 통해서 현실적으로 충족될 수 없었던 원초아적 욕구들은 억압되어서 무의식의 세계에 축적되고, 무의식에 억압된 욕구는 초자아의 검열을 거쳐 의식의 세계로 부상하는 과정을 거치기도 한다. 초자아가 사회적 도덕적 규범에 따라서 원초아의 욕구를 조절한다는 의미에서 개인체계 내적 구성요소인 신체, 심리, 사회적 요소 중에서 사회적 요소와 가장 유사한 부분이라고 이해된다.

3) 성격구조와 의식수준의 관계

앞에서 정신분석이론의 기본적 틀에 대해서 알아보았다. 프로이트의 정신분석이론은 기본적으로 의식, 전의식, 무의식으로 구성된 의식의 수준에 대한 것과 원초아, 자아, 초자아로 구성된 성격구조에 대한 것으로 나누어 볼 수 있다. 하지만 이러한 의식수준과 성격구조는 별개로 작동하는 것이 아니라 서로 맞물려서 역동적으로 작동하고 있는 개념이다. 위에서 각각 살펴본 프로이트의 정신분석이론의 이러한 특징을 통합적으로 고찰하기 위해 도식화하면 〈그림 3-3〉과 같이 표현할 수 있다(조현춘 외, 2002).

〈그림 3-3〉은 의식수준과 성격구조와의 관계를 도식적으로 보여준다. 프로이트의 이론이 무의식 결정론이라고 특징지어지는 것을 확인해 주듯이 성격을 이루는 원초아, 자아, 초자아의 상당부분은 무의식 수준에 머무르고 있다. 특히 생물학적 본능에너지의 원천으로 이해되는 원초아 부분은 전체적으로 무의식의 수준으로 분류되고 있다. 또한 자아의 부분과 초자아의 상당부분 또한 무의식으로 분류되고 있다. 자아와 초자아의 일부는 전의식 및 의식의 세계로 이해된다. 주목할 만한 것은 의식의 수준 부분이 무의식의 영역에 비해 상대적으로 작다는 점인데, 이는

그림 3-3 　　　　　성격구조와 의식수준의 관계

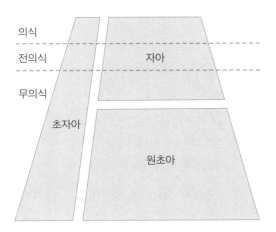

의식

전의식

무의식

자아

초자아

원초아

출처: 조현춘 외, 2002.

인간이 현재 지각하고, 경험하고, 행동하는 것의 상당부분은 무의식에 의해서 결정된다는 프로이트 이론의 특징을 보여주는 것이다. 이러한 전체적인 이론적 틀(*paradigm*)을 염두에 두고 다음에서는 정신분석이론을 좀더 잘 이해하는 데 도움이 되는 관련된 주요개념들에 대해서 살펴본다.

무의식 결정론과 관련된 주요개념

1) 리비도

그러면 위에서 살펴본 의식의 수준과 성격의 구조를 통하여 인간을 실제 행동하게 하는 정신활동들을 일어나게 하는 근원은 무엇인지 살펴보자. 정신분석이론에서는 인간의 모든 행동은 생물학적 욕구가 밑바탕이 된다고 가정한다. 이러한 생리학적 욕구를 정신분석이론에서는 '리비도'(*libido*)라고 표현되는 '생물학적 성적 에너지'라고 이해한다(유상우, 2010). 인간이 여러 가지 욕구를 가질 수 있지만 생리학적 성적 욕구는 다른 어떤 욕구보다도 근원적인 것으로 이해되고 출생 시부터 나타나기 때문에 향후 인간의 행동과 성격을 규정하게 되는 에너지의 원천이다. 프로이트가 의학자이자 생리학자였다는 점을 고려할 때 인간행동의 근원적 에너지를 생물학적 성적 에너지로 이해한 것은 어쩌면 당연한지도 모른다.

이론을 형성해감에 따라 프로이트는 생물학적 성적 에너지의 특징을 두 가지 본능(*instinct*) 개념으로 발전시킨다(유상우, 2010). 첫 번째 본능이 '삶의 본능'(*life instinct*)으로 특징지어지는 '에로스'(*Eros*)이다. 삶의 본능은 긍정적이고 생산적인 행동이 일어나게 하는 에너지의 근원으로 이해될 수 있다. 즉, 삶의 본능이란 개인이나 사회가 존속 발전하는 데 필요한 인간행동들의 에너지원을 지칭한다. 예를 들어서 생존하기 위해서 해결해야 할 배고픔이나 갈증, 종족보존을 위해서 필요한 성욕구 등은 삶의 본능이 표출된 형태로 이해할 수 있다. 이러한 본능은 주로 무의식의 세계에서 표출되는데, 삶의 본능이 표출되더라도 음식물 섭취나 성적 관계를 사회적 규범이 허용하는 범위 안에서 추구하는 행위는 자아의 의식 수준에서 판단되고 행동으로 옮겨지게 된다. 이러한 삶의 본능은 개념적 차원에서 이론화된 것이기 때문에 경험적으로 증명해내는 것은 한계가 있지만, 현실세계에서 우리가 음식물을 섭취하고, 자식을 나아서 기르고, 이타적 행동을 하는 것을 생각해 보면, 프로이트가 이러한 행위를 삶의 본능이 표출된 결과라고 한 것을 이해하는 데 도움이 된다.

두 번째 본능이 '죽음의 본능'(death instinct)으로 특징지어지는 '타나토스'(Thanatos)이다. 정신분석이론에 따르면 모든 유기체는 자신이 생성되어 나온 근원인 무생물의 상태로 되돌아가려는 충동이 있기 때문에 모든 사람은 죽으려고 하는 무의식적 소망이 있다고 가정한다. 그러므로 죽음의 본능이 표출되어 나타나는 행동적 특징은 자기파괴적이고, 타인이나 환경을 파괴하는 공격적인 것이다. 삶의 본능과 마찬가지로 죽음의 본능 또한 개념적 차원에서 형성된 이론이기 때문에 존재근거나 작동원리의 실질적 증거를 과학적으로 증명해내는 데는 한계가 있다. 하지만 인류역사에서 나타난 여러 가지 전쟁이나 환경파괴의 예들과 자해나 자살의 근원을 이론적 차원에서 이해하는 데 도움을 주는 개념이다.

2) 불안

인간행동은 위에서 살펴본 의식, 전의식, 무의식적 차원에서 원초아, 자아, 초자아 사이에 현실적 균형 또는 항상성이 유지될 때 긍정적 정신상태를 나타낼 수 있다. 하지만 무의식의 원초아적 욕구가 너무 지나

치거나, 원초아적 욕구를 충족시키기에는 환경적 자원이 부족한 경우처럼 구조나 수준 간에 항상성이 깨어질 때는 심리적 안녕상태도 부정적으로 영향을 받게 된다. 이러한 논의를 바탕으로 프로이트의 정신분석이론에서의 불안을 정의하면, 불안(anxiety)이란 지나친 원초아적 욕구나 초자아의 규제로 인한 의식수준이나 성격구조 간의 갈등으로 인해서 자아가 과도한 부담을 느낄 때 발생하는 부정적 감정으로 이해할 수 있다. 프로이트는 이러한 불안을 원초적 욕구의 근원과 갈등관계의 특징을 기준으로 현실적 불안(realistic anxiety), 도덕적 불안(moral anxiety) 및 신경증적 불안(neurotic anxiety) 등의 세 가지 유형으로 분류하였다(유상우, 2010).

현실적 불안은 외부세계로부터 오는 위험이 있고 이 위험에 대처할 내적, 외적 자원의 한계를 느낄 때, 이로 인한 항상성 와해의 위험을 인식함으로써 유발되는 부정적 정서를 경험하는 경우에 나타날 수 있다. 현실적 불안의 예를 실제 일어날 수 있는 상황에서 살펴보면, 내일 중요한 발표가 있는데 지금까지 준비를 충분히 하지 않았기 때문에 발표를 잘할 수 있을 정도로 준비할 시간이 충분하지 않다고 느끼는 경우에 발생하게 되는 불안이 하나의 예가 될 수 있다. 즉, 현실적 불안은 외적 세계의 요구(taxation)를 가용한 내적, 외적 자원으로 해결하는 데 한계가 있다는 인식에서 출발한다는 점에서 외부세계와 내적 영역 간의 불균형 상태로 이해할 수 있다.

도덕적 불안은 원초아적 욕구를 충족하려는 상황에서 욕구를 충족시키는 것이 사회적, 도덕적 규범에 위배될 수 있는 경우에 발생할 수 있다. 즉, 원초아가 부도덕적 욕구를 충족하려고 할 때, 초자아의 처벌이 따를 것이라고 인식하는 상황에서 정서적 안녕상태의 항상성이 깨진 것이 도덕적 불안이다. 예를 들어서 극심한 허기를 느끼는 상황에서 타인의 음식물을 보았을 때, 원초아적 욕구는 먹으려고 할 것이고 초자아는 도덕적 규범에 어긋나는 행동이라고 제재를 하게 되는데, 이러한 때 경험하게 되는 심리적 안녕상태의 와해가 도덕적 불안이다. 이러한 의미에서 도덕적 불안은 원초아와 초자아의 갈등이나 충돌에서 유발되는 것이라고 이해할 수 있다.

신경증적 불안은 원초아적 본능으로부터 위험을 의식할 때 발생하는 고통스러운 심리적 상태이다. 신경증적 불안은 심리적 안녕상태가 균형을 잃었다는 점에서는 현실적 불안이나 도덕적 불안과 유사하지만, 의식수준이나 성격구조에서 갈등하고 충돌하는 부분에서는 차이가 있다. 예를 들어 도덕적 불안은 원초아와 초자아 사이의 충돌이나 갈등인 반면, 신경증적 불안은 원초아와 자아 사이에 갈등이나 충돌이 일어나는 경우이다. 도덕적 불안의 경우 원초아적 욕구 충족과정에서 이를 견제를 하는 초자아적 규범을 인식한 상태에서 불안을 경험하므로 불안의 원인을 의식 수준에서 이해하는 것이 가능하다. 반면 신경증적 불안은 원초아와 자아 사이의 갈등상황에서 발생하는 것이라고 개념화되지만, 구체적으로 갈등관계가 어떠한 역동성을 가지는지를 개념적으로 가시화하는 것은 한계가 있다.

불안한 감정은 있는데 구체적으로 어떤 원인에 의해서 불안이 유발되었는지를 의식적 수준에서 실증적으로나 개념적으로 구체화시키지 못하는 불안을 경험할 때, 이를 신경증적 불안이라고 이해할 수 있다. 이러한 것의 영향을 받아서 초기 정신질환을 명명하는 구조화된 체계에서〔예: DSM(Diagnostic Statistical Manual) 체계〕신경증이라고 명명한 것은 신체적, 심리적, 사회적 원인이 분명하지 않은 정신질환을 지칭하기도 하였다. 즉, 무의식의 영역이 원인이 되어서 발생해서 자아 수준에서 불안한 정서를 경험하게 되는 모든 것들을 신경증적 불안이라고 얘기할 수 있다.

3) 방어기제

프로이트의 정신분석이론의 관점에서는 일반적으로 인간은 원초아, 자아, 초자아 사이의 욕구와 기대가 적절하게 균형을 이룰 때 심리적 안녕상태가 유지・증진되고 사회적으로 잘 기능하게 된다. 어떠한 이유에서든 균형상태가 깨어질 때 갈등이 발생하여 불안을 경험하게 되고, 불안을 자각하는 자아는 과도한 부담을 받게 되어 심리적 안녕이나 사회적 기능수행에 장해를 가져올 수 있다.

정신분석이론에 의하면 불안이 너무 과도하게 커지면 자아를 보호하기 위한 기제가 작동하게 되는데, 이것이 방어기제(*defense mechanism*)이다(유상우, 2010). 방어기제의 주목적은 내적 갈등을 해소하는 것이고, 구체적 내용은 현실거부, 왜곡, 위조 등을 통해서 일어나게 되는데, 대부분의 경우는 무의식적으로 일어난다. 방어기제의 종류는 다양하며 발달수준이나 불안의 정도에 따라 다양하게 나타날 수 있는데, 각각의 방어기제 유형들은 혼자 작동하는 경우도 있고 다른 것들과 복합적으로 작동하는 경우도 있다.

가장 많이 사용하는 불안에 대한 일차적 방어기제 중 하나는 '억압'(*repression*)이다. 억압은 의식에서 용납하기 힘든 생각, 욕망, 충동들(즉, 의식 수준에 머물러 있을 때 불안을 유발하는 생각, 욕망, 충동 등)을 무의식으로 눌러 넣어버리는 것이다. 억압을 통해 자아가 얻을 수 있는 긍정적 측면은 위협적인 충동, 감정, 소원, 환상, 기억 등이 의식 수준으로 표출되는 것을 막음으로써 불안의 유발을 억제할 수 있는 것이다. 외상 후 스트레스 증후군이 유발될 수 있는 부정적 경험을 한 사람들(예: 성폭력 피해자)이 간혹 성폭력을 당했다는 사실을 잊어버리는 경우가 있는데, 정신분석학적 관점에서 이러한 것은 기억함으로써 유발될 수 있는 수치심을 예방하기 위해 무의식적으로 억압한 결과로 해석할 수 있다.

억압과 혼돈할 수 있는 개념이 '억제'(suppression)이다. 억제는 받아들이고 싶지 않은 욕구나 기억을 의식적으로 잊으려고 노력하는 것을 의미한다. 예를 들어서 실연당한 사람이 사랑했던 사람에 대한 옛 기억을 잊으려고 노력할 때, 기억을 억제하고 있다고 볼 수 있다. 억압과 억제는 의식하지 않으려고 한다는 점에서 공통점이 있지만, 가장 큰 차이점은 억압은 무의식의 수준에서 일어나고 억제는 의식의 수준에서의 의도적 노력이라는 점이다.

'반동형성'(reaction formation)은 수용할 수 없는 부정적 충동을 그와 정반대의 것으로 바꾸어서 표출하는 것이다. 즉, 겉으로 나타나는 태도나 언행이 마음속의 생각이나 욕구와는 정반대인 경우의 방어기제이다. 싫어하는 사람에게 친절을 베푸는 행위나 한국 속담의 "미운 놈 떡 하나 더 준다" 등은 반동형성의 한 예가 될 수 있다.

'퇴행'(regression)은 좌절을 심하게 당했을 때, 또는 아주 심한 스트레스를 받았을 때 초기의 발달단계나 행동양식으로 후퇴하는 현상을 의미한다. 대소변을 잘 가리던 5살짜리 유아가 동생이 태어나자 대소변을 가리지 못하게 되는 경우가 퇴행의 한 예가 될 수 있다.

'동일시'(identification)는 본능적 충동이 용납될 수 없는 경우, 충동 그 자체는 부정되지만 그 충동적 특성을 갖고 있는 어떤 사람과 동일시하는 것을 의미한다. 강한 성적 욕망이 있는 사람이 자신을 영화배우와 동일시한다거나, 아버지를 무서워하는 아들이 아버지를 닮아가는 현상 등은 동일시의 결과로 해석된다. '병적 동일시'란 어떤 이상과 공생하려고 노력함으로써 권력을 쥐고 있다는 느낌을 얻기 위해 애쓰는 경우에 형성된다. 예를 들어서 성장과정에서 부모의 충격적 이혼을 경험한 사람이 나중에 부모가 되었을 때 부모역할에 대해서 병적 동일시를 형성함으로써 자녀들에 대해 지나치게 걱정하는 태도를 지니게 되는 경향이 있다.

'보상'(compensation)은 실제적인 것이든 상상의 것이든 간에 자신의 성격, 외모, 지능 등의 결함을 보완하기 위해서 취하게 되는 무의식적인 노력을 지칭한다. 이러한 의미에서 보상이란 심리적으로 어떤 약점이 있는 사람이 그 약점을 보완하기 위해서 대안이 될 수 있는 다른 어떤 것을 과도하게 발전시키는 정신현상이다. 가난한 사람이 가난에 대한 콤플렉스가 있어서 과도하게 치장하고 사치하는 현상이나, 친부모에게 효도를 하지 못한 사람이 이웃의 독거노인을 극진히 부양하는 경우 등을 예로 들 수 있다.

'합리화'(rationalization)는 의식하지 못하는 동기에서 나온 용납할 수 없는 충동이나 행동에 대해 지적으로 그럴듯한 설명이나 이유를 대는 것을 의미한다. 정신분석학적 맥락에서 합리화는 원하지 않는 원초아의 욕구가 의식 수준으로 들어왔을 때, 자아가 재빨리 사고와 감정의 내용을 바꿔서 수용할 수 있는 것으로 대치하도록 하는 것으로 이해된다. 이솝우화에 나오는 여우가 키가 작아서 포도를 못 따먹은 경우에 '저 포도는 시어서 맛이 없을 거야'라고 포도에 대해서 평가절하 함으로써 포도를 먹지 못한 상황을 수용 가능한 수준으로 이해하는 현상이 하나의 예가 될 수 있다.

'대치'(substitution)는 목적하는 것을 가지지 못하게 되었을 때 유발되는 좌절감에 기인하는 긴장을 줄이기 위해 원래의 것과 유사한 것을 취해 만족을 얻는 경우를 일컫는다. 손가락을 빤다고 부모에게 벌을 받은 유아들이 손가락 대신 사탕을 빠는 현상이나 자식이 없는 부부가 애완동물을 귀여워하는 현상 등은 대치의 예가 될 수 있다.

'전치'(displacement)는 실제로 있는 어떤 대상에 대한 감정을 그대로 표출할 수 없는 경우 이러한 감정을 다른 대상을 상대로 표출하는 현상이다. 한국 속담의 "종로에서 뺨 맞고 한강에서 돌 던지기"는 전치현상을 잘 묘사하고 있는데, 교수에게 꾸중을 들은 학생이 친구에게 화를 내는 현상이나 시어머니에게 야단맞은 며느리가 애완동물이나 자녀들에게 화풀이하는 현상 등은 전치의 예이다. 전치와 유사한 작동기제를 가진 방어기제로는 '자신으로의 선회'(turning against the self)가 있는데, 전치가 대상에 대한 감정 및 행동적 반응을 제3의 대상으로 돌리는 것이라면, '자신으로의 선회'는 자기 자신의 탓으로 돌리는 것을 의미한다.

'투사'(projection)는 초자아적 관점에서 용납할 수 없는 자기 내부의 문제나 결점이 자기 외부에 있는 것으로 생각하는 정신기제이다. 예를 들어서 바람피우고 싶은 원초아적 욕망을 가지고 있는 남편이 아내가 바람을 피울까 두려워 외출도 못하게 하고 화장도 진하게 하지 못하게 하는 것은 자신이 바람피우고 싶은 욕망을 아내에게 투사한 결과로 이해할 수 있다. 또한 실제로 바람피우는 남편이 아내가 바람피우지 않은가를 의심하는 현상 또한 투사의 예가 될 수 있다.

'상징화'(symbolization)는 어떤 사람이나 사물에 부여된 감정적 가치를 구체적인 상징적 표현으로 나타내는 현상을 일컫는다. 이러한 것은 정신분석이론에서는 꿈이나 공상을 해석하는 과정에서 많이 볼 수 있는

데, 빨간색은 정열을, 검은색은 죽음을, 그리고 비둘기는 평화를 나타내는 현상 등이 상징화의 예이다.

'분리'(*isolation*)는 고통스러운 생각이나 기억을 그에 수반된 감정상태와 분리시키는 현상을 일컫는다. 아버지가 돌아가셨을 때 충분히 슬픔을 표출하지 못한 사람이 영화에서 권위적 남성이 죽는 모습을 보고 슬프게 느끼는 경우가 분리의 예이다.

'부정'(*denial*)은 의식 수준으로 표출되면 도저히 감당할 수 없는 생각이나 욕구를 무의식적으로 부정하는 현상이다. 예를 들어서 암환자가 자신의 병을 부정하면서 오진이라고 믿는 경우나, 어린이가 아버지가 사망하였음에도 불구하고 이를 아버지가 돌아가신 것이 아니라 며칠 동안 딴 곳으로 여행 가셨기 때문에 곧 돌아오실 것이라고 믿는 현상들이 부정이 작동한 예이다.

'승화'(*sublimation*)는 용납되지 않는 충동의 에너지를 변형시켜 건설적이고 유익한 목적을 위해 표현되게 하는 정신기제로 건전하고 바람직한 방어기제로 이해된다. 본능적 충동을 예술로 승화하는 예술가나, 성충동을 축구나 수영 등의 운동을 통해서 사회적으로 인정되는 행동으로 표출함으로써 해소하는 현상, 공격성향이 있는 사람이 외과의사가 되어서 자신의 공격성을 사회적으로 용납되는 방법을 통해 해소하는 현상이나 경영자가 되어서 공격적 경영을 하는 현상 등이 승화의 예가 될 수 있다.

'해리'(*dissociation*)는 마음을 편하지 않게 하는 근원인 성격의 일부가 그 사람의 의식적 지배를 벗어나 마치 하나의 다른 독립된 성격인 것처럼 행동하는 현상을 일컫는다. 정신분석학에서는 다중인격자나 몽유병, 또는 잠꼬대 등을 해리현상의 결과로 이해한다.

'저항'(resistance)은 억압된 것들이 의식화되는 것을 방해하는 현상인데, 주로 치료과정에서 많이 나타난다. 무의식의 수준에 있던 욕망이나 충동들이 의식의 수준에 올라왔을 때 당사자는 불안을 느끼게 되고 이러한 것을 두려워한 나머지 무의식적 요소들이 의식의 수준으로 올라오는 것을 방해하려는 방어기제가 작동하게 되는데 이러한 현상을 저항이라고 한다. 정신분석학에서 치료과정에서 내담자가 약속된 상담에 결석한다거나, 지각한다거나, 대답하기를 거절하고 침묵한다거나, 상담 중에 존다거나 하는 현상들을 저항으로 이해한다.

'전환'(conversion)이라는 것은 심리적 갈등이 신체감각기관과 수의근 계통의 증상으로 표출되는 것을 의미한다. 입영영장을 받고 갑자기 시각장애가 생기는 현상은 입대하는 데 대한 심리적 갈등이 감각기관 계통의 증상으로 나타난 전환이라는 방어기제가 작동한 예로 이해된다.

'신체화'(somatization)는 심리적 갈등이 심리적 불안과 더불어 신체 부위의 구체적 증상으로 나타나는 현상이다. 예를 들어 사촌이 땅을 사면 배 아픈 현상이나, 시험 전에 소화불량이 생긴다거나, 두통과 몸이 무거운 느낌으로 나타나는 주부 우울증 등은 신체화라는 방어기제가 작동한 예로 이해된다.

'원상복구'(undoing)는 이미 발생한 초자아적 관점에서 부적절한 생각이나 행동을 없애고자 하는 현상을 말한다. 자위행위를 한 후 손을 씻는 행위나 부적절한 생각을 한 후 머리를 흔드는 경우 등이 원상복구의 예가 될 수 있다.

4) 심리성적 발달단계

무의식 결정론적 정신분석이론에서는 리비도나 본능이 인간행동과 사고의 주 동기가 된다고 간주한다. 무의식 결정론적 특징에서 알 수 있는 것처럼 정신분석이론에서는 출생 당시에 모든 인간은 본능적 충동(원초아적 본능)만 있다고 가정하고, 생애초기의 영아의 모든 사고나 행동은 원초아적 본능에 의해서 에너지를 받는다고 이해한다(Thomas, 2000). 하지만 외부세계에서 원초아적 충동을 만족시키는 방법을 조절하기 시작하면서 생후 4~6개월부터는 자아가 발달한다. 1세 전후에 초자아가 자아로부터 분화되어 생겨나서 5~6세 무렵에 최고의 발달을 보이고, 10~11세가 되면 초자아는 기틀이 잡혀 도덕관이 내재화되어 향후 초자아의 기본적인 틀이 형성된다. 정신분석이론에서는 이러한 성격변화의 기본적 에너지는 무의식적인 원초아적 본능이라고 가정하는데, 다음과 같은 성감대를 중심으로 한 심리성적 발달단계를 〈표 3-1〉처럼 제시할 수 있다(Robbins et al., 2006).

'구강기'는 연령적으로 출생에서부터 18개월까지를 의미한다. 구강기에 나타나는 주요 갈등의 장은 음식섭취와 관련된 것인데 음식섭취의 구체적 주요활동은 빨기, 먹기 등이다. 주요 성감대는 음식섭취와 관련된 신체부위인 입, 혀, 입술 등이다.

'항문기'는 연령적으로 18개월에서 4세까지를 의미한다. 항문기에 나타나는 주요 갈등의 장은 배변훈련과 관련된 것인데, 배변훈련과 관련된 주요활동은 배출과 보유이다. 주요성감대는 배변활동과 관련된 신체부위인 항문이다.

'남근기'는 연령적으로 4세에서 7세까지를 의미한다. 남근기에 나타

표 3-1   심리성적 발달단계

단계	연령	성감대	주요활동 및 갈등의 장	성격특성
구강기	출생~18개월	입, 혀, 입술	물기 · 먹기 음식섭취	낙천 - 비관 능동적 - 수동적
항문기	18개월~4세	항문	배출 · 보유 배변훈련	인색 - 관대 고집 - 순종
남근기	4~7세	성기	이성교제 콤플렉스	자신감 - 소심함 저돌적 - 우유부단함
잠재기	7세~사춘기	성적 충동 억압 성적 본능과 관련 없는 사회적 기술 습득		
생식기	사춘기~	전신	성교 오르가즘	성숙 - 미숙 적응 - 부적응

출처: Robbins, Chatterjee & Canda, 2006.

나는 주요갈등은 콤플렉스인데, 주요활동은 이성교제이다. 주요성감대는 성기가 된다.

'잠재기'는 7세부터 사춘기에 이르는 시기를 의미한다. 이 시기는 성적 충동을 억압하고 있는 시기로 이 시기 아동은 성적 본능과 관련이 없는 사회적 기술을 습득하는 시기이다.

'생식기'는 사춘기 이후를 의미한다. 생식기의 갈등의 주요 장은 오르가즘이고 주요활동은 성교이다. 성감대는 전신이 된다. 이러한 성격발달 단계에서 발달단계별로 중요한 갈등을 적절하게 해결하느냐 그렇지 못하느냐에 따라서 개인의 성격적 특징이 결정된다. 발달단계의 갈등을 잘 해결하는 개인의 경우 긍정적 성격이 형성된다. 반면 발달단계의 갈등을 적절하게 해결하지 못하는 경우 '고착'(fixation)이 일어나게 되는데 이러한 경우는 부정적 성격이 형성되게 된다(Robbins et al., 2006).

발달과정을 거치면서 여아와 남아는 성별에 따라서 상이한 위기를 거치고, 이러한 위기를 해결하는 과정에서 여성으로서 또는 남성으로서 성적 정체성이 형성된다(Robbins et al., 2006). 이러한 과정을 '오이디푸스 위기'(Oedipal crisis) 또는 '오이디푸스 콤플렉스'(Oedipal complex)라고 부른다. 오이디푸스 콤플렉스는 남아들이 경험하는 것으로 이 이론에 의하면 남아들은 처음에 어머니를 사랑의 대상으로 인식한다. 하지만 아버지의 존재를 인식하면서부터 거세불안(castration anxiety)을 느끼고, 이러한 불안에서 벗어나기 위해서 자신을 아버지와 동일시하게 되고 그 결과 남성으로서의 정체감을 발달시키게 된다. 반대로 엘렉트라 콤플렉스(Electra complex)는 여아들이 경험하게 되는데, 여아들은 처음에 아버지를 사랑의 대상으로 인식하는 과정에서 남근선망(penis envy)을 가지게 되는데 현실적으로 불가능하다는 갈등을 경험한 후에 어머니와 동일시하게 된다. 이러한 과정을 통해 여아는 여성으로서의 정체성을 형성하게 된다.

5) 발달단계와 갈등해결의 성공 여부에 따른 성격특성

위와 같은 심리성적 발달단계를 거치면서 인간은 성격적 특징을 형성한다. 긍정적 성격은 발달단계에 따라서 나타나는 갈등들을 적절한 활동을 통하여 성공적으로 해결하는 경우에 발달한다. 반대로 위에서 설명한 발달단계에서 구강기, 항문기, 남근기의 과정에서 생기는 갈등을 발달단계에 맞는 긍정적인 활동을 통하여 적절하게 해결하지 못하면 고착을 경험하게 되고 그 결과 부정적 성격특성을 형성하게 된다(손정락, 2006; Robbins et al., 2006). 부정적으로 형성된 성격적 특징들의 예를 살펴보면 다음과 같다.

구강기에 발달할 수 있는 성격특성은 '구순 수동적 성격'(*oral passive character*)과 '구순 공격적 성격'(*oral aggressive character*)이다. 이들 두 성격적 특징은 태어나서 생후 8개월 사이에 형성될 수 있다는 공통점이 있으나 다음과 같은 차이점이 있다. 구순 수동적 성격은 영아가 '빨기'(*suckle*) 욕구에 좌절한 경우에 생길 수 있는 성격으로 다른 사람에게 의존적이고, 다른 사람에게 있는 강함이나 리더십을 선망하고, 너무 쉽게 믿거나 수용하는 성격적 특징을 나타낸다. 이에 비해 구순 공격적 성격은 '어떤 것을 깨무는 욕구'(*need to bite on something*)에 좌절한 경우에 생길 수 있는 성격으로 언어적으로 공격적이고 논쟁적이며, 대인관계에서 자기가 원하는 대로 하려고 하거나 상대를 착취하려고 하는 성격적 특징을 나타낸다.

항문기에 발달할 수 있는 성격특성은 '항문 폭발적 성격'(*anal expulsive character*)과 '항문 고정적 성격'(*anal retentive character*)이 있다. 이들 두 성격은 배변훈련 과정에서 형성될 수 있다는 공통점이 있지만, 다음과 같은 차이점이 있다. 항문 폭발적 성격은 잔인하고, 파괴적이며 기물을 파괴하는 폭력적 성격특징을 나타낸다. 반면 항문 고정적 성격은 지나치게 깨끗하고 완벽주의적이며 고집이 센 성격적 특징을 나타낸다.

남근기에 형성될 수 있는 성격적 특징은 아이의 성별에 따라서 다음과 같이 다르게 형성될 수 있다. 남자아이가 어머니에게 거부당하여 어머니의 사랑을 충분히 받지 못하고 아버지의 강한 남성적 이미지에 위협을 느끼는 경우, 아이는 성적 정체감에 있어 낮은 자기인식을 가지게 된다. 반대로 남아가 어머니에게 거부당하지 않고 수용되어 사랑을 충분히 느끼고 아버지와 대비해서 자기의 약함을 위협적으로 느끼지 않을 때 아이는 아버지와 동일시하지 않고 자기중심적인 성격을 형성한다. 여자아이의 경우 아버지에게 거부당하고, 어머니의 여성적 이미지에 위협을 느낄 경우, 여아는 낮은 자존감과 소극적 성격특징을 형성한다. 반대로 아버지에게 거부당하지 않고 사랑을 충분히 받으며, 어머니가 공주님 받들 듯이 여아를 대해 줄 때, 여아는 허영심이 강하고 자기중심적이며 남성적 성향이 강한 성격특징을 형성하게 된다.

4 　　무의식 결정론의 현실적용

　　정신분석이론과 같이 무의식 결정론적 관점에서 심리적 안녕상태가 위협을 받는 원인적 요소들은 기억하지 못하는 무의식 수준인 것들이 많아서 의식적 수준에서는 인식할 수 없는 것이 많다. 심리적 불안을 해소하기 위해서는 원인적 요소들이 무엇인가에 대한 통찰력을 가지는 것이 도움이 된다. 통찰력(insight)이란 의식의 세계에서 일어나는 현상이므로 심리적 불안의 원인을 이해하기 위해서는 무의식 세계에 잠재해 있던 경험이나 기억들을 의식의 세계로 이끌어낼 필요가 있다. 이러한 의미에서 정신분석이론에서의 심리치료는 무의식의 세계를 의식의 세계로 이끌어내는 과정에서 심리적 불안의 원인에 대한 통찰력을 가지게 하는 과정으로 이해된다. 정신분석이론에서 무의식을 의식의 세계로 끌어올리는 데 많이 사용하는 방법은 '자유연상'과 '꿈의 분석'이 있다 (Robbins et al., 2006).

　　'자유연상'(free association)이란 어떤 감정이나 생각을 억압하지 않은 채 마음에 떠오르는 어떤 것이든지 말하는 기법으로 정신분석의 가장 기본적인 방법이다. 이렇게 생각나는 것을 모두 자유롭게 말하다 보면 결국에는 무의식적 갈등이 의식의 세계로 표출될 수 있다고 가정한다. 이러한 자유연상에서는 우리가 현실적으로 의식하고 있는 것들에 대한 무의식적 의미를 부여하고 있는데, 그 중의 몇 가지를 살펴보면 다음과 같다. 뱀에 대한 두려움에 깔려 있는 무의식적 의미는 생식기에 관련된 성적 갈등이고, 강박행동을 보이거나 지나치게 청결한 사람은 무의식적으로 항문충동에 대항하는 무의식적 특징이 있다고 이해한다(손정락, 2000).

'꿈의 분석'(dream analysis)은 꿈이 무의식의 반영이라는 전제하에서 꿈에서 본 것들에 대해서 상징성을 부여하여 꿈의 의미를 해석하는 것이다(유상우, 2010). 이처럼 무의식적 부분을 의식적 부분으로 끌어올리려 통찰력을 높이려는 시도를 한다는 점에서 자유연상과 유사하다. 꿈에서 본 것들의 상징적 특징에 따라 그 의미를 부여하였는데, 왕이나 여왕은 부모님을 상징하고, 작은 동물은 자매를 상징하고, 여행은 죽음을, 옷이나 유니폼은 나체를, 나는 것은 성교를, 이빨 빼기는 거세를, 막대기나 뱀 등은 남성 성기를, 상자나 문 등은 여성 성기를 상징하는 것으로 해석하였다.

정신분석적으로 치료를 할 때 유의해야 할 몇 가지 사항들이 있다. 첫 번째가 저항(resistance)이다. 저항은 치료과정에서 협조적이고 관심이 많던 내담자가 갑자기 비협조적이거나 무관심해지는 경우를 말한다. 예를 들어서 내담자가 갑자기 얘기의 주제를 바꾼다거나, 상담에 지각한다거나, 상담과정에서 존다거나 하는 것 등은 저항으로 이해된다. 정신분석이론에서는 내담자의 이러한 변화가 무의식에 잠재해 있던 요소들이 의식의 세계로 표출될 때 발생할 수 있는 고통을 무의식적으로 회피하는 일종의 방어기제로 이해한다. 이러한 의미에서 저항이 나타난다는 것은 치료가 성공적으로 진행되고 있다는 것을 반증하는 것이므로 정신분석이론에서는 저항을 긍정적 사인으로 이해한다.

치료과정에서 유념해야 할 또 다른 것은 '전이'(transference)이다. 전이는 내담자가 과거의 중요한 타인과의 미해결된 부분을 마치 치료자가 그 주요한 타인인 듯 투사하는 것인데 이러한 전이는 긍정적인 것과 부정적인 것이 있다. 긍정전이(positive transference)는 내담자가 치료자에게 과거에 긍정적 관계에 있던 타인의 이미지를 투사하는 것이다. 긍정적 측면에서 이러한 현상은 상담자와 내담자 간의 치료관계(therapeutic relationship)를 공고하게 해줄 수 있다는 긍정적 측면도 있으나 내담자가 치료자에게 성적 호기심을 느끼게 되어 치료관계를 방해하는 요소로 작용할 수도 있다. 부정전이(negative transference)는 내담자가 치료자에게 과거에 부정적 관계에 있던 타인의 이미지를 투사하여 치료자에게 적대감, 분노, 불신감을 표현하는 경우를 말한다. 이러한 부정전이가 표출되었을 경우 상담자와 내담자 간의 긍정적 치료관계가 형성되는 것에 지장을 초래할 수 있다. 전이로 인해서 치료관계가 부정적 영향을 받을 경우 치료자는 내담자를 다른 치료자와 상담하도록 해 주는 것이 좋다.

전이가 내담자가 치료자에게 과거의 중요한 타인의 이미지를 투사하는 것이라면, '역전이'(counter-transference)는 치료자가 내담자에게 치료자의 과거 중요한 타인의 이미지를 투사하는 것이다. 긍정적이든 부정적이든 간에 역전이는 긍정적 치료관계를 형성하고 유지하는 데 장애요소로 작용할 가능성이 많다. 역전이가 발생할 경우 치료자는 내담자를 다른 치료자와 상담할 수 있도록 해 주는 것이 좋다.

5 　　　　　　　　　　비판적 고찰

　　지금까지 프로이트 이론의 기본관점, 이론의 주요내용 및 개념, 무
의식 결정론의 현실적용 등을 중심으로 무의식 결정론적인 프로이트의
정신분석이론에 대해서 살펴보았다. 정신분석이론은 여러 가지 측면에
서 긍정적 평가도 많이 받았지만 부정적 평가도 많다.

1) 긍정적 평가

　　정신분석이론에 대한 긍정적 평가의 첫 번째는 프로이트가 무의식
의 세계라는 것이 존재한다는 것을 보여주고 이를 바탕으로 이론을 구체
화했다는 점이다. 프로이트 이전에는 인간의 심리에 대한 과학적 접근이
거의 없다가 프로이트의 무의식 결정론적 관점에서 인간심리를 이해하
고 분석할 수 있는 기틀을 마련하였기 때문에 프로이트의 정신분석이론
은 긍정적 평가를 받는다. 프로이트 이론은 이후 심리학의 발전과정에서
단단한 출발점을 제공하였다.

　　정신분석이론은 방어기제라는 개념을 만들어내고, 이러한 방어기
제가 실제로 존재한다는 것을 보여주었다. 앞에서 살펴본 것처럼 방어기
제란 자아를 보호하기 위해 무의식적으로 일어나는 적응과정이다. 이러
한 자아 방어의 과정은 주로 심리내적인 변화를 통해서 외부적 갈등상황
에 대처하는 형식으로 나타난다. 실제로 인간은 현실적 갈등이 외부적으
로 부여되었을 때, 외부세계를 바꾸려는 실제적 노력을 기울이기보다는
현실적 상황에 적응한다는 점을 고려하면 방어기제는 실제 존재한다는

것을 알 수 있다. 예를 들어, A와 B를 선택해야 하는 상황에서 자의든 타의든 간에 A를 선택했을 때 대부분의 사람은 B보다는 A가 나을 것이라고 합리화하게 된다.

프로이트 이론의 또 다른 긍정적 측면은 5세 미만의 영유아를 대상으로 경험적으로 연구하였다는 점이고, 인생에 있어 어린 시절의 경험이 중요한 영향을 미친다는 점을 보여주었다는 점이다. 프로이트 이전에는 인간에 대한 연구에서 실증적 관찰을 통한 연구는 부재하였다. 프로이트는 제한적이긴 하지만 실제 인간의 성장과정을 관찰하면서 이론을 전개했다는 점에서 프로이트 이전의 학문적 접근에 비해 과학적인 접근법을 시도했다. 최근의 실증적 연구들에서도 증명되는 것처럼 불행한 어른의 경우 어린 시절 아동학대 등의 부정적 경험을 한 사람이 많다는 것을 보여준다. 프로이트 이론은 관찰을 통한 과학적 방법을 통해서 영유아 시절의 중요성을 일깨워 주었다는 점에서 그 가치가 있다.

프로이트 이론은 광범위하고 논리적으로 체계적이다. 정신분석이론의 내용인 의식의 수준, 성격구조, 방어기제, 성적 발달단계 등은 아마도 단일 이론으로서는 가장 광범위하고 논리적으로 체계적인 이론들 중의 하나일 것이다. 프로이트의 이론은 정서장애나 행동장애를 설명할 수 있다. 즉, 정서적 불안이나 행동장애는 해결되지 못한 무의식의 발로라고 이해할 수 있다. 인간의 결혼 등 생산적인 행위는 삶의 에너지인 에로스의 발로이고 전쟁이나 자살 등의 파괴적 행위는 죽음 본능의 표현이라고 해석된다. 이처럼 프로이트의 이론은 인간이나 사회에서 일어나는 대부분의 현상들을 이해하고 설명할 수 있을 만큼 포괄적이고 광범위하다. 이와 같은 프로이트 이론의 포괄적 특징 때문에 이후 문학, 예술, 사회학, 역사학 등 다양한 학문분야에도 광범위하게 적용되었다.

무엇보다도 중요한 것은 프로이트의 정신분석이론이 심리치료의 기본이 되었다는 점이다. 정신분석이론은 정신치료의 모형을 제시함으로써 이후 다양한 심리치료의 기법들은 정신분석이론에서 파생하게 된다. 정신분석이론에서 파생되지 않은 대부분의 심리치료적 접근은 정신분석적 접근에 도전하는 과정에서 발달한 것으로 이해할 수 있다.

2) 부정적 평가

위와 같은 긍정적 평가에도 불구하고 프로이트의 정신분석이론은 다음과 같은 몇 가지 한계를 가지고 있어서 현대사회에 적용할 때 유의할 필요가 있다. 프로이트 이론은 지나치게 결정론적이고, 비합리적이고, 비관론적 인간관을 가지고 있다고 비판받았다. 프로이트는 성격의 대부분은 5세 이전에 결정된다고 보았는데, 과연 인간의 성격이 5세 이전에 결정이 되는가? 앞으로 배우게 될 전 생애적 발달론적 관점을 가진 학자들은 이러한 조기 결정적 관점에 대해서 비판하면서 인간의 성격은 전 생애를 거쳐서 발달한다고 이해한다. 프로이트 이론은 인간은 무의식적 본능에 의해서 지배를 받는다고 이해한다. 이러한 점은 프로이트가 자연 과학자로서 인간의 생물학적 욕구(성, 공격성)를 인정하고, 욕구 그 자체는 선악의 판단 대상이 아니라 자연스러운 것으로 이해한 점을 고려하면 왜 무의식 결정론적 관점을 취하게 되었는지는 수긍이 간다. 하지만 인간은 무의식적 본능뿐 아니라 장차 내가 무엇이 되고 싶은가 등의 미래지향적 판단에 따라서 행동을 결정할 때도 있다. 프로이트의 무의식 결정론은 이처럼 인간의 성장 잠재력, 사회적 관계에 대한 욕구, 인간의 문제 해결능력 등을 무시하거나 과소평가하고 있다는 비판을 받았다.

또한 프로이트 이론은 지나치게 성차별적 관점을 지니고 있다는 비판을 받았다. 정신분석이론의 대부분은 남성 성격을 원형으로 하고 이러한 이론에 기초하여 여성 성격이론을 전개하였다. 예를 들어서 남성 성격을 설명하는 오이디푸스 콤플렉스 이론을 기반으로 여성 성격을 설명하는 엘렉트라 콤플렉스 이론을 펼쳤고, 남성 성격을 설명하는 거세불안을 기반으로 여성 성격을 설명하는 남근선망 이론을 전개하였다. 또한 프로이트 이론은 부분적으로 여성의 열등성을 전제로 하고 있다고 비판받았다. 예를 들어서 '여성은 거세당했다'는 것은 해부학적으로 남성성의 우월성을 내포한다.

정신분석이론에 대한 또 다른 비판은 '정신분석이 과연 과학인가?' 하는 점이다. 과학적이라는 것은 가설검증 가능성, 객관성, 일반성, 보편성, 반복측정 가능성 등이 전제되어야 한다. 하지만 프로이트 이론이 과연 과학적인가? 프로이트 이론은 인간행동의 원인을 무의식적 본능으로 이해하고 사용하는 대부분의 용어들은 개념적으로 명확하지 않은 경우가 많다. 사회현상을 과학적으로 관찰하고 분석하기 위해서는 의식적 수준에서 이해되어야 한다. 하지만 무의식의 세계를 개념적 정의와 조작적 정의를 내리는 것이 어렵기 때문에 과학적으로 접근하는 데 한계가 있다. 이러한 연유로 정신분석이론은 실증적 데이터에 기반을 둔 이론 전개보다는 개념적 차원에서 이론을 전개하고 있다는 한계가 있다.

그러면 과연 정신분석이론을 현대사회에 일반화할 수 있는가? 정신분석이론은 100여 년 전에 유럽사회에서 소수에 대한 관찰을 바탕으로 발달된 이론이다. 그러면 100여 년이 지난 오늘날 한국사회에도 이 이론을 적용하는 것이 타당한가? 심리적 문제에 대한 정의는 시대적으로 역사적으로 문화적으로 다양하게 나타날 수 있다. 부분적으로 정신분석이론을 상황과 목적에 맞게 적용시킬 수는 있겠지만, 모든 이론적 개념이나 내용이 현대 한국사회에 그대로 적용되기에는 한계가 있다고 사료된다.

요 약

　이 장에서는 인간성격이론의 출발점을 제공한 정신분석이론에 대해서 공부하였다. 정신분석이론의 창시자인 프로이트는 인간을 무의식이나 생물학적 요소에 의해서 지배받는 피동적 존재로 인식하였다. 이러한 인간관을 반영한 정신분석이론은 무의식 결정론적 특징을 보여준다. 프로이트는 의식의 수준을 의식, 전의식, 그리고 무의식으로 구분하였고, 성격구조를 원초아, 자아 및 초자아로 제시하였다. 이러한 의식수준과 성격구조를 통하여 인간을 실제 행동하게 하는 정신활동들을 일어나게 하는 근원은 리비도라고 표현되는 '생물학적 성적 에너지'다. 이론을 형성해감에 따라서 프로이트는 생물학적 성적 에너지의 특징을 두 가지 본능 개념으로 발전시키는데, '삶의 본능'과 '죽음의 본능'이 그것이다.

　무의식의 원초아적 욕구가 너무 지나치거나, 원초아적 욕구를 충족시키기에 환경적 자원이 부족한 경우 불안이 유발될 수 있다. 프로이트는 이러한 불안을 원초적 욕구의 근원과 갈등관계의 특징을 기준으로 현실적 불안, 도덕적 불안 및 신경증적 불안 등의 세 가지 유형으로 분류하였다. 과도한 불안은 자아를 위협하므로 자아를 보호하기 위해 방어기제를 발달시킨다.

　정신분석이론에서는 성격변화의 기본적 에너지는 무의식적인 원초아적 본능이라고 가정하고, 성감대를 중심으로 구강기, 항문기, 남근기, 잠재기, 생식기 등으로 심리성적 발달단계를 제시하고 있다. 발달단계에서 생기는 갈등을 발달단계에 맞는 긍정적인 활동을 통하여 적절하게 해결하지 못하면 고착을 경험하게 되고 그 결과 부정적 성격특성을 형성하게 된다. 구강기에 발달될 수 있는 성격특성은 '구순 수동적 성격'과 '구순 공격적 성격'이다. 항문기에 발달될 수 있는 성격특성은 '항문 폭발적 성격'과 '항문 고정적 성격'이 있다. 남근기에 형성될 수 있는 성격적 특징은 아이의 성별에 따라서 다르게 형성될 수 있다.

정신분석이론에서의 심리치료는 무의식의 세계를 의식의 세계로 이끌어내는 과정에서 심리적 불안의 원인에 대한 통찰력을 가지게 하는 과정이다. 정신분석이론에서 무의식을 의식의 세계로 끌어올리는 데 많이 사용하는 방법은 '자유연상'과 '꿈의 분석'이 있다. 정신분석적으로 치료할 때 유의해야 할 몇 가지 사항들이 있다. '저항'은 치료과정에서 협조적이고 관심이 많던 내담자가 갑자기 비협조적이거나 무관심해지는 경우를 말하는데, 이는 치료가 성공적으로 진행되고 있다는 것을 반증하는 것이므로 정신분석이론에서는 저항을 긍정적 사인으로 이해한다. '전이'는 내담자가 과거의 중요한 타인과의 미해결된 부분을 마치 치료자가 그 주요한 타인인 듯 투사하는 것이고, '역전이'는 치료자가 내담자에게 치료자의 과거 중요한 타인의 이미지를 투사하는 것이다.

정신분석이론에 대한 긍정적 평가는 ① 무의식의 세계라는 것이 존재한다는 것을 보여주고 이를 바탕으로 이론을 구체화했다는 점, ② 방어기제라는 개념을 만들어내고, 이러한 방어기제가 실제로 존재한다는 것을 보여주었다는 점, ③ 5세 미만의 영유아를 대상으로 경험적으로 연구해서, 인생에서 어린 시절의 경험이 중요한 영향을 미친다는 점을 보여주었다는 점, ④ 광범위하고 논리적으로 체계적이라는 점, ⑤ 향후 심리치료의 기본이 되었다는 점 등이다. 부정적 평가는 ① 지나치게 결정론적이고, 비합리적이고, 비관론적 인간관을 가지고 있다는 점, ② 성격의 대부분이 5세 이전에 결정된다고 보았다는 점, ③ 무의식 결정론적 관점에서 인간의 성장 잠재력, 사회적 관계에 대한 욕구, 인간의 문제해결능력 등을 무시하거나 과소평가했다는 점, ④ 지나치게 성차별적 관점을 지니고 있다는 점, ⑤ 정신분석이 과연 과학인가 하는 점, ⑥ 현대사회에 일반화할 수 있는가 하는 점 등이다. 이러한 부정적 평가는 초기 정신분석이론 추종자들과 다른 관점을 가진 이론가들의 비판을 받으며 향후 이론들이 전개되는 데 기폭제가 되었다.

토 론

• 정신분석이론의 기본관점(인간관이나
  기본가정)에 대해서 비판적으로 논하시오

• 의식수준과 성격구조와의 관계는?

• 무의식 결정론적 관점이란 무엇이고
  무의식이 작용하는 증거들은 무엇인가?

• 심리성적 에너지인 리비도란 과연 존재하며,
  우리의 심리행동적 과정을 지배하는 원천인가?

• 삶의 본능과 죽음의 본능 개념을 사용하여
  인간의 생산적 측면과 파괴적 측면을
  실제 예를 들어서 설명하시오.

- 방어기제란 무엇인지를 설명하고, 방어기제 작동을 뒷받침하는 예들을 들어 보시오.

- 프로이트의 심리성적 발달단계에 대해서 설명하고, 비판적으로 고찰하시오.

- 자유연상과 꿈의 해석의 타당성에 대해서 비판적으로 고찰하시오.

- 프로이트 이론의 긍정적 평가는?

- 프로이트 이론의 부정적 평가는?

정신분석이론가
사이에서
무의식 결정론에 대한
도전에서 형성된
이론들

정신분석이론이 발달함에 따라 추종하는 학자들이 생겨났다. 하지만 위에서 살펴본 정신분석이론의 한계에 도전하면서 초기에는 프로이트와 이론적 관점을 같이하던 정신분석이론가들 사이에서 인간관에 대한 새로운 관점을 주장하며 정신분석이론에서 분화된 새로운 심리학적 이론들이 전개되기 시작한다.

이 장에서는 초기에는 정신분석이론적 관점을 수용하다가 후기로 갈수록 정신분석이론의 한계를 지적하면서 나름대로의 이론을 전개시킨 학자들의 이론들에 대해서 간략하게 살펴본다.

첫째, 융의 분석심리이론에 대해서 살펴본다.

둘째, 아들러의 개인심리이론에 대해서 살펴본다.

셋째, 에릭슨의 자아심리이론에 대해서 살펴본다.

위 세 학자들의 특징은 초기에는 정신분석이론가로 출발하였는데, 시간이 지남에 따라 정신분석이론의 무의식 결정론적인 관점에 도전하면서 성격형성의 요소로 무의식뿐 아니라 인간의 의지, 환경 등의 다른 요소들의 중요성을 강조한 점이다. 이 장에서는 구체적으로 융의 분석심리이론, 아들러의 개인심리이론 및 에릭슨의 자아심리이론에 대해서 살펴본다.

분석심리이론은 칼 융(Carl Jung)에 의해서 정립된 이론이다(김형섭, 2004; 박종수, 2009; 설영환, 2007). 융은 정신분석이론의 기본구조인 인간정신의 구조와 정신역동에 대해서는 대부분 인정을 한다. 하지만 성적 생물학적 에너지에 의해서 인간성격이 결정된다는 정신분석이론의 관점에 이의를 제기하고 무의식의 중요성을 인정하면서도 의식의 중요성을 간과해서는 안 된다는 관점에서 이론을 전개한다. 융의 관점에서 심리적 안녕상태는 의식이 무의식을 감독하고 지도하면서 균형상태를 이루는 것이라고 정의된다(이혜성, 2007).

1) 이론의 기본관점

프로이트의 정신분석이론과 비교하여 융의 분석심리이론의 가장 큰 관점의 차이는 프로이트가 인간은 무의식에 의해서 결정되는 불변적 존재라고 가정한 반면, 융은 인간을 무의식의 영향을 받지만 의식에 의해 조절할 수 있는 가변적 존재라고 가정한다는 것이다(설영환, 2007; 이부영, 1999). 분석심리이론에서는 인간을 의식과 무의식 간의 대립을 극복하고 의식에 의한 조절을 통해서 의식과 무의식을 통일해나가는 생물학적, 심리학적, 사회문화적 특성을 반영한 전체적 존재로 인식한다. 이러한 의미에서 인간은 역사적이면서 미래지향적 존재이고, 목표달성을 위해서 노력하고 행동을 조절할 수 있는 존재이다.

이러한 인간관을 토대로 분석심리이론의 기본관점들을 살펴보면 다음과 같다. 분석심리이론에서는 정신이나 성격을 단순한 집합이 아닌 전체로 이해한다. 인간행동은 정신분석이론에서처럼 무의식에 의해서만 결정되는 것이 아니라, 의식과 무의식의 상반되는 두 가지 힘에 의해서 동기화되고 형성된다. 정신분석이론을 받아들여 인간행동이 과거에 의해 어느 정도 결정되는 측면이 있다는 것을 인정하면서도, 인간행동이나 성격은 개인이 가지고 있는 미래의 목표와 가능성에 의해서 변화하고 조정될 수 있는 것으로 이해한다. 즉, 성격형성에 의식의 수준이 작용하므로 성격발달은 전 생애에 걸쳐서 일어나는 개성화 또는 자기실현의 과정이다. 이러한 의미에서 발달은 타고난 소인 또는 잠재력(무의식적 요소)을 후천적 경험이나 의식적 수준의 조절을 통해서 표현해 나가는 것이다. 분석심리이론에서는 개인은 독립적 존재가 아니라 역사적으로 연결되어 있어서 사회적 요구나 문화적 요구에 적응하는 존재이다. 분석심리이론에서 심리적 안녕상태는 의식과 무의식이 조화를 이루어 정신의 전체성을 유지하는 상태로 이해하고, 정신병리현상은 이러한 전체성이 파괴된 상태로 이해한다.

분석심리이론의 융의 기본관점과 정신분석이론에 나타난 프로이트의 기본관점을 비교해 간략하게 표현하면 다음과 같다. 프로이트는 리비도를 '인간의 생물학적 성적 에너지'로 국한해서 이해한 반면, 융은 리비도를 '생물학적 성적 에너지 뿐 아니라 전반적 삶의 에너지를 포함한 일반적 에너지'로 이해하였다. 성격형성과 관련해서 프로이트는 성격이 과거사건이나 과정에 의해서 결정된다는 결정론적 관점을 가진 반면, 융은 성격이 과거사건에 영향을 받기고 하지만 미래에 대한 열망에 의해서 형성될 수도 있다는 가변적 시각을 견지하였다. 무의식에 대한 이해도 두 학자 간 차이가 있다. 프로이트는 무의식을 기억하고 싶지 않거나

표 4-1   융과 프로이트의 비교

	프로이트	융
리비도	인간의 생물학적 성적 에너지	생물학적 성적 에너지뿐 아니라 전반적 삶의 에너지를 포함한 일반적 생활 에너지
성격형성	성격은 과거사건이나 과정에 의해 결정됨	성격은 과거사건 및 미래에 대한 열망에 의해서 형성
무의식	무의식은 기억하고 싶지 않은 또는 기억하지 못하는 일들이 저장되는 곳	무의식에는 개인무의식 및 조상으로부터 축적되어 물려받은 집단무의식이 있음
관점	성격은 성적 본능의 승화와 연관	성격은 인간의 통합적 경험과 연관

출처: 설영환, 2007; 이부영, 1999.

기억하지 못하는 일들이 저장되는 곳으로 이해한 반면, 융은 프로이트
가 얘기한 개인무의식뿐 아니라 조상으로부터 축적되어 물려받은 집단
무의식도 상정하였다. 이러한 두 학자 간의 차이들은 성격형성에 대한
관점의 차이로 연결된다. 프로이트는 성격이 성적 본능의 승화와 연관
되는 것으로 이해한 반면, 융은 성격이 인간의 통합적 경험과 연관된다
고 이해하였다. 이러한 두 학자 간의 차이는 〈표 4-1〉에 요약적으로
정리되어 있다.

2) 이론의 주요내용 및 개념

(1) 정신구조

융의 분석심리이론에서는 정신을 성격 전체를 포괄하는 개념으로
규정한다(이부영, 1998). 즉, 정신이란 영(*spirit*), 혼(*soul*), 마음(*mind*)

그림 4-1   정신구조의 도식적 표현

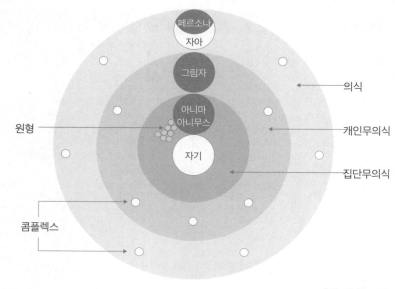

출처: 이부영, 1998.

등의 의미를 포함하는 것으로 의식 및 무의식적 사고, 감정, 행동을 내포하는 포괄적 개념이다. 이러한 정신은 의식, 개인무의식, 집단무의식과 함께 이러한 것을 구성하는 내부구조물인 자아, 그림자, 아니마와 아니무스 및 자기 등으로 구성된다. 융의 분석심리이론에 나타난 정신(*psyche*)구조를 도식적으로 표현하면 〈그림 4-1〉과 같다.

〈그림 4-1〉처럼 정신은 세 가지의 기본 형태를 갖는다. 첫째, 의식인데 의식에는 자아와 페르소나가 있다. 둘째, 개인무의식인데 여기에는 그림자와 콤플렉스가 있다. 셋째, 집단무의식인데 여기에는 원형과 아니마 및 아니무스가 있다. 이러한 주요개념들을 살펴보면 다음과 같다.

① 의식

'의식'은 〈그림 4-1〉의 정신구조에서 가장 바깥쪽에 위치하고 개인이 직접 인식할 수 있는 정신부분이다. 의식의 대표적 하부구조로는 자아와 페르소나가 있다. '자아'는 의식의 중심에 위치하고 의식의 주인으로서 의식을 지배한다. 의식적인 지각, 기억, 사고, 감정 등으로 구성되어 있다. '페르소나'는 자아가 외적 세계에 적응하기 위해 사용하는 여러 가지 행동양식을 나타내는 공적 얼굴이다. 정신분석이론의 초자아와 유사하게 사회가 개인에게 요구하는 규범, 사명이나 본분, 도덕적 윤리 등이다. 페르소나는 주위의 일반적 기대에 맞추어 만들어낸 자신의 태도이며 적응의 원형이 된다.

② 개인무의식

개인무의식은 〈그림 4-1〉의 정신구조에서 의식과 집단무의식 사이 부분이다. 개인무의식이란 자아에 의해서 의식화되지 못한 개인의 기억이나 경험이 축적된 부분으로 프로이트의 정신분석이론에서의 전의식과 유사하다. 개인무의식의 하부구조는 콤플렉스와 그림자가 있다. 콤플렉스는 개인무의식에서 많은 기억이나 경험을 축적하는 과정에서 발생하는 것으로 개인의 사고의 흐름을 방해하거나 의식의 질서를 교란시킨다. 콤플렉스를 의식화하는 과정이 성격적 성숙의 과제이다. 그림자는 자아의 이면에 자신이 의식하지 못하는 자신의 분신인데, 개인의 의식적 자아와 상충하는 무의식적 측면이다.

③ 집단무의식

'집단무의식'은 인류역사를 통해 조상으로부터 물려받은, 개인의 지각, 정서, 행동에 영향을 주는 정신적 요소들인데, 개인이 직접적으로 한 번도 의식하지 못한 정신세계인 신화, 민속, 예술 등을 통해서 관찰이 가능하다. 집단무의식에는 원형, 아니마와 아니무스, 자기 등의 하부요소들이 있다. '원형'은 집단무의식을 구성하는 것으로 시간, 공간, 문화, 인종에 관계없이 보편적으로 존재하는 인류의 가장 원초적인 행동유형을 말한다. 원형은 이렇게 보편적이고 집단적이며 선험적이라는 점에서 본능과 근원을 같이하는 것으로 이해된다. 아니마와 아니무스는 성역할에 대한 문화적 태도 때문에 생겨나는 것으로 남성정신의 여성적 측면을 '아니마'라고 하고, 여성ㅎ정신의 남성적 측면을 '아니무스'라고 한다. '자기'(self)는 집단무의식 내에 존재하는 타고난 핵심적 원형이다. 모든 의식과 무의식의 주인이며, 모든 콤플렉스와 원형들을 끌어들여 성격을 조화시키고 통일시키며 안정성을 유지하는 원형이다. '자아'가 '일상적 나' 또는 '경험적 나'를 의미하는 것이 비해, '자기'는 '본래적 나', '선험적 나'를 의미한다.

(2) 리비도

프로이트가 리비도(libido)를 성적 에너지에 국한해서 이해한 반면, 융은 리비도를 성격을 관장하는 정신에너지이자 인생 전반에 걸쳐서 작동하는 생활에너지로 이해하였다. 정신에너지의 작동에는 대립원리, 등가원리, 균형원리의 세 가지 원리가 있다. 대립원리란 반대되는 힘이 대립해서 양극성으로 존재한다는 것을 의미하고 정신에너지가 생성되고 역동적으로 작용하기 위해서는 필요한 것으로 이해된다. 등가원리란 에너지보존원리를 정신적 기능에 적용한 것으로 어떤 활동에 사용된 에너지는 상실되는 것이 아니라 다른 부분으로 전화되어 에너지의 재분배가 이루어진다는 것이다. 균형원리란 정신 속의 에너지의 균형상태를 의미하는 것으로 완전히 균형 잡힌 체계가 이루어질 때까지 엔트로피는 전 인격 사이의 에너지 교류를 조절한다.

(3) 성격발달

분석심리이론에서 성격발달은 개성화의 과정을 통한 자기실현 과정이다. 개성화란 고유한 자기 자신이 되는 과정으로 무의식적 내용을 의식화하고 통합하는 과정이다. 분석심리이론은 발달과정을 전반기와 후반기로 나눈다. 전반기는 자아의 확대과정으로 정신에너지의 흐름이 내부에서 외부로 주로 흐른다. 후반기는 가지 통합과 개성화의 과정인데 후반기에는 정신에너지가 외부에서 내부로 흐른다. 전기 후기를 좀더 구체적으로 나누어서 고찰하면 네 가지 발달단계로 이해할 수 있다. 아동기는 자아가 발달하기 시작하는 자아형성기로 이 시기의 자아발달은 부모의 영향을 많이 받는다. 청년기 및 젊은 성인기는 정신의 형성 및 구체화가 진행되는 시기이자 사회생활에 적합한 성격형성이 요구되는 시기이다. 청년기의 시작은 사춘기 때 일어나는 생리학적 변화로 알 수 있다. 중년기는 새로운 가치체계가 형성되어서 기존 가치의 상실과 새로운 가치의 생성이 일어나는 시기이며 자기를 실현시키기 위한 과정이 시작되는 시기이다. 노년기는 무의식 속에 가라앉은 개인이 마침내 무의식 속에서 소멸되는 시기로 중년기와 더불어 인생에서 중요한 시기이다. 이 이론에 따르면 완전한 자기실현은 이상이지만 자기실현의 개성화는 가능하다고 본다.

제 4 장 정신분석이론가 사이에서 무의식 결정론에 대한 도전에서 형성된 이론들

3) 비판적 고찰

분석심리이론은 프로이트의 정신분석이론에 바탕을 두고 있지만 의식을 강조하고 인간을 가변적으로 인식하고 있다는 점에서 큰 차이가 있다. 분석심리이론은 치료과정에서 치료자와 내담자의 관계가 정신분석이론보다 권위적이지 않다. 정신분석이론이 성격결정이 생애초기에 결정된다고 본 반면에 분석심리이론에서는 성격형성이 생애 전반에 걸쳐서 일어날 수 있다고 가정하고 있어서 생애후반기 문제에 관심이 많은 사람들에게 유용하다. 성격형성의 과정이 자기실현의 과정이므로 어떤 것이 좋고 어떤 것이 나쁘다 등의 가치판단을 두지 않는다. 또한 프로이트의 이론에 더하여 새로운 개념인 원형, 집단무의식 등을 마음의 구조를 이해하는 개념으로 사용하여 이론을 정립하였다. 이러한 긍정적 측면도 있지만 분석심리이론은 다음과 같은 측면에서 한계가 있다. 원형, 집단무의식 등은 개념적으로는 이해가 가지만 현실적으로 관찰 불가능한 부분이 많아서 이론이 지나치게 신비주의적이다. 또한 이러한 비합리적 개념에 대해서 절대적 신뢰를 하고 있고 이러한 것들이 치료과정에서 적용되고 있어서 치료과정이나 효과를 객관적으로 관찰하고 평가하는 데 한계가 있다.

개인심리이론

개인심리이론은 알프레드 아들러(Alfred Adler)에 의해서 정립된 이론이다(라영균, 2009; 설영환, 1992). 융과 마찬가지로 아들러도 처음에는 정신분석이론을 추종하였으나 정신분석이론의 지나친 무의식 결정론에 반발하여 독자적 개인심리이론을 전개하였다.

1) 이론의 기본관점

아들러도 초가에는 정신분석학자였으므로 그가 창시한 개인심리이론도 정신분석이론과 공통점이 있다. 하지만 이론의 기본적 관점에서 개인심리이론은 정신분석이론과 차이가 있다. 정신분석이론이 인간을 결정론적 존재로 본다면 개인심리이론에서는 인간을 합리적이고 창조적인 존재로 본다. 유전적 요인과 환경적 요인의 중요성을 배제하지는 않지만 개인심리이론에서는 개인이 지닌 창조적 힘이 인간의 본성을 결정하는 요체라고 인식한다. 개인의 인간존재에 초점을 맞추며 인간존재에 대해서는 융과 유사하게 전체주의적 관점을 유지하고 있다.

개인분석이론에서는 개인은 자아일치적인 통합적 실체이고, 발달이란 무의식에 의해서 결정되는 것이 아니라 개인의 성장을 향한 지속적 노력의 과정이다. 유전이나 문화적 영향은 중요하지만 발달의 주 관건은 개인의 능동적 선택이나 노력에 있다. 즉, 개인은 환경을 주관적으로 인식하고 주관적 신조나 믿음에 따라서 행동할 수 있는 존재이다. 자아는 창조적 힘이 있고, 열등감에 대한 보상과 미완성을 극복하고 완성을 추구하고자 하는 성향이 있다.

개인심리이론적 관점에서 심리적 건강은 개인이 우월성을 추구하는 과정에서 환경적 방해를 어느 정도 극복하느냐와 개인의 노력을 지지해 줄 수 있는 사회적 관심에 달려 있다고 본다. 개인을 결정론적 존재가 아니라 창조성과 합리성이 있는 존재로 인식한 것이 프로이트와의 가장 큰 관점의 차이다. 프로이트의 정신분석이론과 아들러의 개인심리이론의 기본관점을 비교정리하면 다음과 같다(김춘경, 2005). 프로이트 이론의 이론적 토대는 생리학이고 아들러의 이론적 토대는 사회심리학이다. 프로이트는 인간행동을 인과론적 결정론으로 이해하였고, 융은 인간행동의 목표지향성을 강조하였다. 프로이트는 인간을 수동적 존재로 이해하고, 아들러는 창조적이고 능동적 존재로 이해하였다. 따라서 심리치료의 목표에 있어서도 프로이트는 심리치료의 목표를 정신내적 조화를

표 4-2	아들러와 프로이트의 비교	
	프로이트	아들러
이론의 토대	생리학	사회심리학
인간행동	행동의 인과론적 결정론	행동의 목표지향성 강조
인간관	수동적 인간관	창조적 능동적 인간관
심리치료의 목표	정신 내적 조화를 이루는 것이 심리치료의 이상적 목표	지기실현 및 사회적 관심의 고양이 심리치료의 이상적 목표
인간관계	인간은 경쟁자이므로 우리는 그들로부터 우리를 보호해야 함	사람들은 동료들이므로 우리의 인생에 도움을 주는 존재
신경증	성적 문제가 원인	학습의 실패이며 왜곡된 지각의 산물

출처: 김춘경, 2005.

이루는 것에 두었고 아들러는 자기실현 및 사회적 관심의 증진에 두었다. 이러한 프로이트와 아들러의 이론 비교는 〈표 4-2〉에 정리되어 있다(김춘경, 2005).

2) 이론의 주요내용 및 개념

개인심리이론은 프로이트의 정신분석이론의 무의식 결정론을 비판하면서 개인의 합리성과 창조성을 강조한 점에서 독창성이 있으나 이론은 프로이트나 융의 이론에 비해 통합적이지 못하고 분절적이다. 다시 말해, 프로이트의 의식수준이나 성격구조, 또는 융의 정신구조와 같은 통합적 이론체계는 부족하다.

아들러는 개인 성격발달의 기본적 원동력을 열등감에서 찾고 있는데, 열등감이란 선천적으로나 후천적으로 약하거나 기능이 저조한 것을 의미하는 것으로 신체적 열등감이나 심리적 열등감의 형태로 나타난다. 열등감이 있을 경우 심리적 균형상태를 유지하기 위해서 열등감을 긍정적으로 해결해나가는 것이 필요한데, 이러한 열등감 해결의 과정을 '보상'이라고 개념화하였다. 열등감을 보상을 통해서 해결하지 못하는 경우에는 병적 열등감이 생겨 신체적 결함이 생긴다거나 응석받이가 된다.

개인심리이론에서 중요한 개념은 창조적 자아이다. 창조적 자아는 목표를 직시하고, 결정하고, 선택하고, 개인의 목표와 가치관에 부합하는 모든 종류의 배려를 나타내는 능력이다. 창조적 자아의 원천은 개인의 유전적 특성과 경험적 축적의 종합체이다. 유전적 경험의 영향을 배제하지는 않지만 성격형성의 재료는 주로 이차적인 것으로 간주하고 이차적 경험에 따라서 성격형성이 개인에 따라 다르게 나타난다고 본다.

이러한 개인적 경험이 사회적 요인의 영향을 받는다는 면에서 개인심리이론은 성격형성 과정에서 사회적 요인의 중요성을 고려하는 특징이 있다(김춘경, 2005).

3) 비판적 고찰

개인심리이론의 특징은 성격형성에서 프로이트가 무의식만을 중시하고, 융이 의식의 중요성을 지적했다면, 아들러는 개인의 창조적 자아의 중요성을 강조한 점이다. 창조적 자아가 개인의 무의식 수준에서만 결정되는 것이 아니라 개인의 기억이나 사회적 경험을 통하여 형성될 수 있다고 가정한 점에서 개인심리이론은 사회적 영향요소의 중요성을 강조하는 이론이다. 아들러 이론의 이러한 사회적 영향의 중요성에 대한 인식은 향후 집단 내에서 개인을 치료하고자 시도하는 집단치료의 원동력이 되었다(노안영 외, 2005).

이러한 긍정적 측면에도 불구하고 개인심리이론은 다음과 같은 한계가 있다. 아들러는 자신의 이론을 체계적으로 조직화해서 통합적 이론을 제시하기보다는 실행과 교수를 강조하여 개인심리학 자체가 상식심리학처럼 지나치게 간결한 경향이 있다는 비판을 받아왔다. 또한 이론을 구성하는 개념들은 현실적으로 관찰 가능한 것들이라고 이해되지만 이에 비해 개념들을 경험적으로 검증해내는 연구는 빈약하였다. 개인심리이론의 개념에 대한 경험적 검증의 어려움은 이론체계가 구체적 하위수준에 대한 개념적 조작적 정의가 충분히 분화되지 못했기 때문이다.

자아심리이론

자아심리이론은 에릭 에릭슨(Erik Erikson)에 의해서 형성 발전되었다(박아청, 1993). 에릭슨은 프로이트와 직접적으로 실질적 교류가 이루어지지는 않았지만 안나 프로이트(Anna Freud)가 설립한 어린이 연구소에 참석해서 관계하였다는 점에서 프로이트의 정신분석이론의 영향을 직간접적으로 받았다고 할 수 있다(Friedman, 1999).

1) 이론의 기본관점

에릭슨의 자아심리이론은 인간을 합리적이고, 이성적이며, 창조적인 존재로 간주한다. 인간행동은 무의식에 의해서 결정되는 것이 아니라 의식의 수준에서 통제 가능한 자아에 의해서 동기화된다. 인간을 총체적이고 환경 속의 존재로 인식하면서 프로이트의 생물학적 무의식 결정론과는 상이하게 인간을 생리·심리·사회적 존재로 인식했다(박아청, 2010).

무의식적 요소가 작용한다는 것을 배제하지는 않았지만 에릭슨의 이론은 인간의 합리성, 창조성, 이성에 초점을 두고 있으므로 인간을 가변성을 지닌 존재로 인식했다. 성장에 따라서 새로운 발달과업이 나타나면 새로운 발달과업을 달성하려고 투쟁하는 과정에서 인간은 더 나은 자아를 발전시킨다. 개인의 발달과정은 선천적인 유전적 요소, 부모의 양육방식, 학교경험, 또래집단의 경험 등 사회적 관계망과의 상호작용이라는 사회적 힘에 의해서 결정된다고 보았다(Erikson, 1975).

제4장 정신분석이론가 사이에서 무의식 결정론에 대한 도전에서 형성된 이론들

프로이트의 정신분석이론과 에릭슨의 자아심리이론의 특징을 비교해 보면 다음과 같다. 프로이트 이론의 기초는 원초아와 무의식인 반면, 에릭슨의 이론의 기초는 자아와 의식이다. 자아에 대한 기본적인 시각에서도 차이가 나는데, 프로이트는 자아가 출생 후 원초아의 욕구 충족을 위해서 발달하는 것으로 이해한 반면, 에릭슨은 자아가 미숙한 상태이기는 하지만 출생 시부터 존재하는 것으로 이해하였다. 프로이

표 4-3	에릭슨과 프로이트의 비교	
	프로이트	에릭슨
이론의 기초	원초아 - 무의식	자아 - 의식
자아의 문제	자아는 출생 후 원초아의 욕구 충족을 위해 발달	자아는 미숙한 상태이긴 하지만 출생 시부터 존재
기본전제	아동의 성격발달의 주 영향요인은 부모	아동의 성격발달이나 자아형성의 주 영향요인은 심리사회적 환경
환경의 문제	환경을 발달의 주요인으로는 보지 않음	환경이 발달의 중요한 요인
시기	생애초기 강조	전 생애 강조
	성인기는 발달이 종료되고 성격형성이 종결되는 단계	성인기 이후도 발달은 지속됨
보완의 문제	특정 단계에서 발달에 문제가 있으면 다음 단계에서 보완은 어려움.	특정 단계에서 발달에 문제가 있어도 다음 단계에서 보완 가능함.
성격형성	단계별 욕구를 만족시켜야 다음 단계로 이행 가능	단계별 과업을 완성했을 때와 하지 못하였을 때의 위기의 양극 개념으로 설명
심리갈등 양상	초기 외상을 성인기 정신병리의 원인으로 설명	초기 문제를 부적절하게 처리하면 성장 후 어려움을 겪음.

출처: 박아청, 2010.

트는 성격발달의 주 영향요인을 부모로 이해한 반면, 에릭슨은 성격을 부모를 포함한 총체적 심리사회적 환경의 영향의 결과로 이해하였다. 즉, 프로이트는 환경이 발달에 영향을 미치는 정도가 상대적으로 미미하다고 이해하였고, 에릭슨은 환경이 발달의 중요한 요인이라고 이해하였다. 두 학자의 가장 큰 차이점 중의 하나는 프로이트의 발달이론은 생애 초기에 강조점을 두고 있는 반면, 에릭슨의 경우 전 생애에 걸친 발달이론을 전개하였다는 점이다. 이러한 두 이론에 대한 비교는 〈표 4-3〉에 정리되어 있다.

2) 이론의 주요내용 및 개념

자아심리이론의 핵심적 개념은 '자아'(ego)이다(박아청, 2010). 자아란 일생 동안 신체・심리・사회적 발달과정에서 외부 환경에 대처하고 적응하는 과정에서 형성되는 역동적 힘이다. 자아는 개인의 적응능력을 결정한다. 자아는 유전적, 생물학적으로 타고나는 점도 있다는 사실을 배제하지는 않지만, 자아심리이론에서는 자아에서 더 중요한 것은 신체, 심리, 사회적 상호작용을 통하여 일생 동안 발달하는 것으로 이해한다(Erikson, 1959; 1982).

이 점은 프로이트의 정신분석이론에서 성격이 무의식의 영향을 받아서 생애초기에 형성되어 일정 생애시점 이후에는 거의 변화하지 않는 것으로 인식하는 것과는 큰 차이가 있다. 심리적 안녕이 깨어지는 것은 자아의 대처능력 결여와 개인의 욕구나 능력이 환경적 조건과 일치하지 않을 때 발생하게 된다.

에릭슨은 자아가 발달한다는 점에 초점을 두고 전 생애에 걸친 자아

발달단계를 제시하였는데, 자아발달단계는 에릭슨의 이론적 공헌 중에서 가장 큰 부분 중의 하나이다. 에릭슨은 발달에는 점성원칙이 있다고 본다. 즉, 인생주기의 각 단계는 그 단계에서 우세하게 출현하는 발달과업이 있고, 자아가 기능적으로 적응하여 그 과업을 성공적으로 해결할 때 균형 잡힌 성격이 형성된다. 에릭슨은 심리사회적 위기가 일어나는 8단계로 구분하여 자아발달단계를 〈그림 4-2〉와 같이 제시하였다.

출생에서 2세까지는 영아기에 해당되고 프로이트의 심리성적 발달단계의 구강기에 해당한다. 이 시기의 발달과업은 신뢰감으로 신뢰감은 돌봐주는 사람의 온화한 반응적 양육을 통해서 형성된다고 본다. 이 시기에 형성된 신뢰감은 개인이 인생 후기의 성공적인 사회적 적응을 하게 하는 밑거름이 된다. 이 시기에 예측할 수 없고 일관성 없는 양육을 경험

그림 4-2 에릭슨의 심리사회적 발달단계

출생 ~ 2세	신뢰감 / 불신감
2 ~ 4세	자율성 / 수치심
4 ~ 6세	주도성 / 죄의식
6 ~ 12세	근면성 / 열등감
12 ~ 22세	정체감 / 정체감 혼란
22 ~ 34세	친밀감 / 고립감
34 ~ 60세	생산성 / 침체감
60 ~ 사망	자아통합 / 절망감

하게 되면 불신감이 생기고 건전한 성격형성에 지장이 있다.

2세에서 4세까지는 유아기에 해당하고, 프로이트의 심리성적 발달단계의 항문기에 해당된다. 이 시기에는 배변훈련 과정이 성격형성에 영향을 미친다고 보는데, 아동은 변을 보유할까 또는 방출할까를 갈등하게 되는데 이러한 갈등을 유아스스로 합리적으로 자유롭게 선택할 수 있도록 허용하면 자율성이 형성되고, 긍정적 성격형성이 가능하다고 본다. 반대로 지나친 훈육에 의해서 배변훈련 과정에서 자율성이 침해받을 때 유아는 수치심을 느끼게 되고 이는 긍정적 성격형성을 방해하게 된다.

4세에서 6세는 학령전기로, 프로이트의 남근기에 해당된다. 이 시기 유아는 속한 환경에서 다양한 역할을 배우게 되고 그에 따른 행동을 시도하게 된다. 이때 부모가 유아의 새로운 목적의식과 방향을 지지해주면 주도성이 발달한다. 반대로 유아의 주도적인 행동에 대해 잦은 처벌과 지나친 훈육은 유아에게 죄의식을 느끼게 하여 긍정적 성격형성을 방해할 수 있다.

6세에서 12세는 아동기로, 프로이트의 잠재기에 해당된다. 이 시기는 자아성장의 결정적 시기로 인지 및 사회기술을 숙달하게 되고 개인의 일에 대한 기본적 태도가 형성되는 시기이다. 이러한 인지 및 사회적 기술 숙달과정에서 학습과 적응이 순조롭게 이루어지면 근면성이 발달하게 되고, 반대로 학교학습이나 놀이에서 실수나 실패를 자주 하게 되면 열등감을 형성하게 된다.

12세에서 22세는 청소년기로 이해할 수 있고, 프로이트의 생식기 초반에 해당된다. 이 시기의 발달과업은 정체감 형성이다. 정체감은 자기의 위치, 능력, 역할 및 학업에 대해 의식하고 직업의 역할이나 목적을 수행하려면 어떻게 해야 하는지에 대해 확신을 가질 때 형성될 수 있다.

반대로 확신을 가지지 못하고 오랫동안 갈등과 방황을 계속하게 되면 정체감 혼란이 유발되어 성격형성에 지장을 주게 된다.

22세에서 34세는 성인기에 해당하는 시기로, 친구나 이성과의 관계 속에서 자아를 발견하는 단계이다. 이 시기의 발달과업은 친밀감 형성인데, 이전 단계인 청소년기에서 자아정체감을 확립한 사람은 쉽게 타인과 친밀한 관계를 형성할 수 있다. 반면에 이전 단계에서 자아정체감을 확립하지 못해서 자아를 잃을까 두려워하여 친밀감 형성의 기본이 되는 관계형성이나 접촉을 피하게 되는 경우 고립감을 형성하게 된다.

34세에서 60세까지는 중장년기에 해당되는 시기이다. 이 시기의 주된 과업은 생산적 활동에 참가하는 것뿐 아니라 후속세대를 양육하고 교육하는 문제에 관심을 가지면서 생산성을 발휘하는 것이다. 생산성은 전 단계에서 친밀감이 확립된 사람들일수록 더 잘 발휘하게 되고, 친밀감이 확립되지 않은 사람일 경우는 경제적 생산활동이나 다음세대를 위한 생산적 활동에 지장을 받아서 침체감을 형성하게 된다.

60세에서 사망까지는 노년기에 해당되고, 이 시기의 발달과업은 자아통합이다. 자아통합이란 자신의 생을 그랬어야만 했던 것 또는 다른 어떤 것으로 대치될 수 없는 것으로 받아들이는 것이다. 이러한 의미에서 자아통합은 이전까지의 발달단계에서 발달과업이 충실하게 이루어졌을 때 달성될 수 있다. 노년기에 자아통합을 이루지 못하면 절망감을 형성하게 되고 많은 경우 자아통합을 이룬 사람들보다 상대적으로 더 강하게 죽음에 대한 두려움을 가지게 된다.

3) 비판적 고찰

정신분석이론에 비해 에릭슨의 자아심리이론은 자아를 중심으로 이론을 전개하고 있고 발달을 전 생애에 걸쳐서 논하고 있다는 점에서 특징적이다. 프로이트는 출생 직후에는 원초아만 있고 자아는 나중에 발달한다고 한 반면, 에릭슨은 미숙하기는 하지만 자아는 출생 시부터 존재하는 것으로 간주하여 자아를 기반으로 발달이론을 전개하였다. 또한 유전적 영향을 배제하지는 않았지만 발달과정에서 자아에 영향을 주는 환경적 영향을 중요하게 생각한 점에서 환경 속의 인간이라는 관점 형성에 크게 기여를 했다고 평가할 수 있다. 하지만 이러한 강점에도 불구하고 이러한 이론적 주장들을 경험적 증거나 실험을 통해서 증명해내지 못했다는 점은 에릭슨 이론의 한계로 지적된다.

요 약

　　이 장에서는 초기에는 정신분석이론적 관점을 수용하다가 후기로 갈수록 정신분석이론의 한계를 지적하면서 나름대로의 이론을 전개시킨 학자들 중에서 융의 분석심리이론과 아들러의 개인심리이론, 에릭슨의 자아심리이론을 중심으로 살펴보았다.

　　융의 분석심리이론에서 정신분석이론과의 가장 큰 차이점은 프로이트가 인간은 무의식에 의해서 결정되는 불변적 존재라고 가정한 반면, 융은 인간을 무의식의 영향을 받지만 의식에 의해 조절할 수 있는 가변적 존재라고 가정한다는 것이다. 분석심리이론에서는 인간을 의식과 무의식 간의 대립을 극복하고 의식에 의한 조절을 통해서 의식과 무의식을 통일해나가는 생물학적, 심리학적, 사회문화적 특성을 반영한 전체적 존재로 인식한다. 이러한 의미에서 인간은 역사적이면서 미래지향적 존재이고, 목표달성을 위해서 노력하고 행동을 조절할 수 있는 존재이다. 융은 정신을 성격 전체를 포괄하는 개념으로 의식 및 무의식적 사고, 감정, 행동을 내포하는 포괄적 개념으로 본다. 정신은 자아와 페르소나가 있는 의식, 그림자와 콤플렉스가 있는 개인무의식, 원형과 아니마 및 아니무스가 있는 집단무의식으로 구성된다. 분석심리이론에서 성격발달은 개성화의 과정을 통한 자기실현 과정이다. 분석심리이론의 강점은 ① 이 이론이 프로이트의 정신분석이론에 바탕을 두지만 의식을 강조하고 인간을 가변적으로 인식하고 있다는 점, ② 치료과정에서 치료자와 내담자의 관계가 정신분석이론보다 권위적이지 않다는 점, ③ 성격형성이 생애 전반에 걸쳐서 일어날 수 있다고 가정한 점 등을 들 수 있다. 이러한 강점에도 불구하고 ① 원형, 집단무의식 등은 개념적으로는 이해가 가지만 현실적으로 관찰 불가능한 부분이 많아서 이론이 지나치게 신비주의적이고, ② 이러한 비합리적인 개념들이 적용되어 치료과정이나 효과를 객관적으로 관찰하는 데 한계가 있다고 평가된다.

아들러의 개인심리이론에서는 인간을 합리적이고 창조적인 존재로 본다. 유전적 요인과 환경적 요인의 중요성을 배제하지는 않지만 개인심리이론에서는 개인이 지닌 창조적 힘이 인간의 본성을 결정하는 요체라고 인식한다. 이 관점에서 심리적 건강은 개인이 우월성을 추구하는 과정에서 환경적 방해를 어느 정도 극복하느냐와 개인의 노력을 지지해 줄 수 있는 사회적 관심에 달려 있다고 본다. 아들러는 프로이트의 정신분석이론의 무의식 결정론을 비판하면서 개인의 합리성과 창조성을 강조한 점에서 독창성이 있으나 프로이트의 의식수준이나 성격구조, 또는 융의 정신구조와 같은 통합적 이론체계는 부족하여 이론이 분절적이다. 개인심리이론에서는 목표를 직시하고, 결정하고, 선택하고, 개인의 목표와 가치관에 부합하는 모든 종류의 배려를 나타내는 능력인 '창조적 자아'를 중요한 개념으로 여기는데, 이는 개인의 유전적 특성과 경험적 축적의 종합체이다. 성격형성에서 프로이트가 무의식만을 중시하고, 융이 의식의 중요성을 지적했다면, 아들러의 개인심리이론은 개인의 창조적 자아의 중요성을 강조한 점이다. 창조적 자아가 개인의 무의식 수준에서만 결정되는 것이 아니라 개인의 기억이나 사회적 경험을 통하여 형성될 수 있다고 가정한 점에서 이 이론은 사회적 영향요소의 중요성을 강조했다고 할 수 있으며, 이러한 사회적 영향의 중요성에 대한 인식은 향후 집단 내에서 개인을 치료하고자 시도하는 집단치료의 원동력이 되었다. 이러한 긍정적 측면에도 불구하고 아들러의 이론은 상식심리학처럼 지나치게 간결하고, 이론을 구성하는 개념들을 개념적 조작적 정의가 충분하지 못하여 경험적으로 검증해내는 연구는 빈약하였다는 점에서 한계가 있다.

에릭슨의 자아심리이론은 ① 인간은 합리적이고, 이성적이며, 창조적인 존재이고, ② 인간행동은 무의식에 의해서 결정되는 것이 아니라 의식의 수준에서 통제 가능한 자아에 의해서 동기화되며, ③ 인간을 총체적이고 환경 속의 존재로 인식하면서 프로이트의 생물학적 무의식 결정론과는 상이하게 인간을 생리 · 심리 · 사회적 존재로 인식한다. 에릭슨의 이론은 인간의 합리성, 창조성, 이성에 초점을 두고 있으므로 인간을 가변성을 지닌 존재로 인식하였고, 성장에 따라서 새로운 발달과업이 나타나면 이를 달성하려고 투쟁하는 과정에서 인간은 더 나은 자아를 발전시킨다고 이해한다. 외부 환경에 대처하고 적응하는 과정에서 형성되는 역동적 힘으로 겪는 자아의 신체 · 심리 · 사회적 발달은 전 생애에 걸쳐 이뤄지며, 에릭슨에 의하면 자아발달단계는 인생주기의 8단계로 구성된다. 각 단계는 그 단계에서 우세하게 출현하는 발달과업이 있고, 자아가 기능적으로 적응하여 그 과업을 성공적으로 해결할 때 균형 잡힌 성격이 형성된다. 정신분석이론에 비해 에릭슨의 자아심리이론은 자아를 중심으로 이론을 전개하고 있고 발달을 전 생애에 걸쳐서 논하고 있다는 점에서 특징적이다. 하지만 이러한 강점에도 불구하고 이러한 이론적 주장들을 경험적 증거나 실험을 통해서 증명해내지 못했다는 점은 에릭슨 이론의 한계로 지적된다.

정신분석학에 반기를 들고 나름대로 독자적 이론을 형성한 이러한 학자들의 공헌은 향후 전개될 심리학적 이론들이 프로이트를 승화하여 발전할 수 있는 기틀을 마련했고 사회복지학이 심리사회적 현상을 이해하는 데 기본적 패러다임으로 수용하고 있는 '환경 속의 인간'의 관점을 형성하는 밑거름이 되었다.

토론

• 정신분석이론의 기본관점과 아들러의
  개인심리이론의 기본관점을 비판적으로
  비교 설명하고 각 관점의 타당성을 논하시오.

• 정신분석이론의 기본관점(인간관이나
  기본가정)과 융의 분석심리이론의 기본관점을
  비교 설명하고 각 관점의 타당성을 논하시오.

• 정신분석이론의 기본관점과 에릭슨의
  자아심리이론의 기본관점을 비판적으로
  비교 설명하고 각 관점의 타당성을 논하시오.

• 정신분석이론과 분석심리이론을 비교 설명하고
  개인적으로 어느 이론이 더 타당하다고 생각하는지와
  논리적 근거를 설명하시오.

- 정신분석이론과 개인심리이론을 비교 설명하고
  개인적으로 어느 이론이 더 타당하다고
  생각하는지와 논리적 근거를 설명하시오.

- 정신분석이론과 자아심리이론을 비교 설명하고
  개인적으로 어느 이론이 더 타당하다고
  생각하는지와 논리적 근거를 설명하시오.

- 분석심리이론, 개인심리이론,
  자아심리이론의 기여는 무엇인가?

- 분석심리이론, 개인심리이론,
  자아심리이론의 특징을 비교 분석하시오

5

인본주의 이론

　제4장에서는 처음에는 정신분석이론이나 프로이트와 직접적으로 또는 간접적으로 교류한 학자들이 정신분석이론의 수동적 인간관과 무의식 결정론에 도전하면서 새로운 인간관에 근거해서 발전시킨 이론들을 살펴보았다. 이러한 이론들은 융의 분석심리이론, 아들러의 개인심리이론, 에릭슨의 자아심리이론 등이다. 제4장에서 살펴본 것처럼 이러한 이론들은 프로이트의 무의식 결정론에 근거한 수동적 인간관의 한계를 지적하면서 무의식뿐 아니라 인간의 의지 및 환경도 성격형성에 중요한 역할을 한다고 주장한다.

　위와 같은 동향이 대체로 유럽을 기반으로 프로이트의 정신분석이론과 직접 또는 간접적으로 활동을 하던 학자들에 의해서 나타났다. 이러한 학문적 경향을 반영하여 미국을 중심으로 활동을 하던 학자들인 로저스와 매슬로는 성격형성 과정에서 인간의 창조성과 합리성의 역할을 강조하는 인본주의 이론을 전개하였다. 이 장에서는 인간중심이론

이라고 불리는 인본주의 이론의 특징을 로저스와 매슬로의 이론을 중심
으로 살펴본다.

1   로저스의 인본주의 이론

1) 이론의 기본관점

위에서 살펴본 것처럼 칼 로저스(Carl Rogers)는 심리학을 공부하는 과정에서 프로이트적인 무의식 결정론적 관점에 갈등을 느끼고, 자신이 추구하던 자유로운 인간에 대한 믿음에 기반을 둔 인간중심적 이론을 전개하였다(오제은, 2007; Cohen, 1997). 이러한 로저스의 학문적 경향은 인간을 바라보는 관점에서 나타난다. 로저스는 인간은 자유로우며 자신의 행동에 책임을 지는 존재이며, 인간은 무의식에 의해서만 결정되는 것이 아니라 본인이 원하고 목적하는 바를 추구하는 유목적적 존재라고 인식하였다(Rogers, 1995; 이영희 외, 2007). 이러한 인식의 결과 로저스는 인간을 합리적이고 건설적 방향으로 지속적으로 성장을 해나가는 통합적이고 전체적인 존재로 인식하는 인간중심적인 심리학 이론을 전개하였다.

이러한 로저스의 인간관은 이론의 기본가정들에서도 잘 나타난다. 로저스는 객관적 현실세계란 존재하지 않으며 개인이 주관적으로 인식한 현실세계만 존재한다고 주장한다(Rogers, 1995). 이러한 것을 현상학적 인식이라고 하는데, 다음의 예를 보면 그 개념이 좀더 명확해질 수 있다. 우리가 현재 알고 있는 물리학에서 말하는 원자와 분자는 객관적 현실세계에 존재하던 것이다. 하지만 학문의 발달로 인해서 원자와 분자의 존재를 사람들이 인식하기 전에는 원자와 분자는 사람들에게는 존재하지 않는 것이나 마찬가지였고, 이러한 인식하지 못하는 객관적 존재는 당시 사람들의 행동이나 성격형성에 영향을 미치지 못하였다. 즉, 주관적으로 존재를 이해한 후에야 원자나 분자의 특성이 어떠하고 기능은 어떠한가를 살피기 위한 학자들의 후속행동에 영향을 주었다. 이러한 관점에서 로저스의 이론에서 가정하고 있는 인간행동은 개인이 세계를 지각하고 해석한 결과라고 볼 수 있다. 이러한 그의 인간관과 기본가정들은 로저스의 이론 전개에 영향을 준다.

2) 이론의 주요내용 및 개념

(1) 성격구조

로저스는 성격자체의 형성원인에 대한 연구보다는 상담의 결과 어떻게 성격변화가 이루어지는지에 대해 더 많은 관심을 가졌다. 로저스 이론에 따르면 인간성격은 세 가지의 핵심요소를 가지고 있다. 첫째가 유기체이고, 둘째가 현상학적 장이고, 셋째가 로저스 이론에서 가장 중요한 개념인 자기(self)이다.

첫째, 유기체란 신체, 정서, 지식 등을 포괄하는 통합적 존재로서의 '전체 인간'을 말한다(주은선, 2009; Rogers, 1961). 인간은 경험에 대해 신체, 정서, 지식 등의 유기체의 일부 또는 전부를 통해서 유기체적으로 반응한다. 다시 말해 인간은 어떤 자극이 있을 때 무의식적이거나 결정론적으로 그 자극에 수동적으로 영향받는 것이 아니라 그 자극에 대하여 인간의 신체적, 정신적, 지식적 전체를 통해서 반응한다. 이러한 의미에서 로저스 이론의 인간관은 인간 내부적인 다양한 차원을 포괄하는 총체적(holistic) 입장을 띤다. 인간을 유기체라는 용어를 사용해서 통합적 존재로 인식한 것은 인간의 개인내적 체계의 다양성을 인정하고 있다는 점에서 개인체계 내적 특성을 인지, 정서, 행동 등의 다양한 측면에 초점을 두고 이론을 전개한 향후 심리학의 발전에 기여한 바가 크다.

둘째, 경험적 세계(experiential world) 또는 주관적 경험으로도 불리는 현상학적 장이란 개인이 특정 순간에 인식할 수 있는 것들의 총체를 의미한다. 위에서 살펴본 것처럼 로저스 이론에서 인간은 신체, 정서, 지식 등을 포괄하는 전체적인 유기체로 인식되었다. 인간의 유기체적 특징인 신체, 정서, 지식 등은 개인마다 차이가 있을 수 있으므로 개인의 고유한 유기체적 특성에 따라서 동일한 현상을 이해하는 것은 차이가 있을 수 있다. 그러므로 실제 인간의 행동에 영향을 주는 것은 무의식 결정론적 관점에서 주장하는 것처럼 과거의 경험이나 행동주의 입장에서 주장하는 것처럼 객관적으로 존재하는 실제적 사실 자체가 아니라 바로 개인 유기체가 그것을 어떻게 지각하는가에 따라서 달라질 수 있는 점을 보여준다는 점에서 프로이트의 무의식 결정론적 관점이나 앞으로 배울 행동주의적 관점과는 차이가 있다.

셋째, 자기(self)는 현재 자신이 어떤 존재인가에 대한 개인적 판단 또는 개념으로 자기 자신에 대한 상(self-image)이다(Rogers, 1961). 로저스 관점에서 자기는 자신을 포함한 전체적인 현상학적 장에서 인식된 환경 속에서 자신을 인식한 결과 분화된 '나'에 대한 일련의 의식과 가치를 의미한다. 개인의 이러한 자기상은 개인이 현상을 인식하고 유기체가 반응할 때 자기 자신의 자기상에 부합하게 인식하고 반응하게 한다는 점에서 성격의 구성요소 중 가장 중요한 요소들 중의 하나이다. 현상의 인식과 인식결과에 따라 행동함에 있어 인간은 본인의 자기상에 맞도록 인식하고 행동하므로, 자기는 유기체가 세상을 인식하고 행동하는 데 있어서 일관성을 유지할 수 있도록 한다. 이렇게 일관성이 유지된 것의 총체적 특징이 개인의 성격특성으로 나타난다. 그러므로 자기는 성격구조의 중심이며 성격발전의 핵심이라고 할 수 있다.

(2) 자기실현 경향성

'자기'는 개인적 경험을 바탕으로 형성되는 것으로, 자기 및 자기실현의 개념은 로저스 이론에서 매우 중요한 것이다(주은선, 2009). 자기가 분화되기 전인 갓난아이는 본인의 내적 경험 또는 자신이 처해서 인식하고 있는 주관적 세계를 분리해서 이해하지 못한다. 인간이 본능적으로 타고나는 자기실현 경향이 아기로 하여금 경험적 잠재력을 확대하도록 함에 따라 부모와 같은 중요한 타인과의 상호작용이 일어나게 되고, 이러한 상호작용의 결과 아기의 유기체적 경험의 일부가 '자기' 또는 '자기개념'으로 분화된다. 즉, 인간은 태어날 때는 자기가 분화되지 않지만, 성장하면서 부모나 중요한 타자와의 상호작용을 통해서 타자와 분리된 자기를 인식하고 자기상을 형성하게 된다. 로저스의 인간중심이론에 따르면 자기를 형성하는 과정에서 인간은 총체적 자기형성의 경험을 성공적으로 이끌어가기 위해서 타인으로부터 긍정적 관심과 관대한 반응을 필요로 한다.

프로이트의 정신분석학에서 인간의 행동의 근원을 생리·성적 에너지로 본 것에 비해 로저스는 인간행동의 근원을 자아실현의 욕구로 보았다. 자아실현의 욕구는 현상학적 장에서 자기의 이미지를 유지하고 증진시키려는 욕구로서, 로저스는 자아실현의 욕구와 이러한 욕구성취를 가능하게 하는 성장잠재력은 선천적인 것으로 간주하였다. 로저스에 따르면 인간은 본능적으로 자아실현의 욕구가 있는데, 이러한 자아실현의 욕구는 다면성을 갖는다.

첫째가 자기유지(*self-maintenance*)이다. 자기유지란 자기의 자아상을 훼손시키지 않고 최소한 현재 상태를 유지하려는 욕구를 말한다. 자아상의 기반의 상당부분을 성적에 두고 있는 학생이 최소한 지난 학기 정도의 성적을 유지해서 자아상에 훼손이 가지 않도록 노력하는 경우를 생각하면 이해에 도움이 되겠다.

둘째가 자기향상(*self-enhancement*)이다. 자기향상이란 자기의 자아상을 현재의 것보다 긍정적인 이미지로 변화시키려는 욕구를 말한다. 앞의 예처럼 자아상 기반의 상당부분을 성적에 두고 있는 학생이 이번 학기에는 지난 학기보다 성적을 더 잘 받아서 본인의 자아상을 좀더 긍정적으로 향상시키려고 노력하는 것을 생각하면 도움이 되겠다.

셋째가 자아실현(*self-actualization*)이다. 자아실현의 욕구를 선천적인 인간의 기본욕구로 보았듯이, 로저스에 따르면 인간은 외적인 힘에 의존하고 통제받기보다는 독립성, 자기책임성, 자기규제, 자율성 및 자아통제가 높은 수준으로 나가려는 경향이 있다. 자아실현의 과정은 자신을 창조하는 과정이고, 갑자기 달성될 수 있는 것이 아니라 점진적으로 완성되는 특성이 있다. 자아실현은 자아상을 훼손할 수 있는 허기를 면하기 위해서 음식물을 섭취하는 것이나 신체적 손상을 방지하기 위해 방어하는 등의 단순한 차원에서부터 자기의 목적을 달성하여 원하는 자아상을 이루려는 적극적 차원까지를 포함한다. 이러한 의미에서 자기유지와 자기향상은 자아실현을 위한 과정으로 이해할 수 있다. 사람에게는 본인이 현재 인식하고 있는 자아상인 현실적 자아와 나중에 어떻게 되고 싶다는 미래지향적인 이상적 자아가 있는데, 이러한 현실적 자아와 이상적 자아의 차이를 줄여나가는 것이 자아실현의 과정으로 이해할 수 있다.

(3) 충분히 기능하는 사람

로저스의 인간중심이론은 자신의 잠재력을 인식하고 능력과 재질을 발휘하여 자신에 대한 완벽한 이해와 경험을 풍부히 하는 방향으로 이동해 나가는 사람을 '충분히 기능하는 사람'(fully functioning person)이라고 하였다(주은선, 2009). 인간중심이론의 인간관을 반영하여, 로저스는 이러한 충분히 기능하는 사람은 다음과 같은 특성을 가지고 있다고 한다. 첫째, 경험에 대한 개방성이다. 즉, 경험을 함에 있어 규제를 받지 않은 상태에서 자신의 감정과 태도를 자율적으로 경험할 수 있어야 충분히 기능하는 사람이 될 수 있다. 둘째, 실존적 삶을 사는 사람이 충분히 기능하는 사람이 될 수 있다. 즉, 모든 경험을 이전에 경험해 보지 못했던 새로운 것으로 느끼면서 경험에 대한 의도적 구조가 없는 삶을 사는 사람이 충분히 기능하는 사람이 될 수 있다. 셋째, 자신의 유기체에 대한 신뢰가 있는 사람이 충분히 기능하는 사람이다. 이러한 의미에서 만족스런 행동에 도달하는 원동력은 내가 지향하는 바가 맞고 반드시 도달할 수 있다는 자신감이다. 넷째, 환경이나 과거에 메이지 않고 자기의 통제력을 믿는 자유감을 가지고 있는 사람이 충분히 기능하는 사람이다. 즉, 삶에 대한 개인적 통제력을 가지고 있고, 이러한 통제력이 환경 또는 과거의 사건들에 의해서 결정되는 것이 아니라 자기 자신에게 달려 있다고 믿는 사람이 충분히 기능하는 사람이 될 수 있다. 다섯째, 충분히 기능하는 사람은 창조성이 있다. 즉, 충분히 기능하는 사람은 자율적인 사람이므로 남들로부터의 인정에 별 관심이 없기 때문에 자기 자신이 존재하는 모든 영역에서 창의적 소신과 삶으로 스스로를 표현할 수 있으므로 충분히 기능하는 사람이 될 수 있다.

3) 비판적 고찰

로저스의 이론은 인간을 수동적 존재로 보는 무의식 결정론적 관점이나 환경결정론적인 행동주의적 관점과는 다르게 인간을 합리적이고 창조성을 가진 목적 지향적 존재로 인식한다. 후속이론의 발달과 실천적 개입에 큰 영향을 끼쳤지만 이론의 한계도 지적된다. 여기서는 로저스 이론의 긍정적 평가와 부정적 평가에 대해서 고찰해 본다.

(1) 긍정적 평가

로저스의 가장 큰 공헌 중의 하나는 기존의 이론들에 비해 상대적으로 심리요법의 과학화에 기여했다는 점이다. 예를 들어서 프로이트는 상담 장면도 공개하지 않았고 상담기법은 설명해 주기보다는 직접 상담을 받음으로 체득하게 하였다. 반면, 로저스는 상담 장면을 테이프에 담아 공개하고, 이러한 것들을 반복해서 보는 과정을 통해서 상담기술의 체계화와 보편화에 기여하였다. 둘째, 상담의 효과를 측정했다는 점도 로저스의 공헌 중의 하나이다. 로저스 이전의 심리학자들은 사회현상을 관찰할 때 모집단의 대표성을 지닌 샘플보다는 주변의 사람들을 대상으로 관찰하였고, 데이터의 수집과 분석에서도 경험적이고 실증적 방법보다는 주관적 방법을 많이 사용했다. 하지만 로저스는 상담의 효과 측정을 위해 자아일치의 정도를 경험적으로 측정하여 통계를 이용하여 분석을 하였다. 셋째, 인간의 중요성을 부각시킴으로써 성격이나 행동형성에 있어 인간 개인내적 특성의 중요성을 강조하였다는 점이다. 넷째, 프로이트의 정신분석이론 및 관련들이 대부분 의료·생리학에 바탕을 두고 있었던 반면, 로저스는 역사, 신학, 심리학 등을 전공한 사람이었다. 즉, 로저스는 이전에 주로 의사자격증이 있던 사람들에 의해서 의료행위의 일환으로 진행되던 심리치료를 의학분야를 넘어 심리학 및 관련 분야에서 참여할 수 있는 중요한 기틀을 마련하는 데 공헌하였다.

(2) 부정적 평가

위와 같은 로저스 이론에 대한 긍정적 평가에도 불구하고, 로저스 이론은 다음과 같은 비판도 받는다. 첫째, 로저스 이론은 정서적 및 감정적인 요소를 크게 강조하는 반면에 지적 및 인지적 요인의 중요성을 상대적으로 간과하는 경향이 있다. 둘째, 인간의 창조성과 합리성을 신뢰하여 특정 기법을 개입과정에서 사용하는 것을 권하지 않으므로, 심리검사나 효율적 변화를 위한 개입기술의 사용을 하지 않는다. 심리검사를 하지 않으므로 객관적 정보를 사용하여 내담자를 도와주는 면이 부족하고, 개입기술 사용을 자제하므로 치료의 효과성이 떨어질 수도 있다는 비판을 받는다. 넷째, 로저스는 중요한 개입기법으로 수용, 감정이입, 경청 등을 중시하는데 이러한 개입기법이 모든 내담자들에게 다 효과적일까 하는 것에 대해서 이의를 제기하는 사람들이 있다. 즉, 인본주의적 인간관에서는 현실적 자기와 이상적 자기의 차이에서 오는 부적응 행동에 대한 개입은 인간이 합리적이고 미래지향적이기 때문에 어느 정도 현실적 자아와 이상적 자아의 차이를 스스로 줄일 수 있을 것이라고 기대할 수 있다. 하지만 자폐증 환자의 경우는 경청하는 상담보다 지시적 상담이 효과적이라는 결과도 있어서 지속적인 수정보완이 필요하다. 다섯째, 로저스의 현상학적 장에서는 객관적 환경일지라도 유기체가 인식해서 수용하는 방법이 변하면 행동이 변한다고 보는데, 이러한 이해는 환경의 작용을 지나치게 경시할 위험성이 있다.

2 　　매슬로의 인본주의 이론

1) 이론의 기본관점

아브라함 매슬로(Abraham Maslow)의 이론도 인본주의로 분류되는 것에서 추측할 수 있듯이 그의 인간관이나 기본적 관점도 로저스의 그것들과 일맥상통한다. 매슬로도 인간에 대해서 희망적이고 낙관적인 견해를 가지고 있어서, 인간이 환경을 능동적으로 창조할 수 있는 존재라고 인식하였다(Maslow, 1987; 오혜경, 2009). 또한 인간은 누구나 내부에 건전하고 창조적인 성장을 위한 가능성을 가지고 있고, 개인적 성취와 자아실현을 위해서 노력한다고 믿는 인간에 대한 긍정적 신념을 가지고 있었다(정태연·노현정, 2005). 이러한 인간에 대한 신뢰의 바탕에는 인간이 자신의 행동, 정서, 사고를 조직할 수 있는 역동적 성격구조를 가지고 있어서 의식적 정신과정을 통해서 개인의 행동을 통제할 수 있다는 신념이 깔려 있다. 로저스와 마찬가지로 매슬로도 인간의 주관적인 경험을 강조하여 실제로 행해진 객관적 행동보다는 그 행동을 인간이 어떻게 해석하느냐가 더 중요하다고 인식하였다. 이러한 관점은 프로이트의 정신분석이론의 수동적인 무의식 결정론이나 행동주의의 환경결정론적 관점과 차별화되는 인본주의 이론의 중요한 특징이다.

2) 이론의 주요내용 및 개념

(1) 욕구

프로이트가 인간행동의 근원을 심리적 성적 에너지로 이해한 것처럼, 매슬로는 욕구가 인간이 살아가는 데 꼭 필요한 것이며, 이를 충족시킴으로써 만족을 얻는 일종의 본능과 같은 것이라고 이해하였다(오혜경, 2009). 욕구는 선천적인 것이지만 욕구를 충족시키기 위해서 인간이 하는 행동은 후천적으로 학습된 것이므로 개인에 따라서 상당한 차이가 있는 것으로 이해하였다. 즉, 동일한 수준의 욕구가 표출되었더라도 이를 해소하기 위한 행동을 하는 것은 개인이 상황을 어떻게 인식하느냐에 따라 다르다.

매슬로는 인간의 행동을 활성화시키는 다섯 가지 타고난 욕구를 제안하였다. 매슬로는 이러한 인간행동의 근원이 되는 욕구를 생리적 욕구, 안전에 대한 욕구, 애정과 소속의 욕구, 자존감의 욕구, 그리고 자아실현의 욕구 등 다섯 가지로 구분한다. 생리적 욕구나 안전의 욕구와 같은 하위차원의 기본적 욕구가 충족되지 않으면 생리적, 심리적 역기능이 발생하여 혼란상태에 빠지게 되고, 이러한 기본적 욕구가 지속적으로 충족되면 역기능과 혼란상태를 예방하고 건강하고 성숙한 상태를 달성하게 된다. 생리적 욕구가 충족되어야 안전의 욕구가 생기는 것처럼 특정 상위욕구의 충족을 위해서는 사전에 보다 근본적 하위욕구의 충족이 이루어져야 하는데, 이러한 매슬로의 이론을 욕구위계이론이라고 한다. 이 이론에 따르면 하위 욕구가 충족되면 다음 단계의 욕구에 의해 동기유발이 되며 상위욕구가 강하게 일어나려면 하위욕구가 어느 정도 충족되어야 한다. 욕구위계이론을 자세히 살펴보면 다음과 같다.

(2) 욕구의 위계

매슬로에 의하면 인간은 살아가는 데 필요한 욕구들인 생존적 경향의 욕구 충족을 바탕으로 궁극적으로 자아실현을 하려고 하는 경향을 가지고 있다(정태연·노현정, 2005). 그러므로 인간을 본능적으로 생존적 경향의 욕구를 충족한 바탕 위에 궁극적으로는 자아실현을 위해서 노력하는 존재로 인식한다. 이러한 인식에 바탕을 두고 매슬로는 〈그림 5-1〉과 같은 욕구의 위계구조를 제시하였다(Maslow, 1987).

〈그림 5-1〉에서 나타난 것처럼 매슬로는 생리적 욕구, 안전에 대한 욕구, 애정과 소속의 욕구, 자존감의 욕구를 인간의 생존에 필요한 욕구로 보고 생존적 경향의 욕구로 분류하는 한편, 자아실현의 욕구를 인간이 추구하는 가장 상위단계의 욕구로 간주하고 실현적 경향의 욕구로

| 그림 5-1 | 욕구의 위계구조 |

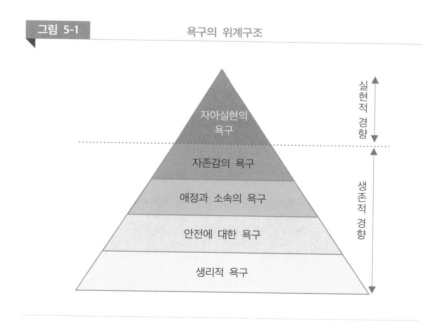

분류하였다. 생존적 경향이란 인간의 생존을 생리적 차원에서 유지하려는 경향이고, 실현적 경향이란 생존의 욕구가 충족되어야 성취 가능한 것으로 인간이 자신의 잠재능력, 기능, 재능을 발휘하여 성장욕구를 충족하려는 경향을 말한다.

① 생존적 경향의 욕구

생존적 경향의 욕구에서 가장 기본적인 것은 '생리적 욕구'(*physio-logical needs*)이다. 생리적 욕구는 의식주에 대한 욕구, 성적 욕구, 수면욕구, 휴식욕구, 배설욕구 등 생리적 균형을 유지하는 데 요구되는 기본적 욕구이며 생명을 유지하는 데 없어서는 안 될 기본적 욕구들이다.

생존적 경향의 가장 하위단계의 욕구인 생리적 욕구가 어느 정도 충족되고 나면, 인간은 신체적, 정신적 위험에 대한 공포나 기존의 생존욕구의 위협에서 벗어나 안정을 찾으려는 욕구를 가지게 된다. 이러한 욕구를 '안전에 대한 욕구'(*safety needs*)라고 하는데, 자기 자신을 외부의 위협으로부터 안전하게 보호하고자 하는 육체적 안전과 심리적 안정에 대한 욕구를 일컫는 말이다.

생리적 욕구와 안정의 욕구가 어느 정도 충족되고 나면 인간은 집단에 소속되거나 사랑이나 우정 또는 애정을 얻고 싶어 하는 욕구가 생긴다. 이러한 욕구를 '애정과 소속의 욕구'(*belonging needs*)라고 한다. 생리적 욕구와 안전의 욕구가 대개 개인적 수준에서 충족될 수 있는 욕구들임에 비해, 애정과 소속의 욕구는 다른 사람으로부터 사랑을 받고 다른 사람을 사랑하고자 하며 어떤 집단에 소속하여 집단의 구성원으로서의 역할을 수행하고자 하는 등, 대인관계를 통해서 교환하고 소속됨으로써 충족될 수 있다는 점에서 사회적 욕구이다.

생리적 욕구, 안전의 욕구 및 애정과 소속의 욕구가 어느 정도 충족되면 사람은 자기의 행위나 인격을 남으로부터 승인받고 칭찬받고 싶어 하는 욕구가 생긴다. 이러한 것은 '자존감의 욕구'(esteem needs) 라고 하고, 이것은 어떤 중요한 책임을 맡아 잘 수행함으로써 자신의 가치를 스스로 인정하고 다른 사람으로부터도 존경을 받고자 원하는 욕구이다. 구체적으로 자존감의 욕구는 자존심을 유지하고, 다른 사람들로부터 인정과 존경을 받고 싶어 하는 욕구인데, 자존감의 욕구가 충족되면 개인은 자기존중을 할 수 있고, 다른 사람으로부터 존경을 받게 된다. 자기존중은 자신의 능력에 대한 신뢰감, 성취감, 독립심 등을 느낌으로써 성취될 수 있고, 다른 사람으로부터의 존경은 명성, 주목, 지위, 긍정적 평판 등을 통해서 충족될 수 있다. 열심히 노력하여 많은 재산을 축적한 사람이 어느 시기에 가서 자신의 전 재산을 사회단체나 교육기관에 기꺼이 내어놓는 일은 바로 이러한 자존감의 욕구에서 나온 행동으로 이해할 수 있다.

② 실현적 경향의 욕구

생리적 욕구, 안전에 대한 욕구, 애정과 소속의 욕구 및 자존감의 욕구가 어느 정도 충족되고 나면 사람은 자신이 잠재적으로 실현 가능한 최대한의 자신이 되려고 하는 욕구가 있다. 이러한 욕구를 '자아실현의 욕구'(self-actualization needs) 라고 한다. 자아실현의 욕구는 전체적인 것으로 인격적 욕구로서 인간 최대의 욕구이다. 이러한 의미에서 매슬로는 자아실현의 욕구를 자신의 모든 잠재적 능력을 최대한 발휘하여 가치있는 삶을 누리고자 자기가 성취할 수 있는 모든 것을 성취하려는 욕구로 이해하였다.

매슬로는 사람들 중에서 약 1% 정도만 자아실현의 욕구를 실현할 수 있을 것이라고 했다. 대부분의 사람들이 자아실현을 할 수 없는 요인으로 다음과 같은 것을 생각해 볼 수 있다. 첫째, 사람들이 잠재력에 대한 존재와 자기 자신의 잠재력에 대해서 모르는 경우가 대부분이다. 둘째, 사람들이 자신의 능력을 의심하고 두려워하는 경향을 가져 자아실현을 할 수 있는 기회를 소멸하기 때문이다. 셋째, 사람을 둘러싸고 있는 사회적 환경이 생존적 경향의 욕구 충족에 위험요소로 작용할 수 있기 때문에 사회적 환경이 흔히 자아실현의 욕구 표출을 억눌러 버릴 수 있다. 넷째, 안전에 대한 욕구가 가져다주는 강한 부정적 영향 때문이다. 즉, 사람들은 안전하다고 느끼는 경우에 거기에 안주하는 경향이 있어서 자아실현의 욕구를 충족시키는 동기유발이 되지 않을 수 있다.

(3) 욕구위계의 이해

매슬로의 욕구위계이론은 다섯 가지 위계적 욕구들이 유기적 연관성을 맺으면서 욕구발로의 우선적 순위에 따라 위계적으로 계층을 이루고 있다고 본다. 먼저 하위단계의 욕구가 어느 정도 충족되면, 충족된 하위단계 욕구의 동기유발력은 현저히 약화되거나 잠재화되고, 한 단계 위의 욕구가 지배적 동기요인으로 부각하게 된다. 예를 들면, 가장 기본적인 생리적 욕구가 어느 정도 충족되면, 안전에 대한 욕구가 발로된다. 다시 안전에 대한 욕구가 어느 정도 충족되면, 애정적 욕구가 유발된다. 그 다음 애정적 욕구가 어느 정도 충족되면, 자존에 대한 욕구가 부각된다. 마지막으로 자존에 대한 욕구가 어느 정도 충족되면, 최정상의 자아실현욕구가 발현된다.

매슬로의 이론에서 말하는 자아실현은 대부분의 사람들은 달성하지 못하고 약 1%의 사람들만 자아실현 욕구를 충족시킬 수 있다고 한다. 이러한 측면에서 자아실현이란 대부분의 사람들에게는 추구의 대상이자 궁극적 목표이지 결과적으로 달성할 수 있는 것은 아니다. 즉, 대부분은 완전한 자아실현을 할 수 없고, 또 달성된 자아실현이 항상 지속·유지되는 것이 아니다. 하지만 매슬로가 제시한 자아실현자들에게서 나타날 수 있는 구체적 특징들을 살펴보면 자아실현을 이해하는 데 도움이 될 수 있다.

매슬로는 자아실현자들의 특징을 같이 제시했다. 자아실현자들은 현실을 효율적으로 지각하고 불확실성을 참아낼 수 있고, 자기 자신과 타인들을 있는 그대로 받아들일 수 있으며, 사고와 행동에 자발성이 있다. 또한 자아실현자들은 자기중심적이기 보다는 문제중심적이고, 좋은 유머감각이 있으며, 매우 독창적이며, 속물이 되는 경향에 저항하며 인간의 복지에 대해서 배려한다. 나아가 자아실현자들은 생활의 기본적인 경험을 음미할 수 있고, 사람들과의 깊고 만족스런 대인관계를 수립하고, 객관적 관점에서 생활을 견지할 수 있다.

3) 비판적 고찰

(1) 긍정적 평가

매슬로의 이론은 극소수의 사람들만이 자아실현을 이룰 수 있다고 인식하면서도 대다수의 사람들이 완전한 인간성의 수준에 도달할 수 있는 가능성이 있다는 낙관적 견해를 가지고 있다. 이러한 인간에 대한 낙관적 견해는 로저스의 이론과 함께 인간을 무의식이나 환경에 의해 수동적으로 행동하는 존재로 보지 않고 창조적이고 합리적인 능동적 존재로 인식한다. 이러한 인간에 대한 긍정적 견해는 이후 인간의 긍정적 측면에 초점을 맞추고 개입하는 강점관점의 실천이론들에 영향을 주었다.

매슬로의 이론은 계층적으로 체계화되어 있는 여러 가지 욕구를 전제하고 있다. 즉, 자기실현은 욕구의 위계에서 좀더 낮은 층의 욕구들, 예컨대 생존적 경향의 욕구들인 생리적 욕구, 안전에 대한 욕구, 애정과 소속의 욕구 및 자존감의 욕구가 충족되어야 성취 가능하다고 보았고, 이러한 욕구들이 충족되지 못할 경우 자아실현은 한계가 있다고 이해하였다. 즉, 자아실현의 과정을 다양한 요소들과 연계하여 다차원적으로 이해한다. 이러한 것은 로저스가 자아실현이라는 유일한 동기를 가지고 인간행동을 설명하려고 한 데 비해 신체·심리·사회적 다양한 요소를 통합적으로 고려하여 인간행동의 동기를 설명하고 있다는 점에서 진일보했다고 평가할 수 있다.

(2) 부정적 평가

실제 현실을 살펴보면 대부분의 경우에 매슬로가 제시한 다섯 가지 욕구들이 전부 충족되는 경우는 드물다. 일반적인 사람의 경우 다섯 가지 욕구들이 모두 부분적으로 충족되어 있는 것이 대부분이며, 상위욕구 계층으로 올라갈수록 욕구 충족의 수준이 낮아지는 것이 일반적이다. 임의적인 예를 들어보면, 한 개인의 생리적 욕구가 95% 달성이 되었다면, 안전에 대한 욕구는 85% 정도 달성되고, 애정과 소속의 욕구는 70% 정도 달성되고, 자존감의 욕구는 50% 정도 달성되고, 마지막으로 자아실현의 욕구는 20% 정도 충족되어 상위욕구로 갈수록 충족의 수준이 낮아진다. 비슷한 맥락에서 하위욕구의 충족에 의하여 상위욕구가 발로되는 방식은 점진적이다. 예컨대, 안전에 대한 욕구가 10% 정도로 조금

밖에 충족되어 있지 않으면, 사람은 안전에 신경을 쓰느라고 애정과 소속의 욕구는 거의 나타나지 않을 것이다. 하지만 안전에 대한 욕구가 50% 정도 충족되었다면, 어느 정도 안전에 대해서 우려를 하기는 하지만 동시에 상위욕구인 애정과 소속의 욕구도 5% 정도로 조금쯤은 나타날 수 있을 것이다. 같은 맥락에서 더 나아가 안전에 대한 욕구가 80% 정도 충족된다면, 애정과 소속의 욕구도 더 높아져서 50% 정도로 상승되어서 표출될 수 있을 것이다. 매슬로의 초기 이론은 이러한 현상들을 충분히 고려하지 않은 상태에서 욕구를 위계적으로만 이해하려고 한 한계가 있다.

3 인본주의 이론의 현실적용

앞의 로저스의 인간중심이론의 인간관 및 기본가정에서 살펴본 것처럼, 로저스는 비관론적 결정론인 정신분석학적 입장과 수동적 기계론적인 행동주의적 입장에 반대하면서 인간을 합리적이고 창조적인 존재로 낙관적으로 인식한다. 인간은 사회적이고 미래지향적인 존재이며, 자기실현의 의지와 함께 선한 마음을 지니고 태어난다고 본다. 이러한 관점에서 인간은 일시적으로 혼란된 정서적 상황을 해결하기만 하면 자기 스스로의 힘으로도 정신건강을 되찾을 수 있는 능력을 지니고 있다고 간주한다. 따라서 인간중심적 개입에서는 상담자만이 최선의 해결책을 모두 알고 있는 것처럼 권위적으로 개입하는 것을 거부하고, 내담자를 그 자체로 존중하고 내담자 자신이 문제해결능력을 가지고 있다고 믿기 때문에 문제해결의 책임을 일차적으로 내담자에게 위임한다. 내담자의 자아실현에 대한 경향성을 인정하고 내담자를 믿으므로, 개입의 기법은 계획된 적극적인 것보다는 상담자가 내담자에 대해 공감적 이해(empathic understanding)를 하고, 상담자의 가치판단 없이 내담자에 대해서 무조건적 긍정적 관심과 배려(unconditional positive regard)를 표현하는 등의 소극적 방법이 많이 사용된다. 이러한 로저스의 접근법을 인간중심적 개입이라고 한다.

인간중심적 개입에서는 내담자는 대부분이 '나는 누구인가?'라는 질문의 답을 얻기 위해서 상담자를 찾는다고 본다. 즉, 내담자는 어떻게 자신의 현실적 자아를 발견할 수 있고, 어떻게 해야 본인이 간절히 되고 싶어 하는 존재가 될 수 있으며, 어떻게 내면적 나를 찾아 나 자신이 될 수 있는지에 대한 답을 얻기 위해서 상담자를 찾는다고 이해한다. 그러므로 상담자는 내담자가 이러한 질문에 대한 답을 얻음으로써 '충분히 기능하는 사람'이 되도록 도와주는 것이 치료의 기본 목표가 된다.

이러한 목표를 달성하기 위해서 상담자는 상담과정에서 상호신뢰적 분위기를 조성하여 내담자가 거리낌 없이 자기 자신을 공개하도록 함으로써 자신의 내면세계를 이해하고, 자신의 문제를 파악할 수 있도록 돕는 역할을 한다. 이러한 상담자와 내담자의 관계 속에서 내담자는 자신의 환경에 대한 왜곡된 지각을 수정하고, 현실적 경험과 자아개념 간의 조화를 이룩하며, 궁극적으로는 자신의 능력과 개성을 최대한 발휘하여 자아실현을 촉진할 수 있게 된다. 그러므로 상담자의 역할은 내담자에게 어떤 행동을 하도록 구체적 상담기법을 사용하는 데에 있지 않고 상담자의 허용적 태도 안에서 내담자와 상담자 간에 인격 대 인격의 만남을 경험하도록 하는 데에 있다. 즉, 상담자의 중요한 역할은 참다운 관계의 체험을 통해서 내담자가 자기탐색과 성장적이고 치료적인 경험을 할 수 있도록 분위기를 조성해 주는 것이다.

이러한 역할을 수행하는 치료관계에서 핵심부분을 차지하는 상담자의 인간적 특성 및 태도는 다음과 같은 것들이 있다.

첫째, 공감적 감정이입적 이해이다. 이것은 치료단계의 순간마다 표출될 수 있는 내담자의 경험과 감정을 상담자가 심리적으로 내담자의 입장이 되어 이해하려는 태도를 일컫는다.

둘째, 무조건적 긍정적 관심과 배려이다. 이것은 내담자를 인격적으로 존중하여 그의 감정, 사고, 행동을 평가하거나 판단하지 않는 상태에서 있는 그대로 받아들이는 것을 의미한다. 인간중심이론에 의하면 상담자가 이러한 태도를 마음과 행동으로 보여줄 때, 내담자는 자유롭게 자신의 감정을 경험하고 표현할 수 있게 된다.

셋째, 통합적 일치성과 솔직성(*congruence/genuineness*)으로, 이것은 상담자로서 갖추어야 할 가장 중요한 태도 중의 하나이다. 상담자가 자신의 부정적 감정을 표현할 뿐만 아니라 내담자가 표현하는 부정적 감정을 받아들일 수 있을 때 내담자와의 솔직한 감정교류가 가능해질 수 있으므로, 상담자는 내담자와의 관계에서 느낀 감정을 긍정적이든 부정적이든 솔직하게 표현할 수 있어야 한다.

요 약

인본주의는 인간을 창조적이고 합리적인 능동적 존재로 이해한다는 점에서 기존의 이론들과는 큰 차이가 있다. 이 장에서는 인간중심이론이라고 불리는 인본주의 이론의 특징을 로저스와 매슬로의 이론을 중심으로 살펴보았다.

로저스는 인간은 자유로우며 자신의 행동에 책임을 지는 존재이며, 무의식에 의해서만 결정되는 것이 아니라 본인이 원하고 목적하는 바를 추구하는 유목적적 존재라고 인식하였다. 그 결과 로저스는 인간을 합리적이고 건설적 방향으로 지속적으로 성장을 해나가는 통합적이고 전체적인 존재로 인식하는 이론을 전개하였다. 로저스는 객관적 현실세계란 존재하지 않으며 개인이 주관적으로 인식한 현실세계만 존재한다는 현상학적 인식론을 견지하였다. 로저스 이론에 따르면 인간성격은 '유기체', '현상학적 장', 그리고 '자기'라는 세 가지 핵심요소를 가지는데, '유기체'란 신체, 정서, 지식 등을 포괄하는 통합적 존재로서의 '전체 인간'을, '현상학적 장'이란 개인이 특정 순간에 인식할 수 있는 것들의 총체를, '자기'는 현재 자신이 어떤 존재인가에 대한 개인적 판단 또는 개념으로 자기 자신에 대한 상을 의미한다. 개인적 성취를 통한 자아실현을 인간행동의 궁극적인 목표로 보는 로저스의 인본주의 이론에 따르면, 인간이 본능적으로 가진 자아실현의 욕구에는 ① 자기유지(자기의 자아상을 훼손시키지 않고 최소한 현재 상태를 유지하려는 욕구) ② 자기향상(자기의 자아상을 현재의 것보다 긍정적인 이미지로 변화시키려는 욕구) ③ 자아실현(외적인 힘에 의존하고 통제받기보다는 독립성, 자기책임성, 자기규제, 자율성 및 자아통제가 높은 수준으로 나아가려는 경향) 등의 다면성을 지닌다. 로저스는 자신의 잠재력을 인식하고 능력과 재질을 발휘하여 자신에 대한 완벽한 이해와 경험을 풍부히 하는 방향으로 이동해 나가는 사람을 '충분히 기능하는 사람'이라고 하였다. 로저스의 공헌들은 ① 기존의 이론들에 비해 상대적으로 심리요법의 과학화에 기여했다는 점, ② 상담의 효과를 측정했다는 점, ③ 인간의 중요성을 부각시켜 성격이나 행동형성에 있어 인간 개인내적 특성의 중요성을 강조했다는 점, ④ 심리치료를 의학분야를 넘어 심리학 및 관련 분야에서 참여할 수 있는 기틀을 마련하는 점 등을 들 수 있다. 하지만 ① 지적 및 인지적 요인의 중요성을 상대적으로 간과하는 점, ② 심리검사나 효율적 변화를 위한 개입기술의 사용을 하지 않는 점, ③ 이러한 결과로 치료효과성이 떨어질 수도 있다는 점, ④ 수용, 감정이입, 경청 등의 개입기법이 모든 내담자들에게 다 효과적이지 않을 수 있다는 점 등이 한계로 지적된다.

매슬로도 인간에 대해서 희망적이고 낙관적인 견해를 가지고 있어서, 인간이 환경을 능동적으로 창조할 수 있는 존재라고 인식하였다. 매슬로는 인간의 행동을 활성화시키는 다섯 가지의 욕구, ① 생리적 욕구, ② 안전에 대한 욕구, ③ 애정과 소속의 욕구, ④ 자존감의 욕구, 그리고 가장 상위단계인 ⑤ 자아실현의 욕구를 타고났다고 말한다. 매슬로의 욕구 위계이론에 따르면 하위 욕구가 충족되면 다음 단계의 욕구에 의해 동기유발이 된다. 매슬로는 생리적 욕구, 안전에 대한 욕구, 애정과 소속의 욕구, 자존감의 욕구를 인간의 생존에 필요한 '생존적 경향의 욕구'로, 자아실현의 욕구를 '실현적 경향의 욕구'로 분류하였다. 매슬로 이론이 가진 인간에 대한 긍정적 견해는 향후 실천이론들에 영향을 주었으며, 자아실현을 다차원적으로 이해하였다는 점에서 긍정적 평가를 받는다. 반면 실제 현실을 살펴보면 대부분의 경우에 매슬로가 제시한 다섯 가지 욕구들이 전부 충족되는 경우는 드물고, 욕구를 위계적으로만 이해하려고 한 점에서 한계가 있다고 평가된다.

인간중심적 개입에서는 상담자가 권위적으로 개입하는 것을 거부하고 내담자를 그 자체로 존중하고 내담자의 자아실현에 대한 경향성을 인정하므로, 계획적이고 적극적으로 개입하기보다는 내담자에 대해 공감적 이해를 하고, 상담자의 가치판단 없이 내담자에 대해서 무조건적 긍정적 관심과 배려를 표현한다. 인간중심적 개입에서는 내담자가 '충분히 기능하는 사람'이 되도록 도와주는 것이 치료의 기본 목표가 된다.

토 론

• 정신분석이론과 인본주의 이론을 비교 설명하고
  개인적으로 어느 이론이 더 타당하다고
  생각하는지와 논리적 근거를 설명하시오.

• 정신분석이론의 기본관점(인간관이나 기본가정)과
  로저스와 매슬로의 인본주의 이론의 기본관점을
  비교 설명하고 각 관점의 타당성을 논하시오

• 인본주의 이론의 강점과 한계를 논하시오.

• 인본주의 이론에서 가정하는 인간관과 기본가정들에
  대한 본인의 비판적 의견을 제시하고, 그 논리적
  근거를 설명하시오.

6

행동주의 이론

　지금까지 인간의 행동이나 성격형성이 생물학적 성적 에너지와 무의식에 의해서 결정된다는 정신분석이론과, 정신분석이론에 바탕을 두었으나 인간과 환경의 중요성을 강조한 분석·개인·자아심리이론, 그리고 인간의 합리성과 창조성에 대한 믿음에 바탕을 둔 인본주의 이론에 대해서 살펴보았다. 제5장에서 배운 인본주의 이론은 인간은 창조적이고 합리적이며 미래지향적인 존재이기 때문에 인간의 행동이나 성격형성 과정에서 무의식적 요소뿐 아니라 인간의 개인내적 특성들의 영향을 중요하게 고려해야 한다는 입장이었다. 인본주의 이론들이 성격형성 과정에서 인간의 개인내적 특성들의 역할에 초점을 둔 이론이라면, 이 장에서 배울 행동주의 이론은 환경의 영향이 성격형성의 근원적 요소가 된다고 이해하는 이론이다.

　초창기 행동주의 이론은 주로 동물을 대상으로 한 실험과정에서 환경적 자극에 따라서 변화가 가능한 행동적 반응을 관찰하면서 발달하기 시작했다. 동물을 대상으로 한 실험결과를 토대로 형성된 이론은 파블로프의 고전적 조건화 이론과 손다이크의 시행착오설이 있다. 이러한 동물 대상의 실험결과를 바탕으로 이론을 형성한 학자들과 더불어 인간을 대상으로 실험과 관찰을 통해서 행동주의 이론을 전개한 학자들도 있는데, 이러한 학자들로는 동물실험 결과를 인간에게 확대 적용하여 인간을 대상으로 조작적 조건화 이론을 전개한 스키너와 사회학습이론을 전개한 반두라가 있다.

이 장에서는 먼저 동물을 대상으로 행동주의 이론을 전개한 파블로프의 고전적 조건화 이론과 손다이크의 시행착오설을 살펴본다. 다음으로 이러한 이론을 인간을 대상으로 전개한 스키너와 반두라의 이론에 대해서 고찰한다.

행동주의 이론의 기본관점

행동주의의 기본전제는 인간행동은 대부분 학습되거나 학습에 의해서 수정된다는 것인데(Rutherford, 2009), 학습 또는 수정된다는 면에서 행동주의 이론을 학습이론이라고 부르기도 한다(김인규 외, 2009). 행동주의적 관점에서 학습은 경험의 결과로 나타나는 관찰할 수 있는 행동의 변화이다. 그러므로 학습은 행동에 비교적 영속적인 변화를 초래하는 과정으로 이해할 수 있다. 행동주의 이론에서는 인간의 성격이나 행동이 무의식이나 인간의 내적 특징에 의해서 결정되는 부분을 완전히 부정하지는 않지만, 행동이나 성격적 특징을 형성하는 근원은 환경이다. 다시 말하면 인간의 행동이나 성격은 인간이 환경적 자극에 반응하는 과정을 통해서 형성된 결과물이다(나은영, 2010).

이러한 점에서 인간의 성격 및 행동적 특성을 결정하는 근원에 대한 이해에서 행동주의 이론들은 앞서 배운 정신분석이론이나 인본주의 이론과 차이가 있다. 정신분석이론에서는 무의식이 행동이나 성격의 특성 형성에 중요한 역할을 하는 것으로 이해한다. 또한 인본주의 이론에서는 인간은 창조적이고 합리적이며 미래지향적인 존재이므로 인간의 행동이나 성격적 특징은 무의식에 의해서만 결정되는 것이 아니라 인간의 내부 특성들이 행동이나 성격형성의 중요한 근원이 된다고 주장한다. 이러한 두 이론과 비교할 때 행동주의 이론에서는 인간의 행동에 영향을 주는 중요한 근원은 환경이다(Streufert & Streufert, 1978).

행동주의 이론의 주창자는 고전적 조건화 이론을 편 파블로프이다(Lavond & Steinmetz, 2003). 파블로프가 주로 동물을 대상으로 실험을 하면서 발견한 환경적 자극이 동물의 행동에 미치는 영향에 대한 연구 결과물들을 스키너와 반두라는 인간행동의 근원을 이해하는 데 접목하였다. 스키너는 급진적 행동주의자로 불리기도 하는데 그 이유는 동물관찰 실험을 토대로 형성된 초기 행동주의 이론을 그대로 인간을 대상으로 한 실험과 인간행동을 이해하는 데 접목하였기 때문이다. 반면 반두라는 전통적인 행동주의 이론적 관점에서 인본주의의 영향을 받아서 인간의 창조성과 합리성을 인정하고, 행동의 근원은 환경일지라도 개인내적 특성에 따라서 자극에 반응하는 것이 달라질 수 있다고 주장하였다(Jarvis, 2006). 이러한 점에서 행동의 근원이 환경적 자극에 있다는 점에서는 스키너와 반두라가 공통점이 있지만, 스키너는 개인의 주관적 특징이 성격형성에 영향을 미치지 않는다고 본 반면 반두라는 개인의 주관적 특징이 성격이나 행동에 영향을 미친다고 본 점에서 중요한 차이가 있다.

　　행동주의 이론을 인간에 적용하여 이해한 스키너와 반두라의 인간관이나 이론의 기본가정을 정리하면 다음과 같다. 스키너는 인간의 행동이나 성격이 주로 환경에 의해서 영향을 받는다는 기계론적 환경결정론적 입장이므로 인간을 성격이나 행동형성 과정에서 환경의 영향을 일방적으로 받는 수동적 존재로 인식하였다. 반면 반두라는 행동의 근원은 환경이지만 인간은 창조적이고 합리적인 존재이므로 환경에 의해서 기계론적으로 성격이나 행동이 결정되는 것이 아니라 인지적 특성과 같은 개인내적 특성에 따라서 환경에 반응하는 양식이 달라질 수 있다고 본다. 그러므로 반두라는 성격이나 행동의 특성이 환경뿐 아니라 개인체계 내적 특성들에 의해서도 영향을 받는 상호작용론적 입장을 취한다(김인규 외, 2009).

파블로프의 고전적 조건화 이론

1) 이론의 주요내용 및 개념

이반 파블로프(Ivan Petrovich Pavlov)는 이후의 행동주의 이론들의 주요 기틀이 되는 고전적 조건화 이론(classical conditioning)을 주창한 사람이다(Lavond & Steinmetz, 2003). 파블로프는 원래 생리·의학자로 실험대상은 주로 동물이었고 연구의 목적이 인간의 행동을 설명하기 위한 것은 아니었다. 파블로프는 실험 도중 우연히 개가 음식물을 보고 침을 분비하는 반응을 발견하고 이에 대해 연구하기 시작하였다. 즉, 동물은 음식물을 보고 침을 분비한다. 이 반응은 의식이 작용하지 않고 무의식적으로 나타나는 것으로 음식물을 '무조건자극'이라고 하고 침의 분비를 '무조건반응'이라고 한다. 이러한 무조건반응은 무조건자극을 주기 이전에 조건자극을 주면 나중에는 무조건자극이 없어도 반응이 나타나게 되는데 이러한 것을 조건반응이라고 한다.

파블로프의 실험을 예로 들어서 조건반사에 대해서 알아보면 다음과 같다. 파블로프는 실험 도중에 우연히 동물이 음식물을 주면 타액을 분비하는 것을 관찰하였다. 음식물이라는 무조건자극이 타액이라는 무조건반응을 나타내게 된다. 이러한 과정은 동물이면 일반적으로 나타내는 본능적 행동이다. 여기서 한 걸음 더 나아가 파블로프는 무조건반응을 무조건자극이 없이 조건자극만으로 생성할 수 있는지를 조건반사 실험을 통해서 연구하였다.

(1) 조건반사 실험

〈그림 6-1〉은 파블로프의 조건반사 실험장치를 도식적으로 표현한 것이다. 실험대상인 개의 입에는 타액을 비커로 흐르게 하는 튜브가 부착되어 있다. 비커의 입구에는 밸브를 설치하여 타액이 비커로 흐르는 양을 기록계에 측정되게 설치하였다. 이 실험에서 먹이는 무조건자극이고, 먹이를 보고 타액이 흐르는 것은 무조건반응이다.

파블로프의 조건반사는 다음에 정리된 것처럼 세 단계로 이해할 수 있다(Lavond & Steinmetz, 2003). 첫째, 조건이 형성되기 전 단계이다. 이 단계에서 개는 음식물을 보면 타액을 분비하지만, 종소리만 듣고는 타액을 분비하지 않는다.

둘째, 조건형성 과정 단계이다. 이 단계에서는 종소리(조건자극)를

| 그림 6-1 | 조건반사 실험 |

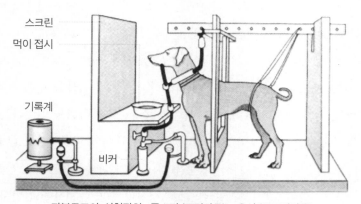

파블로프의 실험장치: 종소리(조건자극) + 음식(무조건자극)

주: 개의 타액은 튜브를 통해 비커로 들어가는데 그때 밸브의 움직임이 스크린 뒤쪽에 있는 기록계에 전달되어 분비반응
이 기록된다. 　　　　　　　　　　　　　　　　출처: http://blog.naver.com/topann/110031726699.

울리고 먹이(무조건자극)를 주면 타액이 분비되는 과정을 반복한다. 처음에는 종소리(조건자극)만으로는 타액이 분비되지 않지만 종소리 다음에 먹이를 주면 타액이 분비된다. 종소리와 음식을 통해서 타액이 분비되는 것을 반복적으로 실시하는 것을 반복하는데 이 과정이 조건형성 단계이다.

셋째, 조건형성 후 단계이다. 이 단계에서는 조건자극인 종소리만 울리고 원래 타액을 분비하게 하는 음식물을 제공하지 않아도 개는 타액을 분비하게 된다. 그 이유는 종소리와 먹이의 반복적인 조건형성 과정을 통해서 종소리 다음에 먹이가 제공될 것이라는 조건이 형성되었기 때문이다. 파블로프의 이러한 실험을 조건반사 실험이라고 한다.

(2) 자극과 반응

조건반사를 이해하기 위해서는 무조건자극과 무조건반응 및 조건자극과 조건반응의 개념을 이해하여야 한다. 무조건자극(unconditional stimulus)이란 사전경험이나 훈련 없이도 반응이 유발되는 생득적 자극을 의미한다(Lavond & Steinmetz, 2003). 파블로프의 조건반사 실험에서 개가 본 먹이가 무조건자극이다. 무조건자극은 행동의 원인이 되고 학습되지 않은 상황에서도 반응이나 행동을 유발한다. 무조건반응(unconditioned response)이란 학습이나 조건형성이 되지 않은 상태에서 나타나는 반사적 행동을 의미한다. 파블로프의 조건반사 실험에서 개가 먹이를 보고 타액을 분비하는 현상이 무조건반응이다. 이처럼 무조건반응은 학습되지 않은 생물체의 자율적인 신체적 반응으로 눈 깜박거림이나 무릎 반사 등과 같이 생득적으로 타고난 행동도 무조건반응에 포함된다.

조건자극(conditioned stimulus)이란 조건반응을 유발하는 외부의 자극을 말한다(Lavond & Steinmetz, 2003). 파블로프의 실험에서 개가 조건이 형성된 후에는 무조건자극이 주어지지 않은 상황에서 종소리만 듣고도 타액을 분비하는데, 종소리가 조건자극에 해당한다. 조건형성을 위해서는 조건자극이 반드시 동시에 또는 무조건자극 앞에 주어져야 한다. 또한 조건자극이 주어지고 무조건자극이 주어지는 시간적 간격이 짧을수록 조건형성이 효율성이 높다. 조건반응(conditioned response)이란 조건자극에 의해서 유발되는 신체적 반응을 말한다. 파블로프의 실험에서 조건형성 후에 조건자극인 종소리만 듣고 개가 타액을 분비하는데, 무조건자극의 제공 없이 조건자극인 종소리에만 반응하여 타액을 분비하는 현상이 조건반응이다.

조건형성에 관련된 몇 가지 요인들을 살펴보면 다음과 같다. 첫 번째가 자극의 일반화이다. 자극의 일반화란 조건형성에서 조건화된 자극과 유사한 자극을 제공하여도 동일한 또는 유사한 조건반응을 나타내는 현상을 말한다. 즉, 파블로프의 조건반사 실험에서 조건형성은 종소리와 음식물의 반복적 제공에 의해서 형성되어, 조건형성 후에는 종소리만 들려주어도 개가 타액을 분비한다. 조건형성 후에 종소리와 유사한 쇳소리를 들려주면 개가 타액을 분비한다. 종소리와 쇳소리는 동일한 자극은 아닐지라도 유사하기 때문에 개가 쇳소리를 들려주었을 때 종소리를 들려주었을 때와 유사한 반응을 하게 된다. 이러한 것을 자극의 일반화라고 한다.

두 번째가 변별(discrimination)이다. 위처럼 조건형성 후에 유사한 자극을 제공하였을 때 유사한 조건반응을 나타내는 것에 비해, 조건자극의 유사성이 결여될수록 조건화된 반응이 나타날 확률은 줄어든다. 예를 들어 종소리와 음식의 반복제공에 의해서 조건이 형성되었다면, 종소리와 유사하지 않은 책상을 치는 소리나 돌멩이를 치는 소리 등에는 개가 타액을 분비할 확률이 줄어든다.

　세 번째가 소거(extinction)이다. 소거란 조건형성 이후에라도 원래의 무조건자극을 생략하고 조건자극을 홀로 제시하는 것을 반복하면 조건반응이 점차 약화되는 것을 말한다. 파블로프의 실험에서 조건형성이 된 후에 처음에는 종소리만 들려주어도 개가 타액을 분비하지만, 이러한 것을 지속적으로 반복할 경우 종소리에 반응해서 타액을 분비하는 것이 점차 약화된다.

(3) 고전적 조건형성의 학습원리

　고전적 조건형성을 통한 학습에는 몇 가지 원리가 있다(Lavond & Steinmetz, 2003). 첫째, 시간의 원리이다. 시간의 원리란 조건자극은 무조건자극보다 늦게 제공되어서는 조건형성이 되지 않는다는 것이다. 파블로프의 실험에서 종소리가 음식보다 늦게 제공된다면 타액의 분비는 종소리에 의해 조건이 형성되어서 나타나는 현상이 아니라 먹이라는 무조건자극에 대한 무조건반응이다. 이러한 경우에는 조건형성이 일어나지 않으므로 조건자극은 무조건자극보다 늦게 제공되어서는 안 된다.

　둘째, 강도의 원리이다. 강도의 원리란 무조건자극에 대한 반응이 조건자극에 대한 반응보다 강하거나 완전해야 한다는 것이다. 파블로프의 실험에서 타액 분비라는 반응을 일으키는 주원인은 먹이이고, 종소리는 원래는 타액 반응이 나오지 않는 자극이다. 즉, 타액 분비라는 반응에 있어서 먹이가 종소리보다 강하고 완전한 자극이다.

　셋째, 조건형성의 과정과 관련된 일관성의 원리이다. 조건형성의 과정에서 조건자극과 무조건자극의 제시는 조건형성이 될 때까지 일관성 있게 지속적으로 제공되어야 한다. 파블로프의 실험에서 조건자극인 종소리와 무조건자극인 먹이를 반복적으로 제공해서 조건형성을 하였다. 이러한 조건형성 과정에서 만약 조건자극인 종소리와 무조건자극인 먹이를 반복적으로 제공하지 않고 조건자극인 종소리를 들려주지 않는다거나, 무조건자극인 먹이를 제공하지 않는다거나 하게 되면 성공적 조건형성은 기대하기 어렵다.

넷째, 계속성의 원리이다. 계속성의 원리란 조건자극, 무조건자극 및 이에 대한 반응을 나타내는 과정의 시행횟수가 반복될수록 조건형성이 잘 이루어진다는 것이다. 예를 들어 종소리, 먹이 및 타액분비의 조건형성 과정을 10회 시행했을 경우와 이 과정을 100회 반복했을 경우 100회 반복한 경우가 조건형성이 더 효과적으로 나타난다.

2) 비판적 고찰

고전적 조건화 이론은 인간이 지니는 여러 가지 특성이 외부의 조건 자극을 통해서 변할 수 있음을 시사한다. 인간의 성격이나 행동을 결정하는 요인이 인간의 내부에만 있는 것이 아니라 외부의 자극에 있다는 점을 이론화한 것으로 무의식 결정론이나 인본주의에 비해 행동이나 성격형성 과정에서 환경이 결정적 영향요인이 될 수 있다는 것을 보여준다. 환경적 자극과 이에 대한 반응이 인간의 성격이나 행동형성에 결정적 요인이 된다는 관점은 환경을 어떻게 통제하고 조절하며 조작하느냐에 따라 성격형성이나 행동이 바람직한 방향으로 일어나게 할 수도 있다는 점에서 학습을 통한 성격이나 행동형성에의 개입가능성을 제공하였다. 고전적 조건화 이론이 다른 이론과 대비하여 차별화되는 기여는 성격 및 행동형성 과정에서 환경의 중요성을 지적하고, 학습을 통해서 성격 및 행동형성에 영향을 줄 수 있다는 시각을 제공했다는 점이다.

　　이러한 긍정적 기여에도 불구하고 고전적 조건화 이론의 다음과 같은 한계는 학자들 사이에서 비판되었다. 고전적 조건화는 무조건적 자극에 대한 조건반응 형성을 통해서 무조건반응을 조건반응화할 수 있다는 것을 보여주었다. 하지만 무조건반응을 중심으로 한 고전적 조건화는 무조건반응이라는 것이 반사적 행동에 국한되어서 조건반응 자체가 단순하다는 것이다. 즉, 고전적 조건화 이론에서 인간의 행동은 놀람, 두려움, 즐거움, 반사행동 등의 차원에 한정되어 있다. 하지만 인간의 행동은 무조건반응적인 것에 국한되는 것이 아니라 그것보다는 더 복잡한 측면을 지니고 있다. 인간행동에는 반사적 행동이 있는 반면 인본주의에서 주장하는 것처럼 유목적적 행동도 있다. 고전적 조건화 이론은 인간의 성격이나 행동이 환경적 자극에 의해서 변화하는 인간행동의 가변적인 측면을 보여주었다는 점에서 강점이 있지만, 반사적 행동 이외의 유목적적 성향이 있는 인간행동을 설명하는 데는 한계가 있다. 아마도 이러한 파블로프의 한계는 그가 살던 시절이 현대적 의미의 심리학이나 사회과학에서처럼 인간에 대한 본격적 연구를 하기 이전이었고, 그가 기본적으로 생리・의학자였고 동물을 대상으로 한 실험결과를 토대로 이론을 전개하였기 때문에 나타난 것으로 추측된다.

손다이크의 시행착오설

1) 이론의 주요내용 및 개념

에드워드 손다이크(Edward Lee Thorndike)는 제러미 벤담(Jeremy Bentham)의 철학사상인 쾌락주의에 기초하여 학습이론을 체계화하였다. 심리학적 쾌락주의에 의하면 인간은 본능적으로 즐거움을 지향하는 한편 고통은 회피하려고 한다. 손다이크는 이러한 쾌락주의의 원리를 동물 유기체의 활동과 관련지어서 조작적이고 객관적인 관점에서 이해하려고 노력하였다. 쾌락주의에 기반을 둔 손다이크에 의하면, 쾌락이나 즐거움은 일반적으로 만족요인으로 작용하므로 반복해서 추구하려는 경향이 있고, 반대로 고통요인은 쾌락에 반하는 결과를 가져오므로 회피하려고 노력한다.

쾌락주의적 관점에서 유기체의 자극에 대한 반응경향은 자극의 결과가 만족스러운 상태는 회피하려고 하지 않고 지향하려고 하며, 반대로 자극의 결과가 불쾌한 경우에는 이를 유지하려고 하지 않고 회피하려고 한다. 손다이크는 이러한 자극과 반응을 연합적으로 이해하여 행동이나 성격이 형성되는 과정을 설명하는 이론을 전개하였다. 그는 실험적 검증을 통해서 학습은 자극(*stimulus*)과 반응(*response*)의 연합 또는 결합이라고 이해했다는 측면에서, 학습을 습관의 형성으로 이해했고 습관들이 복잡하게 결합되는 과정에서 복잡한 행동도 학습된다고 보았다. 하지만 자극과 반응의 연합으로 이루어진 과정은 항상 긍정적 결과를 초래하는 것이 아니라 쾌락에 반하는 결과가 나올 수도 있다. 즉, 손이 차가울 때 따듯한 찻잔을 만지는 것은 손을 녹여서 쾌락을 가져오지만 뜨거운 난로를 만지면 오히려 고통이 온다. 쾌락을 가져오는 긍정적 반응은 이후에도 유사한 상황이 되면 반복해서 시행하려고 하는 강화의 경향을 초래하지만 고통을 초래하는 반응은 이후 유사한 상황에서는 회피하려고 하는 경향을 초래한다.

자극 및 반응의 쾌락 여부에 따라서 유기체는 후속행동이 강화되거나 약화된다는 손다이크의 이론을 시행착오설(trial and error theory)이라고 한다. 즉, 시행착오설이란 지각사태에 대해 유기체가 시행착오적으로 반응을 반복하는 가운데 효과의 법칙에 따라 실패적 반응은 약화되고 성공적 반응은 강화되어서 학습이 성립된다는 것이다(Thorndike, 1931). 시행착오 이론으로 그는 미국 제일의 강화학습이론가이자 실험심리학과 교육심리학의 선구자로 인정받게 되었다. 손다이크의 시행착오 이론을 이해하기 위해서 이론의 주요개념과 내용을 살펴보면 다음과 같다.

(1) 시행착오 실험

손다이크는 닭, 고양이, 개와 같은 동물을 이용하여 문제상자 또는 미로 속에 가두어 놓고 어떻게 문제상자 속에서 밖으로 나올 수 있으며 미로의 목적지까지 도달하는가 하는 행동을 관찰하였다. 이러한 실험을 통해서 처음에는 동물들이 우연적이고 맹목적인 시행과 착오를 거듭하는 데 비해 시간이 지날수록 상자 밖으로 나오거나 미로의 목적지까지 도달하는 데 걸리는 시간을 절약하면서 목표를 달성한다는 것을 발견하였다.

시행착오설에 따르면 새로운 행동을 학습하는 데 있어 동물들은 추리와 사고에 의하여 학습하는 것보다는 탐색하고 몇 번이고 잘못된 행동

제6장 행동주의 이론

을 반복하다가 우연히 문제가 해결되어 그 방법이 점차적으로 강화되면서 학습하게 된다. 이러한 손다이크의 실험은 '고양이 문제상자', '미로실험' 등이 있다.

문제상자는 특정 위치에 있는 페달을 밟으면 출구가 열리는 구조로 되어 있다. 시행착오에 의한 행동의 학습과정을 연구하기 위해서 문제상자 안에 굶주린 고양이를 넣어두고 상자 바깥에 고양이가 좋아하는 먹이를 놓아두었다. 고양이는 배고픔을 해결하기 위해서 먹이를 먹으려고 상자 밖으로 나가려고 시도하게 되는데, 처음에는 시행착오를 많이 경험하기 때문에 상자 밖으로 나와서 먹이를 획득하는 데 걸리는 시간이 길다. 하지만 시행착오를 거치면서 시간이 지날수록 페달을 밟아서 출구를 열고 밖에 있는 먹이를 획득하는 데 걸리는 시간이 점점 단축된다.

시간이 단축된다는 의미는 고양이가 긍정적 결과(먹이 획득)를 얻은 행동적 과정은 강화를 통해서 학습을 하고, 부정적 결과(먹이 획득에 실패한 경우)를 얻은 행동적 과정은 차후에 점점 약화시키는 것을 의미한다. 이러한 자극과 반응의 연합에 의해서 시행착오를 거치면서 긍정적 반응을 초래한 행동은 강화하고 부정적 반응을 초래한 행동은 약화한다는 것이 시행착오설이다.

(2) 학습의 법칙

손다이크의 시행착오설과 관련한 학습은 몇 가지 법칙에 의해서 설명될 수 있다. 첫 번째가 '효과의 법칙'(law of effect)이다. 효과의 법칙이란 반응 결과가 쾌락을 주는 것이면 자극과 반응 간의 결합이 잘 일어나서 학습이 잘되고, 반응의 결과가 만족스럽지 못한 경우에는 자극과 반응의 결합이 약화되어 학습이 되지 않는다는 것이다.

두 번째가 '연습의 법칙'(*law of exercise*)이다. 연습의 법칙이란 학습이 성립하기 위해서는 반복연습에 의한 특정 자극과 반응의 결합의 강도를 높일 필요가 있다는 것을 말한다. 즉, 연습을 반복적으로 하면 결합이 강화되어 학습이 되고 연습을 하지 않으면 결합이 약화되어서 학습이 되지 않는다는 것이다. 연습의 법칙은 파블로프가 말한 계속성의 원리와 일맥상통한다.

세 번째가 '준비성의 법칙'(*law of readiness*)이다. 준비성의 법칙이란 유기체가 어떤 행동을 할 때 행동할 준비가 미리 되어 있을 때 행동하면 만족감을 주지만 행동할 준비가 되어 있지 않을 때 하게 되는 행동은 불만족을 야기하여서, 행동이 자율적이지 않고 외부에 의해 강요될 때에는 그 행동을 하지 않게 되거나 적극성을 띠지 못한다는 것이다. 이러한 법칙은 나중에 수정 보완된 부분도 있지만 초기 손다이크의 시행착오설을 뒷받침하는 중요한 법칙들이다.

(3) 동물 및 인간학습에의 적용

손다이크에 따르면 학습은 보상에 의한 점진적 연합과 시행착오에 의해서 일어나며 학습과정은 도약적 과정이 아니라 체계적 단계를 거치면서 점진적으로 이루어진다. 손다이크의 이론을 동물의 행동에 적용한 사례는 현재에도 동물원에서 진행되는 돌고래 쇼나 물개 쇼 등이다. 즉, 사육사가 원하는 행동을 동물이 수행하였을 때 보상을 주어서 그 행동을 강화시킨다. 동시에 동물의 입장에서는 보상받지 못한 행동은 점차 약화시켜 사육사가 원하는 쇼를 구성할 수 있게 된다.

주로 동물을 대상으로 한 실험을 통해서 형성된 손다이크의 이론은 인간의 주관성이나 합리성에 대해서 고려하지 않았기 때문에 학습은 사고나 추리에 의해서 매개되지 않는다고 보았고 학습에서 가장 중요한 요인은 자극과 반응의 연결이라고 하였다. 이러한 손다이크의 이론은 자극을 통해서 인간의 행동을 수정 변화시킬 수 있다는 점에서 교육분야에서 많이 적용하게 된다. 교육과정에서 학생이 교육목적에 맞는 긍정적 반응을 보여주었을 때 교사는 학생에게 보상을 주어서 그 행동을 강화함으로써 학습효과를 극대화시키려고 노력한다.

2) 비판적 고찰

손다이크의 이론은 향후 교육분야에 큰 영향을 끼쳤다. 이러한 맥락에서 그는 교육분야의 과학성을 증진하는 데 기여한 교육통계학의 창시자이며 양적 연구방법을 교육문제에 처음으로 적용한 학자로 볼 수 있다. 손다이크 이론은 다음과 같은 측면에서 긍정적으로 평가된다. 첫째, 손다이크는 학습지도의 개선을 위해 학습동기의 중요성을 최초로 제기하고 능률적 학습을 위한 이론적 근거를 제공하였다. 둘째, 환경을 강조하였으므로 학습에 있어서도 실제생활과 관련 있는 학습내용을 가르쳐야 함을 강조하였다. 셋째, 본인이 직접 체험한 학습이 아니라 유사한 다른 것들을 통해서 학습할 수 있는 점을 지적하면서 유사성의 법칙을 통해 학습의 전이(*transfer*)를 소개하였다. 이처럼 손다이크는 교육분야에 큰 업적을 남겼다.

이러한 기여에도 불구하고 손다이크의 이론은 다음과 같은 점에서 비판받았다. 시행착오설이 특정 자극과 반응에 의한 연결로 순전히 기계론적 관점에 기초한 결합설을 보여준다는 점이다. 그러므로 그의 이론에는 인간의 전체적 특징이 들어 있지 않고 학습자의 정신적 특징이나 내적 과정을 간과하였다. 기계론적 결합설은 인간의 이해와 통찰에 의한 학습 가능성을 무시하고, 학습에 있어서 목표와 흥미의 역할을 과소평가하였다. 또한 인간행동을 이해하는 데 있어 인간행위의 목적성에 대한 이해가 결여되어 있다.

4 스키너의 조작적 조건화 이론

1) 이론의 주요내용 및 개념

지금까지 살펴본 파블로프나 손다이크는 주 연구대상이 동물이었고, 실험의 결과를 인간행동을 이해하는 데 확장해서 해석하였다. 이에 비해 버러스 스키너(Burrhus Skinner)의 주요 관심사는 실험실에서 나온 결과를 인간의 문제해결과 직접적으로 관련시키는 것이어서 동물의 학습에 대한 관심보다는 인간행동을 이해하는 것이 주목적이었다.

이러한 인간에 대한 관심은 그가 1948년에 쓴 《월든 투》(*Walden Two*)라는 유토피아적 소설에 드러나 있다(Skinner, 1948). 이 소설은 행동주의의 원리에 기초하여 쓴 이상적 사회를 묘사한 소설인데, 바람직한 행동에 대해 긍정적 강화를 제공하여 시민들을 행동주의자들로 만들어 감으로써 이상사회가 구현될 수 있다고 보았다. 이러한 스키너의 행동주의적 이상사회는 존재하지 않지만 행동주의적 관점은 아이들 교육이라든가 산업현장에서의 생산성 향상이라든가 심리적 장애의 치료 등과 같은 많은 부분에 광범위한 영향을 미쳤다.

스키너의 행동주의 이론은 '조작적 조건화 이론'(operant condi-
tioning)으로 대표되는데, 스키너의 행동수정적 접근은 어린이의 행동수
정 및 발달뿐 아니라 말더듬, 공포증, 정신병적 행동 같은 성인들의 문제
를 해결하는 데도 성공적으로 적용되고 있다. 스키너의 조작적 조건화
이론을 살펴보기 위해 관련된 내용 및 주요개념을 살펴보면 다음과 같다
(Rutherford, 2009; Skinner, 1965; 1974).

(1) 조작적 조건화의 실험
스키너는 속칭 '스키너 상자'를 만들어 실험하였다. 이 상자는 외부
자극을 최대한 차단하기 위해서 방음이 되어 있고, 한쪽 구석에 지렛대
가 있으며, 이것을 누르면 자동적으로 먹이와 물이 나오도록 되어 있다.
스키너는 먹이를 강화요인으로 사용하기 위하여 실험 전 며칠간 비둘기
에게 먹이를 제공하지 않고, 1일 1회만 먹도록 순응시키며 먹이의 양을
조절하여 평상시 체중의 80%를 유지시키면서 물과 음식에 대한 욕구가
생기도록 했다.
실험이 시작되자 비둘기는 상자 안에서 새로운 환경을 탐색하다가
우연히 지렛대를 눌러 먹이가 먹이통에 떨어지자 먹이를 먹고 나서는
필요할 때 반복해서 지렛대를 누르는 행동을 계속하였다. 행동주의적
관점에서 지렛대를 누르는 반응은 먹이라는 강화를 받았기 때문에 반복
되는 것이며, 다시 누르면 또다시 강화를 받기 때문에 지렛대 누르는
반응은 지속적으로 증가하게 된다. 스키너는 비둘기가 이러한 행동을
통하여 환경에 스스로 반응함으로써 원하는 결과를 생성해내는 것을 '조
작'이라 하고, 이와 같은 절차로 학습되는 과정을 '조작적 조건형성'이라
하였다.

이러한 실험방법은 미국의 행동주의의 선구자인 손다이크의 문제상자의 실험방식과 유사한 면이 많으나, 손다이크의 문제상자를 통한 시행착오에 의한 학습과정을 스키너가 더욱 발전시킨 것으로 이해할 수 있다.

스키너의 조작적 조건화는 파블로프의 고전적 조건화와는 차이가 있다. 스키너는 인간의 행동은 고전적 조건형성에서 설명하듯이 무의식적 반응행동만 있는 것이 아니라, 환경적 상황에 따라 조건화 과정을 거쳐서 나타내는 반응행동이 있으며, 이러한 반응행동은 무의식적 반응행동보다 다양한 것으로 이해했다. 또한 고전적 조건화 이론이 특정 자극에 대한 반응행동을 설명하는 것임에 비해 스키너의 이론은 반응행동에 영향을 주는 환경적 자극은 다양할 수 있다고 이해한다. 예를 들어 어린이가 놀이를 하거나, 피아노를 치거나, 책을 읽을 때 그들의 행동은 특정 자극에 의해 자동적으로 유발되는 것이 아니라, 과거부터 그러한 행동을 할 때 어떤 보상을 받았느냐에 따라 달라진다는 것이다. 이러한 맥락에서 조작적 조건화 이론의 관점에서 인간의 행동은 그 행동의 결과에 의해 변화된다.

(2) 조작적 조건화

조작적 조건화(operant conditioning)는 외적 자극의 영향보다도 상황에 따라서 일어날 수 있는 행동(예: 배고픈 비둘기가 지렛대를 누르는 것)의 결과에 따른 보상에 의해서 학습이 이루어진다는 것이다. 즉, 실험자는 자신이 의도한 반응을 할 때 강화를 해줌으로써 학습이 되도록 하는 것이다. 아기가 처음으로 "맘마"라고 말하는 것은 우연적이다. 그때 엄마가 미소를 짓고 안아주는 긍정적 반응을 보인다면 아기는 그 소리를 반복하는 것을 학습하게 된다. 이와 같이 바라는 행동이나 정확한 행동은 강화하고 부정확하거나 바람직하지 않은 행동은 무시하거나 벌을 주게 하는 것이다. 조작적 조건형성은 조건반응(지렛대를 누르는)이 먹이(강화)를 얻기 위한 수단 또는 도구가 되었기 때문에 '도구적 조건화'(*instrumental conditioning*) 라고도 한다.

스키너의 조작적 조건화는 자극의 강화가 반응 후에 일어나는 것이 특징이다. 즉, 유기체가 먼저 요구하는 반응을 일으켜야 하고, 그 다음에 보상이 주어진다. 보상은 반응을 강화하며, 반응은 강화를 이끌어오는 데 있어 도구가 된다는 것이다. 스키너의 상자실험에서 지렛대를 밟는 반응은 먹이가 떨어지는 자극이 있었기 때문이며, 이 자극에 의해 지렛대를 밟는 습관, 즉 강화가 우연히 발생했다고 보는 것이다. 스키너는 동물실험 결과에서 밝혀진 원리나 법칙을 인간행동에 적용하였다. 인간행동은 동물보다 복잡하지만 같은 원리를 따르고 있다고 보았다. 그는 인간행동은 동물과 마찬가지로 환경에 대한 자발적 반응이 강화로 작용하여 이루어진다고 하였다.

(3) 조작적 조건형성의 주요원리

조작적 조건형성은 몇 가지 원리에 의해서 설명될 수 있다. 첫 번째가 '강화'이다. 강화란 어떤 특수한 반응이 일어날 확률을 증가시키는 모든 것들을 지칭하는 용어이다. 예를 들면 흰 쥐에게 주어지는 먹이, 어린이에게 하는 칭찬, 학생에게 주어지는 상장 등이다. 즉, 흰 쥐는 먹이를 획득할 수 있는 반응들은 강화시키고 그렇지 않은 반응들은 약화시킨다. 또한 어떤 행동에 대해서 칭찬을 받거나 상장을 받은 어린이는 이러한 긍정적 반응을 가져온 행동을 유지하려고 노력하게 된다.

두 번째가 '처벌'이다. 처벌이란 행위자로부터 어떤 행동을 했을 때 그가 원하는 어떤 것을 빼앗아가거나 또는 원하지 않는 어떤 것을 부여함으로써 반응을 약화시키는 것을 말한다. 이러한 처벌은 두 가지 종류로 나누어 볼 수 있다. 하나는 어떠한 행동을 할 때 불쾌감을 가져오는 부적 강화물을 제시하는 것이다. 예를 들어, 규정에 어긋나는 행동을 한 유치원생에게 체벌을 가하는 경우이다. 또 다른 하나는 어떤 행동을 할 때 쾌감을 가져올 수 있는 정적 강화물을 박탈하는 것이다. 예를 들면 규정에 어긋난 행동을 한 유치원생에게 매일 제공하는 간식을 제공하지 않는 것이다.

　세 번째가 '강화계획'이다. 강화에는 일관성 있게 강화하는 '계속적 강화'와 부정기적이고 부분적으로 강화하는 '간헐적 강화'가 있다. 이러한 계속적 강화와 간헐적 강화를 시기적절하게 사용하여 학습효과를 더 높일 수 있다. 계속적 강화는 각 행동마다 강화물을 제공하여 행동을 빨리 변화시키기 때문에 학습 초기단계에서는 가장 효과적이다. 반면 간헐적 강화는 학습된 행동을 유지하기 위해서 부정기적으로 필요에 따라 제공될 때 학습의 유지 효과가 더 크게 나타날 수 있을 때 유효하다. 가끔씩 강화를 하면 행동의 소거에 대한 저항이 강해지기 때문에 학습된 행동을 유지하는 데에 보다 유용하다. 유치원에 처음 온 어린이들에게 유치원의 규칙을 학습시킬 때에는 계속적 강화가 효과가 있다. 하지만 유치원의 규칙을 일단 학습한 어린이들이 유치원의 규칙을 어겼을 때(또는 규칙을 잘 지켰을 때)에는 상황에 맞는 간헐적 강화를 통해서 학습된 규칙을 유지하는 것이 효과적이다.

(4) 간헐적 강화

위의 강화계획에서 살펴본 것처럼 학습의 효과를 극대화하기 위해서는 계속적 강화와 간헐적 강화를 적절하게 사용하는 것이 효과적이다. 현대에도 우리의 일상생활의 몇 가지 예를 통해 간헐적 강화를 좀더 잘 이해할 수 있다. 간헐적 강화는 고정간격 강화계획, 변동간격 강화계획, 고정비율 강화계획, 변동비율 강화계획 등으로 나뉜다.

'고정간격 강화계획'이란 강화들 사이의 시간 간격이 일정한 강화계획으로, 스키너의 실험에서는 일정한 시간이 경과하지 않으면 지렛대를 눌러도 먹이가 나오지 않도록 설계된 강화계획이다. 고정간격 강화계획의 대표적 예는 직장인들이 한 달에 한 번씩 받는 월급이다. 즉, 월급은 직장인들이 성과가 있을 때마다 지급되는 것이 아니고 한 달에 한 번 정기적으로 지급되기 때문에 고정간격 강화계획으로 분류된다.

'변동간격 강화계획'이란 강화들 사이의 시간 간격이 일정하지 않는 강화계획을 말한다. 변동간격 강화계획의 예는 낚시꾼들이 낚시를 반복적으로 하게 되는 행위를 들 수 있다. 즉, 낚시꾼이 낚시를 할 때 물고기를 낚는 것은 낚시를 계속하게 하는 강화이다. 아마도 물고기가 하나도 낚이지 않는다거나(강화가 없거나) 물고기가 정기적으로 낚이는 경우(고정간격 강화)에 낚시꾼들의 낚시에 대한 흥미는 오히려 떨어질 수 있다. 하지만 낚시에서 물고기를 낚는 것이 부정기적으로 낚시꾼들에게 강화를 해 주기 때문에 오히려 낚시에 흥미를 가질 수 있다.

'고정비율 강화계획'이란 일정한 수의 반응을 한 뒤에 주어지는 강화계획으로, 현대 직장에서 많이 찾아볼 수 있는 성과급 보수제도가 그 예라고 할 수 있다. 분기별 또는 1년에 두 번 성과급을 회사에서 지급하는 것은 고정비율 강화계획을 통해서 직원들의 업무효율성을 증대시키기 위함이다.

'변동비율 강화계획'은 강화가 고정비율에 의해서 되는 것이 아니라 변동비율에 의해서 되는 것을 의미한다. 즉, 변동비율 강화계획은 강화와 강화 간의 반응수가 어떤 평균수에 따라서 변동하는 강화계획을 말한다. 이러한 변동비율 강화계획은 사람들의 도박행위나 로또를 사는 행위들을 설명하는 데 유용하다. 즉, 도박을 하거나 로또를 사는 사람들은 자신이 도박에서나 로또에 당첨해서 금전적 이득을 본 적이 있거나 최소한 자신이 딸 수 있다는 확률에 대한 믿음이 있기 때문에 도박을 하거나 로또를 계속하게 되는 것이다.

(5) 소거와 자발적 회복

스키너는 획득된 학습의 효과는 적절한 강화를 통해서 유지될 수 있지만, 부적절한 강화가 적용될 경우 학습효과가 없어질 수도 있다고 보았다. 학습효과가 사라지는 경우를 '소거'라고 하는데 소거는 강화물을 계속 주지 않을 때 반응의 강도가 감소되는 것을 의미한다. 즉, 스키너의 실험에서 지렛대를 눌렀을 때 먹이가 나오면 그 행동은 강화되고 학습된다. 하지만 학습이 이루어졌더라도 지렛대를 눌렀을 때 먹이가 나오지 않으면 점차 지렛대를 누르는 행동은 감소하게 된다.

소거가 일어난 다음에 실험동물을 다시 과거의 실험상황으로 데리고 가면 많은 추가훈련 필요 없이 얼마 동안 다시 과거에 학습된 행동을 보여주는데 이러한 현상을 자발적 회복이라고 한다. 소거와 자발적 회복 현상은 인간의 성장과정에서 관찰된다. 유치원 때 수영을 배운 사람이 초등학교 이후에 수영을 하지 않으면 학습한 수영은 소거될 수 있다. 하지만 중고등학교 시절에 다시 수영을 시작하면 처음 시작하는 사람보

제 6 장 행동주의 이론

다 수영 학습효과가 훨씬 빠른 것을 볼 수 있는데 이러한 것은 자발적 회복이 일어난 경우라고 볼 수 있다.

2) 비판적 고찰

급진적 행동주의자라고도 불리는 스키너는 심리학이 관찰 가능하고 측정 가능한 행동만을 연구해야 한다고 믿었다. 스키너는 우리가 관찰하는 사람이 어떻게 지금과 같은 행동을 하는가를 이해할 수 없기 때문에 그 행동을 그 사람 내면의 어떤 요인에 의한 것으로 돌려버리는 경향이 있다고 비판하였다. 스키너는 마음의 상태, 느낌, 목적, 기대 등이 인간 내부에서 진행되고 있다고 믿어서는 안 되며 인간의 행동은 그 행동의 결과에 의해 형성되고 유지되는 것으로 이해하여야 한다고 보았다. 그렇기 때문에 스키너에 따르면 인간의 행동이란 마치 화학반응처럼 정확하게 형성되며 '이러한 자극을 주었을 때 이러한 행동이 일어날 것이다'라는 예측이 가능하게 된다. 이러한 측면에서 스키너의 이론을 기계론적 환경 결정론이라고도 한다.

스키너의 인간행동 통제원리와 실험은 많은 논란의 대상이 되었지만 그의 아이디어는 학교에서, 정신병원에서, 그리고 회사에서 실제적으로 널리 사용되었다. 스키너는 딸이 초등학교 4학년 때 딸의 수학시간을 관찰하고 학생들이 에너지를 낭비하고 있다고 생각하여 행동주의 이론에 기반을 둔 학습기계(*teaching machine*)를 창안하였다. 어린이들도 비둘기가 핑퐁을 배우는 것과 똑같은 방법으로 수학이나 철자법 등을 배워야 한다고 보고 어린이들이 주어진 문제에 답하게 되면 즉시 강화를 줌으로써 학습효과를 높이려고 했다. 이러한 어린이 학습 이외에도 스키너의 조건적 조작화는 정신병원에서 식사시간 통제를 위해서 활용되기도 하고 소년원에서 범죄자들이 좋은 일을 했을 때 점수를 주는 제도로 활용되어 실시되었는데, 이는 도덕성이 좋아지고 재범률이 떨어지는 데 기여하기도 하였다. 또한 회사에서도 위에서 살펴본 것처럼 월급이나 성과급을 이용하여 직원들의 업무효율성을 높이는 데 기여했다.

이러한 긍정적 기여를 한 스키너의 이론은 다음과 같은 점에서 비판을 받는다. 스키너의 조작적 학습이론은 그가 주로 동물 연구를 통해서 학습형태를 이해하고 이를 인간에게 적용하게 된 것이다. 그러므로 스키너의 조작적 학습이론에서 인간발달의 방향은 본능, 욕구, 생물학적 성숙과 같은 내적인 힘보다는 외적 자극(강화와 처벌)에 따라 좌우된다. 이러한 인간관이나 기본관점으로 인해 스키너는 인간의 정신적 현상들에 대해서 지나치게 간과하고 인간을 환경에 의해서 일방적으로 영향을 받은 수동적 존재로 인식하였다는 비판을 받았다. 즉, 스키너의 기계론적 환경결정론에서는 인본주의자들이 이야기하는 인간의 창조성·합리성 또는 자아실현을 하려는 목적지향적 행동은 찾아볼 수 없다. 학자들에 의해서 지적되는 스키너 이론의 가장 큰 한계 중의 하나는 인간이 과연 환경에 의해서 영향을 받기만 하는 수동적 존재이고 능동적 측면은 없는가 하는 것이었다. 이러한 비판을 어느 정도 극복하면서 행동주의 이론을 편 사람이 다음에 배울 반두라이다.

반두라의 사회학습이론

1) 이론의 주요내용 및 개념

지금까지 행동주의 이론들 중에서 파블로프의 고전적 조건화, 손다이크의 시행착오설, 그리고 스키너의 조작적 조건화에 대해서 살펴보았다. 이러한 이론들을 통해서 알 수 있는 행동주의 이론들의 기본가정들은 다음과 같다. 첫째, 인간행동도 동물의 행동과 같이 자연법칙의 지배를 받기 때문에 과학적으로 연구되어야 한다. 둘째, 인간의 내적 측면을 행동의 원인으로 이해하면 인간행동에 대한 과학적 연구가 불가능하므로, 인간행동에 대한 연구는 겉으로 나타나는 인간행동들을 연구대상으로 해야 한다. 셋째, 환경은 인간행동이 이루어지도록 작용하는 근원적 변인이므로, 학습도 환경이 개체에 작용하여 나타난 결과이다. 넷째, 그러므로 환경조절을 통하여 인간의 행동을 변화 또는 수정할 수 있고, 환경을 적절히 조절하면 학습도 의도한 대로 조절이 가능한 것이다.

이러한 환경결정론적인 기계론적 인간관이나 가정은 인본주의 이론가들이 인간이 창조적이고 합리적이며 유목적적 행동을 할 수 있다고 믿는 것과는 차이가 있다. 그래서 앨버트 반두라(Albert Bandura)는 전통적 행동주의 이론이 인간을 수동적 존재로 인식하는 것에 한계를 느끼고 전통적 행동주의 이론에 인본주의적인 관점을 수용하면서 독창적인 행동주의 이론을 전개하였다.

(1) 상호작용론적 행동주의

반두라는 인간행동의 근원이 환경의 자극에 있다는 것을 부정하지 않았다는 점에서 행동주의자이나, 인간관이나 기본가정에 있어서는 기계론적 환경결정론이 아닌 인간의 주관성 및 능동성을 인정하는 상호작용론적 관점에서 사회학습이론(*social learning theory*)을 전개했다(Bandura, 1977). 사회학습이론에 대한 연구는 반두라의 관찰학습에 대한 연구에 의하여 비로소 경험적이고 실증적인 이론으로 발전할 수 있었다.

스키너의 기계론적 결정론과는 달리 반두라의 사회학습이론은 인간의 내적 측면, 특히 인지과정을 중요시한다. 반두라에 따르면 학습이란 기계론적이고 일방적으로 이루어지는 것이 아니라 사람, 환경 및 행동의 상호작용에 의해서 이루어지며, 환경적 자극에 반응하는 인간의 자기조절에 의해서 행동이 결정된다(Bandura, 1986). 즉, 학습은 환경적 자극에 일방적으로 인간이 반응하여 일어나는 것이 아니라 사람, 환경, 그리고 행동의 상호작용에 의해서 일어난다고 이해하고 있으므로 반두라의 이론을 상호작용적 행동결정이론이라고도 한다.

(2) 관찰학습

사람, 환경, 행동 사이의 상호작용을 중시한 반두라의 이론에서 중요한 개념 중의 하나는 관찰학습이다(Bandura, 1977). 관찰학습이론에 따르면 인간은 환경의 자극에 직접적으로 반응하여 행동을 형성할 뿐 아니라, 타인의 행동을 간접적으로 관찰하고 모델링함으로써 모방을 통해서도 학습한다는 것이다. 반두라의 관찰학습은 모델을 관찰하는 현장에서 ① 주의집중과 정보를 저장하는 주의과정, ② 기억으로 인지하는 보존과정, ③ 관찰에서 학습한 것을 필요한 반응으로 전환시키는 운동적 재생과정, 그리고 ④ 간접학습한 것의 어떤 측면을 행동으로 전환시킬 것인가를 결정짓는 동기화과정 등 네 가지 과정을 통해서 형성된다.

예를 들어서 유치원생이 유치원의 규범을 익힐 때는 자신의 행동에 대한 반응 및 보상에 의해서 규범을 학습하기도 하지만 다른 어린이가 규범을 어겼을 때 처벌받거나 규범을 잘 지켰을 때 보상받는 것 등을 관찰하는 간접경험을 통해서도 유치원의 규범을 학습한다. 이러한 특성 때문에 반두라의 사회학습이론은 관찰학습, 모방학습 또는 인지적 행동주의 학습이라고도 불린다. 관찰학습은 아동의 교육에 있어서 모델링을 통한 학습의 중요성을 부각시켰다. 모델링은 아동들이 부정적 유혹을 거부하고 도덕적 사고를 하도록 한다. 모델링을 통해서 어린이 교육에 가정, 사회, 교육자가 영향을 줄 수 있으므로 교육에 있어 아동들에게 본보기를 보여줌으로써 아동들의 성장에 바람직한 영향을 주는 것이 중요하다.

(3) 내적 특성의 중요성

반두라는 행동의 근원을 환경의 자극으로 본다는 점에서 행동주의자이다. 하지만 행동의 결정에 있어 환경 못지않게 개인의 인지나 자아효능감 같은 내적 특성의 중요성도 인정하였다(Bandura, 1982; 1986). 위에서 살펴본 것처럼 관찰학습은 주의력 집중과 기억으로 저장하는 인지적 과정과, 관찰의 결과 실제 행동을 할 것인지 하지 않을 것인지를 결정하는 동기화과정 등을 통해서 실제 반응적 행동이 결정된다.

반두라가 말하는 관찰학습은 주로 인지적 활동이고 인지적 활동 없는 사회학습은 불가능하다. 다시 말해 상황을 배우는 과정에서도 인지적 요소가 작용하고, 학습된 반응을 수행할 때도 행동의 결과를 예측해서 긍정적이면 행동하고 부정적이면 하지 않는 것을 판단하는 인지적 요소가 작용한다. 이러한 면에서 반두라는 행동을 결정하는 것을 환경결정론적으로 본 전통적 행동주의자들과는 달리 행동결정에서 인지적 요소가 작용함을 보여주었다. 행동주의자인 반두라는 이러한 인지적 특징의 형성 근원은 고전적 조건화나 조작적 조건화 또는 시행착오에 의해서 형성되는 것으로 이해하였다.

실제 행동이 일어나는 것은 인지적 요소만으로 결정되는 것은 아니다. 관찰학습의 과정에서 살펴본 것처럼 학습한 것을 행동화하기 위해서는 동기화가 필요하다. 반두라의 상호결정론적 관점에서 인간의 행동은 개인, 환경, 행동의 역동적 상호작용에 의하여 학습된다. 특정행동을 학습하는 초기단계에서 인간은 직접적 체험을 통해서 학습하기보다는 주로 환경 안에서 일어나는 타인의 행동을 관찰함으로써 대리학습을 한다. 영유아기와 아동청소년기를 거치면서 사회적 예절이나 규범을 체득하는 과정을 생각해 보면 직접경험 못지않게 간접경험이 사회적 규범 체득에 중요한 역할을 했다는 것을 이해할 수 있다.

이러한 간접경험을 통해서 형성된 것들이 행동으로 표현되기 위해서 인지적 요소와 더불어 자아효능감이 동기 인자로서 주로 기여한다. 자아효능감이란 어떤 행동을 성공적으로 수행할 수 있다는 신념이다. 즉, 학습된 것이 있어도 주어진 상황 안에서 어떤 행동을 성공적으로 수행할 수 있다는 자아효능감이 있을 경우 행동으로 옮겨지지만, 그렇지 않을 경우는 행동으로 수행하지 못하게 된다. 이러한 관점에서 반두라의 관찰을 통한 학습이 행동으로 나타나기 위해서는 인지적 요소뿐 아니라 자아효능감과 같은 개인의 내적 특성이 중요한 역할을 한다.

2) 비판적 고찰

인간의 행동의 근원이 환경이고 과학적으로 연구되어야 한다는 측면에서 반두라도 파블로프나 스키너와 같은 기존의 행동주의자들과 입장을 같이한다. 즉, 반두라도 인간행동의 주 결정요인이 환경이기 때문에 행동의 변화를 목표로 하는 학습도 환경이 개체에 작용하여 나타난 결과로 이해하고 행동의 변화가 환경의 변화를 통해서 가능하다는 점을 인정한다.

전통적 행동주의자들과의 차이는 전통적 행동주의자들은 행동형성에 있어 체계 내적 요소들을 고려하지 않았지만, 반두라는 인지나 자아효능감 같은 개인체계 내적 요소들이 행동을 형성하는 데 중요한 요인으로 작용한다는 점을 인정한 면에서 전통적 행동주의자들과 차이가 있다. 이러한 반두라의 관점은 문제행동을 치료하는 데 있어 전통적 행동주의자들이 취하던 환경에의 개입의 중요성과 더불어 개인체계 내적 개입이 병행되어야 한다는 점을 보여준다는 점에서 중요한 기여를 하였다.

3) 스키너와 반두라의 이론 비교

이 교재에서는 스키너와 반두라를 모두 행동주의 학자들로 분류하였지만, 이 둘은 인간관, 기본가정, 이론의 내용 및 실천적 개입에 주는 함의는 상당한 차이가 있다. 스키너는 환경이 인간에 영향을 준다는 기계론적 환경결정론을 성격형성의 주요 요인으로 이해한 점에서 전통적 행동주의자로 분류될 수 있다. 반면 반두라는 환경이 인간에 영향을 주기도 하지만 환경에 인간이 능동적으로 반응할 수 있는 것으로 이해하는 상호결정론적 시각을 견지하였다. 두 학자의 이론을 좀더 세부적으로 비교 정리하면 다음과 같다.

스키너와 반두라 모두 인간이 변화할 수 있다는 인간본성의 가변성을 인정하고 있다. 하지만 스키너는 인간이 자극에 반응하는 과정에서 성격형성이 된다고 보았고, 반두라는 스키너의 이러한 자극과 반응의 관계를 인정하면서도 모든 인간이 특정 자극에 대해서 인지적으로 동일하게 이해하지 않으므로 반응 또한 차이가 날 수 있고, 자극에 능동적으로 적응하는 것도 가능하다고 보았다. 이러한 인간관의 차이는 행동 및 학습에 대한 견해에 대한 차이로 연결된다. 즉, 스키너의 경우 외적 강화를 통해서만 행동의 학습과 수정이 가능하다고 이해하는 것에 비해, 반두라는 외적 강화의 중요성도 인정하면서도 경우에 따라서 외적 강화 없이 모델링이나 행동의 관찰과 같은 대리적 강화를 통해서도 새로운 행동학습이 가능하다고 보았다. 반두라의 경우 자극에 대한 반응에 영향을 주는 내적 요인으로 자아효능감을 상정하였다.

이러한 두 학자 간 이론적 차이는 부적응 행동에 대한 이해나 개입의 방향에 있어서도 차이를 초래한다. 스키너는 부적응 행동을 잘못된 학습의 결과로 이해하였고, 반두라의 경우는 부적응 행동이 잘못된 학습의 결과일 수도 있지만 낮은 자아효능감의 결과이기도 한 것으로 이해하였다. 부적응 행동에 대한 이러한 관점의 차이는 개입 방향의 차이로 연결된다. 스키너는 부적응 행동에 대한 주요 개입으로 새로운 학습환경 구성을 통한 적절한 환경적 자극을 제공하는 것으로 이해하였고, 반두라는 환경적 재구성과 더불어 개인의 자아규제 및 자아효능감 증진이 부적응 행동에 대한 효과적 개입이 될 수 있다고 보았다. 즉, 스키너의 경우 선행요인, 행동, 결과 사이의 관계에 대한 응용행동 분석을 통해서 개입 영역을 찾으려고 한 반면, 반두라의 경우는 추가적으로 인지적 행동수정을 통한 부적응 행동에의 개입가능성을 제공하고 있다.

이러한 두 학자 간의 차이점에도 불구하고 두 학자 모두 인간의 본성을 가변적이라고 본 점, 환경의 영향을 주요 요인으로 이해한 점, 추상적

표 6-1 스키너와 반두라의 이론 비교

		스키너 (전통적 행동주의자)	반두라 (사회학습이론가)
인간관	행동 결정요인	기계론적 환경결정론 (환경 → 인간)	상호적 결정론 (인간 ↔ 환경)
	인간본성	객관적 자극 - 반응 관계	객관적 자극 - 주관적 인지반응, 자아효능감
		가변적	
기본가정		선행요인 → 행동 → 후속요인	행동 ↔ 인간 내적 사건 ↔ 외적환경
		외적 강화가 존재해야만 행동의 학습과 수정이 가능함	외적 강화 없이 본보기 행동 관찰과 대리적 강화 통해 새로운 행동학습 가능
내용		관찰 가능한 '행동'에 초점 (과학적 연구 가능)	
		조건화 / 강화와 벌 (강화계획 등을 통해 행동의 원인과 결과를 발견해 반응을 유도하거나 통제)	
개입	초점	개인이 경험한 조건화 또는 강화와 벌의 역사 → 행동 적응도, 적응 / 부적응 행동에 초점	
	부적응 행동	잘못된 학습의 결과	낮은 자아효능감과 잘못된 학습의 결과
	개입 방향	새로운 학습환경 구성	자아규제와 자아효능감 증진
		내담자 특성에 맞는 구체적이고 명료한 행동적 목표 설정 → 내담자의 환경적 조건 변화	
		응용행동 분석 (선행요인, 행동, 결과 사이의 관계 분석)	인지적 행동 수정 (문제 행동의 변화를 일으키는 사고 분석)

인 부분이 아닌 관찰 가능한 행동에 초점을 두고 과학적으로 연구 가능한 인관관계에 대한 부분에 초점을 둔 점 등은 행동주의 학자로서 두 학자가 공유하는 부분이다. 이러한 비교는 〈표 6-1〉에 정리되어 있다.

6 행동주의 이론의 현실적용

행동주의 이론에서의 부적응 행동은 개인이 경험한 조건화 또는 강화와 벌의 역사에 의해서 형성된다고 본다. 그러므로 부적응 행동의 원인은 특수한 상황에서 부적절한 행동을 하도록 학습되었거나 바람직한 반응을 하는 것을 학습하지 못했기 때문인 것으로 이해한다. 이러한 전통적 행동주의자들의 부적응 행동에 대한 이해에 더하여 반두라는 행동 형성과정에서 인지적 요소와 자아효능감과 같은 개인체계 내적 요인의 중요성을 확인하였다. 행동주의의 부적응 행동에 대한 이러한 이해는 행동주의를 기반으로 하는 실무자들의 치료목표에 영향을 주었다.

행동주의에서 개입의 목표는 효과적이고 바람직한 행동을 학습하도록 내담자를 원조하는 것이다(Greene & Ephross, 1991; Robbins et al., 2006). 하지만 강화의 역사가 개인마다 다르기 때문에 모든 내담자에게 동일하게 적용될 수 있는 치료목표는 있을 수 없고 개인의 강화역사에 맞는 행동치료 요법이 적용되어야 한다. 반두라는 이러한 목표를 달성하기 위해서 환경에의 개입만으로는 한계가 있고 개인의 내적 특성인 자아효능감을 증진할 수 있도록 원조해 주어야 치료목표가 달성될 수 있다고 보았다.

고전적 조건화, 시행착오설, 조작적 조건화 등 전통적 행동주의 이론에 기반을 둔 치료적 기법에는 다음과 같은 것들이 있다. 첫째, 체계적 둔감법(systematic desensitization)이다. 체계적 둔감법은 공포증 치료에 효과가 있다고 밝혀진 기법으로 공포의 대상이 되는 자극을 체계적으로 강도를 높여감으로써 특정 대상에 대한 공포를 줄여나가는 방법이다. 뱀을 무서워하는 개인에게 처음에는 뱀의 사진을 보여주고, 다음에는 유리 칸막이를 사이에 두고 뱀을 보여주고, 다음에는 유리 칸막이가 없이 뱀을 보여주고, 점차적으로 뱀을 만져보게 함으로써 뱀이 실제로 무서워할 대상이 아니었다는 것을 깨닫게 해주어 뱀에 대한 공포심을 줄이는 방법이다. 둘째, 토큰경제(token economy)도 행동주의에 기반을 둔 개입방법이다. 아동의 학습의지를 높이기 위해서 사탕이나 스티커 등의 강화물을 사용하는 것이 토큰경제의 한 예가 될 수 있다.

　　반두라의 사회학습이론에서는 인지 및 효능감과 같은 내적 요소의 중요성을 인정한다. 그러므로 학습이론에 기반을 둔 개입의 경우는 위에서 살펴본 전통적 행동주의자들의 환경의 변화를 통한 개입과 더불어서 인지적 재구조화를 통한 효능감의 증진에도 개입의 목표를 둔다. 위의 뱀에 대한 공포증의 예에서 환경적으로 주어지는 뱀에 대한 자극의 강도를 변화시켜 나가는 것을 통해서 공포감을 줄이는 것과 더불어 뱀에 대한 공포심을 가진 개인의 인지를 재구조화하는 과정도 병행한다. 즉, 내가 왜 뱀을 무서워하는지에 대한 상황적 인식과 현실적으로 개인이 직접 뱀으로부터 피해를 당할 확률이 거의 없다는 점을 인식시키고, 자아효능감 증진을 통해서 할 수 있다는 통제감을 길러줌으로써 뱀에 대한 공포감을 더 효과적으로 줄일 수 있다.

요 약

　행동주의 이론, 또는 학습이론의 기본전제는 인간행동은 대부분 학습되거나 학습에 의해서 수정된다는 것이다. 행동주의 이론에서는 인간의 성격이나 행동이 무의식이나 인간의 내적 특징에 의해서 결정되는 부분을 완전히 부정하지는 않지만, 환경적 자극에 반응하는 과정을 통해서 인간의 행동이나 성격적 특징을 형성한다고 말한다.

　행동주의 이론의 주창자는 고전적 조건화 이론을 전개한 파블로프다. 파블로프는 조건반사 실험을 통해, 인간이 지니는 여러 가지 특성이 외부의 조건자극을 통해서 변할 수 있음을 시사했다. 환경적 자극과 이에 대한 반응이 인간의 성격이나 행동형성에 결정적 요인이 된다는 이 관점은, 환경을 어떻게 통제하고 조절하며 조작하느냐에 따라 성격형성이나 행동이 바람직한 방향으로 일어나게 할 수도 있다는 점에서 학습을 통한 성격이나 행동형성에의 개입가능성을 제공하였다.

　손다이크의 시행착오설은 쾌락주의에 기초하여 행동과 성격이 형성되는 과정을 설명한다. 자극 및 반응의 쾌락 여부에 따라 유기체의 후속행동이 강화되거나 약화된다는 손다이크는 학습이 보상에 의한 점진적 연합과 시행착오를 통해 이루어진다고 말한다. 손다이크는 ① 교육분야의 과학성을 증진시키는 데 기여한 점, ② 학습지도의 개선을 위해 학습동기의 중요성을 최초로 제시한 점, ③ 직접 체험이 아니더라도 유사성의 법칙을 통한 학습의 '전이'가 가능함을 지적했다는 점 등 교육분야에 큰 업적을 남겼다. 하지만 시행착오설에는 인간의 전체적 특징이 들어 있지 않은, 학습자의 정신적 특징이나 내적 과정을 간과한 순전히 기계론적인 관점이라는 점에서 비판받는다. 이러한 기계론적 결합설은 인간의 이해와 통찰에 의한 학습가능성과 인간행위의 목적성에 대한 이해를 결여한다.

　파블로프가 발견한 환경적 자극이 동물의 행동에 미치는 영향에 대한 연구결과를 스키너와 반두라는 인간행동의 근원을 이해하는 데 접목하였다. 조작적 조건화 이론으로 대표되는 스키너의 행동수정적 접근은 어린이의 행동수정 및 발달뿐 아니라 말더듬, 공포증, 정신병적 행동 같은 성인들의 문제를 해결하는 데도 성공적으로 적용된다. 이러한 긍정적 기여에도 불구하고 스키너는 인간발달의 방향이 외적 자극(강화와 벌)에 의해 좌우된다는 인간관 때문에 인간의 정신적 현상을 지나치게 간과하고 인간을 환경에 의해 일방적으로 영향받는 수동적 존재로 인식하였다는 비판을 받았다.

반두라는 전통적인 행동주의 이론적 관점에서 인본주의의 영향을 받아서 인간의 창조성과 합리성을 인정하고, 행동의 근원은 환경일지라도 개인내적 특성에 따라서 자극에 반응하는 것이 달라질 수 있다고 주장하였다. 반두라는 인간행동의 근원이 환경의 자극에 있다는 것을 부정하지 않았다는 점에서 행동주의자이나, 인간관이나 기본가정에 있어서는 기계론적 환경결정론이 아닌 인간의 주관성 및 능동성을 인정하는 상호작용론적 관점에서 이론을 전개했다. 상호작용적 행동결정이론이라고 불리는 반두라의 사회학습이론은 인간의 내적 측면, 특히 인지과정을 중요시한다. 반두라에 따르면 학습이란 기계론적이고 일방적으로 이루어지는 것이 아니라 사람, 환경 및 행동의 상호작용에 의해서 이루어지며, 환경적 자극에 반응하는 인간의 자기조절에 의해서 행동이 결정된다. 반두라의 관점은 문제행동을 치료하는 데 있어 전통적 행동주의자들이 취했던 환경에의 개입의 중요성과 더불어 개인체계내적 개입이 병행되어야 한다는 점을 보여준다는 점에서 중요한 기여를 하였다.

행동주의에서 개입의 목표는 효과적이고 바람직한 행동을 학습하도록 내담자를 원조하는 것이다. 강화의 역사가 개인마다 다르기 때문에 모든 내담자에게 동일하게 적용될 수 있는 치료목표는 있을 수 없고 개인의 강화역사에 맞는 행동치료 요법이 적용되어야 한다. 고전적 조건화, 시행착오설, 조작적 조건화 등 전통적 행동주의 이론에 기반을 둔 치료적 기법에는 ① 체계적 둔감법 ② 토큰경제 ② 인지적 재구조화를 통한 효능감의 증진 등이 있다.

토 론

- 정신분석이론의 기본관점(인간관이나 기본가정)과
  행동주의 이론의 기본관점을 비교 설명하고
  각 관점의 타당성을 논하시오.

- 정신분석이론과 행동주의 이론을 비교 설명하고
  개인적으로 어느 이론이 더 타당하다고 생각하는지와
  논리적 근거를 설명하시오.

- 행동주의 이론에서 가정하는 인간관과
  기본가정들에 대한 본인의 비판적 의견을
  제시하고, 그 논리적 근거를 설명하시오.

• 행동주의 이론의 강점과 한계를 논하시오

• 스키너의 행동주의 이론과 반두라의 행동주의 이론의
  공통점과 차이점을 비교 설명하시오.

• 행동주의가 학문발전에 기여한 것을 논하시오.

인지이론

　제2부에서는 인간행동이나 성격형성을 횡단적 측면에서 설명하는 이론들을 살펴보고 있다. 제3장에서 무의식 결정론적인 정신분석이론, 제4장에서 정신분석이론에 바탕을 두었으나 인간과 환경의 중요성을 강조한 분석·개인·자아심리이론, 제5장에서 성격형성 과정에서 인간의 합리성과 창조성의 역할을 강조하는 인본주의 이론, 그리고 제6장에서 인간의 성격과 행동의 주요근원은 환경적 자극에 의한 학습이라고 주장하는 행동주의 이론에 대해서 살펴보았다.

　행동주의 학자들 중에서 반두라의 경우는 행동이나 성격의 근원이 환경의 자극에 있는 것으로 인식한 점에서 기본적으로는 행동주의의 기본적 원칙에 입각하고 있으나, 인간이 환경의 자극에 수동적으로 반응만 하는 것이 아니라 능동적으로 반응함으로써 행동이나 성격형성이 달라질 수 있다는 상호작용론적인 입장을 고수하였다.

　그러면 인간이 환경에 능동적으로 반응할 수 있는 이유는 무엇일까?

이 장에서 배울 인지이론가들은 이러한 원인을 '인지'에서 찾고 있다. 즉, 환경적 자극이 주어질 때 이러한 자극을 인간이 인지적으로 재해석해서 주관적 의미를 부여하게 되고, 이러한 인지적 재해석에 따라서 성격이나 행동형성에 영향을 받을 수 있다. 즉, 인지이론가들은 '인간행동은 인지의 결과'라는 인지매개가설에 입각하여 인간행동을 이해하고 있다. 환경의 자극에 대한 인지적 재해석에서 알 수 있듯이 인지이론에서는 객관적 자극의 중요성보다는 개인이 자극을 주관적으로 재해석한 인지적 해석이 행동의 원인이라고 이해하지만 환경적 자극을 무시하지는 않는다는 점에서 행동주의적 관점을 태생적으로 내포한다고 이해할 수 있다.

　　이 장에서는 인지이론의 이론적 발전에 기여한 피아제의 인지이론을 인지발달이론을 중심으로 살펴보면서 인지이론에 대한 기본적 이해를 도모한다.

이 장의 구성

1. 인지이론의 기본관점
2. 인지이론의 주요내용 및 개념
3. 인지발달이론
4. 비판적 고찰
 • 요약　 • 토론과제

인지이론의 기본관점

인지이론은 인간을 주관적 존재로 이해한다. 인본주의의 맥락과 유사하게 인지이론에서는 객관적 현실보다는 각 개인이 나름대로 의미를 부여한 주관적 현실의 중요성을 강조한다. 이러한 인간의 주관성에 대한 강조에서 볼 수 있듯이 인지이론은 인간본성이 무의식이나 환경에 의해 결정되는 것이 아니라 변화할 수 있다는 비결정론적 입장을 취한다. 무의식 결정론이나 행동주의 이론 등의 기존 이론과의 유사점은 인간이 유전적 또는 환경적 요인에 의해 영향을 받을 수 있다는 점을 인정하는 것이다.

기존 이론과의 차이점은 인간이 이러한 유전적 또는 환경적 자극을 능동적으로 재구성할 수 있는 능력이 있으므로 인간을 지속적으로 성장, 발달할 수 있는 잠재력을 지닌 존재로 인식한다는 점이다. 이러한 인간관을 반영하여 인지이론의 몇 가지 특징을 정리하면 다음과 같다(권중돈 · 김중배, 2004).

첫째, 인지이론가들은 인간의 일생을 통하여 인지적 성장과 변화가 일어날 수 있다고 가정한다. 환경적 자극은 생애주기에 따라 사회문화적 특징에 따라서 달라질 수 있고, 이러한 환경적 자극을 이해하는 인간의 인지가 성장단계에 따라서 변화하므로 일생을 통해서 인지적 성장과 변화가 일어날 수 있다.

둘째, 인지이론가들은 특정 연령에서 인지적 유능성은 개인에 따라서 차이가 있다고 가정한다. 개인을 둘러싸고 있는 환경적 특성이 다르고 인지발달단계도 개인에 따라서 차이가 있을 수 있으므로 동일 연령대에 있는 사람의 인지적 유능성도 개인에 따라서 차이가 날 수 있다.

셋째, 인지는 환경적 자극에 반응한 결과이기도 하지만, 환경의 자극에 개인이 주관적으로 인지적 해석을 통해 행동을 보이는 능동적 반응의 결과이기도 하다.

넷째, 사람들은 환경적 자극을 있는 그대로 받아들이는 것이 아니라 이러한 환경적 자극을 인지적으로 표상하고 그 결과에 따라 행동을 하게 된다.

다섯째, 사고나 감정 등도 객관적으로 실존하는 것이라기보다는 인지적 표상을 통해서 재해석된 것이다. 그러므로 사고나 감정의 변화를 통해서 행동의 변화를 시도할 수 있고, 행동의 변화를 통해서 사고나 감정의 변화를 가져올 수 있다. 즉, 사고, 감정, 행동은 상호관련성이 있다.

여섯째, 사고, 감정, 환경적 자극이 행동으로 연결되기 위해서는 인지적 표상을 거쳐서 재해석되어야 하기 때문에 인지가 행동에 영향을 주는 가장 중요한 요소이다.

2 인지이론의 주요내용 및 개념

인지이론은 교육과정 계획, 학령 전 프로그램, 오늘날의 심리학 및 교육학 등의 많은 영역에 영향을 미치고 있다. 정신분석이론이 무의식적 사고의 중요성을 강조하는 것이라면, 인지이론은 의식적 사고를 강조하는 것이다. 인지이론에서는 정신구조가 매우 중요한 의미를 갖는다. 정신구조를 강조한다는 점에서는 정신분석이론과 유사한 점이 있으나, 인지이론은 무의식적 정신구조나 사고과정에는 전혀 관심이 없고 합리적 사고과정을 강조한다는 점에서 큰 차이가 있다.

인지이론은 또한 사람의 능동적 역할을 중시한다. 인지이론에서 성격이나 행동은 환경적 요인에 의해서만 결정되는 것이 아니라, 사람이 환경적 요인들을 어떻게 받아들이고 해석하느냐 하는 주관적 경험에 의해 결정된다고 본다. 인지이론은 '지능'이란 것이 단지 지능지수만으로 요약되는 것이 아니라, 사람이 환경과의 상호작용을 통해 습득하는 다양하고 복잡한 능력을 반영하는 복합적 요인이라는 것을 강조한다(정옥분, 2007). 특히 인지발달에 대한 장 피아제(Jean Piaget)의 연구는 우리로 하여금 아동에게 무엇을 기대할 것이며, 연령에 따라 아동이 그 주변 세계를 어떻게 지각하며, 성인에게는 이상하게 여겨지는 방법으로 질문하고 정보를 해석하는 이유가 무엇인지 이해하도록 돕는다(이기숙·주영희, 1989).

1) 인지

인지(*cognition*)란 자극을 조직화하여 지식을 얻는 심리적 과정으로 총체적 정신과정을 포함하는 포괄적 개념이다. 포괄적 개념이라는 점에서 알 수 있는 것처럼 최근에는 인지를 지식, 의식, 지능, 사고, 상상, 계획과 전략의 개발, 합리화, 추론, 문제해결, 개념화, 분류 및 유목적화, 상징, 환상, 그리고 꿈과 같은 이른바 높은 수준의 정신과정을 모두 포함하는 개념으로 받아들인다(권중돈·김동배, 2004). 이러한 인지의 개념에서 볼 수 있는 것처럼 인지이론은 인간이 외부세계를 이해하고 파악하는 바탕인 인지적 구조가 형성되는 과정을 설명하는 이론이다. 인지연구는 지식의 구체적 내용뿐이 아니라 인지적 성숙과정을 연구하는 것이다.

　　인지이론은 다음과 같은 특징을 갖는다. 인지이론에서는 인간의 지능은 생물학적 적응의 연장이고 연령에 따라 단계별로 한 단계에서 높은 단계로 발전한다고 가정한다. 지금까지 살펴본 다른 이론들과 비교할 때 인지이론이 갖는 중요성과 특징은 다음과 같다. 인지이론은 개인의 인지적 특성에 따라서 환경의 의미가 달라진다는 것을 의미한다. 인지이론의 입장에서는 환경적 자극이 있을 때 개인은 인지적 특성에 따라서 그 자극을 인지적으로 재해석하고 환경에 반응한다고 가정한다. 이러한 의미에서 인지이론은 생물학적 결정론과 환경적 결정론에서 벗어나, 개인의 사고가 감정과 행동에 미치는 영향력에 초점을 둔다고 볼 수 있다.

　　2) 도 식

　　도식(*schema*)은 사건이나 자극에 대한 추상적 표상으로 사건이나 자극을 인식하고 그것에 대응하는 데 사용되는 기본적 이해의 틀이다(권육상·이명재, 2002). 즉, 행동이나 사고가 유사한 상황 속에서 반복되어 전승되고 일반화되면서 도식이 형성된다.

　　도식이 형성된 상황에서 자극이 주어질 때 사람들은 일반화된 도식에 비추어 판단하고 행동하게 된다. 예를 들어서 영유아 때 처음으로 책상과 의자를 보았을 때는 책상과 의자가 무엇을 하는 것인지 잘 모른다. 이러한 때 사람들은 통제적 사고(*controlled thinking*)를 통해서 책상과 의자의 기능에 대해서 이해하고, 유치원을 들어가거나 초·중·고등학교를 다니면서 의자에는 앉고 책상에는 책과 공책을 놓는 행동을 반복해서 학습하게 된다. 대학의 강의실에 들어온 학생은 별다른 통제적 사고 없이 책상에는 책과 공책을 놓고 의자에 앉을 수 있다. 이러한 것이 가능한 것은 기존의 통제적 사고에 의한 의자와 책상에 대한 탐색과 그 이후에 반복적 행동을 통해서 의자와 책상에 대한 일반화된 도식이 형성되어 있어서 자동화된 사고(*automatic thinking*)만으로 자극에 반응하는 것이 가능해졌기 때문이다.

피아제에 따르면 유아는 초기에는 빨기 반사와 같은 기본적인 몇 가지 반사능력만 가지고 태어나지만 빨기나 손을 쥐는 동작을 계속함으로써 기본적 빨기도식과 파악도식이 형성된다. 그리고 이러한 도식이 분화·통합됨에 따라 보다 복잡하고 고차원적 도식을 획득한다. 따라서 도식은 생래적으로는 본능적인 것만 있다가 성장하면서 환경과의 접촉을 통해 점차 고차원적인 도식이 형성되는 것이다.

이러한 과정을 거치면서 인간은 외부세계를 이해하는 인지구조를 가지게 되는데 이러한 인지구조를 도식이라 한다(김정희 외, 1997). 인지구조는 환경과의 다양한 상호작용을 하는 과정에서 새롭게 획득한 지적 정보를 기존의 구조에 통합함으로써 점차 질적 변화를 하게 되는데 이것이 인지발달이다.

3) 동화

동화(*assimilation*)는 사람들이 입력되는 정보를 변환시켜서 기존의 사고방식에 적합하도록 만드는 과정을 말한다(박영신, 1995; 2007). 즉, 기존의 도식으로 새로운 물체를 이해하는 것을 피아제는 동화라고 불렀다. 예를 들어서 텔레비전의 드라마에 나온 도둑 역을 맡은 사람을 도둑의 도식으로 가진 어린아이가 그 사람과 비슷한 사람을 만났을 때 도둑이

제 7 장 인지이론

라고 하는 현상은 동화에 의한 것이다. 즉, 동화라는 것은 새롭게 부여되는 자극이 이전부터 존재하는 인지구조의 활동인 도식에 의해서 변경되는 것을 의미한다.

4) 조절

조절(*accommodation*)이란 사람들이 새로운 경험에 맞추어 자신의 사고방식을 변화시키는 과정이다. 예를 들면, 유아들이 처음으로 비치볼을 보았을 때 비치볼을 잡고 오랫동안 탐색을 하면서 기존에 그가 가지고 있는 도식을 통해 비치볼을 이해하려고 노력할 것이다. 하지만 기존의 도식으로는 비치볼을 이해하는 데 한계가 있으므로 아이는 기존의 도식을 바꾸거나 새로운 도식을 형성하게 될 것이다. 즉, 조절이란 주어진 자극이나 정보에 적응하기 위한 인지구조 자체의 능동적 변경을 의미한다(서창렬, 1999). 이러한 맥락에서 위에서 살펴본 동화는 조절이 없이 일어날 수 없으며 조절도 동화가 없이는 일어날 수 없다. 즉, 조절과 동화는 상보적 형태로 대부분의 경우 동시에 일어나게 된다.

5) 적응

인간은 성장하면서 지속적으로 새로운 환경적 자극에 노출된다. 새로운 자극에 노출될 때마다 인간은 동화나 조절을 통해서 환경에 적응하게 된다. 이러한 인간의 환경에 대한 적응은 위에서 살펴본 동화와 조절의 상호작용에 의해 일어난다. 피아제는 적응(*adaptation*)을 행동주의자들이 말한 학습의 종류보다 더 넓고 광범위한 것으로 이해했다. 피아제는 적응을 근본적인 생물학적 과정으로 보았고, 인간의 인지발달의 가장 중요한 특징은 새로운 자극에 대한 적응 및 문제해결의 과정으로 이해하였다.

6) 평형화

평형화(*equilibrium*)란 기존의 사고방식과 새로운 경험 간의 상호작용을 통해서 인지체계와 외부세계 사이에 균형이 유지된 상태를 말한다. 이러한 평형화 과정에는 위에서 살펴본 동화와 조절의 두 과정이 모두 포함한다. 평형화는 인지발달을 일으키는 근본원리이다. 피아제는 발달을 아동의 인지체계와 외부세계 사이에 점점 더 안정된 평형이 확립되는 것이라고 보았다.

평형화는 세 단계로 일어난다. 첫째 단계는 아동이 자신의 사고방식에 만족하여 평형상태에 있는 단계이다. 둘째 단계는 기존의 사고방식의 한계를 깨닫고, 이에 만족하지 않음으로써 불평형의 상태에 이르게 되는 단계이다. 셋째 단계는 아동들이 이전의 사고방식의 한계들이 제거된 좀더 발전된 사고방식을 채택하게 되면서 평형성을 회복하는 단계이다. 예를 들면, 동물만이 유일한 생물이라고 생각하는 아이가 나중에 식물도 생물체라는 이야기를 듣게 되면, 생물에 대한 기존의 도식에 불평형이 생기게 된다. 나중에 아이는 살아 있다는 의미에 결정적으로 중요한 동물과 식물 간의 공통점, 즉 성장하며 생식하는 능력을 발견하고, 이러한 발견은 성장하고 생식하는 능력과 생명을 동일시하는 새로운 이해에 도달하게 된다. 이후에 계속되는 관찰에서도 이러한 이해의 문제점들이 발견되지 않기 때문에 새로운 이해는 좀더 안정된 평형을 이루게 된다.

피아제는 인간은 자신의 심리적 구조를 일관성 있고 안정된 행동양식으로 조직하려는 경향이 있다고 이해한다. 즉, 인간 유기체의 심리구조는 평형상태를 유지하려는 경향이 있다는 말이다. 여기에서 평형이란 개인의 정신적 활동과 환경 간의 균형의 상태를 의미한다. 쉽게 동화될 수 없고, 조절할 수 없는 새로운 정보가 들어왔을 때, 개인의 심리구조는 평형을 잃어버리게 된다. 평형을 잃어버린 상태의 개인의 심리구조가 다시 평형화되었을 때는 보다 높은 차원의 심리구조가 획득된 상태이다. 다시 말하면, 평형화를 통한 심리구조의 재구성이 이루어졌다는 뜻이다. 이런 평형화의 원리는 인지발달의 주요 원리이며 피아제의 인지발달이론의 핵심이다.

7) 인지발달

피아제는 인지발달을 기능적인 면과 구조적인 면의 발달이라고 보았다(Piaget, 1936; 1954). 기능적인 면에서 인지발달은 유기체가 환경과의 상호작용에서 이루어가는 적응과정이며, 이 과정은 다시 동화와 조절이란 적응과정을 통해서 이루어진다. 구조적인 면에서 피아제는 유기체가 지닌 '이해의 틀'을 도식 또는 구조라고 표현하였다. 이것은 유기체가 생리적으로 가지고 태어나는 것이 아니라, 환경과의 접촉에서 반복되는 유기체의 행동과 경험에서 생성되는 것이다. 이러한 것을 평형화를 통한 심리구조의 재구성을 통한 인지발달과정이라 할 수 있다(김정민, 2006).

피아제의 이론에 따르면 인지발달을 촉진시키는 다음과 같은 몇 가지 요인들이 있다.

첫째가 성숙이다. 성숙은 태어나면서 가지고 있는 반사적 반응들을 포함하는 유전적 요인을 지칭하는 것으로 인지발달의 기초요인이 된다. 그러나 인지발달과정을 통해 형성되는 인지구조들이 유전적 요인에 의해 결정되는 것은 아니라고 본다. 다만 생득적으로 기본적 신경구조와 감각운동적 반사기능을 가지고 태어나게 되고, 이를 기초로 환경과의 많은 반복경험을 통해 적응에 필요한 인지구조를 형성하는 것이다.

둘째가 물리적 경험이다. 물리적 경험이란 감각적 경험과 신체적 활동이 사고나 정신적 조작을 통해 내재화되는 것을 말한다. 예를 들어 우리는 테이블에 대해서 많은 것을 알고 있다. 테이블이 딱딱한지, 부드러운지, 매끄러운지, 꺼칠꺼칠한지, 네모졌는지, 둥근지, 높낮이는 어떤지 등을 알고 있는데, 이러한 테이블에 대한 물리적 지식은 어떻게 획득되는가? 이러한 테이블에 대한 지식은 우리의 감각이 정신적 조작을 통해 내재화될 때 가능하다.

셋째가 사회적 상호작용이다. 테이블이 딱딱하고, 매끄럽고 하는 것 등은 우리의 감각이나 신체활동의 내재화를 통해서 알 수 있다고 하지만, 테이블에 앉아서 밥을 먹는다거나 테이블 위로 걸어 다녀서는 안 된다는 사회적 지식은 어떻게 획득할 것인가? 이러한 사회적 지식은 아이디어의 교환, 즉 사회적 상호작용을 통해서 얻어지는 것이다.

넷째가 평형화이다. 위의 세 가지 요소를 통합하고 규제하여 발전적 평형상태를 초래하는 평형화 과정이 있어야 한다. 피아제는 이상의 네 변인 중 어느 하나라도 결핍되었을 때 지적 발달은 지연된다고 믿었다.

성숙, 물리적 경험, 사회적 상호작용, 평형화를 통한 인지발달의 개념화를 위해서 피아제는 네 가지 단계로 구분하여 설명하였다. 그것은 감각운동기, 전조작기, 구체적 조작기, 형식적 조작기이다.

인지발달이론

피아제는 인지발달단계를 이론적으로 제시하였으며 인지발달이론은 다음과 같은 특징이 있다.

첫째, 개인의 지능이나 사회환경에 따라 각 단계에 도달하는 개인간 연령의 차이는 있을 수 있으나, 발달순서는 결코 뒤바뀌지 않는다. 그러므로 각 단계는 주요 행동양식으로 설명될 수 있는 전체적 심리구조로 특징지어진다(권육상·이명재, 2002).

둘째, 각 단계는 전 단계의 심리적 구조가 통합된 것이며, 다음 단계의 심리적 구조에로 통합될 준비과정이기도 하다. 즉, 각 단계의 사고과정은 서로 다르며 시간이 경과함에 따라 더욱 복잡하고, 객관적이고, 타인의 관점을 생각하는 방향으로 발전하게 된다(권육상·이명재, 2002).

셋째, 한 시점에서 아동들은 여러 문제들에서 비슷한 방식으로 사고하며 한 단계에서 오랜 시간을 보낸 후에 갑자기 다음 단계로 옮겨간다(박영신, 1995; 2007).

넷째, 앞 단계에서 다음 단계로의 이행은 인지구조의 질적 변화를 의미한다(김정희 외, 1997).

다섯째, 인지발달, 정서발달 그리고 사회적 발달은 분리될 수 없고, 병행하여 발달하며, 각 단계에서의 개인내적 사고뿐만 아니라 대인관계에도 영향을 미친다(권중돈·김동배, 2005).

여섯째, 인지발달이론에서 지식은 동화와 조정이라는 상호보완적이고 동시적인 정신과정의 산물이다. 즉, 성장이란 새로운 상황에 동화또는 자신을 조정하는 것이다(권중돈·김동배, 2005).

일곱째, 정신적 조작은 출생 시에는 나타나지 않고 일생 동안 4단계를 거쳐서 점차적으로 구성되고 확장된다고 보았다(김정희 외, 1997). 정신적 조작이란 서로 밀접하게 연결되어 하나의 구조를 이룰 수 있는 조직화된 인지적 행동체제이다. 여기서 조작이란 논리적 작동이나 우리가 문제를 해결하기 위해 사용하는 원리를 가리킨다.

이러한 특성을 바탕으로 피아제는 인지발달단계를 다음의 4단계로 나누어서 고찰하였다(Piaget, 1954).

1) 감각운동단계 (*sensorimotor stage*: 출생~2세)

이 시기는 출생에서 2세까지를 포함하는 것으로 기본적 인지발달과 대상 영속성을 배우는 것이 중요한 발달내용이다. 이 시기는 언어를 습득하기 전인 '전 언어시대'로, 피아제가 이 시기를 감각운동기라 명명한 것은 이 시기의 영아가 자신의 감각이나 손가락을 입에 넣고 빼는 등의 운동을 통해서 자신의 주변세계를 탐색한다는 사실에 연유한 것이다.

이 시기의 영아는 새로운 정보를 얻기 위해 자신의 감각을 사용하고 새로운 경험을 찾기 위해 운동능력을 사용하고자 애쓰는 시기라는 뜻이다. 그 결과 반사활동에서부터 제법 잘 조직된 활동을 할 수 있기까지 간단한 지각능력이나 운동능력이 이 시기에 발달한다(권육상·이명재, 2002). 이 시기의 주요 발달과업은 주변의 여러 대상물로부터 자신을 분리시키는 것, 빛과 소리 자극에 반응하는 것, 흥미 있는 일을 계속하는 것, 조작을 통한 물체의 속성을 알아내는 것, 대상 영속성의 개념을 획득하는 것 등이다.

출생 시 유아들의 인지체계는 운동반사에 국한된다. 그러나 그 이후

제 7 장 인지이론

몇 달 사이에 영아들은 이 반사들을 발전시켜 더 세련된 절차를 만들어간다. 영아들은 처음에는 우연히 일어난 행동들을 체계적으로 반복하며, 자신들의 활동을 더 많은 상황에 일반화시키고, 이 반사들은 점점 더 긴 일련의 행동들로 연결하기 시작한다. 이러한 발달은 사물들과 아동들 사이의 물리적 상호작용(*physical interaction*)을 통해 가능해진다(박영신, 1995; 2007).

2) 전 조작적 단계(*preoperational stage*: 2~7세)

전 조작적 단계는 2세에서 7세 사이를 의미하는 것으로 상징의 획득이 주요 발달과업 중의 하나이다. 이 단계에서는 논리적 조작이 가능하지 않기 때문에 '전조작기'라 부른다. '조작'이란 과거에 일어났던 사건들을 내면화하여 서로 관련지을 수 있는 것을 뜻한다(권육상·이명재, 2002).

이 시기의 아동은 근본적으로 감각운동적 양식으로 기능을 수행할 수 있는 사람에서 개념적·상징적 양식으로 기능을 수행할 수 있는 사람으로 발달하게 된다. 그러므로 아동은 사건을 점점 내적으로 표상할 수 있게 되며(사고), 행동을 지향하는 데 직접적 감각운동 활동에의 의존이 점차 줄어들게 된다. 피아제에 의하면 전 조작적 단계는 2~4세에 해당하는 전개념기와 4~7세에 해당하는 직관적 사고기로 나누어 볼 수 있다.

전개념기에 아동은 물리적으로 눈앞에 없는 것을 머릿속에 그릴 수 있는 능력을 획득한다. 감각운동기의 아동은 이전에 들은 것이나 본 것을 머릿속에 떠올리지 못하나 전 개념적 사고단계에 와서는 물체의 모습이나 동작에 대한 상징을 형성한다. 이 시기에는 다음과 같은 특징들이 있다.

첫째, 아동들은 상징놀이(*creative play*)를 한다(조복희, 2006). 상징놀이란 물리적으로 현실에 존재하는 대상보다 아동의 내부에 정신적 표상으로 만들어낸 현실과 다른 대상을 갖고 노는 놀이이다. 예를 들면, 빗자루를 총으로 간주해서 총처럼 메고 다니거나 쏘면서 노는 경우나 가상의 친구와 대화하는 것 등이다.

둘째, 이 시기의 아동은 자기중심적이다. 아이들은 자신들이 볼 수 있는 것과 다른 사람이 볼 수 있는 것이 다를 수 있다는 것을 이해하지 못하고 자기가 보고, 듣고, 느낀 것을 중심으로 환경에 반응한다. 이러한 자기중심성은 언어에서도 나타나는데 이 시기 아이들은 자신이 하는 말을 상대방이 이해하든 못하든 상관없이 자기 생각만을 전달하는 의사소통 양식에 의존하는 경향이 크다.

셋째, 이 시기의 아동은 물활론적 사고를 한다. 물활론적 사고란 전조작기 아동의 자연관을 말하는 것으로 모든 사물에는 생명력이 있으며 생각을 하고 감정이 있다고 믿는 것이다. 또한, 움직이는 것들에는 생명력을 부여하고 움직이지 않는 것에는 부여하지 않는 것 등도 포함된다. 예를 들면, 인형이 못에 걸려 찢기면 아플 것이라고 여기는 것, 탁자와 꽃은 움직이지 않으므로 죽은 것이라서 아프지 않을 것이라고 믿는 것이다(정옥분, 2007).

넷째, 이 시기의 아동은 전환적 추론을 한다(정옥분, 2007). 전환적 추론의 특징은 한 특정 사건으로부터 다른 특정 사건을 추론하는 것이다. 예를 들면, 낮에는 항상 낮잠을 자던 아이가 어느 날에는 낮잠을 자지 않았다. 그 아이가 "내가 아직 낮잠을 자지 않았기 때문에 아직 낮이 아니에요"라고 말했다면, 여기서 그 아이는 '낮잠'이라는 특정 사건이 '낮'이라는 다른 특정 사건을 결정짓는 원인이 되는 것으로 추론하고 있는 것이다. 이러한 것이 전환적 추론이다.

피아제는 4세부터 7세 사이를 직관적 사고기로 명명하였다. 직관적 사고란 어떤 사물을 볼 때, 그 사물의 두드러진 속성을 바탕으로 사고하는 것을 말한다. 즉, 직관에 의해 사물을 파악하는 것을 의미한다. 이 시기에는 판단이 직관에 의존하기 때문에 전체와 부분의 관계를 정확하게 파악할 수 없으며, 과제에 대한 이해나 처리방식이 그때그때의 직관에 의해 좌우되기 쉽다.

이러한 직관적 사고가 일어나는 것은 다음과 같은 이유 때문이다. 첫째, 이 시기의 아동은 어떤 대상의 외양이 바뀌어도 그 속성이 바뀌지 않고 보존된다는 것을 이해하지 못한다. 둘째, 이 시기의 아동은 전체와 부분의 관계를 확실하게 구분하지 못한다. 셋째, 이 시기의 아동은 어떤 것을 긴 순서대로 나열하는 것이나 넓거나 많은 순서대로 나열하는 것을 하지 못한다. 넷째, 이 시기의 아동은 동그라미나 네모 등 모양이 유사한 것들끼리 분류하지 못한다. 다섯째, 이 시기의 아동은 어떤 것의 원인과 결과에 대한 인과관계를 이해하는 데 한계가 있다. 즉, 이 시기의 아동은 위와 같은 논리적 사고를 조작적으로 하는 것에 한계가 있으므로 이 시기를 전 조작적 단계라고 한다.

3) 구체적 조작단계 (*concrete operations stage*: 7~12세)

피아제에 의하면 구체적 조작단계는 7세부터 12세를 의미하는 것으로 가장 중요한 발달과업은 현실의 획득이라고 볼 수 있다. 구체적 조작기에 접어들면서 아동들은 체계적인 논리적 사고가 발달한다. 따라서 구체적 조작기 아동은 여러 형태의 조작에 의한 과학적 사고와 문제해결이 가능해진다(김정희 외, 1997).

'조작'(operations)이란 논리적 작동이나 우리가 문제를 해결하기 위해 사용하는 원리를 가리킨다. 구체적 조작기는 구체적 상황을 정신적으로 조직화하거나 변화시키는 능력이 이 시기에 형성된다고 믿었기 때문에 붙여진 이름이다. 피아제에 따르면 이 시기에는 다른 사람의 입장을 생각할 수 있으며 여러 관점을 동시에 고려할 수 있고 정적(static) 상황을 표상할 수 있고 변화(transformation)를 정확히 표상할 수 있다. 이러한 발달로 인해 구체적 사물들과 물리적으로 가능한 상황들을 포함하는 많은 문제들을 해결할 수 있다. 하지만 아동들은 논리적으로 가능한 모든 결과들을 고려하지는 못하며 아주 추상적인 개념들을 모두 이해하지는 못한다(박영신, 1995; 2007).

구체적 조작기에는 전조작기에는 부족하였던 보존개념이 형성된다. 보존개념이란 어떤 대상의 외양이 바뀌어도 그 속성이 바뀌지 않는다는 것을 이해하는 능력을 의미한다. 피아제에 의하면 전조작기에는 보존개념이 획득되지 않는다고 한다. 예를 들면, 유아가 보는 앞에서 모양이 같은 두 개의 잔에 같은 양의 물을 부은 다음 어느 잔의 물의 양이 더 많은지 유아에게 물어보면 두 잔의 물의 양이 같다고 대답한다. 하지만 한 잔의 물을 밑면적이 넓고 높이가 낮은 잔에 옮겨 담고, 이제 어느 잔의 물의 양이 더 많은지 유아에게 물어보면, 두 잔의 물의 양이 같다는 사실을 이해하지 못하고, 대부분의 경우 길고 폭이 좁은 잔이 물이 더 많다고 대답한다. 하지만 구체적 조작단계의 아동은 두 잔의 물의 양이 같다는 것을 이해할 수 있다.

전조작기와 구체적 조작기의 중요한 차이는 아동이 문제해결 과정에서 직관보다는 논리적 조작이나 규칙을 적용하기 시작한다는 사실이

제 7 장 인지이론

다. 전조작기에는 아동들이 자기중심적 사고를 하였다. 즉, 자기 입장에서 보이는 것, 느끼는 것 등을 중심으로 사물을 이해하고 다른 사람의 입장에서 이해하지 못했다. 하지만 구체적 조작기에는 사고의 '탈중심화'(decentration)가 일어난다. 즉, 사고가 사물 판단에 한 요소에만 집착했던 전조작기의 사고 각도에서 벗어나 판단요소의 종합 능력이 생겨나며, 전조작기에 불충분했던 보존개념을 형성하게 된다.

전조작기에는 물체를 공통의 속성에 따라 분류하는 것을 하지 못했다면 구체적 조작기의 아동은 한 대상이 하나의 유목에 속하는 것으로 분류할 수 있다. 물체를 한 가지 속성에 따라 분류하는 단순 유목화(simple classification), 두 개 이상의 속성에 따라 분류하는 다중 유목화(multiple classification)의 개념이나 상위 유목과 하위 유목 간의 관계를 이해하는 유목포함(class inclusion)의 개념을 습득하게 된다(정옥분, 2007).

분류(classification)란 전체와 부분과의 관계, 상위 유목과 하위 유목과의 관계 등을 이해하는 힘이다. 이 시기의 아동은 사물을 위계에 따라 분류하는 것이 가능하다. 예를 들어, 한 통에 섞여 있는 10원, 100원, 500원짜리의 동전을 쥐여 주면, 액수대로 분류할 수 있게 된다. 그러나 이러한 것은 실제로 돈을 손에 쥐여 주었을 때만 가능하다. 돈을 손에 쥐지 않고, 머릿속으로만 조작하기에는 제한이 있다. 머릿속으로 분류하는 것은 형식적 조작단계에서나 가능하다.

전조작기에는 사물을 영역별로 차례대로 배열할 수 있는 서열화 능력이 부족하였지만 구체적 조작단계에서는 서열화 능력이 생긴다. 아동기에는 특정한 속성에 따라 유목으로 나누면서, 동시에 거의 시행착오 없이 상호관계에 따라 막대를 순서대로 배열하는 것이 가능하다. 아동은 한 가지 속성에 따라 대상을 비교하면서 순서대로 배열하는 단순 서열화

(simple seriation) 뿐만 아니라, 두 가지 이상의 속성에 따라 대상을 비교해서 순서대로 배열하는 다중 서열화(multiple seriation)도 가능하다. 이러한 서열화의 개념은 수(數)들 간의 관계를 이해하는 데 결정적 역할을 하므로 산수를 배우는 데는 필수적이다.

4) 형식적 조작단계(formal operations stage: 12~15세)

피아제는 12세부터 15세 사이를 형식적 조작단계로 분류하고 이 시기의 중요한 발달과업을 사고의 획득으로 보았다. 이 시기에는 아동은 자신의 지각이나 경험보다는 논리적 원리의 지배를 받게 된다. 또한 추상적 사고가 가능하기 때문에 경험하지 못한 사건에 대해서도 가설적이고 추상적인 합리화를 통한 가상적 사고가 가능해진다.

가상적 사고란 논리적 조작을 사용하는 것을 포함하고 구체적인 것에 국한되지 않고 추상적 사고를 하는 것을 의미한다. 추상적 사고란 융통성 있는 사고, 효율적 사고, 복잡한 추리, 가설을 세우고 체계적으로 검증하는 일, 직면한 문제 사태에서 해결 가능한 모든 방안을 종합적으로 고려해 보는 일 등과 같은 것을 말한다. 예를 들면 "A는 B보다는 작다. B는 C보다 크다. 그러면 누가 가장 클까?"라는 질문에 직면했을 경우, 구체적 조작기의 아동들은 실제로 A·B·C를 세워놓고 키를 대 봐야만 이 문제를 풀 수 있지만, 형식적 조작기의 아동들은 마음속으로 이를 배열해 보고 대답을 할 수 있다.

형식적 조작기의 아동들은 가설적·연역적 사고(hypothetical thinking)를 할 수 있다(정옥분, 2007). 형식적 조작기에 이르면 아동들은 사고를 통하여 일반적 사실에서 출발하여 특정한 사실에 도달할 수 있게 된

제7장 인지이론

다. 즉, '만일 ~이면 ~이다'라는 사고가 가능해진다. 형식적 조작기의 아동들의 인지특징을 살펴보면 다음과 같다.

첫째, 하나의 문제에 직면할 경우 여기에 적용할 수 있는 모든 가능한 해결책을 논리적으로 모색해 봄으로써, 결국에 가서는 문제해결에 이르는 사고를 하는 '조합적 사고'(*combinational thinking*)가 가능하다.

둘째, 형식적 조작기에는 상징적 추론이 가능하며 가설을 세우고 체계적으로 검증하고 추상적 개념을 사용하여 여러 가지 사태를 일반화할 수 있게 된다. 따라서 이 시기는 삶의 의미를 음미하고 사회적 규범과 가치관을 이해하며 예술작품이 상징하는 것의 의미를 이해할 수 있게 된다.

셋째, 형식적 조작기에 도달한 사람은 이론적 관심에서 실험을 설계하고, 논리적 체계 안에서 실험의 결과를 해석하는 과학적 추론을 하는 것이 가능하다고 보았다.

넷째, 피아제는 형식적 조작단계의 사고는 성인의 사고와 비슷하고 이 단계 후에는 인지구조의 구조적 개선이 거의 일어나지 않기 때문에, 이 단계에 비로소 성인과 비슷한 사고를 할 수 있게 된다고 보았다. 피아

표 7-1   인지발달단계에 따른 목표 및 성취

단계	목표	성취
감각운동단계	대상의 획득	대상 영속성
전 조작적 단계	상징의 획득	언어
구체적 조작단계	현실의 획득	원인과 결과
형식적 조작단계	사고의 획득	현실과 환상의 구별

출처: 이인정·최해경, 2008.

제는 형식적 구조는 개인과 타인 간의 상호교환 및 구조와 구조가 발달시킨 물리적 세계 간의 상호교환이 이루어지는 과정에서 구성되는 평형의 형태라고 이해했다.

　　지금까지 살펴본 피아제의 인지발달단계 이론을 각 발달단계의 목표와 성취라는 측면에서 요약적으로 정리하면 〈표 7-1〉과 같다.

4 비판적 고찰

1) 긍정적 평가

　　피아제의 인지이론은 다음과 같은 점에서 지금까지 배운 이론과는 다른 특징이 있다. 첫째, 피아제의 인지발달이론은 하급 학년에 구체적 조작의 기회를 풍부하게 해 주어 형식적 조작단계로 이끄는 학습방법의 중요성을 인식하게 해 주었다. 둘째, 피아제의 이론은 아동의 호기심과 내재적 동기를 강조하여 아동을 창조적이며 발전적인 사고를 할 수 있는 존재로 이해한다. 셋째, 피아제의 인지이론은 아동이 사물 및 환경과 직접 상호작용하여 자율적이고 개방적인 활동을 할 수 있는 존재라고 이해한다.

　　이러한 이론의 특징을 토대로 피아제 이론이 중요한 이유, 즉 이론의 강점을 요약하면 다음과 같다(박영신, 1995; 2007). 첫째, 피아제 이론 이전에는 특정한 인지발달 연구가 없었으며 아동의 사고가 무엇이고 어떻게 형성되는지에 대한 이론적 근거를 제공해 주는 연구가 없었는데, 피아제의 이론은 아동의 인지발달 과정을 이해하는 이론적 틀을 제공하였다. 둘째, 피아제의 인지이론은 오랜 세월동안 부모, 교사, 과학자와 철학자들의 관심의 대상이었던 '지능이란 무엇인가', '지식은 어디에서 오는가?' 등의 일반적 문제에 대해 다루면서 지능이나 지식의 형성과정에 대한 이해를 높였다(박재규, 1991). 셋째, 피아제의 이론은 영아기부터 청년기에 이르기까지 상대적으로 폭넓은 연령층을 다루며, 인지가 영아기의 초보적 인지수준에서 중기 아동기의 복잡한 형태를 거쳐 청년기의 좀더 복잡한 형태로 어떻게 진화하는지를 일목요연하게 제시하였다.

2) 부정적 평가

위와 같은 강점에도 불구하고 피아제의 이론은 다음과 같은 측면에서 한계가 있다고 비판받는다. 첫째, 피아제의 이론은 과제 변수와 절차 변수의 조직 방법을 고려하지 않은 이론이다. 피아제는 자신의 이론이 자연적이고 자발적이라고 하면서 아동은 성인에게 직접 교육받지 않아도 자연히 자신의 인지구조를 발달시킨다고 말한다. 그러나 훈련이나 연습도 발달에 효과가 있다는 것이 입증되었다. 예컨대 문제를 잘 풀지 못하는 아동에게 난이도를 낮추어 출제하거나, 아동의 이해수준에 맞는 언어적 지시로써 쉽게 해결하도록 도와주면 인지구조가 발달될 수 있다.

둘째, 발달속도의 차이에 대해 피아제는 거의 언급을 하지 않고, 발달의 성차와 개인차도 언급하지 않는다. 피아제의 주장처럼 모든 아동이 일정한 동일 속도로 발달하는 것은 아니다. 그는 사회문화적인 차이에 의한 개개인의 지적 발달의 차이를 소홀히 하고 있다. 또한 논리적이고 과학적인 지적 측면을 지나치게 강조하여 정의적 측면을 간과하였다.

셋째, 피아제의 인지발달이론이 인간의 전 인지영역을 포괄하지 않는다는 사실이다. 다시 말하면, 수학적, 과학적 사고의 발달에 관해서는 상당히 언급하였지만, 문학, 예술, 음악 등의 정서성이 포함된 인지적 측면들은 전혀 언급하지 않았다. 그의 이론을 통해서는 아이들의 공포, 불안, 흥분, 백일몽 등에 관한 지식을 얻기 힘들다. 그러나 오늘날 많은 학자들이 정서발달의 중요성을 인식하고 있으며, 인지발달과 정서발달의 상호관계서의 규명도 필요하다고 믿고 있다.

넷째, 피아제가 주장하고 있는 것과 같은 질적으로 독특하게 서로 구분되는 인지발달단계가 정말로 존재하는가에 대한 해답이 분명치 않다. 예를 들면 피아제가 언어의 중요성을 과소평가 했다든가, 피아제 과제에 사용된 언어적 질문을 아동들이 정말로 이해하고 대답했느냐 하는 것 등이 발달단계의 존재를 의심하게 만드는 내용들이다.

다섯째, 피아제의 이론에서 동일한 이론적 구조를 공유한다고 생각되는 과제들을 아동들이 동일 연령에서 성취하지 못하고 서로 다른 연령에서 성취한다는 문제점이 있다. 예를 들어, 수보존은 7세, 무게보존은 9세, 부피보존은 11세 무렵에 획득되는 것으로 밝혀졌다. 피아제는 이러한 현상을 비동질성이라 부르고 그 이유를 물질, 무게, 부피 등의 직관적 특성이 다르기 때문이라고 주장한다. 그러나 이러한 설명만으로는 이론의 전체적 맥락에서 볼 때 충분한 설명이 되지 못한다.

여섯째, 피아제는 15세까지를 인지발달단계에 포함시키고 그 이후에는 인지가 큰 변화 없이 유지되는 것으로 보았다. 즉, 성인기 이후의 인지발달에 대한 논의가 없다. 하지만 실제 연구들에 의하면 청소년기 이후의 성인기에도 인지는 상대적으로 변화속도가 느릴 수는 있지만 변화하는 것으로 밝혀지고 있다.

요 약

    이 장에서는 인지이론에 대해 배웠다. 인지이론에서는 인지매개가설에 입각하여 개인이 자극을 주관적으로 재해석하는 인지적 해석이 행동의 원인이라고 이해하지만, 환경적 자극을 무시하지는 않는다는 점에서 행동주의적 관점을 내포한다고 이해할 수 있다.

    인지이론가들은 인간의 일생을 통하여 인지적 성장과 변화가 일어날 수 있으며, 특정 연령에서 인지적 유능성은 개인에 따라서 차이가 있다고 가정한다. 인지이론에 따르면 인지는 환경적 자극에 반응한 결과이기도 하지만, 환경의 자극에 개인이 주관적으로 인지적 해석을 통해 행동을 보이는 능동적 반응의 결과이기도 하다. 사람들은 환경적 자극을 있는 그대로 받아들이는 것이 아니라 인지적으로 표상하고 그 결과에 따라 행동을 하게 되며, 사고나 감정 등도 객관적으로 실존하는 것이라기보다는 인지적 표상을 통해서 재해석된 것이다. 이 이론에 따르면 행동에 영향을 주는 가장 중요한 요소는 '인지'이다.

    인지이론의 주요 개념은 다음과 같다. '인지'란 자극을 조직화하여 지식을 얻는 심리적 과정으로 총체적인 정신과정이다. '도식'은 사건이나 자극에 대한 추상적 표상으로 사건이나 자극을 인식하고 그것에 대응하는 데 사용되는 기본적 이해의 틀이다. '동화'는 입력되는 정보를 변환시켜서 기존의 사고방식에 적합하도록 만드는 과정이다. '조절'이란 새로운 경험에 맞추어 자신의 사고방식을 변화시키는 과정이다. '적응'은 새로운 환경적 자극에 노출될 때 동화나 조절을 통해서 항상성을 회복하고 유지하는 과정이다. '평형화'란 기존의 사고방식과 새로운 경험 간의 상호작용을 통해서 인지체계와 외부세계 사이에 균형이 유지된 상태를 말한다. '인지발달'이란 평형화를 통한 심리구조의 재구성을 통한 인지발달과정이라 할 수 있다. 피아제에 따르면 인지발달을 촉진시키는 요인으로는 성숙, 물리적 경험, 사회적 상호작용, 그리고 이러한 세 가지 요인의 통합적 발전인 평형화 등이 있다.

피아제는 인지발달단계를 네 단계로 구분했다. 감각운동단계(출생~2세)에는 기본적 인지발달과 대상 영속성을 배우는 것이 중요한 발달내용이며, 이 시기는 언어를 습득하기 전인 '전 언어시대'로 이 시기의 영아는 자신의 감각이나 운동을 통해서 자신의 주변세계를 탐색한다. 전 조작적 단계(2~7세)는 상징의 획득이 주요 발달과업이다. 구체적 조작단계 (7~12세)의 가장 중요한 발달과업은 현실의 획득이며, 이 시기에 아동들은 체계적인 논리적 사고가 발달하여 여러 형태의 조작에 의한 과학적 사고와 문제해결이 가능해진다. 형식적 조작단계(12~15세)의 중요한 발달과업은 사고의 획득이며, 이 시기에는 논리적 원리의 지배를 받게 되며 추상적 사고가 가능하기 때문에 경험하지 못한 사건에 대해서도 가설적이고 추상적인 합리화를 통한 가상적 사고가 가능해진다.

피아제의 인지발달이론의 강점은 ① 구체적 조작단계에서 형식적 조작단계로 이끄는 학습방법의 중요성을 인식하게 해 준 점, ② 내재적 동기를 강조하여 아동을 창조적이며 발전적인 사고를 할 수 있으며 사물 및 환경과 직접 상호작용하여 자율적인 활동을 할 수 있는 존재로 이해한 점, ③ 아동의 인지발달 과정을 이해하는 이론적 틀을 제공한 점, ④ '지능이란 무엇인가', '지식은 어디에서 오는가?' 등의 일반적 문제에 대해 다루면서 지능이나 지식의 형성과정에 대한 이해를 높였다는 점, ⑤ 상대적으로 폭넓은 연령층을 다뤄 인지가 영아기의 초보적 수준에서 중기 아동기를 거쳐 청년기의 좀더 복잡한 수준으로 어떻게 진화하는지를 일목요연하게 제시한 점 등을 들 수 있다. 하지만 ① 과제 변수와 절차 변수의 조직 방법을 고려하지 않은 이론이라는 점, ② 발달속도의 차이나 발달의 성차 및 개인차에 대한 설명에 한계가 있다는 점, ③ 인간의 전 인지영역을 포괄하지 않고 수학적, 과학적 사고의 발달에 국한되어 있다는 점, ④ 질적으로 독특하게 서로 구분되는 인지발달단계가 정말로 존재하는가에 대한 해답이 분명치 않다는 점, ⑤ 동일한 이론적 구조를 공유한다고 생각되는 과제들을 실제 아동이 서로 다른 연령에서 성취한다는 점, ⑥ 15세까지를 인지발달단계에 포함시키고 그 이후에는 인지가 큰 변화 없이 유지되는 것으로 보았다는 점 등에서 비판받는다.

토론

• 정신분석이론과 인지이론을 비교 설명하고 개인적으로
  어느 이론이 더 타당하다고 생각하는지와 논리적
  근거를 설명하시오.

• 정신분석이론의 기본관점(인간관이나
  기본가정)과 피아제의 인지이론의 기본관점을
  비교 설명하고 각 관점의 타당성을 논하시오.

• 전통적 행동주의 이론과 인지이론을 비교 설명하고
  개인적으로 어느 이론이 더 타당하다고 생각하는지와
  논리적 근거를 설명하시오.

- 인지이론의 강점과 한계를 논하시오.

- 인지발달이론의 기여 및 한계를 논하시오.

- 인지이론이 학문발전에 기여한 것을 논하시오.

- 인본주의 이론과 인지이론의 공통점과 차이점을 논하시오.

8

인지행동치료
이론

　인간행동이나 성격형성을 횡단적 측면에서 설명하는 이론들을 살펴보기 위해서 지금까지 정신분석이론, 분석·개인·자아심리이론, 인본주의 이론, 행동주의 이론 및 인지이론에 대해서 살펴보았다. 이러한 이론들은 인간의 성격이나 행동형성의 근원을 이해하는 데도 도움을 주지만 이러한 이론적 이해를 바탕으로 실제 인간행동이나 성격을 변화시키려는 개입을 위해서도 중요한 이론들이다. 지금까지 살펴본 이론들 중에서 기존 이론들의 강점과 한계를 일정 정도 극복하면서 최근까지도 많은 이론가나 실천가들 사이에서 사용되는 이론은 행동주의 이론과 인지이론이다.

　제6장의 행동주의 이론에서는 인간성격이나 행동형성의 근원을 환경자극에 의한 학습에서 찾았다. 그리고 제7장 인지이론에서는 환경적 자극을 주관적으로 재해석하는 '인지'에서 그 원인을 찾았다. 즉, 환경적 자극이 주어질 때 이러한 자극을 인간이 인지적으로 재해석을 해서 의미

를 부여하게 되고, 이러한 인지적 재해석에 따라서 성격이나 행동형성이 영향을 받을 수 있다. 환경의 자극에 대한 인지적 재해석에서 알 수 있듯이, 인지이론에서는 객관적 자극의 중요성보다는 개인이 자극을 주관적으로 재해석한 인지적 해석이 행동의 원인이라고 이해하지만 환경적 자극을 무시하지는 않는다는 점에서 행동주의적 관점을 태생적으로 내포한다고 이해할 수 있다. 이러한 이론적 공통점에 바탕을 두고 실천가들은 인지이론과 행동주의 이론을 통합적으로 적용하여 인지행동치료라는 것을 많이 시행한다.

이 장에서는 실천이론으로서 많은 이론가나 실천가들에게 사용되고 있는 인지행동치료에 대해서 알아본다.

1980년대에 등장한 인지행동치료는 20여 년이 지난 오늘날에도 임상현장에서 치료의 주요한 기법으로 확고한 기반을 정립하고 있다. 이장에서는 인지행동치료의 역사, 인지행동치료의 가정, 인지행동치료의 특징에 대해서 간략하게 살펴본 다음, 인지행동치료의 양대 산맥이라고 할 수 있는 아론 벡(Aaron Beck)의 인지치료(Beck et al., 2004)와 앨버트 엘리스(Albert Ellis)의 합리적 정서행동치료(Ellis & Dryden, 2007; Ellis, 2004)에 대해서 알아본다.

1 　인지행동치료의 역사

인지행동치료의 근원은 1950년대의 초기 행동치료에서 그 근원을 찾아볼 수 있다. 제6장에서 살펴본 것처럼 행동주의의 기본전제는 인간 행동은 대부분 학습되거나 학습에 의해서 수정된다는 것이다. 즉, 행동주의적 관점에서는 인간의 행동이나 성격은 학습과 경험의 결과로 나타나는 것이고 이러한 측면에서 인간의 행동이나 성격은 인간이 환경적 자극에 반응하는 과정을 통해서 형성된 결과물이다. 행동주의 이론에서는 인간의 행동에 영향을 주는 중요한 근원은 환경이다.

스키너와 같은 전통적 행동주의 이론에서는 파블로프나 손다이크와 같은 학자들의 동물관찰 실험을 토대로 형성된 초기 행동주의 이론을 그대로 인간을 대상으로 한 실험과 인간행동을 이해하는 데 접목하였다(Skinner, 1965; 1974). 스키너는 인간의 행동이나 성격이 주로 환경에 의해서 영향을 받는다는 기계론적 환경결정론적 입장이므로 인간을 성격이나 행동형성 과정에서 환경의 영향을 일방적으로 받는 수동적 존재로 인식하였다. 그러므로 전통적 행동주의자인 스키너의 입장에서 행동주의적 접근은 환경적 자극을 조작함으로써 인간의 학습에 변화를 주어서 인간성격이나 행동을 수정하려는 접근법을 취하였다.

반면 반두라는 전통적 행동주의 이론의 관점에 비해 인본주의의 영향을 받아서 인간의 창조성과 합리성을 인정하고, 행동의 근원은 환경일지라도 개인내적 특성에 따라서 자극에 반응하는 것이 달라질 수 있다고 주장하였다(Bandura, 1977). 이처럼 행동의 근원이 환경적 자극에 있다는 점에서는 스키너와 반두라가 공통점이 있지만, 스키너는 개인의 주관적 특징이 성격형성에 영향을 미치지 않는다고 본 반면 반두라는 개인의 주관적 특징이 성격이나 행동에 영향을 미친다고 본 점에서 중요한 차이가 있다. 이러한 측면에서 반두라의 상호작용론적 행동주의에서는 환경의 자극에 변화를 주는 것과 더불어 인간의 내적 특성인 자아효능감을 높이는 개입을 함으로써 행동이나 성격에 영향을 주는 개입법을 사용하였다(Bandura, 1982).

이에 비해 피아제의 인지이론은 환경적 자극의 영향을 부정하지는 않지만 환경을 개인이 어떻게 이해하는가에 따라서 행동이나 성격형성이 달라질 수 있다는 인지매개가설에 입각한 이론을 펼친다(Piaget, 1953; 2001). 피아제의 인지이론의 입장에서는 환경적 자극을 개인이 어떻게 인지하는가에 따라서 행동이나 성격형성이 달라질 수 있으므로 개인의 인지구조의 변화를 통해서 행동이나 성격을 변화시키려는 개입을 시도하였다. 1960년대에 이러한 인지이론에 입각한 인지치료가 발달하였는데, 환경의 자극을 인지적으로 재해석한다는 점에서 인지이론은 환경이 성격이나 행동에 영향을 준다는 행동주의의 입장을 일정 정도 수용하고 있는 이론이다.

위와 같은 행동주의 이론이나 인지이론의 특징에서 볼 수 있는 것처럼 현실적으로 인간성격이나 행동의 형성에서 환경의 영향이나 인지의 영향의 경계를 명확하게 구분하는 것은 한계가 있다. 그러므로 인지치료에서 행동실험과 행동연습이 강조되고, 1960년대부터는 인지이론가나 행동주의 이론가들이 실제 개입에 있어 행동주의적 요소와 인지이론적 요소를 복합적으로 사용하기 시작한다. 이러한 대표적인 학자가 벡과 엘리스였으며 이들이 사용한 행동주의 이론과 인지이론을 복합적으로 적용한 개입방법을 '인지행동치료'(cognitive behavior therapy)라고 한다 (Taylor, 2006). 실제 현재는 인지치료와 행동치료는 구분하는 것이 한계가 있고 두 가지 모두 인지행동치료적 접근을 하고 있다고 이해해도 과언이 아니다.

2 인지행동치료의 특징

1) 인지행동치료의 기본가정

인지행동치료는 다음과 같은 특징이 있다. 첫째, 인지행동치료는 사건이나 자극이 독자적으로 정서나 행동적 반응에 영향을 주기보다는 환경이나 자극에 대한 인지적 재해석의 결과가 행동이나 정서적 반응에 영향을 준다는 '인지매개가설'에 기반을 둔다. 이러한 인지 우선적 인지매개가설에 따르면 인간은 사건이나 자극에 수동적으로 반응하는 것이

사건 (자극) → 인지 → 정서 · 행동 (반응)

아니라, 그 사건에 능동적으로 의미를 부여하고 그 의미에 따라서 정서
적 반응이나 행동적 반응을 보인다(Delamater, 2003; Suchman, 2007).
〈그림 8-1〉은 인지매개가설을 도식화한 것이다.

　　인지행동치료의 두 번째 특징은 인지 · 정서 · 행동 사이의 상호작용
을 고려한다는 점이다. 기본적으로는 인지적 재해석이 정서나 행동에
영향을 미친다고 보지만 행동의 변화나 정서의 변화가 인지적 변화에도
영향을 미칠 수 있다고 가정한다(Kruglanski & Higgins, 2007; Gilbert et
al., 1998). 인지가 행동이나 정서에 영향을 미치는 경우는 우리가 '가'라
는 특정 식당이 '음식이 맛이 없다'라는 인지적 해석을 할 때, 우리는
그 식당에 대해서 부정적인 정서적 반응을 하게 되거나 행동적으로 그
식당에 식사하러 가기를 꺼려하게 된다. 정서가 행동이나 인지에 영향을
미치는 경우를 생각해 보자. 우리가 기분적으로 우울한 경우에 특정 사
물에 대해서 보다 부정적으로 인지하게 되고 행동적으로도 위축행동이
나 회피행동을 나타내게 된다.

　　또한 행동도 인지나 정서에 영향을 미친다. 술에 대해 부정적 인식
을 가지고 있어서 술을 마시지 않던 학생이 대학에 들어와서 우연한 기회
에 친구들과 술을 마시게 된 경우를 가정해 보자. 일단 술을 마셨다는
행동은 본인이 기존에 가지고 있던 술에 대한 인지적 체계에 반하는 것이
므로 기존에 가지고 있던 술에 대한 부정적 인지를 유지할 경우 본인의

그림 8-2   인지 · 정서 · 행동의 상호작용

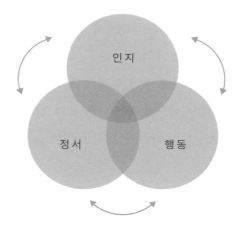

가치나 정서적 불편함이 나타나게 된다. 이러한 부정적 반응들을 조절하기 위해서 술을 한 번이라도 마시게 된 학생은 '술이 친구들과 얘기하는 데는 필요한 것이다' 또는 '낯선 사람들과 처음 만났을 때 술이 있으니까 분위기가 덜 어색하다' 등의 술에 대한 긍정적 인지를 발전시킴으로서 본인의 가치를 유지하게 된다. 이러한 인지 · 정서 · 행동의 상호작용을 그림으로 나타내면 〈그림 8-2〉와 같다.

2) 인지행동치료의 특징

인지행동치료는 다음과 같은 몇 가지 특징들이 있다(진혜경, 2008; Hawton, 1989; Sudak, 2006). 첫째, 인지행동치료는 단기치료 지향 모델이다. 일상이 바쁜 현대의 내담자는 정신분석처럼 많은 시간이 요구되는 개입방법보다는 시간이 제한되어 있는 단기치료를 선호한다. 벡의 인지치료의 경우 짧게는 4세션에서 많게는 14세션으로 구성되는 경우가 대부분이고, 엘리스의 합리적 정서행동치료의 경우도 짧게는 10세션에서 많게는 20세션으로 개입의 기간을 가능하면 짧게 하려고 한다. 이처럼 단기치료를 가능하게 하기 위해서 인지행동치료에서는 문제를 단순화하고, 치료를 구체화하며, 숙제를 강조하고, 문제에 대해서 지속적 사정을 통해서 가능하면 다룰 수 있는 문제에 초점을 맞추는 전략을 사용하기도 한다.

둘째, 인지행동치료는 상담자와 내담자가 상호협력적 관계를 유지하려고 노력한다. 상담자는 내담자의 문제를 해결하려고 노력하는 것이 아니라 내담자의 어려움을 찾기 위해 협력하는 것으로 이해할 수 있다. 치료의 과정이 상담세션에서만 일어나는 것이 아니라 일상생활에서도 일어나기 때문에 상담자는 내담자에게 상담과 상담 사이의 기간에 수행하여야 할 과제를 주고 다음 세션에서 이를 같이 토론하는 등의 상호협조체제를 유지하려고 노력한다.

셋째, 인간의 주관적 측면을 강조한다는 점에서 인지이론은 인본주의 이론과 공통점이 있다. 하지만 인본주의 이론에서는 인간의 창조성 합리성을 강조하기 때문에 상담자의 개입이 적극적이지 않은 반면, 인지행동주의 치료에서는 상담자의 역할이 적극적이고 지시적이다. 즉, 문제의 영역을 파악하는 과정에서도 상담자가 적극적으로 원조하고 문제해결에서도 내담자의 문제해결능력을 높이기 위해서 과업중심이나 문제중심적 개입방법을 사용하여 적극적으로 개입한다. 이러한 측면에서 인지행동치료에서 상담자는 적극적이고 지시적으로 치료의 전체 과정을 주도하는 경향이 있다.

넷째, 인지행동치료는 다양한 접근방식을 취한다. 위에서 살펴본 것처럼 인간의 심리구조는 인지뿐 아니라 행동, 정서 등 다양하게 구성되어 있고, 이러한 요인들 사이에는 상호작용이 존재한다. 즉, 인지, 정서, 행동의 어느 한 부분의 변화는 다른 부분의 변화를 수반하기 때문에 문제해결 과정에서는 인지에만 개입하는 것이 아니라 정서나 행동 등의 다양한 요소에도 개입한다. 인지에 개입하는 경우는 인지변화를 위한 인지적 개입이 사용되겠지만 행동의 변화를 위해서는 행동주의적 요법이 사용될 수 있으며, 정서적 변화를 위해서는 약물치료나 스트레스를 유발하는 환경의 개선 등 다양한 접근이 시도될 수 있다.

다섯째, 인지행동치료에서는 치료적 과제를 부여한다는 점 또한 다른 개입방법과의 차이점 중의 하나이다. 과제를 부여하는 것은 상담과정에서 발생하는 개입의 효과가 변화의 유도 및 유지에 한계가 있으므로 상담과 상담 사이에 상담자가 주어진 과제를 수행함으로써 변화의 유도 및 유지를 증진시키는 방법이다. 이렇게 과제를 부여함으로써 내담자 자신이 상담자 없이도 혼자서 변화를 시도하고 유지하려고 노력할 수 있는 기회 및 동기를 부여한다는 점에서 내담자의 독립성을 강화시키는 효과를 가져올 수 있다.

여섯째, 과제를 부여한 상태에서 내담자의 독립성을 강화시키는 측면에서 알 수 있듯이 인지행동치료는 자기치료적 접근법 중의 하나이다. 즉, 내담자가 호소하는 가장 중요하고 임상적으로 심각한 문제를 선택하여 상담 및 과제로 구성된 치료과정을 통하여 내담자 스스로 문제를 해결할 수 있는 능력을 배양하는 것이다. 또한 이러한 자기조력적 접근법은 개입이 종결된 후에도 새로이 발생한 문제나 재발생하는 문제에 대해서 내담자가 스스로 해결할 수 있는 능력을 강화하는 역할을 한다.

일곱째, 인지행동치료는 현재에 초점을 맞춘다. 즉, 과거의 경험보다 현재 사건에 초점을 맞추어서 현재 문제에 대한 해결책을 찾는 데 주력한다. 이러한 것은 인지행동치료에서는 과거의 경험 자체가 객관적으로 내담자의 문제에 작용하는 것이라기보다는 과거의 경험을 문제로 인식하느냐 그렇지 않느냐 하는 내담자의 인지적 특성에 따라서 달라질 수 있기 때문에 실제 문제는 현재의 인식 자체에 달려 있다고 보기 때문이다.

여덟째, 인지행동치료는 구조화된 모델이다. 즉, 전체적 치료과정이 구조화되어 있고, 각 세션 또한 구조화되어 있다. 전체 세션의 구조화는 다음과 같다. 먼저 초기 세션들에서는 문제를 탐색하고, 문제가 탐색된 다음 세션들에서는 치료목표를 설정하게 된다. 치료목표가 설정되면 치료목표를 달성하기 위해서 구체적 사건이나 상황 및 환경을 탐색하고, 이러한 사건이나 상황에 대한 신념과 생각의 방식, 즉 인지적 재해석의 타당성에 대해서 탐색한다. 이러한 다음에 그 다음 세션들에서는 문제가 된 인지들에 대해서 상담과 과제를 통해 문제해결 방법을 탐색하고 문제해결 상태를 유지하며 영구적으로 문제가 해결될 수 있도록 노력한다. 각 세션의 구조화는 대략 다음과 같이 구성된다. 세션의 초반에 상담자는 내담자의 기분, 징후, 약물의 복용상태를 점검하고 내담자와의 협조하에 지난 세션 이후에 새롭게 등장한 사건이 있는지를 탐색한다. 과제를 점검하고 이러한 탐색적 과정을 통해서 해당 세션에서 논의할 사항을 설정하게 된다. 상담과정을 통해서 합리적 인지능력을 배양하고 세션의 마지막에는 해당 세션에서 나눈 이야기들을 요약한다. 마지막으로 다음 세션까지 내담자가 수행해야 할 과제에 대한 탐색 및 그렇게 결정된 과제 부여로 세션을 마무리한다.

벡의 인지치료

1) 벡의 인지치료의 주요개념 및 내용

아론 벡(Aaron Beck)의 인지치료도 인지이론에 기반을 둔 방법이기 때문에 협력적 경험주의에 입각해 있다(Beck, 1979; Beck, 2004; Scott et al., 1989). 협력적 경험주의란 내담자가 스스로의 경험과 이성에 의해 사고의 타당성과 유용성을 평가하고 수정할 수 있도록 돕는 것을 의미한다. 이러한 협력적 경험주의를 구체적으로 실현하는 방법으로는 소크라테스식 문답법을 통한 인지적 기법과 행동실험의 행동적 기법이 있다. 벡의 인지치료의 이론적 특성을 살펴보면 다음과 같다.

(1) 자동적 사고

사람은 어떤 상황에서 사실적 정보를 이해하고 통합하려고 노력할 때가 있고 또 어떤 때는 다른 수준에서 노력 없이 자동적으로 매우 빠르게 하는 평가적 사고가 있다(Eagly & Chaiken, 1984; 1993). 사실적 정보를 이해하고 통합하려고 하는 사고를 '통제적 사고'(controlled thinking)라고 하고 주로 상황 자체가 낯설거나 이해관계가 달려 있을 때 많이 수행하게 된다. 반대로 '자동적 사고'(automatic thinking)는 상황자체가 이미 매우 익숙하고 직접적 이해관계가 적을 때 많이 사용하는 인지방법이다.

벡은 우울증의 주요원인을 상황에 대해서 자동적 사고를 통해서 부정적으로 인지하는 것 때문이라고 이해하였다(Beck, 1979). 이해의 도모를 위해서 자동적 사고의 예를 들어보자. 아내와의 관계의 문제를 자신 때문이라고 핵심적으로 믿고 있는 남편이 있다고 가정하자. 어느 날 저녁에 부인과 약간의 언쟁이 있을 때 남편은 그 언쟁의 근원이 무엇인가를 통제적 사고를 통해서 생각해 보기 전에 부부문제가 자신 때문이라고 믿는 핵심적 믿음 때문에 언쟁의 근원이 자기에게 있다고 자동적으로 인지하게 된다. 이렇게 되면 남편은 자신에 대한 분노나 우울감을 느끼게 된다.

(2) 인지적 오류

인지적 오류란 현실을 제대로 지각하지 못하거나 사실 또는 그 의미를 왜곡하여 받아들이는 것을 의미하는 말인데, 의식적, 무의식적으로 일상생활에서 많이 경험하는 현상이다(Ashmore & Del Boca, 1981; Fiske, 1995). 인지적 오류는 인간 대뇌의 의식과 감각이라는 프로그램에 이미 내장되어 있어서 유사한 상황이 되면 자동적 사고과정을 유발하게 됨으로써 작동하게 된다.

인지적 오류에는 다음과 같은 것들이 있다.

첫째, '임의적 추론'이란 특정 결론을 뒷받침하는 구체적 증거가 없음에도 불구하고 그러한 구체적 결론을 내리는 것을 말한다. 임의적 추론을 통한 인지적 오류의 예는 자신의 해고가 회사의 상황이 나빠져서 생긴 불가피한 것임에도 불구하고 해고가 자신의 무능력 때문에 기인한 것으로 생각하는 경우가 그 예이다.

둘째, '과일반화'란 하나의 사건을 토대로 지나치게 일반적인 결론을 도출하는 것을 말한다. 예를 들면 첫 번째 수학능력시험에서 실패한 수험생이 다시는 대학입학시험에 성공하지 못할 것이라고 생각하는 것이 그 예이다.

셋째, '자기중심적 사고'란 모든 일이 자신에게서 기인한다고 생각하는 것이다. 자기중심적 사고의 예는 지나가는 사람들이 웃는 것이 자신을 비웃는 것이라고 생각하는 것이 그 예이다.

넷째 '이분법적 사고'란 극단적인 흑백논리적 사고를 말한다. 시험에서 F를 처음으로 맞은 학생이 본인은 공부에는 무능력한 사람이라고 믿는 것이 그 예이다.

다섯째, '선택적 축약'이란 전체적 맥락을 무시한 채 세부적인 것에 주의를 지나치게 기울이는 것을 의미한다. 복도에서 우연히 마주친 과 친구를 보고 인사를 했는데 그 친구는 보지 못하고 지나가 버린 상황에서 친구가 못 보고 지나간 것의 사실 여부를 확인하기 이전에 친구가 자기를 거부하고 있다고 믿어 버리는 것이 그 예가 될 수 있다.

(3) 도 식

앞의 인지이론에서 배운 것처럼 도식(schema)이란 사건이나 자극에 대한 추상적 표상으로 사건이나 자극을 인식하고 그것에 대응하는 데 사용되는 기본적 이해의 틀이다(김영혜, 2010; Naisbitt, 2009). 그러므로 백의 인지치료 이론에서 도식이란 내담자의 경험을 조직화하고 편견이나 왜곡을 가져오는 인지장애의 근원적 핵심을 나타내며 '핵심믿음'으로 지칭된다. 사람들은 어렸을 때부터 자신과 다른 사람들 또는 사물에 대한 믿음을 형성하게 되는데, 이러한 믿음들 중에서 근원적으로 깊은 수준에서 형성된 믿음이 '핵심믿음'이다.

제 8 장 인지행동치료 이론

(4) 종합적 이해

앞에서 살펴본 기본개념들을 종합적으로 이해하면 다음과 같다. 예를 들어서 과거에 시험에 실패한 적이 있는 사람이 '나는 무능력하다'라는 핵심믿음을 가지고 있다면, 이러한 핵심믿음 때문에 시험공부를 하려고 할 때 조금만 어려운 문제가 나와도 '나는 무능력하기 때문에 못할 것'으로 판단하고 시험을 포기해 버릴 수가 있다. 시험을 포기하고 나면 행동적으로 책을 덮고, 정서적으로 슬퍼지고, 생리적으로 복부 중압감 등이 올 수 있다. 상황적 자극과 핵심믿음 및 반응들에 대한 이해를 돕기 위해 이 과정을 도식적으로 표현하면 〈그림 8-3〉과 같다.

| 그림 8-3 | 상황적 자극, 핵심믿음 및 반응 간의 관계 |

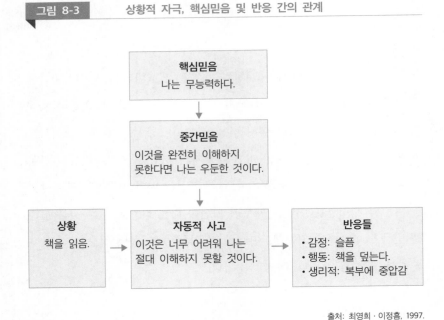

출처: 최영희 · 이정흠, 1997.

백의 이론에서 우울증은 자신에 대한 부정적 견해, 자신의 경험을 부정적으로 해석하는 것, 자신의 미래에 대한 부정적 견해 등의 세 가지 믿음과 임의적 추론, 과일반화, 선택적 추상화, 과장과 축소들의 인지적 오류가 주원인들이라고 본다(Beck, 1979). 백의 인지치료는 〈그림 8-3〉의 도식적 표현에서 인지적 왜곡을 가져오는 주요원인인 핵심적 믿음의 변화를 주목적으로 한다. 이러한 목표를 위한 상담과정 및 기법은 다음과 같은 것들이 있다.

2) 상담기법

백의 인지치료에서 상담목표는 인지적 왜곡을 가져오는 주요원인인 핵심적 믿음의 변화를 주목적으로 하는데, 이는 생각하는 방식을 변화시키고 도식을 재구성하도록 하는 것이다(Beck, 1979; Turner, 1996). 즉, 부정적 생각인 비적응적인 자동적 사고를 변화시키는 것이 치료의 주목적이 된다. 상담과정은 다음과 같다. 첫 번째 시간에는 치료자와 내담자 간의 긍정적 관계(rapport)를 형성하고 견고한 치료적 관계를 형성하는 것이 주목적이다. 두 번째 상담시간은 내담자가 초점을 맞출 문제나 목표를 선택하게 하고 자동적 사고를 식별해낸다. 세 번째 시간과 그 이후부터는 구조화된 방법으로 자동적 사고를 평가하는 것을 가르치고 즐거움을 주는 활동계획을 지속하도록 하는 등의 상담을 시작한다. 백의 인지치료에서 상담기법은 크게 행동적 기법과 인지적 기법의 두 가지로 나누어 볼 수 있다.

행동적 기법이란 행동주의 치료자들이 사용하는 행동주의 기법을 차용하는 것으로 자기감시 및 계획행동의 두 가지로 나누어 살펴볼 수

제8장 인지행동치료 이론

있다. 자기감시 기법이란 인지치료 과정을 시작한 내담자에게 적어도 일주일 동안 주의 깊게 시간대별로 자기의 활동과 그와 연합된 감정이나 기타 현상에 대해서 기록하게 함으로써 내담자가 자기 시간을 사용하는 방식을 충분히 알게 해 주는 방법이다. 계획행동이란 특정 목적을 가지고 행동을 계획적으로 수행하는 것을 말한다. 계획행동은 여러 가지 경우에 사용할 수 있는데 계획행동의 목적은 대략 다음과 같은 것들이 있다. 첫째, 계획행동은 내담자가 회피했던 행동을 시작해 볼 가능성을 높이기 위해서 시도할 수 있다. 둘째, 계획행동은 내담자가 행동을 착수하는 데 방해가 되는 장해물이나 내담자 자신의 단점을 제거하기 위한 목적으로 시행해 볼 수 있다.

인지적 기법은 다음의 몇 가지가 있다. 첫째, 내담자가 인지적으로 깨달을 수 있도록 역기능적 사고를 일상적으로 기록하게 만드는 방법이다. 둘째, 내담자가 인지적 왜곡을 보여주었을 때, '그 믿음의 객관적 증거는 무엇인가?', '대안적 해석은 무엇인가?', '그 믿음의 실제 의미는 무엇인가?' 등과 같은 질문들을 통해 반박함으로써 인지적 왜곡을 완화해 준다. 셋째, 상담자는 소크라테스식 문답법을 통해서 내담자가 스스로 문제를 명확하게 하고 인지적 오류를 수정할 수 있도록 지원해 준다. 즉, 치료자가 질문하는 목적은 문제를 명확하게 정의하기 위해, 사고나 표상을 확인하도록 돕기 위해, 내담자에게 있어 사건의 의미를 깨닫게 하기 위해, 부적응적 사고나 행동을 유지하는 것의 결과들을 평가하기 위해서 등이다. 넷째 인지적 재구조화에 기초를 둔 인지적 중재는 내담자의 인지를 직접적으로 변화시키는 것을 목적으로 한다. 내담자가 기록한 자동적 사고기록이 '처음으로 정장을 입었는데, 사람들이 나를 비웃을 것이라고 생각해서 우울했다'라면 이 상황에서 웃은 사람이 없고 또한 웃을 사람이 있을 것이라는 증거가 전혀 없다는 것을 인지하도록 도와주는 것이 인지적 중재의 예이다.

4 　엘리스의 합리적 정서적 행동치료

1) 엘리스 이론의 주요개념 및 내용

(1) 기본원칙 및 인간관

앨버트 엘리스(Albert Ellis)의 합리적 정서적 행동치료에서 인지는 인간의 정서를 결정하는 가장 중요한 요인으로 이해되고, 역기능적 사고는 정서적 고통의 핵심적 결정요소이고 우리가 느끼는 정서적 문제에서 벗어나기 위해서 인지적 사고에 대한 분석이 선행되어야 한다고 본다 (Ellis, 2004; Ellis & Bernard, 2006; Ellis & Dryden, 2007; Ellis & MacLaren, 2005). 이 이론에서는 유전적이고 환경적인 요인들을 포함한 다양한 요소와 함께 비합리적 사고가 여러 가지 정신병리현상의 주요원인이라고 이해하며 이러한 비합리적 신념을 변화시킬 수 있다고 본다.

엘리스의 이론에서는 인간은 외부적 요건 그 자체가 아니라 외부적 요건을 이해하는 내부적인 불합리한 인지방법이 정서적 혼란을 가져오는 주요원인이라고 본다. 인간은 사실을 왜곡하고 불필요한 정서적 혼란을 일으키는 생득적인 문화적 경향성을 가진 존재이다. 즉, 인간은 자신에게 정서적 혼란을 일으키는 생각을 스스로 만들어내고 그 혼란에 계속 얽매이게 되는 경향이 있는 반면, 자신의 인지적, 정서적, 행동적 과정을 변화시키기 위한 역량도 가진 존재로 인식된다.

이 이론에 의하면 심리적 장애는 비합리적 신념의 결과로 발생한다. 즉, 어린 시절 중요한 타인들에 의해 학습된 비합리적 신념은 지속적인 자기 암시와 자기 패배적인 인지왜곡의 과정을 통해서 적극적으로 주입되어 강화되며 이로 인해 심리적 장애가 생기게 된다.

(2) 이론적 모형

엘리스의 합리적 정서적 행동치료는 세 가지 모형으로 요약될 수 있다. 첫 번째가 ABC 모형으로 앞에서 언급한 인지매개가설과 유사하다. 즉, 〈그림 8-4〉에 도식적으로 표현된 것처럼 선행사건(A)인 자극(S)에 대해서 생각이나 신념(B)으로 대표되는 인지가 매개역할을 하게 되고, 이러한 인지적 해석에 따라서 자극에 대한 반응이 달라질 수 있다.

벡의 위와 같은 인지매개가설의 기본적인 틀에 더해서 엘리스는 선행사건에 대한 인지적 판단은 합리적 신념에 따라서 합리적으로 일어날 수도 있고, 비합리적인 신념에 따라서 비합리적으로 일어날 수도 있다고 보았다(Ellis & Bernard, 2006). 합리적 사고란 논리적으로 모순이 없고, 경험적 현실과 일치하고, 삶의 목적 달성에 도움이 되고, 경직되지 않고 융통성이 있으며, 적절한 정서와 행동적 반응양식을 초래하는 신념을 말한다. 반대로 비합리적 사고란 논리적으로 모순이 많고, 경험적 사실과 일치하지 않고, 삶의 목적 달성에 방해가 되고, 경직되고 극단적이어서 융통성이 없으며, 그 결과 부적절한 정서와 행동적 반응을 초래하는 신념을 말한다. 선행사건에 대해서 합리적 신념과 비합리적 신념에 의한 인지적 해석과정에 따른 정서나 행동적 반응을 설명하는 것이 ABC 확장모형이고 이를 도식적으로 표현하면 〈그림 8-5〉와 같다.

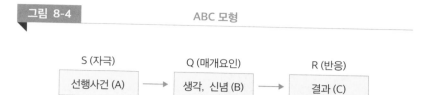

그림 8-4   ABC 모형

S (자극)   Q (매개요인)   R (반응)

선행사건 (A) → 생각, 신념 (B) → 결과 (C)

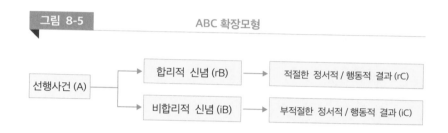

그림 8-5   ABC 확장모형

선행사건 (A) → 합리적 신념 (rB) → 적절한 정서적 / 행동적 결과 (rC)

→ 비합리적 신념 (iB) → 부적절한 정서적 / 행동적 결과 (iC)

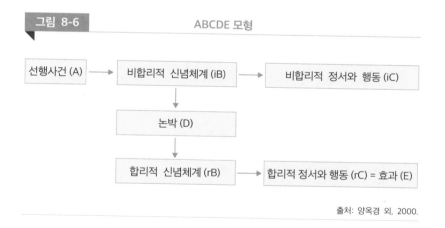

그림 8-6   ABCDE 모형

선행사건 (A) → 비합리적 신념체계 (iB) → 비합리적 정서와 행동 (iC)

논박 (D)

합리적 신념체계 (rB) → 합리적 정서와 행동 (rC) = 효과 (E)

출처: 양옥경 외, 2000.

만약 비합리적 신념으로 인해서 부적절한 정서적 반응이나 행동적 결과가 있을 때는 개입이 필요하다. 합리적 정서적 행동치료에서는 비합리적 신념에 대해서 논박을 함으로써 비합리적 신념을 합리적 신념으로 변화시키고 이를 통해서 합리적인 정서나 행동적 반응이 형성될 수 있게 도와준다. 이러한 과정을 ABCDE 모형이라고 하고 〈그림 8-6〉과 같이 도식적으로 표현할 수 있다.

2) 상담목적, 과정 및 기법

(1) 상담의 목적과 목표

합리적 정서적 행동치료의 상담목표는 내담자의 핵심적인 자기파괴적 생각을 최소화하고 삶에 있어 더욱 현실적이고 관대한 철학을 갖도록 변화시키는 것이다. 이러한 과정을 통해 삶에 있어 바람직하지 못한 결과가 나왔을 경우 자기 자신이나 다른 사람에 대한 비난을 줄이는 것을 목적으로 한다.

이러한 목적을 달성하기 위해 비합리적 신념체계를 없애고 합리적 신념체계를 강화하는 데 필요한 세부 목표로는 다음과 같은 것들이 있다. 우선 합리적 정서적 행동치료를 통해서 자기관심(self-interest)을 촉진시키고, 사회적 관심(social interest)을 촉진시킨다. 자기지향성(self-direction)을 기르고 관용(tolerance), 융통성(flexibility)을 기르는 것을 목표로 한다. 또한 불확실성에 대해서 수용할 수 있는 능력을 기르고, 상황에 몰입하도록 지원하며, 과학적 사고를 할 수 있도록 도와준다. 자기자신을 수용할 수 있어야 하고, 약간의 모험을 과감하게 수용하며, 너무 이상적인 생각을 하지 않도록 도와준다(Ellis & MacLaren, 2005).

(2) 상담과정

상담과정은 크게 4단계로 나누어 볼 수 있다. 첫 번째 단계에서는 내담자가 비합리적이라는 것을 보여주고 어떻게 그리고 왜 비논리적으로 되었는가를 이해하도록 도와주면서 이러한 비합리적 사고가 내담자의 불행이나 장애에 영향을 주고 있음을 인식시킨다. 두 번째 단계에서는 내담자가 어린 시절 형성한 비합리적 신념을 반복함으로써 정서적 장애에서 벗어나지 못한다는 것을 내담자 스스로 자각할 수 있도록 한다. 세 번째 단계에서는 내담자로 하여금 비합리적 신념을 포기하고 합리적 신념으로 바꾸도록 한다. 네 번째 단계에서는 내담자가 비합리적 신념에서 벗어나 합리적 신념을 갖도록 하여 미래에도 내담자가 다른 비합리적 신념의 희생물이 되지 않도록 한다. 이를 위해서는 내담자가 가진 비합리적 신념과 태도를 합리적인 것으로 대체하는 방법을 가르쳐 준다.

(3) 상담기법

합리적 정서적 행동치료의 상담기법은 인지적 기법, 행동적 기법, 정서적 기법의 세 가지로 나누어서 이해할 수 있다. 즉, 벡의 인지적 행동적 기법에 더해서 정서적 기법이 추가된 것으로 이해하면 되겠다. 첫째, 인지적 기법은 비합리적 신념에 대한 논박을 통해서 합리적 신념으로 바꾸는 기법이나, 인지적 과제를 통해서 내담자 스스로가 비합리적 신념에 대해서 이해하고 수정하게 하는 기법이나, 내담자의 언어를 변화시킴으로서 인지상태를 바꾸는 기법 등이 있다. 둘째, 행동적 기법은 행동주의에서 사용하는 방법들인 조작적 조건형성, 체계적 둔감법, 기술훈련 및 자기주장 훈련 등이 있다. 셋째, 정서적 기법은 합리적 정서적 구상법, 역할연기, 수치감-공격연습, 무조건적 수용, 유머의 활용, 시범 등을 통해서 긍정적 정서를 유발시킴으로써 비합리적 신념을 합리적 신념으로 변화시키는 것이다.

3) 벡과 엘리스의 비교

엘리스의 합리적 정서적 행동치료는 벡의 인지치료와 유사한 면이 많지만 관점이나 접근방법에 있어 다음과 같은 차이가 있다. 치료 시에 변화시켜야 할 '사고'를 보는 관점에서 벡은 자동적 사고에 초점을 두었고 엘리스는 비합리적 신념에 초점을 두었다. 접근방법에서 벡의 인지치료가 인지적 왜곡을 문제영역인 핵심믿음을 바꿈으로써 바로잡으려 한다는 점에서 귀납적인데 비해 엘리스의 치료는 비합리적 신념을 깨닫게 한다는 측면에서 연역적이다. 접근의 기초는 벡은 경험적 증거에 의한 것이고 엘리스의 접근은 합리적이냐 비합리적이냐의 판단에 의한 것이다. 치료자의 역할은 벡의 경우는 협력적 관계이고 엘리스의 경우는 논박을 하는

표 8-1 벡과 엘리스의 비교

	벡	엘리스
사고를 보는 관점	자동적 사고	비합리적 신념
접근방법	귀납적	연역적
접근기초	경험적 증거	합리성
치료자의 역할	협력적	지시적 · 교육적
치료절차	경험적 가설검증	지시 · 설득 · 논박

등 벡보다는 더 지시적이고 교육적이다. 치료의 절차는 벡의 경우 경험적 가설을 검증하는 것이지만 엘리스의 경우 지시, 설득, 논박의 과정이다. 이러한 벡과 엘리스의 비교를 정리하면 〈표 8-1〉과 같다.

5 비판적 고찰

1) 긍정적 평가

벡의 인지치료는 다음과 같은 공헌을 했다고 판단된다. 첫째, 벡은 불안, 공포, 우울 치료의 선구자자적 역할을 수행함으로써 이후의 우울 및 불안 치료를 비롯한 다양한 방면에서 인지치료의 효과성을 입증하고 전파하였다. 둘째, 벡은 인지치료를 발달시키는 과정에서 사고라는 것이 인지적 재해석의 결과라는 점에 기반을 두어 불안, 우울 등 기존에는 과학적 측정이 불가능했던 개념들을 측정할 수 있는 척도들을 개발하여서 심리학의 과학화에 기여했다. 셋째, 향후 연구들에 의해서 벡의 인지치료가 우울 치료에 효과가 크고 지속적이라는 것이 입증되었다. 넷째, 행동주의에서처럼 치료자가 교사나 지시자적 역할을 하는 것이 아니라 치료자를 내담자와의 협력적 관계에 있는 사람으로 이해했다.

엘리스의 합리적 정서적 행동치료는 다음과 같은 공헌을 했다고 이해된다. 첫째, 인지적 측면의 중요성을 인정하면서 더불어 행동적 측면이나 정서적 측면의 중요성을 강조했다. 둘째, 치료방법에서 벡에서는 인지치료와 행동치료로만 대표되던 것에 더하여 정서적 영역에 초점을 둔 정서치료의 영역을 개척했다. 셋째, 상담자의 역할을 중요시하면서도 효과적인 변화나 변화된 것을 지속적으로 유지하기 위해서 내담자의 자기조력적 치료의 필요성을 강조했다. 넷째, 통합적이고 절충적인 개입을 강조했다. 즉, 인지적, 정서적, 행동적 기법을 통합적으로 사용하였고 행동주의로부터 파생된 치료절차를 사용하는 것에 개방적이었다.

2) 부정적 평가

벡의 인지치료는 다음과 같은 측면에서 비판을 받는다. 첫째, 긍정적 사고의 힘을 지나치게 강조하여 자칫 잘못하면 피상적이고 단순하게 느껴질 수 있다. 둘째, 지나치게 기법에 의존하고 증상제거에 관해서만 치료하면서 문제의 근원을 충분히 탐색하지 않는다. 셋째, 과거의 중요성이나 정서의 중요성에 대해서 간과하였다.

엘리스의 합리적 정서적 행동치료는 다음과 같은 면에서 비판을 받는다. 첫째, 비합리적 신념을 합리적 신념으로 바꾸기 위해서는 논박이 필요한데 논박은 일정한 지적 수준을 가진 사람들에게 적용이 가능하고 지적 수준이 낮은 지적장애인이나 정신증적 증상을 가진 사람에게는 적용하는 데 한계가 있다. 둘째, 비슷한 맥락에서 자발성이 없거나 치료에 동기부여가 되지 않은 내담자에게는 효과를 기대하기가 어렵고, 다양한 치료기법의 적용은 자칫 잘못하면 내담자로부터 저항을 가져올 수 있다. 셋째, 벡과 마찬가지로 과거의 중요성보다는 현실의 중요성을 지나치게 강조하고 있다. 넷째, 직접적이고 지시적인 기법으로 인해 치료자의 관점이나 가치가 내담자에게 강요될 수 있고, 치료자가 권위적으로 될 위험이 있다.

요 약

　이 장에서는 인지행동치료의 역사와 특징, 그리고 인지행동치료의 양대 산맥이라고 할 수 있는 벡의 인지치료와 엘리스의 합리적 정서행동치료에 대해서 알아보았다.

　인지행동치료의 역사를 살펴보면, 인지행동치료의 근원은 1950년대의 초기 행동치료에서 그 근원을 찾아볼 수 있다. 행동주의 이론이나 인지이론의 특징에서 볼 수 있는 것처럼 현실적으로 인간성격이나 행동의 형성에서 환경의 영향이나 인지의 영향의 경계를 명확하게 구분하는 것은 한계가 있다. 그러므로 인지치료에서 행동실험과 행동연습이 강조되고, 1960년대부터는 인지이론가나 행동주의 이론가들이 실제 개입에 있어 행동주의적 요소와 인지이론적 요소를 복합적으로 사용하기 시작한다. 이러한 대표적인 학자가 벡과 엘리스였으며 이들이 사용한 행동주의 이론과 인지이론을 복합적으로 적용한 개입방법을 '인지행동치료'라고 한다. 실제 현재는 인지치료와 행동치료는 구분하는 것이 한계가 있고 두 가지모두 인지행동치료적 접근을 하고 있다고 이해해도 과언이 아니다.

　인지행동치료 이론은 사건이나 자극이 독자적으로 정서나 행동적 반응에 영향을 주기보다는 환경이나 자극에 대한 인지적 재해석의 결과가 행동이나 정서적 반응에 영향을 준다는 '인지매개가설'에 기반을 두며 인지 · 정서 · 행동 사이의 상호작용을 고려한다. 인간의 주관적 측면을 강조한다는 점에서 인지이론 및 인본주의 이론과 공통점이 있다. 인지행동치료의 특징으로는 ① 단기치료 지향 모델이고 ② 구조화된 모델이며 ③ 다양한 접근방식을 취하고 ④ 치료적 과제를 부여하며, ⑤ 자기치료적 접근법 중 하나이며, ⑥ 현재에 초점을 맞추며 ⑦ 상담자와 내담자가 상호협력적 관계를 유지하려고 노력한다.

　벡의 인지치료의 공헌은 ① 불안, 공포, 우울 치료의 선구자자적 역할을 수행함으로써 이후의 우울 및 불안치료를 비롯한 다양한 방면에서 인지치료의 효과를 입증하고 전파하였다는 점, ②불안, 우울 등을 측정할 수 있는 척도들을 개발하여서 심리학의 과학화에 기여했다는 점, ③행동주의 이론과 달리 치료자를 내담자와의 협력적 관계에 있는 사람으로 이해했다는 점 등을 들 수 있다. 또한 향후 연구에 의해 벡의 인지치료는 우울효과에 효과가 크고 지속적이라는 것이 입증되었다. 반면 벡의 인지치료는 ①긍정적 사고의 힘을 지나치게 강조하여 자칫 잘못하면 피상적이고 단순하게 느껴질 수 있다는 점, ②지나치게 기법에 의존하고 증상을 제거하는 데 집중하면서 문제의 근원을 충분히 탐색하지 않는다는 점, ③과거의 중요성이나 정서의 중요성을 간과하였다는 점 등에 한계가 있다.

엘리스의 합리적 정서적 행동치료의 공헌은 ①인지적 측면과 더불어 행동적 측면이나 정서적 측면의 중요성을 강조했다는 점, ②인지치료와 행동치료에 더하여 정서적 영역에 초점을 둔 정서치료의 영역을 개척했다는 점, ③상담자의 역할을 중요시하면서도 내담자의 자기조력적 치료의 필요성을 강조했다는 점, ④인지적, 정서적, 행동적 기법을 통합적이고 절충적으로 사용해 행동주의로부터 파생된 치료절차를 사용하는 것에 개방적이었다는 점 등을 들 수 있다. 반면 엘리스의 합리적 정서적 행동치료는 ②치료를 위해 필요한 논박은 일정한 지적 수준을 가진 사람들에게 적용이 가능한 것으로 지적장애인이나 정신증적 증상을 가진 사람에게는 적용하는 데 한계가 있다는 점, ②비슷한 맥락에서 자발성이 없거나 치료에 동기부여가 되지 않은 내담자에게는 효과를 기대하기가 어렵고, 다양한 치료기법의 적용은 자칫 잘못하면 내담자로부터 저항을 가져올 수 있다는 점, ③벡과 마찬가지로 과거의 중요성보다는 현실의 중요성을 지나치게 강조하고 있다는 점, ④직접적이고 지시적인 기법으로 인해 치료자의 관점이나 가치가 내담자에게 강요될 수 있고, 치료자가 권위적으로 될 위험이 있다는 점 등에 한계가 있다.

토 론

• 벡의 인지치료의 장단점에 대해서 논하시오.

• 엘리스의 합리적 정서적 행동치료의
  장단점에 대해서 논하시오.

• 벡과 엘리스의 접근법을 비교 설명하고,
  공통점과 차이점을 요약하시오.

• 무의식 결정론적 개입방법과 인지행동치료를
  비교 설명하고 장단점에 대해서 논하시오.

• 행동주의 개입방법과 인지행동치료를
  비교 설명하고 장단점에 대해 논하시오.

제3부

인간행동의 횡단적 이해 2

환경체계 및 체계 간 상호작용 중심 이해

사회·정치환경

제10장 사이버환경의 이해
사이버환경

제11장 체계 간 상호작용에 대한 이해

제3장에서부터 제8장에 이르기까지 개인체계 내적 요소들에 초점을 맞추어서 인간행동 및 성격의 형성에 대한 이론들을 기본관점, 이론의 주요내용 및 사회복지와의 연관성을 중심으로 살펴보았다. 성격 및 행동의 형성을 무의식 결정론적 관점에서 설명하는 정신분석이론, 무의식 결정론의 기본관점을 유지하면서 인간 및 환경적 요소들의 성격형성 과정에서의 역할을 강조하는 분석심리이론·개인심리이론·자아심리이론, 인간의 주관성과 창조적 합리성을 강조하는 인본주의 이론, 환경의 중요성을 강조하는 행동주의 이론, 인간의 인지를 강조하는 인지이론 및 이러한 이론적 발달과정의 집합적 성격을 띠면서 실제 개입의 방향성에 대한 실천이론으로서의 인지행동주의 이론에 대해서 살펴보았다. 이러한 이론들은 환경의 중요성에 대해서 일정 정도 인정을 하지만 대부분 심리학적 이론들로서 인간성격 및 행동의 형성을 개인체계 내적 요소들을 중심으로 설명하였고 환경적 요소의 이해를 도모하는 데는 한계가 있다.

　제2부에서 살펴보았듯이 사회체계론적 관점에서 사회복지학의 대상이 되는 현상을 횡단적으로 구분해 보면 크게 ① 개인체계 내적 영역인 '인간행동'과 ② 개인체계 외적 영역인 '사회환경' 및 ③ 개인체계 내적 영역과 외적 영역의 상호작용 등, 세 가지로 나누어 볼 수 있다(Ashford, Lecroy & Lortie, 2001). 제3부에서는 개인체계 외적 영역인 사회환경을 사회·정치환경과 사이버환경을 중심으로 살펴본 뒤 개인체계와 사회환경체계 간의 상호작용을 살펴본다.

　인간행동과 사회환경을 비롯한 사회복지학에서 말하는 '사회환경'이란 'social environment'에 국한되는 용어라기보다는 생태체계이론에서 얘기하는 자연환경, 사회환경, 정치환경 등의 물리적 공간은 물론, 인터넷 소통기술의 발달의 영향으로 시간이 갈수록 중요성이 더해가는 사이버공간까지를 포함하는 총체적의미의 '환경' 개념이다. 사회환경의 이해는 제 9장과 10장으로 구성된다. 제 9장에서는 지금까지 사회복지분야에서 전통적으로 관심을 가지고 있는 사회학적 이론과 정치학적 이론들을 바탕으로 사회환경과 정치환경 등의 물리적 공간에 대해서 살펴본다. 제10장에서는 인터넷 통신기술의 발달로 인간행동에 더욱 다양한 영향을 미치고 있는 환경인 사이버공간에 대해서 살펴본다. 사이버환경은 아직까지 사회복지와 관련하여 이론적으로 정리된 부분이 많지 않아서 매우 조심스럽지만, 제 10장에서 초보적 차원에서 사이버환경의 역사와 현황 및 사회복지적 함의에 대해서 논의해 보고자 한다.

제 11장에서는 제 2부에서 중심적으로 다룬 개인체계와 제 9장과 10장에서 중심적으로 다룬 환경체계를 통합적으로 살펴 이들 체계 간의 상호작용이나 항상성을 이해하도록 한다. 체계 간 상호작용을 설명하는 대표적인 이론인 생태체계이론을 중심으로 살펴본다.

9

사회환경의 이해
— 사회 · 정치환경

우리가 본질적으로 공간에 속해 있는 한, 우리의 공간 개념은 우리 자신의 인간관에 반영될 수밖에 없다. 따라서 공간의 역사를 쫓아가다 보면, 인간에 대한 생각의 변화를 필연적으로 만나게 된다. 이런 점에서 공간은 과학에 관련된 주제일 뿐만 아니라 근본적으로 인간에 관련된 주제이기도 하다.

— Margaret Wertheim(박인찬, 1999, p. 21).

제9장은 사회환경에 대한 첫 번째 부분으로 물리적 공간을 다룬다. 지금까지 사회복지분야에서 전통적으로 관심을 가지고 있는 사회학적 이론과 정치학적 이론들을 바탕으로 사회환경과 정치환경에 대한 이해가 주요 목적이다.

사회학적 이론은 기능주의와 갈등주의 이론처럼 사회환경을 거시적 측면에서 이해하는 데 도움을 주는 총체적 접근(*holistic approach*)과 사회환경을 미시적 측면에서 이해하는 데 도움을 주는 상징적 상호작용주의와 소집단이론의 원소적 접근(*elementalistic approach*)으로 나누어서 살펴본다. 이러한 사회학적 이론은 사회환경의 형성 및 변화를 이해하는 데 도움을 준다.

환경을 고려할 때 사회복지와 관련해서 사회환경과 더불어서 중요한 환경적 요인이 바로 국가이다. 국가라는 환경을 이해하는 데 도움이 되는 이론은 주로 정치학 이론들인데, 이 장에서는 다원주의, 계급이론, 엘리트주의, 그리고 조합주의 등의 정치과정론을 중심으로 고찰한다.

이 장의 구성

1. 사회학적 관점
   1) 기능주의
   2) 갈등주의
   3) 상징적 상호작용주의
   4) 소집단 이론

2. 정치학적 관점
   1) 다원주의
   2) 계급이론
   3) 엘리트주의
   4) 조합주의

   • 요약 • 토론과제

사회학적 이론은 개인을 둘러싸고 있는 환경에 대한 이해에 도움을 준다. 사회학적 이론은 크게 거시적 이론과 미시적 이론으로 나누어 볼 수 있다. 거시적 이론은 총체적 입장에서 사회환경이 어떻게 형성되고 변하는가를 설명하는 기능주의 이론과 갈등주의 이론으로 나누어 볼 수 있다. 미시적 이론은 개인을 둘러싼 조직, 집단 등에 대한 이론과 개인 및 체계 간의 상호작용에 대한 상징적 상호작용이론으로 나누어 볼 수 있다. 사회학적 이론들은 인간을 둘러싸고 있는 사회환경에 대한 이해 및 사회체계 간의 상호작용에 대한 이해를 위한 기본적인 이론적 틀을 제공한다.

1) 기능주의

기능주의는 가장 널리 수용되는 사회학적 패러다임 중의 하나이다 (Abrahamson, 1978). 기능주의의 대표적 학자는 초기 학자로서 콩트 (Auguste Comte), 스펜서(Herbert Spencer) 및 뒤르켐(Emile Durkheim)과 후기학자로서 파슨스(Talcott Parsons), 머튼(Robert Merton), 데이비스 (Kingsley Davis), 스멜서(Neil J. Smelser) 등이 있다(김성이·김상균, 1994). 사회환경에 대한 이해를 명확히 하기 위해서는 이러한 학자들에 대해서 세부적으로 살펴보아야 하나 이는 인간행동과 사회환경의 교과목의 범주를 넘어가는 것으로 판단되어 여기서는 이러한 기능주의 학자들의 이론에서 공통적으로 찾아볼 수 있는 내용들을 중심으로 기능주의 이론을 설명한다.

　기능주의에서는 사회는 상호의존하는 부분들의 통합이라고 이해한다(Colomy, 1990; 김일철, 1986). 기능주의는 생물체의 기본 구성요소인 세포 및 조직이 상호의존적으로 기능하여 생물체를 유지하듯이, 사회를 구성하는 개인, 가족, 조직, 집단 등도 상호의존적으로 구성되어서 사회체계를 형성 유지한다고 이해한다(Abrahamson, 1978; Colomy, 1990). 기능주의의 주요개념은 다음과 같은 것들이 있다. 첫째, 기능주의 학자들은 사회가 유지되는 데 필요한 기본적 전제조건(또는 사회적 욕구)이 있다고 이해한다. 사회를 유지하는 데 필요한 기본적 전제조건들은 사회성원들을 외부의 위험으로부터 보호하고, 내부갈등을 해소하고, 생존에 필요한 재화를 생산해야 하는 것 등이다. 즉, 사회가 유지되기 위해서는 사회체계의 와해를 초래하는 외부위험인 전쟁 등으로부터 사회구성원을 보호해야 하고, 사회체계 내적으로 갈등이 최소화되어야 하며, 사회구성원들이 살아가는 데 필요한 기본적인 경제활동이 일어나야 한다. 둘째, 기능주의자들은 사회는 이를 구성하는 다수의 상호의존적 부분(parts)으로 구성되어 있다고 이해한다. 즉, 사회는 개인, 학교, 가족, 회사, 이웃 등의 다수의 상호의존적인 부분으로 구성되어 있고, 이러한 부분들이 각각의 기능을 성공적으로 수행해야 사회가 잘 존속될 수 있다. 셋째, 전체 사회는 이러한 하위체계의 통합인데 통합상태가 유지되려면 체계 및 하위체계 간의 균형상태가 유지되어야 한다. 예를 들어서 가족이라는 하부체계가 기본적 가족의 기능인 가족 구성원의 재생산이나 보호기능을 수행하지 못할 때 전체사회는 존속하기 어렵다.

　기능주의에 대한 평가는 긍정적인 것과 부정적인 것으로 양분된다(김성이 · 김상균, 1994). 기능주의를 긍정적으로 평가하는 사람들은 기능주의가 사회를 이해하는 총체적인 시각을 제공했다고 평가한다. 기능주의는 개인, 집단, 조직 등의 사회체계의 하위체계에 대한 이해를 이해하는 시각을 제공하였을 뿐 아니라 이러한 부분들이 각각의 기능을 수행하여 통합적으로 전체 사회체계의 유지와 존속에 기여하는 메커니즘을 설명하였다. 또한 사회의 속성을 설명하는 전제조건, 부분, 그리고 평형상태의 개념을 소개함으로써 사회체계의 거시적, 미시적 속성 및 역동성을 이해하는 이론적 틀을 제공하였다.

이러한 긍정적 평가와 함께 기능주의는 다음과 같은 측면에서 비판받는다. 기능주의는 현존하는 사회구조의 이해에 초점을 두고 있으므로 사회체계의 역사적 변화 또는 전개를 설명하는 데 한계가 있다. 즉, 사회구조를 횡단적으로 이해하는 데는 도움이 되지만, 사회구조의 변화 및 전개를 역사적으로 이해하는 이론적 틀로는 한계가 있다. 사회구조의 하부체계인 부분들의 각각의 기능과 이들 간의 기능적인 상호의존을 통해서 안정된 사회구조를 이해하는 데 초점을 두고 있으므로 기능주의는 사회체계에 대한 낙관적 사회관을 부각시키고 동시에 현 사회체계를 유지하려는 보수주의적 성향이 있다고 비판받는다. 기능주의는 인간을 지나치게 사회화된 존재 또는 수동적 존재로 간주하는 경향이 있어서 인간 개인의 특성과 개인과 사회의 관계를 설명하는 것이 부족하다는 비판을 받고 있다.

기능주의는 사회복지의 전개과정에서 중요한 역할을 하였다고 평가된다(김성이·김상균, 1994). 첫째, 기능주의는 초창기 사회정책학의 이론구축의 기본 패러다임이 되었다고 평가받는다. 기능주의 입장에서 사회복지의 출현은 산업화에 따른 반복지적 현상의 증가(예: 빈곤, 양극화 등)는 기능주의에서 지향하는 사회의 통합과 질서를 저해하고 평형상태를 붕괴시키는 현상으로 이해될 수 있다. 그러므로 기능주의 입장에서 사회정책은 이러한 반(反)복지 현상을 극복하고 사회체계의 균형상태를 회복하려는 국가적 개입으로 간주된다. 둘째, 이러한 맥락에서 기능주의는 사회정책 및 서비스를 변화하는 사회의 욕구 충족을 위한 사회체계의 점진적 적응이라고 이해하면서 사회정책 및 서비스 등장을 합리화하는 이론적 도구로 활용되기도 하였다. 즉, 변화하는 사회에서 새로운 욕구의 등장으로 유발되는 반복지 현상을 해결하기 위한 기능적 수단이 사회정책 및 서비스다. 셋째, 기능주의 이론은 사회부분 간의 불균형 현상을 분석할 수 있는 분석틀을 제공한다. 예를 들어서 사회변화에 따른 대가족의 핵가족화 등의 가족구조 및 기능의 변화는 노인케어와 아동케어를 담당하던 전통적 가족기능에 변화를 수반하게 된다. 이러한 체계 안에서의 불균형 현상을 해결하기 위해서 국가적 차원에서 탁아정책이나 노인케어정책을 입안하고 가족기능을 대신하는 서비스를 제공하여 사회체계의 불균형 현상에 대응하게 된다. 즉, 기능주의 입장에서 복지 정책 및 서비스는 사회변화에 따른 불균형 현상에 대응하기 위한 조직적 개입이다.

2) 갈등주의

기능주의가 횡단적 측면에서 사회현상을 분석적으로 이해하는 유용한 틀을 제공한 반면, 사회변화를 역사적 측면에서 고찰하는 데는 한계가 있다(Dahrendorf, 2008). 이러한 기능주의의 한계를 극복하고자 등장한 이론이 갈등주의 이론이다. 갈등주의는 어느 사회나 갈등이 존재하고 이러한 갈등이 사회변화의 주요원인이 된다고 이해한다. 갈등주의 이론에 따르면 갈등과 변화는 어느 사회에서나 항상 존재하고, 이러한 갈등과 변화는 불가피하고 예견될 수 있는 사회현상이다(Horowitz, 1964). 이러한 갈등과 변화의 메커니즘은 사회계층화 현상에서 고찰할 수 있다. 어느 사회에나 이익집단 간의 갈등구도는 존재한다. 갈등관계에 있는 이익집단 중에서 비교우위에 있는 집단이 비교열위에 있는 집단을 착취하고 지배하게 되는데 이러한 착취와 지배의 결과 사회에는 계층화 현상이 나타나게 된다. 계층화를 통해 특권적 지위를 점하는 계급이 형성되고, 이러한 특권적 계급은 그렇지 못한 계급과 갈등관계를 유지하게 되고 계급 간의 갈등은 사회변화를 촉진하는 원동력이 된다고 이해한다(김진균 외, 1989). 집단 간의 관계를 갈등관계로 본 것은 기능주의에서 각 집단이 각각의 기능을 수행함으로써 사회존속에 기여한다는 입장과는 대립되는 것이다. 갈등주의 학자들은 멀게는 마키아벨리(Niccolò Machiavelli), 홉스(Thomas Hobbes)가 있고, 대표적 학자들로는 마르크스(Carl Marx), 지멜(Georg Simmel), 베버(Max Weber), 다렌도르프(Ralf Dahrendorf), 코저(Lewis A. Coser) 등이 있다(김성이 · 김상균, 1994).

갈등주의에 대한 평가도 긍정적인 것과 부정적인 것으로 양분된다(김성이 · 김상균, 1994). 기능주의와 마찬가지로 갈등주의 이론도 총체적 이론이다. 그러므로 갈등주의 이론은 사회 및 역사를 이해하는 총체적 시각을 제공한다는 점에서 긍정적 평가를 받는다. 기능주의에 대비해서 갈등주의의 장점은 기능주의는 사회현상의 변화에 대해 설명하는 데 한계가 있는 반면에 갈등주의 이론은 권력과 자원의 편재와 갈등을 통한 사회변동 현상을 잘 설명해 주는 이론적 틀을 제공한다.

이러한 장점에도 불구하고 갈등주의 이론은 다음과 같은 한계가 있다. 첫째, 갈등주의 이론이 워낙 총체적 이론이라서 갈등주의 이론의 주장을 경험적으로 검증하는 것이 용이하지 않다. 특히 지배, 갈등, 사회변화 등 갈등주의 이론이 많이 사용하는 용어의 개념적 정의가 명확하지 않고 측정 가능한 조작적 정의를 내리는 자체가 한계가 있어서 과학적으로 관찰 검증하는 것이 어렵다. 둘째, 갈등이론 전문가들이 지배집단과 종속집단 간의 갈등관계를 지나치게 부각시켰다는 비판을 받는다. 이를 비판하는 사람들은 실제 사회현상을 관찰하면 갈등관계나 변화보다도 각 집단이 사회질서에 기여하는 부분이 많다는 점을 지적한다. 셋째, 갈등이론에 대한 또 다른 비판은 갈등이론의 분석단위가 모호하다는 것이다. 즉, 갈등이론은 추상성이 높아서 갈등단위를 개인, 집단, 조직, 계급, 국가 등 어느 것에 초점을 두어야 하는지 모호하다는 것이다. 넷째, 갈등이론의 이론적 기반은 주로 마르크스의 유물론에 두고 있는데, 마르크스의 유물론에 대한 비판이 직접적으로 갈등이론에 대한 비판으로 연결된다. 즉, 비판자들은 마르크스의 유물론에서 말하는 물적 토대가 사회구조를 결정하는 데 영향을 주기도 하지만 정신구조도 사회구조 결정이나 변화에 물적 토대 못지않게 영향을 준다고 주장한다. 또한 마르크스의 유물론에서 말하는 사회변화나 변동이 장기간의 시간을 거쳐서 점진적으로 일어나는 것이기 때문에 경험적으로 검증되기가 어렵다는 비판도 받는다.

갈등주의 이론은 기능주의와는 또 다른 측면에서 사회복지에 영향을 주었다(김성이 · 김상균, 1994). 첫째, 갈등주의 이론은 사회복지의 기능을 사회체계의 안정화 수단으로 보는 전통적 기능주의 시각에서 탈피하여 복지의 기능을 사회변동의 잠재력을 가진 수단으로 보는 견해를 제공하였다. 이는 사회복지를 체제유지나 안정을 위한 수단으로 인식하는 기능주의와는 차별화된 시각으로 사회복지를 통한 사회변화의 가능성을 시사한다는 점에서 의의가 있다. 둘째, 갈등주의 이론의 하나인 정치경제학적 복지국가 분석은 복지서비스에 대한 새로운 시각을 제공하였다. 기능주의 입장에서 사회복지서비스는 반복지에 대한 인도주의적 대응으로 사회의 기능유지를 하는 데 공헌한다고 평가된다. 반면 갈등주의 입장에서는 사회서비스를 자본가 계급의 필요에 의해 국가를 통해서 자본가의 이윤을 보장하고, 이윤추구를 통한 부의 축적과정을 정당화하는 수단적 기제라고 비판한다. 셋째, 갈등주의 이론은 복지국가도 해결할 수 없는 자본주의의 모순과 같은 것들이 존재한다는 사실을 이해하는 데 유용한 틀을 제공하였다. 갈등주의의 근간이 되는 변증법적 유물론은 사회현상에는 완전한 것은 없고 모든 것은 변해가는 과정에 있다고 이해한다. 이러한 이해는 복지국가를 통해서 반복지 현상이 해결되어도 또 다른 모순과 갈등에 의해서 새로운 반복지 현상이 나타나고 이를 해결하는 과정이 반복된다는 것을 암시하고 있어서 복지국가의 불완전성을 이해하는 데 도움이 된다.

표 9-1   기능주의 이론과 갈등주의 이론의 기본가정 비교

기능주의	갈등주의
모든 사회는 상대적으로 지속적이고 안정된 부분 요소들의 구조이다.	모든 사회는 변화과정을 겪기 마련이고 사회변동이 일어난다.
모든 사회는 부분 요소들이 잘 통합된 구조이다.	모든 사회는 언제나 비합의와 사회갈등을 나타낸다.
사회의 모든 요소는 어떤 기능을 수행하고 사회가 체계로 유지되는 데 기여한다.	사회의 모든 요소는 사회의 와해와 변화에 기여한다.
모든 기능적 사회구조는 그 성원들 사이의 가치관의 동의에 바탕을 둔다.	모든 사회는 일부 성원들에 의한 다른 성원들의 강제에 그 바탕을 둔다.

지금까지 총체적 사회학적 이론인 기능주의와 갈등주의에 대해서 살펴보았다. 기능주의와 갈등주의는 거시적 관점에서 사회현상과 변동을 이해하는 데 유용한 틀을 제공한다는 점에서 공통점이 있다. 하지만 이들 두 이론은 사회현상에 대한 기본가정이 〈표 9-1〉과 같이 다르기 때문에 서로 대립된다고 할 정도로 차이가 나는 이론들이다.

3) 상징적 상호작용주의

사회학적 이론 중에서 기능주의와 갈등주의 이론이 총체적 이론들이라면, 상징적 상호작용주의 이론은 원소적 접근의 미시적 이론이다. 원소적 또는 미시적 이론이란 것은 연구 방법론적으로 기능주의나 갈등주의처럼 사회현상이나 변화에 초점을 두는 것이 아니라 사회에 속한 개인이나 집단 등의 하위단위를 분석대상으로 삼고 이러한 하부단위에 이론의 초점이 있다. 상징적 상호작용주의자들은 인간은 생각하는 상황의 의미를 기초로 반응하고 행동하고 상호작용한다고 전제한다. 상징적 상호작용주의에 따르면 상황의 의미는 사회적 상호작용의 산물이며 상황 변화에 따라 의미가 달라지거나 재해석된다. 이러한 의미에서 상징적 상호작용주의는 사회심리적 성격이 강하게 나타나는 이론이라 할 수 있다. 상징적 상호작용주의의 대표적 학자로는 미드(George H. Mead), 블루머(Herbert Blumer), 고프먼(Erving Goffman), 쿤(Tomas Kuhn) 등이 있다(김성이·김상균, 1994).

상징적 상호작용주의의 주요내용을 살펴보면 다음과 같다(Hewitt, 2007; Plummer, 1991). 상징적 상호작용주의자들은 인간은 다른 동물과 달리 정신(mind)을 가지고 있어 주변의 대상물에게 상징(symbol)을 부여함으로써 그 대상물의 의미를 찾는다고 본다. 이러한 상징부여나 의사소통 과정에서 인간은 언어라는 의사소통의 상징적 수단을 이용하며 추상적 상징 또는 기호를 해석할 수 있는 능력을 가지게 된다. 인간은 상징을 통해서 사회에 존재하는 대상으로부터 영향을 받을 뿐 아니라 능동적으로 영향을 주기도 한다. 이러한 능력은 사회집단 속에서 태어나서 타인과 상호작용함으로써 자아(self)를 형성할 때 활성화된다. 상징적 상호작용주의에서 사회질서란 상호작용을 지속하는 개인들 사이에서 주고받는 말과 행동의 의미를 개인들이 어떻게 해석하며, 그 해석에 따라 어떻게 행동하는가에 따라 좌우된다. 이러한 점에서 상징적 상호작용주의에 따르면 상호작용이 없으면 사회는 유지 존속되기 어렵고, 사회조직은 사회구성원들의 상호작용에 기초한다.

상징적 상호작용주의에 대한 평가도 양분되어서 긍정적으로 평가하는 사람과 부정적으로 평가하는 사람들이 있다(김성이 · 김상균, 1994). 상징적 상호작용주의를 긍정적으로 평가하는 사람들은 상징적 상호작용주의가 기능주의나 갈등주의에 비해서 미시적인 원소적 접근을 취하고 있어서 사회에 대한 이해뿐 아니라 인간행위에 대한 이해를 할 수 있는 인식론적 틀을 제공한다고 평가한다. 또한 기능주의가 사회의 각 요소가 사회체계 유지에 기여하고, 갈등주의가 각 요소 간의 갈등이 사회변화에 기여한다는 것처럼 대부분의 이론이 결론적 이론을 제시하고 있는 것에 비해 상징적 상호작용주의는 사회현상의 이해를 목적으로 하고 있고 결정론적 이론 제시를 지양하고 있다는 점에서 긍정적으로 평가받는다.

이러한 긍정적 평가와 더불어 상징적 상호작용주의는 다음과 같은 부정적 평가도 받고 있다. 첫째, 상징적 상호작용주의 이론은 이론의 분석단위가 개인이나 조직 등의 사회의 하위구조에 초점이 맞춰지기 때문에 미시적 사회의 하위구조 간의 상호작용을 이해하고 설명하는 데는 도움이 되지만 거시적 사회구조를 이해하고 설명하는 데는 상대적으로 한계가 있다. 둘째, 하위단위에 초점을 맞추는 상징적 상호작용주의 이론의 특성상 이 이론은 사회의 정치적, 역사적 형성의 문제를 분석하는 데는 한계가 있다. 즉, 갈등이론에서는 계층형성과 갈등을 통한 사회변동 등 거시적 맥락에서 사회변동 및 역사적 형성과정을 설명할 수 있지만 상징적 상호작용이론에서는 사회의 정치적, 역사적 형성 문제를 분석하고 설명하는 데는 한계가 있다. 셋째, 상징적 상호작용이론은 고프먼과 같은 학자들에 의해서 장애인과 같은 사회적 약자에 대한 부정적 인식이 왜 사회적으로 형성되었는지를 설명하는 데 유용한 인식론적 틀을 제공하였다. 상징적 상호작용 이론가들이 주로 사회적 약자에 대한 낙인, 선입견, 차별 등이 왜 생겼는가를 규명하는 데 주력을 했던 관계로, 이 이론을 비판하는 사람들은 사회적 약자를 지향하는 가치지향적 이론이라고 비판하기도 한다.

상징적 상호작용주의는 다음과 같은 측면에서 사회복지에 유의미한 영향을 준 이론으로 평가된다(김성이·김상균, 1994). 첫째, 기능주의 이론과 갈등주의 이론이 거시적 측면에서 사회정책적 개입의 근거를 설명해 준다면 상징적 상호작용이론은 사회정책과 사회서비스적인 실천이 어떻게 해서 개인에게 직접적 영향을 미치는가를 밝히는 데 유용한 이론적 틀을 제공한다. 둘째, 상징적 상호작용주의는 사회학과 심리학의 중간적 위치에 있는 사회심리학적 성격이 강한 이론으로 자아, 역할, 그리고 사회화 등의 개념을 통해서 주류 심리학이나 사회학에서는 불가능한 개인과 개인 또는 개인과 환경의 관계를 이해시켜주는 역할을 한다. 이러한 개인과 환경 간의 관계를 이해시켜주는 이론적 틀을 바탕으로 상징적 상호작용주의 이론은 대면적 상호작용에 초점을 두는 개인 간, 개인과 집단 간, 개인과 환경체계 간의 역동성에 대한 이해 및 이러한 관계를 개선하기 위한 사회복지적 실천개입방법을 구상하는 데 유용한 이론적 틀을 제공한다. 셋째, 상징적 상호작용주의는 상황에 따른 개인의 인지적 판단을 중요시한다. 이러한 상징적 상호작용주의의 전통은 사회복지 실천에서 클라이언트의 주관적 문제인식과 판단을 존중해야 한다는 클라이언트의 자기결정(self-determination) 중시 전통에 영향을 주었다. 즉, 상징적 상호작용주의 이론은 상담자 중심의 권위주의적 접근을 불식하고 내담자 중심의 상담에 초점을 두게 하는 데 기여하였다.

4) 소집단 이론

인간의 행동 및 성격형성에 영향을 주는 환경은 거시적 사회환경이나 국가도 있지만 개인이 직접적으로 속하고 있는 소집단과 같은 미시적 환경의 영향은 지대할 수 있다(Garvin, 1981). 소집단 이론의 기본전제는 환경 속의 인간으로 인간은 독자적으로 생존하는 것이 아니라 전 생애에 걸쳐서 주변 사람들과 상호의존하는 존재로 인식한다. 즉, 인간성격이나 행동은 다른 어떤 것보다도 개인이 속한 집단의 특성의 영향을 받는다. 개인이 직접적으로 속한 환경이 개인의 성격이나 행동에 영향을 주는 예는 흔하게 찾아볼 수 있다. 한 초등학교 학생이 보이스카우트에 가입을 한 경우 그 학생은 그 초등학교 학생으로서의 정체감뿐 아니라 보이스카우트 회원으로서의 정체감을 형성하게 되고 학생의 성격이나 행동은 본인이 속한 보이스카우트 조직의 영향을 받게 된다. 즉, 인간의 성격은 집단 내의 규칙이나 집단 구성원 간의 상호작용에 의해 발달하고 변화한다. 또한 집단의 동료는 그 집단에 속한 다른 구성원들의 사고, 태도, 감정, 행동 등에 영향을 주게 된다.

집단이란 구성원 사이에 소속감을 통한 집단의식이 있고 공동의 목적이나 관심사가 있으며 이러한 집단목적 달성을 위하여 상호작용하는 사회적 집합체이다. 집단은 크게 1차집단과 2차집단으로 나누어 볼 수 있다(Cooley, 1909). 1차집단은 자연발생적으로 생기는 가족이나 친구집단처럼 관계 자체가 집단 존재의 목적이 될 수 있다. 2차집단은 공통관심사나 목표를 가지고 있는 사람들끼리 모여서 인위적으로 형성된 집단으로 회사, 동호인 모임, 학술단체 등이 그 예가 될 수 있다.

가족은 1차집단으로서 지금까지 살펴본 여러 가지 이론을 통해서 짐작할 수 있는 것처럼 개인이 성장하고 발달하는 과정에서 개인의 성격이나 행동형성에 지대한 영향을 미치는 사회환경의 하나로 이해된다. 인간은 부모로부터 유전적 형질을 물려받을 뿐 아니라 태어나면서부터 부모와 상호작용을 통하여 사회적 존재로 성장하게 된다. 이 과정에서 부모는 행동주의에서 말하는 학습이나 모델링을 통하여 아이의 성격이나 행동을 형성하는 데 영향을 주게 된다. 가족의 특성은 다음과 같이 정리될 수 있다(Minuchin, 1974). 가족구성원은 가족 내에서 상호의존 상태에 있는 다양한 위치를 점하게 된다. 예를 들어 전통적인 가족형태에서 아버지는 경제활동을 통해서 가족을 부양하는 역할을 하게 되고, 어머니는 양육의 역할을 담당하게 된다. 가족 내에서 이러한 위치나 역할은 가족집단의 발달단계에 따라서 변하는 특성이 있다. 아이가 어렸을 때에는 부모는 부양과 양육이 주 역할이 되지만 아이가 결혼해서 분가하는 경우 부모로서의 부양 및 양육 역할보다는 새로운 가족을 형성하는 아이의 지원자 역할을 하게 되는 경우가 많다. 또한 아이는 분가하여 본인의 새로운 가족을 형성함으로써 피부양자 및 피양육자 입장에서 자신의 아이를 부양하고 양육하는 새로운 역할을 하게 된다. 즉, 가족은 고정적 집단이 아니라 시간의 흐름에 따라서 변화하면서 그 상황에서 새로운 균형상태를 유지하려는 속성이 있다.

인간은 가족과 같은 1차집단에만 소속되어 성장하는 것이 아니라 다양한 2차집단에 속해서도 생활하게 된다. 현대사회에서 개인이 성장하면서 소속되는 2차집단은 다양하다. 학교, 회사, 특수한 목적을 가진 동호인 단체 등 2차집단의 유형은 다양하다. 학교는 개인이 성장하는 과정에서 가장 많은 시간을 보내는 집단환경 중의 하나로 선생님이나 친구들과 상호작용은 개인의 성격이나 행동의 형성에 많은 영향을 미치게 된다. 성인이 되어서는 회사에서 보내는 시간이 상대적으로 많아지면서 회사가 개인의 성격이나 행동에 지대한 영향을 끼친다.

또한 집단에는 특정목적을 가지고 형성되는 집단이 있다. 예를 들어서 주말에 사회봉사를 목적으로 활동하는 봉사단체가 있다고 가정해 보자. 이러한 경우 집단은 사회봉사라는 뚜렷한 집단목적을 가지게 되고, 집단의 그 목적을 달성하기 위해서 집단 지도력을 가진 집단의 지도자가 나타나게 되며 집단구성원 간에 의사소통이나 상호작용을 통하여 집단의 결속력을 다지고 집단목적을 달성하려고 노력한다. 이러한 집단의 경우 집단의 유지 존속을 위해서 집단 내에 규범이 생기고, 집단구성원 간에 집단목적을 달성하기 위한 지위가 형성되며 이러한 구성원은 집단 지위에 맞는 역할을 수행하는 것이 기대된다. 예를 들어서 토요일 몇 시에 모여서 봉사활동을 가지 않으면 집단구성원의 자격을 박탈하는 것 등의 집단규범이 나타날 수 있다. 주말 사회봉사라는 집단의 목적을 달성하기 위해서 집단리더는 집단구성원을 모집하고 주말 봉사활동을 할 기관을 물색해야 할 것이고, 구성원 중의 일부는 집단구성원들에게 연락을 취하고 또 일부는 봉사활동에 필요한 것들을 준비하는 등 집단 안에서 지위가 형성되고 구성원들은 각자의 지위에 맞는 역할을 수행하게 된다.

사회복지분야에서 볼 수 있는 집단유형은 치료집단이다. 치료집단은 비슷한 욕구나 문제를 가진 사람들끼리 모여서 욕구나 문제를 집단적으로 해결하려는 목적으로 형성되는 집단이다(Garvin, 1981). 이러한 집단의 경우 구성원의 목적이 달성되면 해산하는 특성이 있는데, 주로 다음과 같은 집단발달단계를 거치게 된다. 첫째, 사전단계로 이 단계에서 집단지도자가 머릿속에서 집단을 계획하는 단계이다. 이 단계에서는 실질적인 집단 내에서의 상호작용은 나타나기 전이지만 집단지도자는 특정문제 해결을 위해서 집단을 구상하게 되고 그 집단의 잠재적 구성원이 누가 좋겠는가를 고민하고 어떻게 하면 성공적으로 집단을 형성할 수 있을까를 고민한다. 둘째 단계가 초기단계로 잠재적 집단구성원들과 첫 대면을 하면서부터 시작된다. 이 단계에서는 실질적 문제해결을 위한 개입이 아니라 초기 대면을 통해서 집단을 구성하고 오리엔테이션을 하는 단계이다. 셋째 단계가 중간단계이다. 이 단계는 문제해결 단계로 집단규범 설정이나 집단목적 달성을 통해서 집단구성원들의 욕구 충족 및 문제를 해결하는 구체적 수행단계이다. 넷째 단계가 종결단계이다. 종결단계는 지금까지의 집단과정 및 활동을 평가하고 추후 단계에 대해서 논의하면서 집단을 종결한다.

정치학적 관점

위에서 살펴본 사회학적 이론들은 환경으로서의 사회체계 및 변화에 대한 이해에 도움을 준다. 사회복지에서 환경이라고 할 때는 사회환경뿐 아니라 정치적 환경 특히 국가의 특징이 중요한 관심의 대상이다. 그 이유는 정부의 성격에 따라서 각 나라의 복지제도가 특성 있게 나타나기 때문이다. 그러므로 이 부분에서는 국가를 이해하는 데 도움이 되는 이론들인 다원주의, 계급이론, 엘리트주의 및 조합주의에 대해서 살펴보기로 한다.

1) 다원주의

다원주의는 개인주의 또는 자유주의의 이념을 국가기능의 차원까지 확대시켜서 해석한 이론으로 대표학자는 니콜스(David Nicholls), 벤틀리(Arthur Bentley), 이스턴(David Easton), 알퍼드(Robert R. Alford) 등이 있다(김성이 · 김상균, 1994). 다원주의자들은 사회학의 기능주의 학자들처럼 사회 내의 집단은 단순한 개인의 집합이 아니라 나름대로의 의지를 가지고 살아 있는 유기체와 같아서 역동적 역할을 수행하고 있다고 가정한다. 이러한 맥락에서 국가 또한 전능적이고 통일적인 존재가 아니라 이러한 유기체적인 집단으로 구성되어 있는 것이라고 이해한다. 국가가 기능을 잘하려면 국가를 구성하는 집단들이 제 기능을 잘 수행하여야 하므로, 이상적 국가는 국가를 구성하는 집단들로 하여금 각 집단의 사회적 기능을 잘 수행하고 집단의 사회적 성격을 잘 표출할 수 있는 여지를 마련해 주는 국가다(김구섭, 1990).

다원주의 이론을 이해하는 데 도움이 되는 몇 가지 중요한 개념 및 가정이 있다(Nicholls, 1974). 첫째, 집단특성이다. 국가는 이를 구성하는 집단으로 형성되며, 각 집단은 고유한 사회적 기능을 수행하면서 형성되는 사회적 성격이 있는데, 이러한 집단의 사회적 성격이 집단특성이다. 집단은 집단을 구성하는 개인으로 이루어져 있지만 각 집단의 사회적 성격인 집단특성은 이러한 각 개인 특성이나 행동의 단순한 총합 이상이다. 둘째, 다원주의는 국가의 절대권력을 부정한다. 다원주의 입장에서는 국가를 구성하는 각각의 집단이 고유한 기능 및 성격을 가지고 있다. 국가의 역할은 이러한 구성 집단이 사회적 기능을 잘 수행할 수 있도록 해 주는 것이기 때문에 국가는 절대권력을 행사해서는 안 된다. 셋째, 절대권력 행사 대신에 국가는 구성 집단의 자유를 보장해 주어야 한다. 다원주의 관점에서 국가를 구성하는 기초단위는 집단을 구성하는 사회구성원 개인이다. 이러한 맥락에서 집단의 자유를 보장해 주기 위해서는 구성원 각자의 자유를 보장해 주는 것이 우선되어야 한다. 그러므로 다원주의는 개인주의 또는 자유주의의 이념을 국가기능의 차원까지 확대해석한 이론으로 평가된다.

다원주의는 기능주의적 시각을 국가를 이해하는 데 적용하여서 국가의 성격이나 특징을 이해하려고 하였다(Easton, 1979). 기능주의가 사회체계의 횡단적 특성을 보여주는 데 강점이 있는 것처럼 다원주의도 국가의 구성요소를 횡단적으로 이해하는 데 도움이 되는 강점이 있다. 하지만 이론의 특성상 다음과 같은 비판도 받는다(김성이 · 김상균, 1994). 첫째, 다원주의는 국가의 특성을 이해하는 데는 도움을 주지만 국가의 역할이나 기능에 대해서는 무관심한 측면이 있다고 비판받는다.

다원주의에서 국가는 사회적 집단들로 구성되어 있다고 이해한다. 집단들이 각각의 사회적 기능을 잘 수행하여 국가가 안정상태를 유지할 때는 문제가 없지만 사회적 위험이 있을 때 국가가 무엇을 어떻게 해야 하는지에 대한 설명이 부족하다. 둘째, 다원주의는 집단이 자유롭고 동등하게 정책결정자에게 접근할 수 있는 것처럼 가정하지만 실제는 그렇지 않다. 현실적인 예를 들어서 노동자 집단과 기업가 집단이 각 집단의 이해관계 때문에 정책입안자들에게 접근한다고 할 때 두 집단의 정책 입안자에의 접근가능성이 과연 동등할까 하는 것이다. 즉, 사회를 구성하는 집단은 반드시 기능적으로 협조적 관계에 있는 것이 아니라 경우에 따라서는 갈등관계나 지배·피지배의 관계에 있을 수도 있다. 이러한 관점에서 국가를 구성하는 각각의 집단이 동등하다고 전제하는 다원주의의 가정은 비판을 받을 수 있다. 셋째, 전술한 것처럼 다원주의자들은 집단이 동등하다고 전제하므로 집단 간의 상호작용 과정에서 정부는 중립적 심판자의 기능을 할 수 있다고 전제하지만 실제는 그렇지 않다. 앞서 예를 든 기업가 집단과 노동자 집단 사이에 갈등이 있다면 보수주의 정당이 집권한 경우는 기업가 집단의 입장을 대변할 가능성이 크고 진보주의 정당이 집권한 경우는 노동자 집단의 입장을 대변할 가능성이 크다. 즉, 국가가 중립적 입장에서 심판하는 것이 현실적으로 한계가 있을 수 있다. 넷째, 다원주의는 집단 간의 자유경쟁은 일반적 선 또는 공익에 기여할 수 있는 결과를 산출한다고 믿고 있지만 실제는 그렇지 않을 수 있다. 위에서 예를 든 기업가 집단과 노동자 집단의 경쟁은 노사분규와 같은 현실적 사례에서 찾아볼 수 있듯이 사회공공의 이익보다는 각 집단의 이익을 추구하려는 경향이 강할 수 있다. 다섯째, 기능주의에 바탕을 둔 다원주의는 기능주의가 사회변화를 설명하는 데 한계가 있는 것처럼 국가변화를 설명하는 데 한계가 있다. 즉, 다원주의는 현상적 국가를 이해하는 데 초점을 두고 국가변화를 설명하는 데 한계가 있으므로 체제 유지적인 보수주의적 이념이라고 비판받는다. 여섯째, 다원주의는 정책 결정과정에서 중요하게 작용할 수 있는 아이디어, 신념, 원칙 등이 정책 결정과정에 주는 영향을 과소평가할 수 있다.

2) 계급이론

기능주의에 대한 반발로 갈등주의가 등장한 것처럼 국가를 이해하는 데 있어 기능주의적 관점인 다원주의의 한계를 인식하면서 이에 대한 반발로 형성된 이론이 계급이론이다. 계급이론의 이론적 바탕은 마르크스의 변증법적 유물론인데 대표적 학자로는 마르크스(Carl Marx), 밀리밴드(Ralph Miliband), 풀란차스(Nicos Poulantzas) 등이 있다(김상균·김성이, 1994). 계급이론가들은 국가를 계급투쟁의 사회발전과정의 산물로 이해한다(권화현, 2010). 갈등이론은 사회에서 갈등과 착취를 통한 지배·피지배 집단의 등장은 필연적인 것으로 이해한다. 갈등관계에 있는 두 집단의 투쟁결과 한 집단이 다른 집단에 종속되는 현상이 나타나고 그 결과 지배집단이 종속집단을 지배하는 구조로 등장하는 것이 국가이다. 그러므로 국가는 다원주의에서 말하는 것처럼 국가를 구성하는 모든 집단의 이해관계를 대변할 수 없고 지배집단인 특정계급의 이익을 대변하게 된다. 계급이론적 입장에서는 사유재산제를 보호하는 국가는 공공을 위해서 행위하는 자율적이고 중립적인 구조인 것처럼 보이지만 실제로는 특정한 경제적 이익과 불가피하게 얽혀 있기 때문에 국가의 공평성을 주장하는 것은 한계가 있다고 본다.

계급이론은 다원주의 국가관의 현상 유지적이고 국가변화를 설명하는 데 있어서의 한계를 극복하는 시각을 제공하였다는 측면에서 긍정적으로 평가받고 있다. 즉, 다원주의에서 말하는 것처럼 국가는 기능적이고 안정적인 것이 아니라 갈등관계에 있는 집단 간의 지속적 투쟁의 결과로 변화하는 것이라는 시각을 형성하는 데 도움을 주었다. 하지만 이러한 계급이론도 다음과 같은 점에서 비판을 받는다(김성이·김상균, 1994). 첫째, 계급이론적 국가관은 계급들 사이의 이질성을 파악하는 데는 도움이 되지만 동질성을 파악하는 데는 한계가 있다. 국가를 구성하는 집단들은 이질적 측면도 있지만 동질한 특성도 내포하고 있다. 예를 들어서 위에서 본 자본가 계급과 노동자 계급은 경제적 측면에서 이해관계가 상충한다고 볼 수 있지만 자본가나 노동자 모두 각자의 가족의 안녕상태나 사회의 안녕상태를 원하는 공통점이 있을 수 있다. 하지만 계급이론적 관점은 집단 간의 갈등관계를 이해하는 데는 유용한 인식론적 틀을 제공하지만 집단 간에 나타날 수 있는 동질적 성격을 이해하는 이론적 틀은 제공을 하지 못하고 있다. 둘째, 계급이론은 계급지배로부터 야기된 자본주의 사회의 근원적 왜곡이 시정되면 인간사회의 문제가 쉽게 해결될 수 있다는 단순 낙관론적인 경향이 있다고 비판받는다. 실제 자본주의적 특성을 포기하고 사회주의적 국가를 표방하는 나라에서도 권력이나 자원의 배분에 있어서 불균형 현상이 나타나고 있고, 계급이론가들이 표방하는 이상적인 사회를 형성하는 데 성공한 국가가 세계적으로 아직까지 존재하지 않는다는 점은 계급이론이 지나치게 이상적인 것이 아닌가 하는 비판을 받게 한다.

3) 엘리트주의

엘리트주의는 계급이론적 국가관에 대한 반작용으로 등장하였는데 대표학자로는 파레토(Vilfredo Pareto), 모스카(Gaetano Mosca), 폰턴(Geoffrey Ponton) 등이 있다(김성이·김상균, 1994). 국가를 엘리트주의적 관점에서 이해하는 사람들은 자본주의든 사회주의든 간에 모든 사회는 통제하는 자와 통제받는 자로 구성될 수밖에 없다고 보고(Daloz, 2010), 통제하는 자와 통제받는 자의 관계가 구조적으로 형성된 것이 국가라고 이해한다. 엘리트주의의 중요한 이론 중의 하나는 '엘리트 순환론'인데, 엘리트 순환론은 국가변화라는 것은 국가를 지배하는 엘리트가 바뀌는 것에 불과하다고 이해한다.

엘리트주의에 따르면 사회에 통제하는 자와 통제받는 자가 나타나는 것은 당연한 귀결이고, 사회 내의 주요 갈등은 계급이론에서 말하는 지배·피지배 계급 간의 갈등이라기보다는 엘리트 집단 간에 발생하는 것으로 이해한다(박노영·이호열, 1984). 한 나라의 국가특성은 어떤 부류의 엘리트가 어떤 자원과 제도를 통제하는가와 관련되어 있다. 엘리트의 예는 경제 엘리트, 정치 엘리트, 행정 엘리트, 전문 엘리트, 지식 엘리트, 군부 엘리트, 과학 엘리트 등 다양하다. 특정 엘리트 집단이 유지되기 위해서는 엘리트가 변화하는 사회에 적응하기 위해서 노력해야 하고 사회의 자원이나 권력배분 구도에서 상대적 우위를 점하고 있어야 한다. 이러한 적응은 엘리트의 정당성을 지속적으로 쇄신하는 것에 의해서 기능하므로 엘리트는 다수가 아니라 소수가 되어야 한다. 즉, 엘리트주의적 관점에서 국가는 특정 엘리트 집단이 여러 엘리트 집단과의 경쟁에서 우위를 점하여 정권을 잡게 됨으로써 형성되는 것으로 이해할 수 있다.

실제 국가들에서 특정 엘리트 집단을 찾아볼 수 있다는 점에서 엘리트주의는 현실적으로 국가를 잘 분석하고 있다는 평가를 받는다. 예를 들어서 미국의 정치역사를 보면 케네디 가문이나 부시 가문에서 유명한 정치인이나 대통령을 배출한 사례를 볼 수 있는데, 이는 정치 엘리트의 존재를 보여주는 예가 될 수 있다. 한국의 정치역사에서 박정희 정권에서부터 전두환 정권 및 노태우 정권에 이르기까지의 역사는 다른 엘리트 집단 사이에서 군부 엘리트들이 정권을 장악한 것으로 이해할 수 있다. 이처럼 엘리트주의는 현실적 정치세계를 이해하는 데 도움을 주기도 하지만 다음과 같은 측면에서 비판받는다(김성이·김상균, 1994). 첫째, 엘리트주의는 엘리트가 왜 국가 행정에 관여하려고 하는지에 대한 동기를 설명하는 데 취약하다. 즉, 특정 엘리트 집단이 왜 정권을 장악하려고 노력하는가에 대한 설명은 엘리트주의 이론으로는 설명하는 데 한계가 있다. 예를 들어서 기업가가 정치권에 뛰어들어서 정권을 잡으려고 노력한다고 할 때 그들의 동기가 무엇인가에 대한 설명은 엘리트주의 이론으로는 설명되기 어렵다. 갈등이론에 기반을 둔 계급이론적 관점에서는 기업의 이익을 극대화하기 위해서 정치권에 영향력을 행사하기 위한 것으로 이해될 수 있다. 둘째, 엘리트주의가 서구 민주주의 국가에서 민주주의 제도가 지배 엘리트의 실질적 지배 및 권력을 은폐하는 데 기여했다고 비판받는다. 엘리트주의는 엘리트 간의 경쟁에서 우위를 점한 엘리트 집단이 정권을 잡는 것으로 이해하지만, 위에서 언급한 것처럼 왜 엘리트 집단이 정권을 잡으려고 하는지 동기를 이해하는 데는 한계가 있다. 실제 엘리트 집단이 정권을 잡으려는 동기가 사회공공의 이익보다는 자신이 속한 엘리트 집단의 이익을 극대화하기 위한 것이 더 클 수도 있는데, 엘리트주의는 이러한 동기적 부분을 설명하는 데 취약하다. 이처럼 엘리트가 정치에 관여하는 집단 이기적 동기가 있을 수 있는데도 불구하고 엘리트주의는 이것을 설명하지 못했기 때문에 실질적 지배 및 권력을 은폐하는 데 기여했다는 비판을 받고 있다. 셋째, 정치행태에 대한 개념적 정의와 측정도구의 불충분으로 엘리트주의 이론이 과학적으로 연구되는 데에 한계가 있다. 즉, 엘리트가 구체적으로 무엇이고 엘리트인지 아닌지를 어떻게 측정할 것인지가 명확하지 않기 때문에 실증적 연구에 한계가 있다.

4) 조합주의

조합주의는 국가가 경제 및 사회를 운용함에 있어 제한된 숫자의 중요한 소수의 이익집단과 협력관계를 유지한다고 이해한다. '중요한 소수의 이익집단'이라는 점에서 엘리트주의와 일맥상통하는 측면도 있지만 조합주의는 엘리트주의와는 차이가 있다. 엘리트주의에서는 엘리트 집단 간의 경쟁에서 우위를 점한 엘리트 집단이 국가의 경제 및 사회를 운용하는 주축이 되지만 조합주의에서는 하나의 이익집단이 국가를 운용하는 것이 아니라 중요한 소수의 이익집단과 협력관계를 유지하면서 운용한다는 점이 중요한 차이이다. 조합주의의 대표적 학자로는 슈미터(Philippe Schmitter), 리처드슨(Jeremy Richardson), 조던(Grant Jordan), 해리슨(Reginald J. Harrison) 등이 있다(김성이·김상균, 1994).

조합주의자들은 봉건사회도 일종의 조합주의 방식이 관철되었던 사회라고 인식한다. 즉, 봉건사회의 사회적 질서의 중심이 군주, 귀족, 시민 등의 3자의 공동협력의 조합적 성격에 의해서 유지되었다는 점에서 조합주의로 인식할 수 있다는 것이다. 조합주의는 국가가 경제 및 사회를 운용함에 있어서 국가의 적극적인 역할을 중요시한다. 즉, 국가는 사회를 운용함에 있어서 지배집단 단독으로 의사를 결정하는 것이 아니라 사회에서 영향력이 있는 소수의 중요한 이익집단과 협력관계를 유지하면서 운영하는 것으로 이해한다(Stepan, 1978). 국가 운영에 있어 이익집단의 대표성을 정치체계가 인정한다는 점에서 조합주의는 다원주의적 요소와 엘리트주의적 요소를 내포한다. 하지만 조합주의는 완전시장에 기초한 자유주의 시장경제의 이념을 부인한다는 점에서 다원주의와 반대되는 입장도 동시에 내포하고 있다. 전체적으로 조합주의는 다원주의와 엘리트주의의 장점을 조화롭게 융합하려는 시도로 이해될 수 있다(Clarke, 2004).

조합주의는 엘리트주의와 다원주의적 관점을 통합하여 국가에 대한 이해의 지평을 넓혔다는 평가를 받고 있다(김성이·김상균, 1994). 이러한 조합주의적 관점은 산업부분을 출발점으로 하여 생산의 계급관계를 복지에 대한 고려까지 확대해서 이해하는 인식론적 틀을 제공하였다. 조합주의적 복지제도 운영의 하나의 예가 노·사·정 위원회이다. 노·사·정 위원회는 노동자 대표, 사용자 대표 및 정치권 대표의 3개 단체의 대표가 국가의 정책입안 과정에 공식적으로 참여하는 형태이다. 이러한 다양한 단체의 협의체가 정책결정과정에 참여함으로써 계급이론에서 우려하는 특정집단의 이익을 대표하는 정책이 아니라 다양한 집단의 이익을 대변하는 정책형성이 가능할 수 있다. 이러한 조합주의적 관점을 통하여 국가복지와 관련된 정책과정에서 국가와 이해집단 간의 상호작용을 고찰하고 국가의 주요 정책결정과정에서 정책결정력과 영향력의 소재를 파악할 수 있다. 이러한 조합주의적 접근방식은 독일이나 프랑스와 같은 유럽의 대륙식 복지국가의 운영형태에서 그 실례들을 찾아볼 수 있다.

조합주의는 위와 같은 긍정적 측면에도 불구하고 국가를 설명하는 이론으로서 다음과 같은 한계도 있다(김성이·김상균, 1994). 첫째, 조합주의는 조합이 왜 국가 운용에 관여하게 되는지 조합의 정치참여의 동기를 설명하는 데는 한계가 있다. 계급이론적 입장에서는 조합이 정치에 관여하게 되는 동기가 특정 조합집단의 이익을 대변하기 위해서라고 설명이 가능하지만 조합주의적 관점에서는 조합의 정치참여 동기를 설명하는 데 한계가 있다. 둘째, 조합주의는 복지국가를 산업사회의 종속적 형태로 이해하는 경향이 있다. 조합주의적 정치형식의 대표적인 예가 위에서 설명한 노·사·정 위원회인데 노동자나 사용자는 산업사회에서 나타나는 집단으로 산업사회 이외의 농경사회의 국가형태를 설명하는 데는 한계가 있다. 셋째, 조합주의는 조합주의적 정책결정과정이 다른 유형의 정책결정과정과 어떻게 차이가 나는지를 확실하게 보여주는 데는 한계가 있다. 예를 들어 조합주의적 국가의 정책결정과정이 기능주의적 관점에서 정책을 결정하는 과정과 특별하게 차이가 나는 부분이 무엇인지를 설명하지 못한다. 이러한 한계는 조합주의에서 사용하는 용어들의 개념적 추상성과 조작적 개념화의 한계로 실증적인 과학적 연구에 한계가 있는 것에서 연유한다.

지금까지 환경체계로서의 국가의 특성을 이해하는 데 도움이 되는 정치학적 이론으로 다원주의, 계급이론, 엘리트이론, 조합주의 등의 정치과정론에 대해서 알아보았다. 이러한 정치과정론들은 복지국가의 형성과정 및 복지국가의 성격에 대한 이론적 인식틀을 제공한다는 점에서 긍정적 평가를 받고 있다. 하지만 정치과정론에 대한 비판론자들은 정치과정론이 복잡한 국가형성 및 정치과정을 지나치게 단순화해서 이해하는 경향이 있다고 비판한다.

요 약

　이 장에서는 환경의 이해에 도움을 주는 사회학적 이론과 정치학적 이론들을 살펴보았다. 사회학적 이론은 사회환경을 거시적 측면에서 이해하는 데 도움을 주는 총체적 접근과 미시적 측면에서 이해하는 데 도움을 주는 원소적 접근으로 나누어서 살펴보았다. 사회복지에서 환경을 고려할 때 국가는 중요한 환경적 요인이고 국가에 대한 이해가 사회복지정책 및 실천적 개입에 도움이 되므로 국가 환경을 이해하는 데 도움이 되는 다원주의, 계급이론, 엘리트주의, 조합주의 등의 정치과정론을 고찰하였다.

　사회학적 이론으로는 기능주의, 갈등주의, 상징적 상호작용주의 및 소집단 이론을 살펴보았다. 기능주의는 가장 널리 수용되는 사회학적 패러다임 중의 하나로 기능주의 입장에서 사회는 상호의존하는 부분들의 통합으로 이해된다. 기능주의는 사회를 이해하는 총체적 시각을 제공했다고 긍정적 평가도 받지만 현존하는 사회구조의 이해에 초점을 두므로 사회체계의 역사적 변화 또는 전개를 설명하는 데 한계가 있다는 비판도 받는다. 갈등주의는 어느 사회나 갈등이 존재하고 이러한 갈등이 사회변화의 주요원인이 된다고 이해한다. 갈등주의 이론은 사회 및 역사를 이해하는 총체적 시각을 제공한다는 점에서 긍정적 평가를 받지만, 이론이 총체적이기 때문에 갈등주의 이론의 주장을 경험적으로 검증하는 것이 용이하지 않고 갈등이론 전문가들이 지배집단과 종속집단 간의 갈등관계를 지나치게 부각하고 있다는 비판을 받는다. 상징적 상호작용주의에 따르면 상황의 의미는 사회적 상호작용의 산물이며 상황의 변화에 따라 의미가 달라지거나 재해석된다. 상징적 상호작용주의를 긍정적으로 평가하는 사람들은 상징적 상호작용주의가 기능주의나 갈등주의에 비해서 미시적인 원소적 접근을 취하고 있어서 사회에 대한 이해뿐 아니라 인간행위에 대한 이해를 할 수 있는 인식론적 틀을 제공한다고 평가한다. 반면 상징적 상호작용주의 이론은 이론의 분석단위가 개인이나 조직 등의 사회의 하위구조에 초점이 맞춰지기 때문에 미시적인 사회의 하위구조 간의 상호작용을 이해하고 설명하는 데는 도움이 되지만 거시적인 사회구조를 이해하고 설명하는 데는 상대적으로 한계가 있다. 소집단 이론의 기본전제는 '환경 속의 인간'으로 인간은 독자적으로 생존하는 것이 아니라 전 생애에 걸쳐서 주변 사람들과 상호의존하는 존재라고 인식한다.

정치학적 이론은 다원주의, 계급이론, 엘리트주의 및 조합주의에 대해서 살펴보았다. 다원주의자들은 사회학의 기능주의 학자들처럼 사회 내 집단은 단순한 개인의 집합이 아니라 나름대로의 의지를 가지고 살아 있는 유기체와 같아서 역동적 역할을 수행하고 있다고 가정하므로 국가 또한 기능적인 유기체적 집단으로 구성되어 있는 것이라고 이해한다. 계급이론가들은 국가를 계급투쟁의 사회발전과정의 산물로 이해한다. 엘리트주의에 따르면 사회에 통제하는 자와 통제받는 자가 나타나는 것은 당연한 귀결이고, 사회 내 주요 갈등은 계급이론에서 말하는 지배·피지배 계급 간의 갈등이라기보다는 엘리트 집단 간에 발생하는 것으로 이해한다. 조합주의는 국가가 경제 및 사회를 운용함에 있어 제한된 숫자의 중요한 소수의 이익집단과 협력관계를 유지한다고 이해한다. 이러한 정치과정론들은 복지국가의 형성과정 및 복지국가의 성격에 대한 이론적 인식틀을 제공한다는 점에서 긍정적 평가를 받고 있지만 정치과정론에 대한 비판론자들은 정치과정론이 복잡한 국가형성 및 정치과정을 지나치게 단순화해서 이해하는 경향이 있다고 비판한다.

• 상징적 상호작용론이 기능주의나
  갈등주의와 다른 차이점은 무엇인가?

• 환경을 설명하는 사회학적 이론에서
  기능주의와 갈등주의의 특징을 설명하고
  각 이론의 장단점에 대해서 논하시오.

• 사회환경을 설명하는 이론들인 기능주의, 갈등주의, 상징적
  상호작용주의, 소집단이론 중에서 본인이 가장 지지하는 이론을
  하나 고르고 지지하는 논리적 근거를 설명하시오.

- 국가환경에 대한 설명이론인 다원주의와 계급이론의 특징을 비교 설명하고, 본인이 개인적으로 더 지지하는 이론이 무엇인지를 밝히고 논리적 근거를 설명하시오.

- 인간발달 과정에서 가족과 집단의 중요성에 대해서 논하시오.

- 엘리트주의와 조합주의의 특성을 비교 설명하고, 두 이론 중에서 본인이 더 지지하는 이론이 무엇인지 밝히고 논리적 근거를 설명하시오.

사회환경의 이해
— 사이버환경

> 모든 공간은 필연적으로 특정 공동체의 산물이기 때문에 사이버스페이스
> 역시 그것이 유래된 사회를 반영한다. 최종적이거나 최상의 공간 개념
> 같은 것은 존재하지 않는다. 오로지 이러한 끊임없이 환상적인 현상들의
> 새로운 측면을 부단히 발견해 나가는 끝없는 과정만이 있을 뿐이다. 진정
> 한 의미에서 우리는 우리의 공간 개념의 산물인 것이다.
> — Margaret Wertheim(박인찬, 1999, p. 393).

사회환경에 대한 두 번째 부분인 제10장에서는 사이버환경에 대해서
고찰한다. 인간행동과 사회환경을 비롯한 대부분의 사회복지 관련 영역에
서 수용하는 '환경 속의 인간' 관점에서 알 수 있는 것처럼 환경은 인간의
성격이나 행동에 지대한 영향을 준다. 전통적으로 사회복지분야에서 환경
이란 자연환경을 비롯하여 국가 및 지구촌과 같은 거시환경 및 가족이나
학교와 같은 미시환경과 같은 가시적 공간을 중심적으로 다룬다. 하지만
최근 컴퓨터와 인터넷의 발달에 따라 급속하게 확장되고 있는 사이버공간

과 인간의 성격 및 행동에 관련한 논의는 아직까지 매우 일천한 수준이다.

현대사회를 살아가고 있는 우리는 상당부분 이미 사이버공간에서 생활하고 있다. 전통시장이나 백화점에서 하던 쇼핑을 현재는 인터넷으로 하고, 은행에 직접 찾아가서 예금관리를 하던 것을 현재는 인터넷 뱅킹을 통해서 한다. 심지어 인터넷 뱅킹만 가능한 인터넷 은행도 생겼다. 즉, 과거에 물리적 공간에서 진행되던 여러 인간행동이 이제는 사이버공간에서 진행되고 있다. 이러한 사이버공간의 확장으로 인해 과거에는 물리적 공간에서의 상호작용의 결과에 따라 영향을 받던 인간의 성격이나 행동의 많은 부분이 시간이 갈수록 사이버공간에서의 상호작용의 영향을 받을 확률이 높아지고 있다. 요리를 하다가 모르는 부분이 있으면 사이버공간에 질문하고, 운동을 하다가 방법을 잘 모르면 역시 사이버공간에 질문을 하거나 관련 동영상을 찾는다.

장단점이 있을 수는 있지만 사이버공간이 확장되고 이 공간에서 인간이 생활하는 시간이 늘어날수록 인간행동은 사이버환경의 영향을 더 많이 받을 수밖에 없다. 따라서 이 장에서는 사이버환경에 대해서 초보적 수준에서나마 체계적으로 살펴보기 위해서 사이버공간의 역사와 사이버공간의 등장이 일으킨 제4차 산업혁명이라고 불리는 급격한 사회변화의 특징을 살펴보고, 마지막으로 사회복지적 함의에 대해서 고찰해 본다.

이 장의 구성

1. 사이버공간의 역사
2. 사이버공간과 사회변화
3. 사이버환경과 사회복지적 함의
 • 요약 • 토론과제

1 사이버공간의 역사

우주공간의 시작에 대한 견해는 다양할 수 있지만 우주론자들에 의하면 공간의 시작은 약 150억 년 전의 큰 폭발, 즉 빅뱅이다. 다시 말해, 빅뱅 이후 공간이 급속하게 팽창하여 오늘의 우주공간을 형성한 것으로 이해된다. 최근의 사이버공간의 확산은 우주공간의 시작인 빅뱅에 견줄 만한 엄청난 속도로 그 영역을 급속하게 확장해 나가고 있다. 동시대를 살아가는 사람들은 몇 십 년 전만 해도 존재하지 않았던 사이버공간의 급속한 팽창을 경험하고 있다.

사이버공간의 시초는 미국 국방부의 자금지원으로 선진연구사업국 (ARPA, Advanced Research Projects Agency)에서 1969년 10월에 개발한 세계 최초의 컴퓨터 네트워크인 '아르파넷'(ARPANET)이다. 아르파넷은 전화선을 통해 처음으로 UCLA와 스탠퍼드연구소에 있는 두 대의 컴퓨터를 연결하였고, 같은 해 12월에는 UC 샌타바바라와 유타대학교의 컴퓨터를 연결하여 총 4개의 사이트로 이루어진 최초의 사이버공간이 형성되었다(박인찬, 1999). 이렇게 시작된 아르파넷 사이버공간의 사이트 수는 1972년에는 29개로 늘어났으나, 최초 시작된 지 10년이 경과한 1979년까지도 사이트 수는 총 61개까지 증가하는 데 그쳤다(박인찬, 1999).

하지만 아르파넷은 국방부에서 개발된 점에서 미루어 짐작할 수 있듯이 외부의 사람들은 이용하는 것이 제한되어 있었다. 시간이 지날수록 민간네트워크의 필요성이 증가하였고, 드디어 1980년에 미국의 국립과학재단(National Science Foundation, 이하 NSF)의 지원으로 미국의 컴퓨터학과들을 전국적으로 연결하는 CS 네트(Computer Science Network)가 아르파넷과 연결되었다. 향후 늘어난 새로운 네트워크들도 아르파넷에 연결되었고, 결국에는 전 세계적인 인터넷 네트워크로 확장되기 시작하였다. 다양한 네트워크가 하나로 연결되면서 네트워크들 간에 정보교환이 원활하게 일어날 수 있도록 표준화된 절차가 필요하게 되었고, 이러한 표준화된 기준을 '인터넷 프로토콜'이라고 부르면서 인터넷이란 용어가 처음으로 등장하게 된다(박인찬, 1999).

NSF가 전국의 대학을 연결하는 네트워크를 구축하기 시작한 1985년부터 사이버공간은 급속도로 팽창하기 시작하였고, 이렇게 확장된 NSF 네트워크는 아르파넷을 대신하여 인터넷의 기반으로 자리 잡게 된다. NSF 네트 이후로 사이버공간이 급속하게 팽창하고 성장의 속도가 가속화되었다는 점에서 NSF 네트의 등장은 사이버공간의 역사에서 하나의 전환점으로 간주된다(박인찬, 1999). 사이버공간의 빠른 증가에 힘입어 1998년에 월드와이드웹(world wide web)은 3억 개가 넘는 페이지를 가질 정도로 성장하였다.

2000년대에 들어와서 사이버공간은 기하급수적으로 팽창하고 있으며, 동시대를 살아가는 우리들은 시간의 상당부분을 사이버공간에서 보내고 있다. 모두에서 언급한 것처럼 사람들은 옷, 책, 화장품, 항공권, 컴퓨터 등 거의 모든 것을 사이버공간에서 매매할 수 있을 정도로 사람들의 생활과 밀접하게 연결되어 있다. 인터넷에 자기 자신의 사이버공간을 만들고 물리적인 공간이 아닌 사이버공간에서 친구를 사귀고 대화하는 것도 가능한 세상이 되었다. 예견되는 바로는 사이버공간 영역의 크기나 사람들이 사이버공간 안에서 보내는 시간 및 인간행동에 대한 사이버공간의 영향력은 향후 점점 더 증가할 것이다.

앞에서 살펴본 것처럼 미국에서 1969년에 정보통신기술에 대한 국가적 개입이 시작된 반면, 우리나라의 경우 사이버공간의 등장 및 정보통신기술의 본격적 도입 시기는 미국보다는 상대적으로 늦었다. 정원모(2017)에 따르면 우리나라에서는 1985년에 PC통신 서비스를 처음으로 시작하였고, 1987년에 한국전산원을 개원하고 국가기관 전산망 기본계획을 수립하였으며, 1993년에는 초고속정보통신의 기반을 구축하였다. 1994년에는 우리나라에서 인터넷 상용 서비스가 시작되고, 정보통신부 발족과 함께 전자상거래 서비스가 개시되었다.

1990년대 사이버공간의 중요한 패러다임이 인터넷이었다면, 2010년대에는 스마트폰과 SNS(*social network service*)로 변화하였다. 이러한 변화는 정부와 국민의 소통에도 변화를 가져와 청와대 미투데이, 트위터, 페이스북 계정이 등장하고, 전 중앙부처에도 트위터나 페이스북 계정을 신설하면서 과거에 대면으로 이루어지던 것을 현재는 공식적인 온라인 대변인을 세우기까지 이르렀다. 정부의 이러한 변화에서 살펴볼 수 있듯이 우리나라 국민생활의 전 분야에서 사이버공간에서 스마트폰과 SNS를 통한 소통이 점차적으로 증가하고 있는 추세이다.

2 사이버공간과 사회변화

1) 사이버공간의 등장과 일상생활의 변화

존재하지 않았던 사이버공간의 등장은 사람들의 생활에 많은 변화를 초래했다. '시티즌'(*citizen*)이란 용어의 변형인 '네티즌'(*netizen*)이란 말이 등장할 정도로, 동시대를 살아가는 사람들은 물리적인 공간인 도시에서 생활하는 것에 머물지 않고 네트워크로 연결된 다양한 사이버공간에서 생활하는 존재가 되었다. 시티즌은 편지를 우체국을 통해서 상대방에게 전달한 반면 네티즌은 이메일(e-mail)을 통해서 보다 신속하게 상대방에게 의사전달을 할 수 있다. 이메일에서 한 걸음 더 나아가 최근에는 다양한 SNS가 등장하면서 이동통신 이용자들은 컴퓨터가 아니더라도 휴대전화를 통해서 문자메시지나 음성통화를 할 수 있게 되었다.

사이버공간은 대학교의 학생들이나 교수들의 생활에도 많은 영향을 미쳤다. 도서관 이용을 예로 들면, 글쓴이가 대학을 다니던 1980년대 중반만 하더라도 도서관에 소장하고 있는 자료를 찾으려면 직접 도서관을 가야 했다. 지금 이 책으로 공부하고 있는 독자들은 아마도 상상하기 어렵겠지만 하나의 책을 찾기 위해서 도서관에 가서 도서 목록표가 정리된 서랍에서 책의 위치를 파악한 다음, 도서관 서고에 들어가서 책을 열람하거나 도서관 사서를 통해서 대출을 하였다. 당시는 사이버공간이 보편화되지 못했기 때문에 모든 것이 전산화되기 이전이었다. 하지만 현재 대학교 구성원들은 자료를 찾을 때 직접 도서관을 찾아가지 않아도 컴퓨터나 모바일 기기를 통해서 도서관 웹사이트에 접속해 직접 학술지 논문이나 전자책을 다운로드할 수 있다. 과거에는 자기가 속한 학교의 도서관 이용이 기본이었지만, 현재는 접근권한만 있다면 한국의 다른 지역에 있는 대학의 도서관은 물론 외국에 있는 도서관에도 접근해서 필요한 자료를 온라인으로 열람하는 것이 가능해졌다. 이처럼 사이버공간의 등장은 대학생활 모습의 변화에도 지대한 영향을 미쳤다.

사이버공간의 등장은 사람의 상호작용 및 관계형성 방식에도 막대한 영향을 미쳤다. 과거에는 면대면 상호작용이 일반적이었다고 하면,

사이버공간의 등장으로 이메일이나 문자서비스를 통한 상호작용은 물론 각종 SNS를 통한 화상통화를 이용한 원거리 면대면 상호작용이 일반적 현상으로 자리 잡고 있다. 과거에 물리적 공간에서 일어나던 면대면 상호작용은 지리적 거리나 참가자 수 등에 있어서 제약이 있을 가능성이 높았던 반면, 사이버공간에서의 상호작용은 지리적 거리감이나 참가자 수에 있어서 자유롭기 때문에 상대적으로 대규모의 인터넷 커뮤니티가 형성될 가능성이 높다.

사이버공간은 방송이나 신문 등의 대중매체의 운영방식에도 영향을 주었다. 과거에는 가정이나 회사에서 신문을 정기적으로 구독하였다. 즉, 거의 모든 신문이 인쇄된 기사를 독자들에게 전달하였다. 하지만 사이버공간의 등장은 신문기사를 인터넷 기사로 만들어서 독자들이 기사를 다운로드해서 읽을 수 있도록 하였다. 이러한 변화는 사람들의 생활양식에도 변화를 가져왔다. 하나의 예를 들면, 인터넷 신문이나 시사주간지가 등장하기 전에는 지하철에는 신문을 파는 사람들이 분주하게 다녔고 승객의 상당수는 신문을 사서 읽었다. 하지만 현재 지하철에서는 신문을 파는 사람이나 인쇄된 신문을 읽는 승객의 모습을 찾아보기는 매우 어렵다. 대신 승객들은 휴대전화를 비롯한 모바일 기기를 통해서 원하는 기사를 찾아서 읽거나 게임을 한다.

사이버공간의 등장은 사람들의 경제생활에도 변화를 가져왔다. 먼저 기업의 경우 사이버공간을 통해서 제품을 홍보하거나 판매하는 비중이 점차 증가하고 있다. 과거에는 백화점이나 시장을 통해서 제품을 판매하였는데, 최근에는 사이버공간을 통한 온라인 판매 비중이 급격하게 증가하고 있다. 또한 소비자 입장에서도 사이버공간을 통해 상품을 구입하는 비중이 증가하고 있다. 이러한 변화는 온라인 구매와 직간접적으로

제 10 장 사회환경의 이해 — 사이버환경

연결되어 있는 택배 등의 물류운송분야에도 영향을 주고 있는 것으로 판단된다. 이처럼 사이버공간의 등장은 인간생활의 다양한 측면에 직간접적인 영향을 주면서 생활양식의 상당부분을 바꾸어 가는 중이다.

2) 사이버공간과 4차 산업혁명

현재 정치, 사회, 경제 등 거의 모든 분야에서 진지하게 거론되고 있는 것이 4차 산업혁명이다. 4차 산업혁명의 시대가 ICT(*information and communication technology*), 즉 정보통신기술을 통한 디지털 혁명에 기반을 둔 물리적, 디지털공간 및 생물학적 공간의 기술적 융합의 시대라는 점을 고려할 때, 사이버공간의 등장은 지금까지 큰 사회적 변화를 초래한 1차, 2차, 3차 산업혁명에 준하는 4차 산업혁명이라고 불릴 만큼 광범위한 사회적 변화를 사람들에게 가져올 것임을 예고하고 있다(정원모, 2017). 4차 산업혁명이 기업들이 새롭게 개발한 상품을 판매하기 위한 마케팅 전략이라는 비판도 있지만(최항섭, 2017), ICT 기술에 융복합과 창의가 더해진 4차 산업혁명이 혁신적인 변화를 초래할 것이라는 점에 대해서는 논란의 여지가 없는 듯하다(임호, 2017).

4차 산업혁명의 이해를 도모하기 위해 인류 역사상 혁명으로 이름 붙여질 정도의 급격한 사회적 변화를 초래한 1차, 2차, 3차 산업혁명에 대해서 살펴보고 4차 산업혁명에 대해서 살펴보고자 한다. 18세기의 1차 산업혁명은 석탄이나 석유 등 고에너지 화석연료를 사용하는 증기기관의 발명으로 기계적 생산을 위한 동력 차원의 혁명이었다(송경진, 2016). 이러한 동력 차원의 혁명은 증기기관차의 발명으로 운송과 이동을 확대시키게 되는데, 이러한 운송과 이동의 증가는 사회간접자본인다리, 터널, 항만 등의 건설로 연결되어 광범위한 사회적 변화를 초래하였다. 1차 산업혁명은 수력 및 증기기관을 활용한 기계 발명을 통해 초기 자동화를 통한 기계적 생산을 가능하게 하면서 인간생활에 큰 변화를 초래하였다.

19세기에서 20세기 초에 시작된 2차 산업혁명을 한 마디로 요약하면 '자동화'이다(송경진, 2016). 에너지 차원에서는 석탄이나 석유보다 효율성이 높은 전기에너지를 사용하기 시작하였고, 품질기준이나 작업방식 등의 표준화와 컨베이어벨트 생산방식이 도입되면서 노동분업을 통한 대량생산이 가능하게 되었다. 이러한 대량생산은 특정 국가의 잉여산물을 국가들이 서로 교역하게 되면서 국제적인 연결성의 확대를 가져왔고, 이러한 현상은 기계를 사용한 대량생산의 확대를 유지 발전시키며 노동의 분업과 연결성을 더욱 촉진하는 결과를 낳았다. 2차 산업혁명으로 가능해진 대량생산은 인간에게 물질적 풍요를 가져다주었지만, 지나친 노동분업이나 기계화를 통한 생산과정은 노동착취나 인간소외로 연결되는 부작용을 낳기도 하였다.

20세기 후반부에 시작된 3차 산업혁명의 가장 큰 특징은 '디지털화'이다(송경진, 2016). 앞에서 살펴본 것처럼 1969년 아르파넷이 개발된 이후 인터넷 기술이 급속히 발전되고 컴퓨터 기술혁신과 모바일 기기의 발전으로 본격적인 IT(*information technology*) 시대가 열렸다. 3차 산업혁명 시기에는 전자장치의 활용을 통해 더욱 정교한 자동화 생산이 가능해졌고, 디지털 자동화가 확대되면서 사람과 사람, 사람과 사물, 사람과 기계 간의 연결성이 급증하게 되었다.

현재 진행되고 있는 4차 산업혁명이 정확하게 무엇이고 어떻게 전개될 것인지에 대해서는 아직까지 명확하게 일치된 의견은 없다(최항섭,

281

제 10 장 사회환경의 이해 — 사이버환경

2017). 하지만 일반적으로 4차 산업혁명이 "3차 산업혁명을 기반으로 한 디지털, 생물학, 물리학 등의 경계가 없어지고 융합되는 기술혁명(임호, 2017, p.8)"이고, 그 특징을 한 마디로 요약하면 '융복합'이 될 것이라는 점에 대해서는 대부분의 학자들이 동의한다(정원모, 2017; 최항섭, 2017). 4차 산업혁명 시기에는 3차 산업혁명 시기에 확장된 사이버공간과 정보통신기술(ICT)을 바탕으로 자동화와 연결성이 극대화 되면서 국가 간 경계와 장벽이 없어지고 초(超)연결성을 기초로 한 비즈니스모델과 디지털기술을 기반으로 상품 및 서비스의 거래가 네트워크를 통해서 이루어지는 플랫폼 경제(platform economy)가 확대된다(임호, 2017). 이 시기에는 육체노동 뿐 아니라 빅데이터 분석이나 처리 등 지금까지 인간이 담당해 오던 지적인 사무노동의 상당부분을 인공지능(AI, artificial intelligence) 로봇이 대체할 것으로 예측되고, 연결성이 사물과 사물까지 확대되어 인간이 없이도 자동화된 생산이 가능한 '스마트 팩토리'(smart factory)의 등장으로 생산방식의 혁명적 전환이 일어날 것으로 예견된다(김정희·조원영, 2017; 송경진, 2016).

클라우스 슈밥(Klaus Schwab)에 의하면 4차 산업혁명을 선도할 기술로는 무인기(드론), 3D 프린팅, 첨단로봇공학, 신소재와 같은 물리학 기술, 사물인터넷(IoT, internet of things), 블록체인(block chain) 기술, 공유경제(sharing economy) 또는 온디맨드(on demand) 경제라는 디지털 기술, 그리고 유전공학, 합성생물학, 바이오프린팅과 같은 생물학 기술 등이 포함된다(Schwab, 2016). 이러한 4차 산업혁명을 가능하게 하는 기술들은 3차 산업혁명까지의 영향처럼 경제 및 산업구조 측면에서뿐만 아니라 자연생태계, 소비생활, 노동시장 구조, 삶의 질, 사회시스템 등 인간생활의 전반적인 영역에 폭 넓고 지대한 영향을 미치게 될 것으로 전망된다(임호, 2017).

하지만 4차 산업혁명으로 인한 인간생활의 변화가 모두 장밋빛이지는 않다. 4차 산업혁명과 관련해서 예상되는 가장 비관적인 전망은 노동수요의 감소와 기존 직무 및 일자리의 소멸이다. 4차 산업혁명에 따라 모든 일자리가 줄거나 소멸하는 것은 아니지만, 4차 산업혁명이 초래할 노동력 대체기술의 발달로 전반적인 일자리가 줄어들고, 노동시장 내부에서 일자리 경쟁이 치열해지면서 노동시장의 양극화 현상이 나타날 것으로 예상된다(임호, 2017). 이러한 노동시장의 양극화는 소득 양극화로 이어질 것이고, 종국에는 사회계층 격차의 확대로 연결될 수 있다. 소득 격차와 사회계층 격차는 향상된 삶의 질을 향유할 수 있는 기회의 불평등을 초래하여 문화적 소외 현상이나 사회적 배제 현상이 심화되어 삶의 질 격차가 발생하고 유지될 위험이 있다(임호, 2017).

결론적으로 사이버공간은 4차 산업혁명을 가능하게 하는 중요한 요소의 하나이다. 즉, 앞에서 슈밥이 언급한 4차 산업혁명을 선도할 기술들 중에서 사물인터넷, 블록체인 기술, 공유경제 또는 온디맨드 경제 등 상당부분이 사이버공간과 관련되거나 이를 통해서 실현되는 기술이다. 이상에서 살펴본 것처럼 사이버공간은 인간생활을 혁신적으로 변화시킬 4차 산업혁명의 주요한 요소이므로 사회복지 차원에서 관심을 가져야할 환경적 요인임은 분명하다.

3) 4차 산업혁명과 사회변화

4차 산업혁명의 영향으로 초래될 가까운 미래사회의 특징은 초연결성, 새로운 공동체, 다원화와 개인화, 새로운 삶의 질 기준 등으로 요약

된다(김미옥 외, 2017; 송경진, 2016). 4차 산업혁명의 결과로 예상되는 이러한 사회변화는 긍정적 측면도 있지만, 인간 행복이나 복지를 저해하는 요인으로 작용할 수 있으므로 사회복지 차원에서 이러한 변화의 긍정적 측면과 부정적 측면을 이해할 필요가 있다.

첫째, 4차 산업혁명이 가져올 사회는 초연결성이 있고 초지능화된 사회일 것으로 예상된다(송경진, 2016). 사회복지 측면에서 초연결성 사회의 긍정적 측면은 다양한 욕구에 대해서 사전 예측이 가능하고 실시간 사정을 통해서 대상에 맞는 필요한 맞춤형 서비스의 신속한 제공이 가능하다는 점이다. 초연결성은 취약계층의 서비스 접근성을 촉진하는 결과를 가져올 것으로 예상된다. 초연결성의 이러한 긍정적 측면에도 불구하고 다음과 같은 부정적 측면도 예상된다. 지나친 초연결성은 사람들의 의지와 상관없이 자신의 일상적 생활이 외부나 타인에 의해서 지배당하기 쉽다. 또한 인터넷을 사용하지 않거나 초연결성 네트워크에 포함되어 있지 않은 집단들은 구조적으로 배제되거나 지속적으로 소외될 위험이 크다. 더불어 초연결성이 제공하는 정보의 지나친 풍요가 사회복지 실천에서 필요로 하는 선택과 집중을 방해하는 요인으로 작용할 가능성도 있다.

둘째, 4차 산업혁명은 사이버공간을 통하여 시간과 거리를 초월할 수 있는 인간관계에 기초하여 새로운 공동체의 형성을 가능하게 한다(송경진, 2016). 이러한 공동체는 취미생활을 공유하는 인터넷 동호회로부터 특정 목적을 달성하기 위한 집단행동 수행을 목적으로 하는 시민사회의 정치참여 활동의 형태 등으로 다양하게 나타나고 있다. 이러한 긍정적 측면과 더불어 새로운 공동체의 급속한 출현은 이러한 변화 속도에 따라가지 못하고 소외되는 사람들을 증가시킬 수 있는 위험도 있다(김미옥 외, 2017).

셋째, 4차 산업혁명은 사이버공간을 통한 다양한 집단과 개인의 등장의 결과로 극대화된 다원화와 개인화를 초래할 가능성이 있다(송경진, 2016). 사이버공간 활동을 통한 이러한 변화는 주류 및 비주류의 경계를 약하게 하고, 소수집단의 권력에 대한 접근성을 높이며, 물리적 공간에서 가시성에 의해서 강제되는 정체성으로 해방될 수 있는 기회를 제공한다. 한편 극대화된 다원화와 개인화는 사회적 갈등과 혼란을 초래할 위험이 있고, 개인 중심적 존재 방식을 고수하여 자발적 소외를 유도할 위험도 있다(김미옥 외, 2017).

넷째, 융복합이 특징인 4차 산업혁명은 다양한 형태의 공생이 가능한 탈성장적인 생태주의 이데올로기를 강조하고, 인간다운 삶의 질의 구성요소로 물질적 풍요보다는 정신적 풍요를 강조하는 새로운 삶의 질에 대한 기준을 제시한다(송경진, 2016). 반면 일자리나 소득 양극화로 인한 사회계층 불평등이 심화되고, 초연결성과 기대치가 높아진 세상에서 나타나는 이러한 불평등 양상은 사회구성원의 전반적인 삶의 의미를 위협할 확률이 높다.

이처럼 4차 산업혁명은 우리 삶에 긍정적 영향을 줄 것으로 예상되지만, 동시에 노동시장 양극화, 소득 양극화, 사회계층 불평등 심화, 소외 등 부정적 영향도 있을 것으로 예측된다. 4차 산업혁명이 초래할 긍정적 측면과 더불어 그 이면에서 예상되는 노동시장 축소, 사회계층 격차의 확대, 문화적 소외와 사회적 배제 현상들을 고려할 때 사회복지학도들은 4차 산업혁명이 초래할 사회변화에 대한 이해를 통해서 사회복지적 함의를 고찰해 볼 필요가 있다.

사이버환경과 사회복지적 함의

사이버공간이 사람의 성격 및 행동에 미치는 영향이 있음에도 불구하고 지금까지 인간행동과 사회환경을 고려할 때 사이버공간과 인간행동의 관계에 대한 체계적인 접근은 거의 이루어지지 않았다. 이러한 한계를 염두에 두고 이 장에서는 사이버공간의 역사, 사이버공간으로 인한 일상생활의 변화, 사이버공간과 4차 산업혁명 및 이로 인해 이미 경험하고 있거나 가까운 미래에 예견되는 급속한 사회변화에 대해서 간략하게 살펴보았다. 여기서는 이러한 변화들이 사회복지분야에 던지는 함의에 대해서 고찰해 보고자 한다. 사이버공간 및 4차 산업혁명의 영향과 이로 인한 일상생활 및 사회변화가 사회복지분야에 줄 것으로 예상되는 영향 및 함의는 다음과 같다.

첫째, 사이버공간은 다양한 SNS를 제공한다. 물리적 공간에서 사회적 관계가 행동이나 성격형성에 영향을 주는 것처럼 SNS를 통해서 형성된 사회적 관계도 SNS 이용자의 다양한 측면에 영향을 준다. 실제로 청소년들이 SNS를 통하여 다양한 사회적 관계를 형성하고, 이러한 온라인 사회적 관계를 통하여 형성된 사회적 자본이 청소년들의 삶의 만족도에 긍정적 영향을 준다는 연구결과도 있다(박소영·조성희, 2015). 노인들 사이에서도 SNS 상에서 형성된 온라인 사회적 관계가 우울에 영향을 미친다는 연구결과도 있는데, 구체적으로 온라인 사회적 관계 수준이 높은 노인들의 우울수준이 상대적으로 낮은 것으로 나타났다(윤현숙 외, 2016). 이러한 연구결과들은 SNS를 통한 사회적 관계도 물리적 공간에서 형성된 사회적 관계처럼 사람들의 삶의 만족도나 정신건강에 영향을 준다는 점을 보여주고, 사회복지 실천영역에서 삶의 만족도 증진이나 우울증 완화를 위해서 SNS를 통한 개입도 효과가 있다는 점을 보여준다. 지금까지 사회복지 개입이 물리적 공간의 사회적 관계 중심으로 이루어 졌다면, 향후 4차 산업혁명시대에는 온라인 사회적 관계에 대한 실천적 개입의 중요성이 점점 더 증가할 수 있다.

하지만 SNS의 이러한 긍정적 영향 이외에도 부정적 영향을 줄 수도 있다. 사이버공간이 없을 때에는 사람들의 사회적 관계는 물리적 공간에 서 이루어졌지만, 현대인들은 하루 시간의 상당한 부분을 사이버공간에 서 보내며 SNS를 통하여 다양한 사회적 관계를 형성한다. 위에서 살펴본 것처럼 SNS를 통한 사회적 관계가 삶의 만족도나 우울에 긍정적 영향을 준다는 결과와 더불어, SNS 상의 친구 수, 즉 온라인 사회적 관계가 많을수록 SNS를 더 많이 사용하고 SNS 중독 가능성이 높다는 연구결과 가 있다(신혜선·윤석희, 2017). SNS 중독도 하나의 중독이기 때문에 DSM-5(APA, 2013)에서는 관심을 가져야 하는 정신질환의 하나로 포함 되었으며 SNS 중독이 자존감, 불안, 대인관계 등 심리사회적 특성들과 상관관계가 있는 것으로 나타나(윤명숙·박완경, 2014; 황희은·김향숙, 2015), SNS 중독에 대한 예방 및 치료 이슈는 사회복지 실천적 측면에서 반드시 관심을 가져야 하는 분야이다.

둘째, 사이버공간의 확장과 ICT의 발달은 물리적 공간에서 시행되 어 온 다양한 치료 및 예방 개입방법들을 사이버공간을 통해서 제공하는 것을 가능하게 하였다. 전통적으로 인지행동치료는 우울을 비롯한 정동 장애에 많이 적용되고 효과가 입증되어 온 개입방법인데, 주로 물리적 공간에서 상담자와 내담자가 만나서 진행되어 온 치료방법이다. 사이버 공간 및 ICT의 발달은 물리적 공간에서 진행되어 오던 인지행동치료를 온라인으로 제공하는 것을 가능하게 하였다. 우리나라에서도 인터넷 기반 인지행동치료에 대한 연구가 상당수 있고, 효과가 치료자 개입수준 등의 치료요소에 따라서 다양하게 나타나지만 향후 적용할 가능성은 높은 것으로 평가되고 있다(박선영 외, 2016). 미국의 경우에도 인터넷으로 시행되는 인지행동치료 방법을 우울증이 있는 사람들을 대상으로 시행한 결과 통제집단보다 우울 치료 확률이 높았고, 치료의 효과도 8개월 정도 지속되어 통제집단과 비교할 때 유의미하게 효과가 있는 것으로 나타났다(Kessler et al., 2009). 컴퓨터를 이용한 방법과 유사하게 이동통신수단을 통한 인터넷 접근에 기반을 둔 주기적 우울증상에 대한 인지치료기법도 개발되어 적용되었는데, 이 또한 효과적이라는 평가가 나왔다(Bockting et al., 2011; Szigethy et al., 2018). 이러한 인터넷 상에서 제공되는 인지행동치료는 상담자와 내담자가 온라인상에서 만나서 진행되는데, 효과성에 대한 평가는 약간의 차이는 있지만 대체로 효과가 있다고 평가되고 어떤 연구에서는 대면해서 진행되는 인지행동치료에 못지않은 효과가 있다는 평가도 있다(Andersson, 2009).

이러한 긍정적 평가에도 불구하고 인터넷을 통한 인지행동치료는 컴퓨터와 전산망이 있는 사람들만을 대상으로 할 수 있다는 한계가 있으므로 인터넷 접근성에 한계가 있는 특정 계층이나 연령층을 배제하는 부작용이 있을 수 있으므로 적용할 때 유의해야 한다. 또한 아직까지 효과성 평가가 초보적 단계라서 지속적인 평가를 통해 증거기반 실천이 가능할 정도로 효과성에 대한 경험적 자료 및 평가가 필요하다.

셋째, 사이버공간의 확장과 ICT의 발달은 다양한 치료를 애플리케이션〔application, 이하 앱(app)으로 줄여 씀〕으로 만들어서 현실에 적용하는 것을 가능하게 하였다. 이러한 시도는 미국을 중심으로 활발하게 진행되고 있는데, 아마도 우울과 불안 등의 정동장애를 대상으로 한 다양한 치료 앱들이 가장 많을 것으로 판단된다. 우울과 불안을 대상으로 한 앱이 가장 많은 이유는 아마도 미국의 18세 이상 인구의 18.1%에 해당하는 약 4천만 명 정도가 매년 우울이나 불안으로 어려움을 겪고 있는 것으로 나타나기 때문일 것이다(ADAA, 2018). 어느 인터넷 사이트(https://www.care2.com)에 따르면 가벼운 우울이나 불안 증상에 대한 자가개입을 위해서 개발된 앱은 'Happify', 'Koko', 'Insight Timer', 'Headspace', 'Flowy', 'Start', '7 Cups of Tea', 'Calm', 'Mind-Shift', 'MoodKit', 등 무려 10가지에 이르고, 앱에 따라서 효과성의 차이가 있기는 하지만 일반적으로 자기조절이나 통제가 가능한 대상자들에게는 우울이나 불안증상에 대해서 효과가 있는 것으로 평가된다(McCracken, 2017).

영국을 중심으로 자살예방을 위해 개발된 'Stay Alive' 앱이 다양한 앱스토어를 통해서 다운로드가 가능하여 전 세계적으로 이용이 가능하며(Stay Alive, 2018), 미국의 경우에도 NIMH(National Institute of Mental Health)의 약물남용 및 정신건강 서비스청(SAMHSA, Substance Abuse and Mental Health Services Administration) 주도하에 대학생들의 캠퍼스 자살을 예방하기 위한 앱 개발 연구과제가 발주되기도 하였다(SAMHSA, 2018). 치료 앱을 개발하고 적용하고자 하는 시도는 한국의 경우도 예외는 아니다. 한국에서도 인지행동치료를 기반으로 청소년의 우울정서를 측정하고 관리하는 앱(유정선 외, 2017) 개발이나 스마트폰 앱 콘텐츠 개발(박정선 외, 2016)이 이루어지고 있으므로 효과성 평가가 이루어진 다음에는 적극적 현실적용이 예상된다. 예를 들어 우울증 치료를 위해서 개발된 웃음치료 모바일 앱인 '스마힐링'은 한국에서 개발되었으며 개발 당사자들의 평가에 따르면 그 효과성 또한 있다고 나타났다(배소미 외, 2017).

이러한 자살예방이나 심리치료를 위한 앱 프로그램들의 장점은 물리적 공간에서 진행되는 개입에 비해 접근성이 용이하다는 점이지만, 컴퓨터나 모바일 기기에 대한 접근성을 전제로 하고 기기 이용능력이 담보되어야 한다는 점에서 한계가 있기도 하다.

넷째, 4차 산업혁명이 초래할 사회변화의 결과로 예상되는 초연결성이나 빅데이터 생산은 사회복지분야의 사정이나 개입에 상당한 변화를 가져올 것으로 예상된다. 빅데이터는 개인이나 가족 및 관련된 개인이나 가족의 사회경제적 관계 및 요소들에 대한 다양한 정보를 가지고 있으므로, 이러한 정보를 활용한다면 물리적 공간에서 전통적으로 시행되어 오는 대면 사정(assessment)의 양상을 변화시킬 가능성이 있다(김미옥 외, 2017). 즉, 가구원 수 대비 소득수준 및 세금수준 정보를 통해서 경제적인 사정이 가능하고, 연간 의료서비스 이용횟수 및 지출비용 정보를 통해서 건강 및 의료 욕구를 사정하는 것이 가능할 것이다. 실제 빅데이터와 인공지능 등 4차 산업혁명이 초래할 기술적 변화들은 경제적 빈곤문제를 해결하는 데도 도움이 될 것으로 예측된다(배수연, 2018).

4차 산업혁명이 가져올 사회변화는 이러한 사정의 양상을 변화시킬 뿐 아니라 사회복지서비스 전달의 과정 및 관계에서 큰 변화를 초래할 가능성도 있다. 빅데이터를 통한 경제적 사정이나 건강에 대한 사정은 당사자가 서비스 전달기관으로 찾아오는 전통적 사례관리 방법에 변화를 주고, 미래사회에서는 빅데이터 사정을 통해서 욕구가 있다고 파악되는 대상자들에게 적극적으로 찾아가는 사회복지서비스 전달체계가 이루어질 가능성이 있다(최현수·오미애, 2017).

욕구사정과 개입과정에서의 이러한 변화는 다양한 욕구에 대해서 사전 예측이 가능하고 개별적 욕구에 대한 맞춤형 서비스의 제공이 가능하며, 정보가 부족한 취약계층의 경우도 서비스 접근성이 확대된다는 측면에서 긍정적인 측면이 있다. 하지만 사람들이 자신의 정보에 대해서 자기도 모르는 사이에 통제력을 상실하고, 인터넷이나 전산화된 서비스로부터 소외된 집단에 대한 배제가 심화될 수 있으며, 객관적으로 지표화하기가 어려운 주관적 서비스 욕구에 대한 파악이 어려우므로 체계적인 개별화된 서비스의 한계가 있을 수 있다.

다섯째, 4차 산업혁명이 가져온 인공지능(AI), 사물인터넷(IoT), 생체인터넷(IoB, *internet of biosignal*), 증강현실(AR, *augmented reality*) 및 로봇기술의 발달은 사회복지를 포함한 다양한 관련 분야에 변화를 초래할 것으로 예상된다. 한 예로 우울증 환자 치료를 위해서 인공지능, 생체인터넷 및 증강현실 기술을 복합하여 개발된 융합 기반 자가인지 행동치료(Self-CBT, *self-cognitive behavioural therapy*) 서비스 모델이 있다(곡세홍 외, 2017). 이 서비스 모델은 우리나라에서 급증하는 우울증 환자 대비 치료율이 낮다는 점을 감안해서 4차 산업혁명 기술들을 복합적으로 적용하여 구상한 앱으로 개인에게 맞춤화된 치료 방안을 제시해 준다는 점에서 향후 발전 및 적용 가능성이 높다. 인공지능과 사물인터넷 및 생체인터넷 기술을 로봇기술과 접목하여 노인, 장애인, 아이들에 대한 돌봄 기능을 로봇이 대체할 가능성도 있다(최항섭, 2017). 또한 사이버공간의 확장 및 ICT의 발전으로 섬이나 산간지역의 잠재적 의료서비스 이용대상자들을 중심으로 한 원격 의료시스템이 개발되고 시행되고 있다. 보건복지부에서 시스템 도입 및 시행 결과를 보면, 병원에 가기 힘든 노인과 장애인, 도서지역 거주자, 선원 등 많은 국민들의 불편을 덜어주는 효과가 있다고 판단되어서 향후 더 확장될 가능성이 있다(보건복지부, 2018).

사회복지분야 및 사회복지사 직업은 4차 산업혁명과 연관된 사회변화 이후에도 유지될 것으로 예상되는 직업 중의 하나이므로(정원모, 2017), 사회복지분야는 체계적으로 4차 산업혁명과 급변하는 사회에 효과적으로 적응할 필요가 있다. 앞에서 살펴본 부분은 현재 문헌들이나 기록들을 통해서 고찰할 수 있는 범위 내에서 살펴본 것이므로, 앞에서 언급한 것들 외에도 사이버공간 확장 및 4차 산업혁명의 영향으로 예견되는 사회복지분야의 변화는 많을 것이다. 사회복지 개입을 위한 사정이나 개입에 있어서의 변화와 접근성의 증진 등 긍정적 측면들이 많지만, ICT로부터 소외된 계층이나 연령층에 대한 사회적 소외현상 내지 비인간화 문제 등이 일어날 수도 있다. 이러한 장점과 단점들을 고려할 때 사이버공간 및 4차 산업혁명에 대한 체계적인 대응을 통해서 증거 기반 실천이 가능할 수 있도록 경험적 데이터를 축적해 나가면서, 축적된 실증적 데이터를 바탕으로 급변하는 사회에 대비한 사회복지분야의 과학적인 대비가 이루어져야 할 것이다.

요 약

이 장에서는 사이버환경과 사회복지에 대해서 고찰하였다. 사이버공간의 역사와 사이버공간의 등장과 4차 산업혁명으로 인한 급격한 사회변화의 특징을 살펴보고, 사회복지적 함의에 대해서 고찰해 보았다.

사이버공간의 시초는 1969년에 미국에서 개발한 세계최초의 컴퓨터 네트워크인 '아르파넷'이다. 1980년에 CS네트가 아르파넷과 연결되었고, NSF가 전국의 대학을 연결하는 네트워크를 구축하기 시작한 1985년부터 사이버공간은 급속도로 팽창하기 시작하여 1998년에 월드와이드웹으로 성장하였다. 우리나라에서도 사이버공간은 빠르게 확장되고 있으며, 사이버공간 영역의 크기나 사람들이 사이버공간 안에서 보내는 시간 및 인간행동에 대한 사이버공간의 영향력은 향후 점점 더 증가할 것으로 예측된다.

사이버공간의 등장은 일상생활에 다양한 변화를 초래하였다. '네티즌'이란 말이 등장할 정도로, 동시대를 살아가는 사람들은 물리적인 공간인 도시에서 생활하는 것에 머물지 않고 네트워크로 연결된 다양한 사이버공간에서 생활하는 존재가 되었다. 사이버공간은 일상생활뿐만 아니라 사람들 사이의 상호작용 및 관계형성 방식에도 지대한 영향을 미쳤으며, 신문이나 방송 등 대중매체의 운영방식, 그리고 경제생활도 변화시켰다.

사이버공간의 확장을 기반으로 4차 산업혁명을 선도하는 물리학 기술, 디지털 기술, 생물학 기술의 급격한 발전은 3차 산업혁명까지의 영향처럼 경제 및 산업구조 측면에서만 영향력을 나타내는 것이 아니라 자연생태계, 소비생활, 노동시장 구조, 삶의 질, 사회시스템 등 인간생활의 전반적인 영역에 폭 넓고 지대한 영향을 미치게 될 것으로 전망된다.

이러한 4차 산업혁명이 초래할 미래사회의 특징은 다음과 같다. ① 초연결성이 있고 초지능화된 사회, ② 사이버공간을 통하여 시간과 거리를 초월한 새로운 인간관계와 공동체의 형성이 가능한 사회, ③ 다원화와 개인화가 극대화될 가능성이 있는 사회, ④ 다양한 형태의 공생이 가능한 탈성장적인 생태주의 이데올로기를 강조하고 물질적 풍요보다는 정신적 풍요를 강조하는 새로운 삶의 질에 대한 기준을 제시하는 사회 등으로 요약할 수 있다.

사이버환경과 4차 산업혁명과 관련하여 고려해 볼 수 있는 사회복지적 함의에 대해서는 ① 사이버공간이 제공하는 다양한 SNS를 통한 사회적 관계도 사람들의 삶의 만족도나 정신건강에 영향을 준다는 점과, 사회복지 실천영역에서 삶의 만족도 증진이나 우울증 완화를 위해서 SNS를 통한 개입도 효과가 있다는 점을 보여주었고, ② 사이버공간의 확장 및 ICT 발달은 물리적 공간에서 진행되어 오던 인지행동치료를 온라인으로 제공하는 것을 가능하게 하였으며, ③ 다양한 치료 앱을 만들어 현실에 적용하는 것을 가능하게 하였고, ④ 4차 산업혁명이 초래할 사회변화의 결과로 예상되는 초연결성이나 빅데이터 생산이 사회복지분야의 사정이나 개입에 상당한 변화를 가져올 것으로 예상되며, ⑤ 4차 산업혁명이 초래할 빅데이터, 인공지능, 사물인터넷, 생체인터넷, 증강현실 및 로봇기술의 발달은 사회복지를 포함한 다양한 관련 분야에 변화를 가져올 것으로 예상된다. 이러한 변화는 사회복지 개입을 위한 사정이나 개입에 있어서의 변화와 접근성의 증진 등 긍정적 측면들이 많지만, ICT로부터 소외된 계층이나 연령층에 대한 사회적 소외현상이나 비인간화 문제 등이 일어날 수도 있다는 점에 유의하여야 한다.

토론

• 사이버공간의 역사를 설명하고, 역사적 단계에
  따라서 달라진 인간생활의 변화에 대해서 논하시오.

• 4차 산업혁명의 특징을 정리해
  보시오.

• 사이버공간의 확대와 4차 산업혁명이
  인간생활에 초래하는 변화를 고찰하시오.

• 4차 산업혁명의 결과로 예견되는 다양한 변화들이
  사회복지 영역에 미칠 영향 및 함의에 대해서 논하시오.

체계 간 상호작용에 대한 이해

　제2부의 3장부터 8장까지가 개인체계 내적 요소들에 초점을 두고 인간행동 및 성격의 형성을 이해하는 데 도움이 되는 이론들을 살펴보았다면, 제3부의 9장과 10장은 개인체계 외적 요소들인 환경에 대한 이해 부분이다. 제9장에서는 사회환경과 정치환경에 대해서 살펴보고 제10장에서는 새로운 환경으로 등장하면서 인간행동에 다양한 영향을 주고 있는 사이버공간을 탐색적 수준에서 살펴보았다. 이러한 이론들을 통하여 개인체계 내적 요소들과 사회·정치환경 및 사이버환경을 이해할 수 있었다. 인간행동과 사회환경의 기본전제는 '환경 속의 인간'(persons in environment)으로 이는 개인체계와 환경체계 간의 상호작용을 전제로 한다. 지금까지 살펴본 이론들이 개인체계 내적 요소와 환경체계를 중심으로 살펴본 것이라면 이 장에서 살펴볼 이론들은 체계 간의 상호작용이나 항상성을 이해하는 데 도움을 주는 이론들이다.

　체계 간의 상호작용을 설명하는 이론으로는 대표적인 것이 생태체계이론이 있다. 생태체계이론은 일반체계이론에 생태학적 이론을 접목한 것으로 이해할 수 있다. 그러므로 이 장에서는 일반체계이론과 생태학적 이론에 대한 간략한 고찰을 통하여 생태체계이론의 특징을 살펴보고, 체계 간의 상호작용이나 항상성에 기반을 둔 스트레스-코핑 모형, 앤더슨 모형 및 스티그마 형성 및 유지 메커니즘을 설명하는 이론을 살펴봄으로써 개인체계 내적 요소와 환경적 요소 간의 항상성 유지의 메커니즘을 이해하는 데 도움을 주는 것을 목표로 한다.

이 장의 구성

1. 생태체계이론
   1) 이론의 배경
   2) 이론의 기본가정
   3) 이론의 주요개념
   4) 이론의 현실적용

2. 생태체계적 관점의 이론들(체계 간의 상호작용 · 항상성에 바탕을 둔 이론들)
   1) 스트레스-코핑 모형
   2) 앤더슨 모형
   3) 스티그마 형성과 유지

   • 요약   • 토론과제

1 생태체계이론

제 1장과 2장에서 강조한 것처럼 사회복지학은 전통적으로 인간과 환경 간의 상호작용을 강조하는 환경 속의 인간이라는 관점을 강조한다. 환경 속의 인간이라는 관점은 개인체계 내적 요소나 환경체계 요소들에 대해서 독립적으로 접근하기보다는 양자 간의 상호작용에 대한 이해가 중요하며 이러한 체계 간의 상호작용을 통해서 인간행동과 성격형성을 설명할 수 있다고 가정한다(von Bertalanffy, 1968; 1981; Dale et al., 2010). 환경 속의 인간이라는 관점에서 체계 간의 상호작용에 대한 역동성을 가장 잘 설명해 줄 수 있는 이론 중의 하나가 생태체계이론이다.

생태체계이론은 개인체계와 사회체계에 관한 일반체계이론의 주요개념을 사용하면서 생태학적 관점을 도입한 이론이다(Franklin, 2002). 일반체계이론의 기본적 개념을 수용하고 있으므로 생태체계이론은 일반체계이론과 유사한 면이 많다. 하지만 일반체계이론이 추상적이고 분석적인 수준에 머무르는 반면 생태체계이론은 생태학적 관점을 도입하여 인간과 환경 간의 동적관계를 상호작용 또는 항상성의 유지라는 측면에서 분석적으로 고찰할 수 있는 인식틀을 제공하였다. 생태체계이론이 일반체계이론과 생태학적 이론에 바탕을 두므로 생태체계이론을 고찰하기 위해서는 바탕이론들로서 일반체계이론과 생태학적 이론을 살펴볼 필요가 있다.

제 11 장 체계 간 상호작용에 대한 이해

1) 이론의 배경

생태체계이론의 이론적 틀은 일반체계이론과 생태학적 이론에 있다. 원래 체계이론은 18세기 물리학 영역에서 출발하여 주로 자연과학분야에서 발달한 이론이다. 이러한 자연과학적 이론이 20세기에 와서 버탈랜피(Ludwig von Bertalanffy)에 의해서 인간과 환경체계를 이해하는 일반체계이론으로 발달하였다(von Bertalanffy, 1968; 1981).

일반체계이론은 자연과학적 체계의 개념을 개인과 사회적 환경체계에 접목함으로써, 인간과 환경체계 사이에 이루어지는 상호작용과 상호관계를 설명하는 데 유용한 이론으로 자리 잡게 되었다. 일반체계이론에서 말하는 체계란 독특한 방식으로 상호작용하고 상호의존하는 부분들로 구성된 전체를 뜻한다. 즉, 체계는 체계 내부적으로 상호작용을 통하여 하위체계 구성요소 간에 서로 영향을 미치는 복합체인 동시에 외부적으로 상위체계와도 지속적으로 교류하는 부분이다. 자연과학과 사회과학적 특징을 접목한 일반체계이론은 복합적인 인간 및 사회적 현상에 과학적 접근을 하는 이론적 틀을 제공하였다는 점에서 의의가 있다.

하지만 일반체계이론은 너무 추상적이고 체계의 구성요소 간 상호작용이 왜 일어나는지를 설명하는 메커니즘의 부족으로 현실적 사회현상을 실증적으로 설명하는 데는 한계가 있다는 비판도 받았다. 요약하면, 일반체계이론은 체계 간의 상호작용적 측면에 초점을 맞추어서 체계의 구성요소들 간의 순환론적 인과관계를 이해하는 데 기여한 반면, 체계가 왜 상호작용하게 되는지 설명하는 데는 한계가 있었다. 이러한 일반체계이론의 한계를 극복하는 데 기여를 한 것이 생태학적 관점이다.

일반체계이론이 체계의 범위를 주로 인간과 사회환경체계에 초점을 둔 반면(von Bertalanffy, 1968; 1981), 생태학적 관점은 인간과 사회환경을 둘러싸고 있는 자연환경도 체계를 구성하는 부분으로 인식한다(Dickens, 2004; Franklin, 2002). 생태학적 관점에서 인간관은 환경과 상호작용하고 다른 사람과 관계를 맺는 인간의 능력은 타고난 것이라고 가정한다.

일반체계이론에서는 인간 및 체계가 왜 상호작용하는지에 대해 설명하는 데 한계가 있었는데, 생태학적 관점에서는 체계 간에 균형과 항상성이 유지되지 못할 때 균형과 항상성을 회복하기 위하여 하위체계가 상위체계에 적응하거나 상위체계가 하위체계에 영향을 주기 때문에 상호작용이 일어난다고 가정한다. 즉, 생태학적 이론은 체계 간에 불균형이 생겼을 때 항상성(*equilibrium*)을 회복하기 위해서 상위체계와 하위체계 간에 상호보완적 작동구조가 유발되고, 유기체는 환경과 분리될 수 없고 상호작용하므로 유기체와 환경을 통합적 체계로 이해한다.

지금까지 살펴본 것처럼 사회현상을 체계 간의 상호작용의 복합체로 이해하는 일반체계이론의 바탕 위에 체계 간의 상호보완성과 항상성의 유지를 위해서 상호작용이 생긴다는 설명을 하는 생태학적 관점이 도입되게 되고 그 결과 생태체계이론이 형성된다. 그러므로 생태학적 이론이 유기체와 환경을 분리해서 이해할 수 없는 통합적 체계로 이해하는 것처럼 생태체계이론에서는 개인, 사회체계, 자연체계를 분리해서 이해할 수 없고 상호보완하며 항상성이 유지되어야 하는 통합적 체계로 이해한다(Germain, 1991).

2) 생태체계이론의 기본가정

일반체계이론과 생태학의 영향을 받은 생태체계이론에서는 인간을 환경과 분리해서 생각할 수 없는 총체적 존재로 인식한다(Dickens, 2004; Franklin, 2002; Germain, 1991). 이러한 맥락에서 생태체계이론적 입장에서는 인간과 환경은 분리해서 이해될 수 없으며 인간의 몸, 인간이 구성하는 사회체계 및 자연환경체계는 상호의존적 성격을 가지고 있어서 체계 간의 항상성 유지를 위해서 지속적으로 상호작용하는 상호보완적 관계(reciprocal relationship)를 유지한다고 이해한다. 생태체계이론적 관점에서는 무의식 결정론이나 유전적 결정론, 환경결정론 등은 인간의 성격과 행동을 전체적으로 설명할 수 없고, 인간의 성격과 행동은 인간이 환경적 요구에 적응하고 환경을 자신의 욕구에 맞게 수정 변화시키는 과정에서 형성되고 발달된다고 여긴다.

생태체계이론은 인간이 나면서부터 환경 속에서 효과적으로 기능할 수 있는 능력이 있다는 낙관론적 인간관을 가진다. 즉, 인간은 개인체계 내적 요소로부터 분출되는 요구와 자기가 속한 환경체계의 요구를 개인과 환경 간의 항상성이 회복·유지될 수 있도록 상호교류할 수 있는 자율성과 자기규제능력을 지니고 있는 존재이다. 생태체계론적 입장에서 인간과 환경은 항상성 유지를 통해서 상호작용하면서 하나의 통합적 체계를 형성하게 되므로 개인은 자연환경과 사회적 상황 속에서 이해될 수 있고, 인간의 성격이나 행동적 특성은 개인과 환경 사이의 상호작용의 산물이다(Germain, 1991).

3) 생태체계이론의 주요개념

(1) 체계 및 체계 간의 상호작용

체계란 서로 관련을 맺고 상호작용하는 요소들의 집합이다(Ashford et al., 2001). 생태체계이론에서 체계는 개인체계와 환경체계로 나누어 볼 수 있다. 개인체계는 인간의 행동이나 성격에 영향을 주는 신체적 요소, 심리적 요소, 행동적 요소 등으로 구성되어 있다. 심리적 요소는 세분하면 정서적 요소, 인지적 요소 등으로 나누어 볼 수 있다. 환경체계는 사회체계와 자연환경체계로 대분해 볼 수 있다. 사회체계란 인간이 살아가면서 속해 있는 다양한 공동체를 얘기하는 것으로 가족, 친구, 또래집단, 지역사회 등과 같은 미시적 사회체계와 정부, 국가, 세계 등의 거시적 사회체계로 나누어 이해할 수 있다. 향후 생태체계이론에서 환경체계 부분에 추가적으로 고려되어야 할 부분은 지금까지 고찰한 물리적 환경들에 추가적으로 사이버공간과 인간행동에 대한 부분일 것이다.

개인체계와 사회체계는 자연환경에 속해서 영향을 주고받으면서 변화되고 존속된다. 예를 들어, 기후는 그 지역의 산업이나 사람들의 생활양식을 결정하는 주요 요인이다. 온대기후에 속한 국가의 산업, 주택형태 등은 열대기후나 사막기후의 국가와는 다르게 나타난다. 하지만 인간은 자연의 영향만을 받는 것이 아니라 자연에 적응하면서 살아가기도 한다. 예를 들어, 홍수가 자주 일어나는 지역에서 홍수방지 차원에서 다목적 댐을 세운다거나 사막지역이지만 관개용수 시설을 확충하여 사람이 살기에 적합한 지역으로 바꾸는 경우도 있다. 이러한 생태체계이론에서 말하는 체계와 체계 간의 상호작용을 그림으로 나타내면 〈그림

11-1〉과 같다.

자연체계의 영향은 인간생활 양식을 결정할 만큼 지대하지만 인간
행동과 사회환경이 사회과학의 한 부분으로서 논의되는 것이므로, 여기
서는 자연체계의 중요성을 인지한 상태에서 개인체계와 사회체계에 대
해서 간략하게 살펴본다. 이 교과목의 제목인 '인간행동과 사회환경'에
서, 인간행동과 사회환경의 개념이 문자 그대로의 의미보다 광범위한
것처럼, 이 교재에서 사회환경이라고 하면, 가족과 지역사회부터 거시
적인 국가 및 정치환경과 같은 전통적인 '환경'의 개념과 더불어 환경으로
서의 사이버공간까지 포함하는 개념이므로, '사회체계'라고 할 때는 물

그림 11-1　　　생태체계이론의 도식적 표현

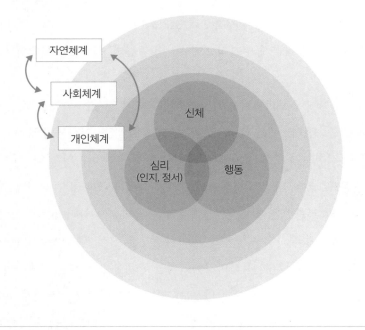

리적 공간과 사이버공간을 포괄하는 개념이다.

〈그림 11-1〉에서 나타난 것처럼 개인체계는 사회체계에 속하여 서로 상호작용하면서 유지 존속된다. 개인체계는 사회체계의 영향을 받기도 하지만 개인체계도 하위체계를 포함하는 것으로 이해할 수 있다. 예를 들어서 모든 인간은 신체적 요소가 있고 인지·정서와 같은 심리적 요소 및 체계 간의 상호작용의 주요 통로가 되는 행동적 요소가 있다. 인지행동이론에서 살펴본 것처럼 개인체계 내적 요소들은 독자적으로 존재하는 것이 아니라 개인체계 내적 요소들 간에도 상호작용이 존재한다. 특정 객체에 대한 개인의 인지적 평가는 그 사람의 그 객체에 대한 정서적 반응이나 행동적 특성을 형성하는 데 영향을 준다. 강아지라는 객체에 대해서 '예쁘다'라는 인지를 가진 사람은 강아지를 보면 우울, 불안과 같은 부정적 정서보다는 긍정적인 정서적 반응을 가지게 되고, 행동적으로도 강아지를 피하는 회피행동보다는 강아지를 한번 쓰다듬어 주는 접근적 행동을 나타낸다. 하지만 강아지에 대해서 '무섭다'라는 인지를 가진 사람은 강아지를 보면 불안할 것이고 행동적으로는 피하려고 하는 회피행동을 나타낸다. 이처럼 개인체계 내적 요소들 사이에도 상호작용이 존재한다. 이러한 상호작용을 유발하는 자극인 강아지는 물리적 공간에 있는 실제 강아지 일 수도 있고 사이버공간의 사진이나 동영상일 수도 있다.

사회체계는 사회체계를 구성하는 개인체계나 소집단 체계 등의 구성 부분들을 초월하여 존재하는 집합체로서 가족, 지역사회, 국가, 지구촌까지도 포함하며, 상당수의 현대인이 사이버공간에서도 활동하는 점을 감안할 때 현대적 의미의 사회체계에는 사이버공간도 환경에 포함해

제11장 체계 간 상호작용에 대한 이해

야 할 것이다.

　　전통적 사회체계는 일반적으로 1차집단과 2차집단으로 나누어 볼 수 있다. 1차집단은 가족이나 친구처럼 관계 자체가 목적이 되는 집단이고 2차집단은 기업처럼 관계 자체의 목적보다는 집단이 공동으로 추구하는 목적을 중시하는 집단으로 이해할 수 있다. 체계를 구성하는 기본단위라고 볼 수 있는 개인체계는 이러한 1차집단이나 2차집단에 복합적으로 속해서 생활하는 경우가 많다. 가족을 예를 들어서 설명하면 일반적으로 가족체계는 핵가족의 경우 가족을 구성하는 개인체계인 부모와 자녀들의 가족구성원으로 형성되고 확대가족의 경우 조부모까지 포함하게 된다. 가족체계를 구성하는 개인체계는 가족에 속해 있으면서 다양하게 또 다른 사회체계와 소통하는 경우가 많다. 예를 들어서 아버지와 어머니는 직장이나 친목단체 등의 사회체계와 소통하고 자녀들은 학교라는 사회체계와 그리고 조부모들은 친목단체나 노인복지관 등의 사회체계와 소통한다. 가족이라는 사회체계는 혈연에 기반한 물질적, 정서적 교류를 가능하게 할 뿐 아니라 특정 가족의 구성원이 된다는 것은 가족 구성원들의 정체감에도 영향을 준다. 예를 들어서 '집안'의 전통이나 가훈이 그 가족 구성원의 정체감 형성에 영향을 주고 이러한 정체감은 한집에서 생활한다는 물질적 경계를 제공할 뿐 아니라 가족체계에 '소속감'을 통하여 정서적 유대를 강화하는 역할을 하기도 한다. 1차집단인 가족에 속한 개인체계가 친목단체나 직장에 속해서 생활하는 것에서 살펴볼 수 있는 것처럼 개인체계는 1차집단이나 2차집단에 속해서 서로 상호작용하면서 살아간다. 이처럼 생태체계이론은 개인체계는 가족과 같은 1차집단이나 직장과 같은 2차집단에 속하고, 가족이나 직장은 더 광범위한 사회체계인 지역사회, 나아가서는 국가 및 지구촌과 상호작용하는 사회체계의 하나로 이해하는 데 필요한 인식틀을 제공한다.

(2) 체계의 구조적 특성: 경계와 공유영역

생태체계이론에서 체계란 정보, 에너지. 자원 등을 체계 내·외적으로 교환하면서 다른 체계와 관계를 맺으면서 역동적으로 존재하는 실체를 일컫는다(Germain, 1991). 일반적으로 체계는 다른 체계와 소통이 개방적인 개방체계와 소통이 폐쇄적인 폐쇄체계로 나누어 생각해 볼 수 있다. 개방체계란 다른 체계와 에너지, 정보, 자원 등을 상호교류하는 체계로, 체계 내 구성원들이 환경 또는 다른 체계들과 빈번한 상호작용을 하는 사회체계를 말한다. 폐쇄체계란 다른 외부체계들과 상호교류가 없거나 혹은 교류할 수 없는 체계로, 폐쇄체계에서는 구성원들이 주로 그 체계 안에서만 상호작용을 하고 체계 밖의 환경 혹은 다른 체계와는 상호작용을 하지 않는다. 이론적으로 폐쇄체계는 특정 체계 안의 에너지, 정보, 자원 등이 외부체계로 나갈 수가 없으며, 외부로부터 유입되는 에너지, 정보, 자원 등도 없는 상태를 말한다. 하지만 실존하는 대부분의 체계는 완전히 폐쇄적이거나 완전히 개방적으로 양분할 수 있는 것이 아닌 경우가 대부분이다. 다시 말하면 현실적으로는 완전한 개방체계나 완전한 폐쇄체계가 존재하기가 힘들며 일반적으로 모든 체계는 개방체계와 폐쇄체계의 연속선상에 위치하는 경우가 많다. 물리적 공간의 개방체계와 폐쇄체계는 사이버공간에서도 회원관리 방식이나 사이트에 대한 접근성 허용범위 정도 등에 따라서 유사하게 존재한다.

체계 간에는 대상체계를 중심으로 상위체계와 하위체계가 존재하며 각 체계들 간에는 위계가 존재하는 경우가 많다. 예를 들어서 가족체계를 대상체계로 본다면 가족체계를 구성하는 가족구성원은 하위체계로 이해할 수 있고, 가족이 속한 지역사회체계는 가족체계의 상위체계로 이해할 수 있다. 생태체계이론 관점에서 이러한 체계들 사이에는 경계와 공유영역이 존재한다. 경계란 외부환경으로부터 대상체계를 구분해 주는 일종의 테두리로 위에서처럼 대상체계, 상위체계 및 하위체계로 구분하는 것도 체계 간에 경계가 있기 때문에 가능한 것이다. 경계는 또한 체계와 체계 사이에 이루어지는 상호작용의 특징을 구분해 주고, 특정 체계의 경계 내에 있는 구성요소들이 다른 체계의 경계 내에 있는 구성요소들과 차별화되는 특성을 형성하는 것을 가능하게 하고 나아가 구성원들의 정체성을 형성하고 유지하는 데 기여한다. 경계와 함께 이해해야하는 것이 '공유영역'이다. 공유영역은 두 개 이상의 체계가 함께 공존하는 부분으로 체계 간의 교류가 일어나는 곳이다. 다시 말해서 공유영역은 어떤 대상체계가 상위체계나 하위체계와 교류하면서 만들어지는, 상호작용하는 과정에서 공유된 영역이다. 경계와 공유영역이 다른 점은 경계가 각 체계의 정체성을 유지하기 위해 필요한 것이라면, 공유영역은 서로 다른 두 체계가 공통의 이익이나 관심을 추구하기 위해 필요하다는 것이다.

(3) 체계의 안정 및 변화 특성

체계는 안정을 유지하려는 속성과 변화하려는 속성을 동시에 내포한다(Ashford et al., 2001). 즉, 어떤 체계든 완전한 변화나 완전한 현상유지상태로 존재하지 않고 항상 유지하려는 속성과 변화하려는 속성을 동시에 가진다. 체계의 이러한 속성을 진화적 속성이라고 하는데, 진화적 속성을 설명하는 개념에는 균형, 항상성, 안정상태, 호혜성 등이 있다. 체계는 균형, 항상성 유지, 안정상태 유지, 그리고 호혜적 과정을 통해서 안정을 유지함과 동시에 점진적으로 변화하는 특성이 있는데 각각의 개념에 대해서 살펴보면 다음과 같다.

균형은 체계가 고정된 구조를 가지고 주위 체계와 교류를 하지 않아서 체계의 구조 변화가 거의 없는 고정된 평형상태를 말하는데, 주로 폐쇄체계에서 나타난다. 예를 들면 패쇄적 관료조직이나 엘리트 집단은 변화보다는 현상 유지를 가장 바람직한 상태로 여기며 다른 조직이나 집단과 거의 교류를 하지 않으면서 자신들의 조직이나 집단을 유지하려고 하는데, 이러한 상태를 균형이라고 한다.

균형이 폐쇄체계에서 나타나는 균형상태라면 항상성은 개방체계에서 나타나는 균형상태라고 이해할 수 있다. 항상성이란 체계가 환경과 지속적으로 상호작용하면서 정적 균형보다는 다른 체계와의 관계하에서 적응하고 변화하면서 역동적 균형을 이루고 있는 상태로 이해할 수 있다. 균형과 유사한 점은 체계의 구조가 크게 달라지지 않는다는 점이지만 균형과의 차이점은, 균형에서는 체계 간 교류가 없는 반면 항상성 상태는 체계 간에 역동적 교류가 있지만 체계의 구조가 크게 달라지지 않는다는 점이다. 항상성의 긍정적 기능은 체계에 안정을 줄 뿐 아니라 외부 체계와의 상호작용을 적절히 수행하면서 외부의 영향에 일방적으로 영향을 받는 것이 아니라 외적 영향을 적절히 조정·통제함으로써 체계를 혼란과 무질서로부터 보호한다는 점이다. 일반적으로 체계는 무조건적 변화를 이루기 전에 체계 자체의 균형을 유지하려는 속성이 있다. 즉, 체계는 변화의 속성과 안정의 속성이 동시에 존재하지만 일반적으로 변화속성보다는 안정의 속성이 먼저 나타나는 것이다. 따라서 체계의 일관성을 유지하기 위해 체계는 일정한 범위 안에서만 변화하게 되는

제11장 체계 간 상호작용에 대한 이해

데, 이러한 범위를 항상성의 범위라고 한다.

안정상태는 체계가 건강한 상태 또는 안녕상태를 의미한다. 안정상태는 모든 사회체계의 기본속성이며, 체계의 목표와 정체성을 유지하려는 체계의 의도적 노력의 결과로 나타난다. 체계 간의 교류과정에서 각 체계는 환경체계와의 관계하에서 내적 체계를 탄력성 있게 환경체계와 조화를 이루도록 노력하고, 체계 간의 관계에서 항상성을 유지하기 위해서 체계의 구조를 적응상태로 변화시키는 과정을 겪게 된다. 예를 들어서 기존에는 업무가 직원 5명으로 안정상태를 이룰 수 있었던 기업이 거래량이 늘어나는 환경적 변화에 적응하여 직원을 한 명 더 채용해서 항상성을 회복하고 안정상태를 유지하게 된다. 안정상태는 체계의 조직성, 복잡성, 그리고 환경에 대한 개방성 등을 통해서 나타난다는 특징이 있다. 안정상태는 체계의 지속적인 정체성 유지이면서 유지를 위한 과정적 연속상태를 의미한다.

호혜성이란 한 체계에서 일부가 변화하면, 그 변화가 모든 다른 부분들과 상호작용하여 나머지 부분들도 변화하게 된다는 개념이다. 이 개념은 체계 내 일부 구성요소들 간의 상호작용은 나머지 구성요소들과의 상호작용에 영향을 미치고, 그러한 변화된 상호작용을 통해 다른 구성요소들 간의 상호작용에도 영향을 미치게 된다는 것이다. 이러한 호혜성의 원리는 관련된 부분요소들 간의 쌍방적 교류과정에서 원인과 결과를 해석하려는 순환적 인과성을 의미하기도 한다. 기업에서 간부직원이 바뀌었을 때 이에 따라서 파생적으로 나타나는 조직의 변화 및 조직변화에 따른 직원들의 역할의 변화 등이 그 예가 될 수 있다. 개인체계 내적으로는 인지가 변함에 따라서 정서나 행동이 바뀔 수 있다는 것도 호혜성의 예로 이해할 수 있다.

물리적 공간에서 일어나는 이러한 체계의 안정 및 변화의 특성은 사이버공간에서 일어난다. 사이버공간의 커뮤니티도 영구적인 것은 없고 위에서 살펴본 균형, 항상성, 안정상태, 호혜성의 원리에 따라 진화적 특성을 가진다.

4) 생태체계이론의 현실적용

생태체계이론적 관점에서 긍정적 사회체계는 적응적 체계이다. 적응적 체계란 내부 체계의 구조 간에 또는 환경의 영향을 받아서 변화하면서 체계의 정체성을 유지함과 동시에 구조의 변화를 통해서 환경체계에 영향을 미칠 수 있는 체계를 의미한다. 반대로 역기능적 체계란 항상성이나 안정상태를 유지하는 데 한계가 있고 체계 내의 부분들 간의 호혜성도 한계가 있어서 적응적이지 못한 체계를 말한다. 사회복지실천적 관점에서는 역기능적 체계들은 적응능력이 저하되었거나 자원의 부족으로 적응유연성이 부족함으로 인해서 체계 존속이나 체계 내의 구성원들의 안녕상태에 위협이 될 수 있으므로 개입의 대상이 된다(Greene & Ephross, 1991).

역기능적 체계는 개인체계에서도 찾아볼 수 있고, 사회체계 차원에서도 찾아볼 수 있다. 먼저 개인체계 내적 차원에서는 신체적 요소, 심리적 요소, 행동적 요소 등이 안정상태를 이룰 때가 적응적이다. 하지만 신체적 질병이 생기거나 우울증이 생기거나 행동장애가 생기게 되면 개인체계는 기존에 수행하던 사회적 역할이나 기능을 수행하는 데 한계가 생기게 되어 적응유연성이 떨어지게 된다. 또한 가족체계의 경우도 생계를 담당하는 아버지가 알코올 중독이 생겨서 직장을 잃게 되는 경우 가족의 적응유연성이 떨어지게 되고 안정상태를 위협받게 된다. 생태체계이론 관점에서는 이처럼 체계의 적응유연성이 떨어져서 항상성이나 안정상태를 유지하는 것이 위협을 받게 되었을 때를 개입이 필요한 시기로 간주한다.

체계의 항상성이 깨졌을 경우 개입의 목표는 내적 자원의 강화나 외적 자원의 조달을 통해 항상성과 안정상태를 회복하는 것이다(Greene & Ephross, 1991). 먼저 하위체계 차원에서는 체계의 문제해결능력 및 대처능력을 향상시킬 수 있는 서비스를 제공하는 것이다. 우울증으로 인해서 개인체계 내적으로 적응유연성이 문제가 생겼을 경우 우울증상의 제거를 통해서 적응에 필요한 인지상태와 행동양식을 회복함으로써 적응유연성을 회복할 수 있는 개입을 시도할 수 있다. 즉, 우울증상을 없애기 위한 약물치료나 우울로 인한 인지왜곡을 해결하기 위한 인지행동치료가 개입의 예가 될 수 있다. 또한 아버지의 알코올 중독으로 인해서 가족체계의 적응유연성이 깨어졌을 경우 일차적 개입은 아버지를 대상으로 알코올 중독 치료를 통해서 경제활동을 수행할 수 있는 기능을 회복하려는 개입을 시도하고 알코올 중독 치료 후 직업재활 훈련을 제공한다거나 상황이 되면 직업알선을 해 주는 개입을 시도할 수 있다. 또한 알코올 중독으로 인해서 소득이 중단되었을 경우 집안의 다른 구성원이 경제활동을 담당하거나 이도 여의치 않을 경우에는 국민기초생활보장제도를 통해 소득지원을 받을 수 있도록 환경적 자원을 동원할 수 있다. 생태체계이론 관점에서 이러한 개입은 체계 간의 항상성과 안정상태를 유지하기 위한 일련의 노력이라고 할 수 있다.

| 2 | 생태체계적 관점의 이론들 |

이러한 생태체계이론은 다양한 후속이론들의 이론적 기반이 되었다. 여기서는 그러한 이론들 중에서 스트레스-코핑 모형(stress-coping model)과 스티그마의 형성이론(stigma formation model)에 대해서 고찰해 본다.

1) 스트레스-코핑 모형

스트레스-코핑 모형(stress-coping model)은 미국의 사회심리학자인 라자루스(Richard S. Lazarus)와 포크만(Susan Folkman)에 의해서 제시된 모델이다(Lazarus & Folkman, 1984). 스트레스란 환경체계로부터의 부담(taxation)이 과중할 때를 의미한다. 환경적 부담이 과중하다는 의미는 대상체계와 다른 체계 간에 항상성이 깨어져서 적응유연성이 약해진 상태로 볼 수 있다는 점에서 기본적으로 생태체계이론 관점을 수용하였다. 스트레스-코핑 이론은 스트레스가 생겨서 체계 간의 항상성이 깨어졌을 때 스트레스를 받은 체계는 환경에 다시 적응하게 되는데 이러한 적응과 정에서 체계 내적 자원요소들과 체계 외적 자원요소에 따라서 적응의 결과가 다르게 나타날 수 있다고 가정한다. 이러한 스트레스-코핑 이론을 그림으로 나타내면 〈그림 11-2〉와 같다.

대상체계를 가족으로 가정해서 스트레스-코핑 모형을 살펴보자. 위에서 언급한 것처럼 스트레스란 환경의 요구에 부응하기에 부하가 너무 커서 적응하기 어려운 상황을 일컫는데, 가족 차원에서 가구소득이 없어

그림 11-2   스트레스-코핑 모형

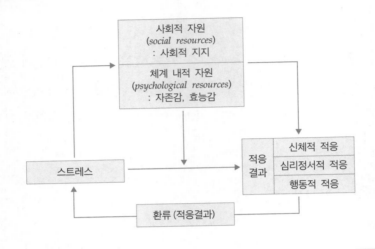

져서 가족체계가 적응유연성을 잃어버린 경우를 상정해 볼 수 있다. 가구소득이 없어지면 가족구성원들은 소득이 없어짐으로 해서 깨어진 항상성을 회복하기 위해서 노력하게 되는데 이러한 스트레스는 환경체계에 적응하여 어떠한 형태로든 항상성을 회복하는 결과를 가져오게 된다. 이러한 적응은 신체적 차원이나 심리·정서적 차원 또는 행동적 차원에서 나타날 수 있다.

일차적으로 가구소득이 없어지면 가족구성원은 심리적으로 우울해지거나 행동적으로 기존에 수행하던 역할수행을 못하게 되는 위축된 행동을 보이기 쉽다. 하지만 가구소득이 없어졌을 경우 모든 가족이 같은 수준의 우울증상이나 행동양식을 보이는 것이 아니고 적응의 수준은 내적 자원과 외적 자원의 수준에 따라서 다르게 나타날 수 있다. 즉, 주변의 친인척으로부터 소득지원을 받을 수 있거나 또 다른 소득원이 되는 직업을 획득하는 데 문제가 없는 가족처럼 외적 자원 동원이 가능한 가족의 경우 상대적으로 경미한 부정적 결과를 가져올 수 있다. 반대로 외적 자원 동원이 제한되어 있는 가족의 경우는 상대적으로 심각한 우울이나 회피행동을 경험할 수 있다. 또한 가족구성원이 효능감이 높아서 소득이 없는 상황에서 벗어날 수 있는 내적 통제력이 강한 경우에는 스트레스로부터 벗어날 수 있다는 자신감이 있어서 상대적으로 경미한 부정적 결과를 경험할 가능성이 높다. 이처럼 스트레스-코핑 모형은 스트레스를 체계 간의 항상성이 깨어진 경우로 간주하고 체계 내적 요소와 체계 외적 요소 간의 상호작용을 통한 안정상태 회복 및 결과를 논하였다는 점에서 생태체계이론에 기반을 둔 이론으로 이해할 수 있다.

위에서 살펴본 스트레스-코핑 모형의 예는 물리적 공간을 중심으로 설명하였지만, 실제 이러한 메커니즘은 물리적 공간과 사이버공간의 복합적 환경이나 사이버공간에서도 충분히 일어날 수 있는 사례이다. 실직으로 인해 소득을 상실한 (스트레스: 항상성 파괴) 사람이 인터넷 커뮤니티를 통해서 사회적 지지를 받거나 취업정보를 알 수 있으며(외적 자원: 사회적 지지 및 정보), 이로 인해 적응할 수 있다는 자기통제감이 증가하고 (내적 자원: 자아효능감), 그 결과 우울이 완화되거나 재취업을 통해 항상성을 회복(적응)할 수 있다.

2) 앤더슨 모형

앤더슨 모형(Andersen Model)은 의료서비스 이용의 예측요인을 설명하는 이론이다(Andersen, 1995; Andersen & Newman, 1973). 앤더슨 모형에 따르면 사람들이 질병이 있을 경우 의료서비스를 이용하게 되

315   제11장 체계 간 상호작용에 대한 이해

는데 동일한 질병이 있어도 환경적 자원이나 개인적 자원의 차이에 따라 사람들마다 의료서비스 이용 유형이 다르게 나타날 수 있다고 가정한다. 즉, 질병이라는 의료서비스에 대한 동일한 욕구가 있어도 의료보험 유무, 의료보호 유무, 병원까지 이동수단의 유무, 지역사회의 의료서비스 제공 정도 등의 체계 내적·외적 요소에 따라서 실질적 의료서비스를 이용하는 형태는 다르게 나타난다. 앤더슨 모형도 스트레스-코핑 모형과 유사하게 의료적 욕구라는 개인체계적 상황을 해결하는 방법이 체계 내적·외적 자원의 정도에 따라 다르게 표현될 수 있다는 체계 간의 상호작용의 관점에서 의료서비스 이용형태를 설명하는 점에서 생태체계이론을 바탕으로 한 이론이라 할 수 있다. 앤더슨 모형에 나타난 체계 간의 상호작용의 역동적 메커니즘을 도식화해 보면 〈그림 11-3〉과 같다.

〈그림 11-3〉에서 대상자 특징은 성별, 학력, 연령 등의 주어진 요인들(predisposing factors)들과 대상자의 의료적 욕구인 질병 등으로 구성되므로 체계이론적 관점에서 개인체계적 속성을 지니고 있다. 접근성 요소(enabling factor)는 운송수단 및 환경적 지지 등의 개인체계 외적 요소들과 개인의 치료의지와 상황에 대한 통제력 등의 개인체계 내적 요소들로 구성된다. 앤더슨 모형을 요약하면 대상자가 질병이 있을 때 질병때문에 적응유연성이 떨어지게 되므로 대상자는 서비스 이용을 통하여질병을 치료함으로써 항상성을 회복하려고 할 것이다. 하지만 동일한질병을 가졌더라도 동일한 서비스를 이용하는 것이 아니고 체계 내적·외적 자원의 유무나 정도에 따라서 서비스 이용 형태가 달라질 수 있다는 것을 보여준다. 변수의 구성이 체계수준별로 되어 있고 서비스 이용경로에 포함된 요소들이 체계 간의 상호작용을 통한 역동적 과정으로

그림 11-3   앤더슨 모형

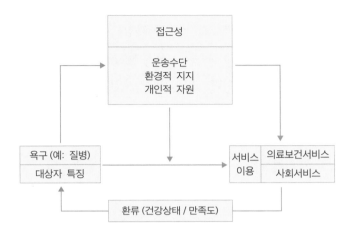

나타난다는 점에서 앤더슨 모형은 생태체계이론에 바탕을 둔 이론이라고 할 수 있다.

　위에서 설명한 앤더슨 모형의 이론적 메커니즘은 물리적 공간을 중심으로 설명한 것이지만, 실제 이러한 메커니즘은 물리적 공간과 사이버공간에서 통합적으로 일어날 수 있다. 질병이 있어서 의료서비스 욕구가 있어도 운송수단의 부재나 지리적인 특성으로 인한 접근성의 제약으로 의료서비스 이용으로 연결되지 못하는 경우가 있다. 이러한 경우 인터넷을 통해서 운송수단 정보를 알아볼 수도 있고, 도서지역 거주자들에게 원격의료를 통한 의료서비스 지원이 가능할 수도 있는데, 이러한 것은 사이버공간을 통해서 가능한 것들이다.

3) 스티그마 형성과 유지

스티그마(*stigma*)의 형성과 유지의 과정도 특정 사회집단에 대한 부정적 인식이 왜 형성되고 유지되는지를 체계이론적 관점에서 이해할 수 있는 유용한 틀을 제공한다. 스티그마는 개인체계 내적으로 일어나는 심리과정의 본질과 사회체계의 조직적 과정의 특성이 복합적으로 유기적인 상호작용을 함으로써 형성되고 유지된다(Kahng, 2006). 즉, 인간은 본성적으로 사회현상을 분류하고 범주화해서 이해하면서 인지적 효율성을 추구하는 경향이 있다. 이러한 인지적 특성으로 인해 사회현상에 대해서 인지적 이해의 틀인 도식(*schema*)이 형성되고 이러한 도식은 보통의 경우에는 인지적 효율성을 담보하기 때문에 지속되고 유지된다. 개인이 가지고 있는 특정인지는 사회적 상호작용 과정에서 타인에게 영향을 주게 되고 인지적 특성을 사회구성원들 간에 공유하게 된다. 이러한 인지로서의 스티그마의 형성과 유지의 경로는 〈그림 11-4〉와 같다.

〈그림 11-4〉에서 나타난 것처럼 스티그마의 형성과 유지에는 개인체계 내적 심리과정과 개인체계 외적 사회체계의 특성이 역동적으로 관여한다. 정신장애 스티그마를 예로 들어 설명해 보자. 인간은 본질적으로 언어를 통해 상징적 상호작용을 한다. 효율적 상호작용을 위해서 인간은 끊임없이 대상을 분류하고 인지하는 것이 필요하다. 정신적 어려움을 정신장애라고 분류하고 정신장애를 겪는 사람을 정신장애인이라고 명명한 것도 인지적 효율성을 추구하는 분류의 결과로 이해할 수 있다. 일단 분류가 되고 그 분류에 대한 언어적 명칭이 주어지면 사람들은 분류된 인지의 대상에 대한 정서적, 행동적 반응을 형성하게 된다. 우리사회에 '정신장애인은 위험하다'는 정신장애인에 대한 스티그마가 존재하는

그림 11-4   스티그마의 형성과 유지

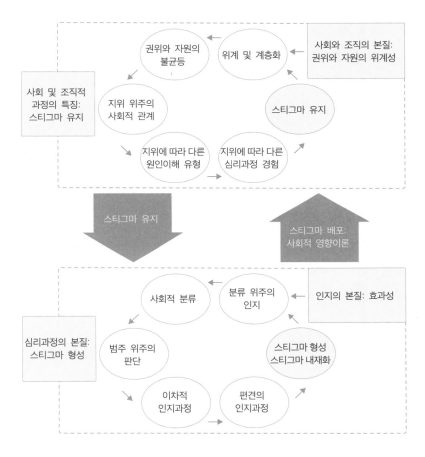

출처: Kahng, 2006.

것으로 볼 때 정신장애인에 대한 정서적, 행동적 반응은 부정적인 것이다. 하지만 실제 통계자료가 보여주는 것은 정신장애인의 범죄율이 일반인의 범죄율과 유사하다는 것인데 왜 정신장애인이 더 위험하다고 인식되는 것일까? 〈그림 11-4〉에서 묘사된 심리과정의 본질과 사회조직의 특성으로 인해서 스티그마가 유지되기 때문이다.

사람들의 인지는 효율성을 추구하므로 대상을 보았을 때 분류 위주의 인지를 하게 된다. 정신장애인에 대한 사회적 분류는 정신장애인은 무능하고 위험하다는 스티그마가 함유된 범주이므로 사람들은 정신장애인을 접하였을 때 사회적으로 분류되어 있는 인지적 틀에 따라 심각한 고려 없이 2차적 사고과정을 통하여 정신장애인을 판단하게 된다. 이러한 과정을 통해서 정신장애인에 대한 스티그마적 인지는 사람들 사이에서 팽배하게 된다. 사회영향이론(social influence theory)에 따르면 개인이 가진 이러한 인지특성은 개인들이 사회적 상호작용을 하는 과정에서 다른 사람에게 전파되어서 사회에 팽배하게 된다.

사회체계의 수준에서도 스티그마를 존속시키는 메커니즘은 존재한다. 사회체계는 기본적으로 자원과 권위가 불균등하게 분포되어 있는 위계구조를 가지고 있다. 즉, 사회적 지위에 따라서 권위와 자원의 불균등 현상이 나타나게 되고 사회적 관계는 지위 위주로 형성 발전되게 된다. 예를 들어 사회복지관의 관장과 사회복지관을 이용하는 이용자 사이에는 사회복지관 내적 자원에 대한 통제력에 있어 차이가 난다. 상황에 대한 인식에 있어 인지적 특성은 이러한 지위에 따라서 형성될 가능성이 크다. 예를 들어서 사회복지관을 이용하는 정신장애인이 직업재활에 성공했을 경우에는 사회복지사나 사회복지관의 효율적인 서비스 전달에 그 공로를 귀인할 가능성이 크고, 만약 실패했을 경우에는 정신장애인의 개인적 결함 때문이라고 귀인할 가능성이 크다. 심지어는 상대적으로 낮은 지위에 있는 정신장애인 자신들도 직업재활에 성공을 했을 경우는 복지관의 서비스나 사회복지사에게 공을 돌릴 확률이 높고 실패를 했을 경우에는 자기 자신들의 부족함을 탓할 가능성이 높다. 이러한 귀인을 했을 경우 정신장애인은 재활에 성공했을 경우에도 자존감이 향상될 가능성이 낮지만 재활에 실패했을 경우에는 자존감이 낮아지고 사회에 팽배해 있는 정신장애에 대한 스티그마를 개인 내적으로 내면화할 가능성이 크다. 즉, 지위에 따라 동일한 상황에 대해 이해하는 심리과정이 서로 다르게 나타날 수 있고 그 결과 정신장애인에 대한 부정적 스티그마는 유지되거나 강화되는 것이다. 이와 같은 스티그마의 형성과 유지의 메커니즘도 개인체계 내적 요소와 환경체계의 요소가 역동적으로 작용한다는 점에서 생태체계이론에 기반을 둔다고 이해할 수 있다.

스티그마 형성과 유지 메커니즘도 물리적 공간을 중심으로 설명하였지만 관계되는 메커니즘들 역시 물리적 공간과 사이버공간의 복합체계에서 일어날 수 있다. 특히 사이버공간의 확장 및 SNS의 활성화에 힘입어 파워블로거들의 인지가 팔로워들에게 큰 영향을 미치고 있다. 사회영향이론에 의하면 영향력 있는 네티즌의 시각이 추종자들의 인지에 큰 영향을 줄 수 있기 때문에, 스티그마 형성과 유지 메커니즘도 물리적 공간과 사이버공간의 복합체계 안에서 이해되어야 한다.

요 약

　　지금까지 살펴본 이론들이 개인체계 내적 요소와 환경체계를 중심으로 살펴본 것이라면 이 장에서 살펴본 이론들은 체계 간의 상호작용이나 항상성을 이해하는 데 도움을 주는 이론들이다. '환경 속의 인간'을 역동적으로 잘 표현할 수 있는 이론 중의 하나가 생태체계이론이다. 생태체계이론은 사회현상을 체계 간의 상호작용의 복합체로 이해하는 일반체계이론의 바탕 위에 체계 간의 상호보완성과 항상성의 유지를 위해서 상호작용이 생긴다는 설명을 하는 생태학적 관점이 도입한 이론으로, 생태학적 이론이 유기체와 환경을 분리해서 이해할 수 없는 통합적 체계로 이해하는 것처럼 개인과 사회체계, 자연체계를 분리해서 이해할 수 없고 상호보완하며 항상성이 유지되어야 하는 통합적 체계로 이해한다. 생태체계이론에서는 인간을 환경과 총체적 존재로 인식하고, 인간이 나면서부터 환경 속에서 효과적으로 기능할 수 있는 능력이 있다는 낙관론적 인간관을 가진다. 생태체계론적 입장에서 인간과 환경은 항상성 유지를 통해서 상호작용하면서 하나의 통합적 체계를 형성하게 되므로 개인은 자연환경과 사회적 상황 속에서 이해될 수 있고, 인간의 성격이나 행동적 특성은 개인과 환경 사이의 상호작용의 산물이다. 생태체계이론적 관점에서 긍정적 사회체계는 적응적 체계이다. 체계의 항상성이 깨졌을 경우 개입의 목표는 내적 자원의 강화나 외적 자원의 조달을 통해 항상성과 안정상태를 회복하는 것이다.

　　생태체계이론은 다양한 후속이론들의 이론적 기반이 되었다. 이 장에서는 관련 이론들 중에서 스트레스-코핑 모형, 앤더슨 모형 및 스티그마의 형성이론에 대해서 고찰해 보았다.

　　스트레스-코핑 모형은 라자루스와 포크만에 의해서 제시된 모델로 주요 개념은 다음과 같다. ① 스트레스란 환경체계로부터의 부담이 과중할 때를 의미한다. 환경적 부담이 과중하다는 의미는 대상체계와 다른 체계 간에 항상성이 깨어져서 적응유연성이 약해진 상태이다. ② 체계 간의 항상성이 깨어졌을 때 스트레스를 받은 체계는 환경에 다시 적응하게 되는데 이러한 적응과정에서 체계 내적 자원요소들과 체계 외적 자원요소에 따라서 적응의 결과가 다르게 나타날 수 있다고 가정한다.

앤더슨 모형은 의료서비스 이용의 예측요인을 설명하는 이론으로, 앤더슨 모형에 따르면 사람들이 질병이 있을 경우 의료서비스를 이용하게 되는데 동일한 질병이 있어도 환경적 자원이나 개인적 자원의 차이에 따라 사람들마다 의료서비스 이용 유형이 다르게 나타날 수 있다고 가정한다. 앤더슨 모형의 변수의 구성이 체계수준별로 되어 있고 서비스 이용 경로에 포함된 요소들이 체계 간의 상호작용을 통한 역동적 과정으로 나타난다는 점에서 앤더슨 모형은 생태체계이론에 바탕을 둔 이론이라고 할 수 있다.

스티그마의 형성과 유지의 과정도 특정 사회집단에 대한 부정적 인식이 왜 형성되고 유지되는지를 체계이론적 관점에서 이해할 수 있는 유용한 틀을 제공한다. 스티그마가 개인 체계 내적으로 일어나는 심리과정의 본질과 사회체계의 조직적 과정의 특성이 복합적으로 유기적인 상호작용의 결과라는 점에서 생태체계이론에 기반을 두고 있다고 볼 수 있다.

이러한 이론들은 환경체계를 고려함에 있어서 물리적 공간을 염두에 두고 전개되었다. 하지만 제10장에서 살펴본 것처럼 사이버공간도 인간행동과 성격형성에 영향을 주는 영향력 있는 환경체계의 하나임에 틀림없다. 이 장에서 간단하게 생태체계이론의 예들을 사이버 환경과 연관해서 고찰하였지만, 4차 산업혁명과 사회변화 부분에서 짐작할 수 있는 것처럼 향후 사이버공간의 환경체계로서의 영향력은 점점 더 커질 것으로 생각된다.

토 론

- 생태체계이론의 인간관 및 기본가정을
  설명하고 강점과 한계를 논하시오.

- 일반체계이론, 생태학적 이론 및 생태체계이론의
  공통점과 차이점에 대해서 논하시오.

- 균형과 항상성의 개념을 설명하고 공통점과
  차이점을 논하시오.

• 경계와 공유영역의 개념을 예를 들어서
  설명하시오.

• 스트레스-코핑 모형을 설명하고 이것이
  왜 생태체계이론에 기반을 두는지를 논하시오.

• 생태체계이론 입장에서 앤더슨 모형을
  설명하시오.

지금까지 인간행동이나 성격형성을 이해하는 데 도움이 되는 이론들을 살펴보았다. 인간행동에 대한 이해가 기본적으로 생태체계이론의 관점에서 설명될 수 있기 때문에 개인체계, 사회체계 및 개인체계와 사회체계 간의 상호작용에 대한 이론을 중심으로 공부하였다. 지금까지 배운 이론은 인간행동을 생태체계적 관점에서 횡단적으로 이해하는 데 도움을 주는 이론들이다. 하지만 개인체계 및 사회체계는 고정되어 있는 실체가 아니라 항상성과 안정상태를 유지하면서 변화하는 속성도 함께 가진다. 즉, 인간은 수정에서부터 출생, 영유아기, 아동청소년기, 청년기 및 성년기의 성인초기, 중장년기의 성인중기, 노년기로 대표되는 성인후기를 거쳐서 사망에 이르기까지 체계 내적 속성인 신체, 심리, 행동적 속성들이 변화하는 존재이다. 학령기의 신체, 심리, 행동적 특성들은 노년기의 그것들과는 많은 차이가 있다는 점을 생각하면 개인체계가 변화하는 속성을 지닌다는 것은 쉽게 이해할 수 있을 것이다.

　개인체계가 변하는 것과 더불어서 개인체계가 속해 있는 사회체계도 변화한다. 아동청소년기에는 학교라는 사회체계와 가장 많이 상호작용하면서 성장하게 되지만 성인초기의 성년기나 성인중기인 중장년기에는 직장이라는 사회체계와 가장 많이 상호작용한다. 또한 현재의 정치 · 경제 · 사회 체계가 10년 전, 20년 전의 그것들과는 상이하다는 점을 생각할 때 성장에 따른 주 영향력이 있는 사회체계뿐 아니라 인간을 둘러싸고 있는 환경체계 자체도 변화하는 속성이 있다. 사이버공간의 발달로 사이버환경이 인간행동에 주는 영향은 점차 증가할 것으로 예상되고, 사이버공간의 변화속도는 물리적 공간의 변화속도보다 훨씬 빠를 것으로 생각된다. 이러한 점을 고려할 때 인간행동이나 성격을 횡단적으로 이해하는 것은 한계가 있다는 점을 알 수 있다. 그러므로 인간행동이나 성격을 더 정확하게 이해하기 위해서는 횡단적 이해와 더불어서 변화하는 개인체계와 사회체계를 염두에 두고 종단적 관점에서 인간행동을 이해해야 한다.

인간행동을 종단적으로 이해하는 데 도움이 되는 관점이 생애주기적 관점이다. 인간은 고정되어 있는 존재가 아니라 수정에서부터 죽음에 이르기까지 변화하는 존재이다. 전 생애에 걸쳐 일어나는 신체, 심리, 행동 및 사회적 측면에서의 연속적이며 상승적 또는 퇴행적 변화의 과정을 '발달'이라고 한다. 발달의 사전적 의미는 긍정적, 상승적 변화를 의미하지만 인간행동과 사회환경이나 발달이론에서 말하는 발달은 긍정적, 상승적 변화뿐 아니라 퇴행적, 하강적 변화까지를 포함하는 개념이다. 신체발달의 경우를 예를 들어서 설명하면 인간은 수정 직후부터 세포분열을 통해서 신체적 발달을 경험한다. 태내기에는 단세포가 분열을 하여 태아의 형태로 성장하게 되고 출산과 더불어서 사회체계와 소통하면서 신체적 성장을 지속하게 된다. 아동청소년기의 키와 몸무게는 영유아기의 그것들과는 비교하기 어려울 만큼 신체적 발달을 경험하면서 발달하게 된다. 신체적 발달은 성인초기에는 평행선을 유지하는 경향이 있지만 성인중기인 중장년기부터는 노화를 경험하게 되면서 퇴행적 발달을 계속하고 노년기에 이르게 된다. 신체적 발달과 유사하게 심리적 요소들이나 행동적 요소 및 사회적 요소들도 생애주기에 따라서 발달하는 속성을 지닌다. 이러한 인간발달 과정을 도식화하면 〈그림 1〉과 같다.

〈그림 1〉에서 도식화한 것처럼 인간은 수정에서부터 사망에 이르기까지 신체, 심리, 행동, 사회적으로 지속적 발달과정을 경험하는 존재이다. 개인체계 내적 발달과 더불어 시간이 지남에 따라서 개인체계가 속한 환경체계도 지속적으로 변화한다. 특히 환경체계의 변화속도는 물리적 공간의 변화보다 사이버공간의 변화속도가 훨씬 빠를 것으로 예상된다. 생애주기적 관점에서 보면 인간행동이나 성격의 특성 및 영향을 미치는 요인들은 생애주기적으로 다르게 나타난다. 그러므로 사회복지적 개입을 위한 사정을 위해서는 생태체계적인 횡단적 사정과 함께 생애주기의 특성들을 복합적으로 고려해야 한다. 예를 들어서 아동기에 나타나는 문제행동의 특성이나 문제행동에 영향을

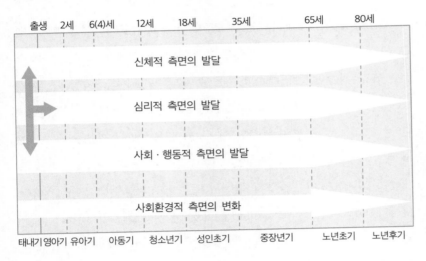

| 그림 1 | | 생애주기적 관점에서 본 발달 |

출생　2세　6(4)세　12세　18세　35세　65세　80세

신체적 측면의 발달

심리적 측면의 발달

사회 · 행동적 측면의 발달

사회환경적 측면의 변화

태내기　영아기　유아기　아동기　청소년기　성인초기　중장년기　노년초기　노년후기

출처: 이용표 · 강상경 · 김이영, 2006.

주는 요인은 노년기에 나타나는 문제행동의 특성이나 원인들과 차이가 있을 수 있으므로 횡단적 사정과 함께 생애주기적 관점에서의 사정이 동반되어야 한다. 이러한 필요성을 염두에 두고 제4부에서는 생애주기적 관점에 대해서 고찰한다.

생애주기를 구분하는 것은 학자에 따라서 다양하게 나타날 수 있다. 하지만 대체로 생애주기는 출생 이전인 태내기, 학령전기인 영유아기, 학령기인 아동기 및 청소년기, 성인초기인 청년기와 성년기, 성인중기인 중장년기 및 성인후기인 노년기로 구분해 볼 수 있다. 하지만 이에 동반하는 구체적 연령은 국가나 사회적 상황에 따라서 다르게 나타날 수도 있다. 생애주기에 동반하는 연령이 국가나 사회에 따라 다르게 나타나는 것은 생애주기 구분 자체가 사회문화적 속성을 내포하기 때문이다. 태내기는 공통적으로 나타날 수 있지만 영유아기로 대표되는 학령전기나 초기학령기로 대표되는 아동기 등은 사회문화적 속성에 따라서 다르게 나타난다. 즉, 한국에서처럼 초등학교를 만 7세에 입학하는 국가의 경우 학령전기인 영유아기가 6세까지이지만 미국처럼 초등학교를 만 6세에 입학하는 경우는 영유아기가 5세까지로 구분되는 경우가 많다. 아동기도 초등학교를 6년제로 하는 경우와 5년제로 하는 경우에 서로 다르게 나타날 수 있다. 즉, 구체적 연령은 사회문화적 특성에 따라서 다르게 나타날 수 있지만 생애주기를 태내기부터 노년기까지로 나누는 것은 대부분의 현대사회에 적용될 수 있다.

제 12장에서는 대표적 발달이론을 중심으로 발달에 대해서 이해한 다음, 제 13장에서는 출생 전인 태내기 및 영아기, 제 14장에서는 유아기에 대해서 살펴보고, 제 15장에서는 아동기, 제 16장에서는 청소년기에서 살펴본 다음 영유아기, 아동기, 청소년기에 나타날 수 있는 부적응 행동의 종류 및 특성에 대해서 고찰한다. 제 17장에서는 성인초기인 청년기와 성년기, 제 18장에서는 성인중기인 중장년기의 발달특성에 대해서 살펴보고 성인초기 및 성인중기에 많이 나타날 수 있는 부적응 행동에 대해서 고찰한다. 제 19장에서는 성인후기에 해당하는 노년기의 발달특징과 노년기에 나타날 수 있는 부적응 행동의 종류 및 특성에 대해서 살펴본다.

12

발달이론 개관

    생애주기적인 발달에 관한 학문적 논의는 주로 심리학자들 중에서 발달심리학(*developmental psychology*)을 하는 학자들에 의해서 진행되었다. 발달심리학은 생애주기에 따른 성장과 변화에 관심을 두며, 정자와 난자의 수정에서부터 출생에서 사망에 이르기까지의 발달과정과 발달에 영향을 주는 변인들을 밝히는 학문이다. 발달심리학에서 관심을 가지는 것은 발달에 영향을 주는 변인들이 유전적 요인들에 의한 것인지 환경적 요인들에 의한 것인지를 규명하는 것을 포함한다. 이 장에서는 발달의 개념, 발달 관련 이론 등을 고찰함으로써 생애주기에 따른 인간행동이나 성격형성 등과 관련된 기초지식을 제공한다.

    제 12장에서는 제 13장부터 공부할 생애주기별 인간행동이나 성격형성과 관련된 기초지식을 공부하는 차원에서 먼저 발달의 개념에 대해서 공부한다. 다음으로 발달의 원인이나 과정을 이해하는 관점들을 제공하는 견해들을 살펴본다. 발달에 대한 학자들의 관점이 어떠한가에 따라

서 발달이론 또한 다양하게 나타날 수 있으므로 다양한 발달이론들에 대해서 살펴본 다음, 마지막으로 요약 부분에서 주요 발달이론들을 비교하면서 고찰해 본다.

발달(*development*)의 사전적 의미는 '신체, 정서, 지능 따위가 성장하거나 성숙함'(국립국어원, 2017)이다. 인간행동과 사회환경을 비롯한 사회복지 관련 문헌에서 '발달'의 의미는 정자와 난자의 수정의 순간에서 죽음까지 전 생애를 통해서 일어나는 변화를 의미하는 것으로(전경아, 2010), 발달은 긍정적·상승적 변화와 퇴행적 변화를 포함하는 개념이다. 발달의 구체적인 내용은 신체적 기능이나 심리적 기능 및 사회적 기능 변화를 모두 포함한다. 발달을 좀더 세부적으로 고찰하면 변화와 성숙의 개념을 포함한다. 변화는 신체 크기인 키나 몸무게의 변화, 근력의 변화, 인지의 변화 등과 같은 양적 변화를 의미하고, 성숙은 부모로부터 받은 유전인자가 지닌 정보에 따라 발달적 변화가 통제되는 과정을 말한다(조수철, 2010). 발달은 학습과 관계가 많은데 학습은 직접 또는 간접적 경험, 훈련과 연습의 결과로서 일어나는 개인내적 변화를 말한다(정옥분, 2004).

발달은 다음과 같은 몇 가지 특성이 있다(조복희 외, 2010; 조수철, 2010). 첫째, 발달은 계획된 순서대로 진행되는 경향이 있고 체계적이므로 예측이 가능하다는 특성이 있다. 예를 들어서 수정이후에 태내기가 있고 태내기 다음에는 출생 및 영유아기가 뒤따르는 것처럼 체계적으로 진행된다는 특성이 있다. 특정 시기의 발달은 그 전 단계의 발달에 기반을 두고 진행되고 이후 단계 발달에 영향을 준다는 점에서 체계적이고 예측 가능하다. 둘째, 발달은 양적 변화와 질적 변화를 포함한다. 양적 변화는 키 변화, 몸무게의 변화, 습득한 단어 수의 변화 등

양화해서 이해하는 것이 가능한 요소들의 변화를 의미하고, 질적 변화는 감성적 능력, 정서, 인지특성 등 양화하기에는 한계가 있지만 질에 있어서의 변화를 보여주는 것을 의미한다. 성숙에 의한 발달은 주로 질적 변화를 의미하는 경우가 많다. 셋째, 발달은 과거 성장과정을 통해서 이미 형성된 신체, 심리, 사회적 구조들이 현재의 경험이나 미래에 대한 자신감 등과 복합되어서 융화된 상태에서 나타나는 경우가 많다. 이러한 점에서 발달은 체계적 요소들이 안정상태를 유지하는 것과 동시에 진화적 특성을 가진다고 볼 수 있다. 넷째, 발달 변화의 속도는 개인마다 다를 수 있다. 발달은 유전적 요소나 환경적 요소와의 상호작용 과정을 거치면서 진행되는 경우가 많다. 유전적으로 질병이 있는 경우나 환경적으로 열악한 상황에서 성장하는 경우는 그렇지 않은 상황에서 살아가는 사람들에 비해 개인의 행동양상이나 기능의 발달속도가 다를 수 있다.

도입부의 〈그림 1〉에서 나타난 것처럼 발달의 영역은 체계이론에서 말하는 개인체계 내적 발달 영역과 환경체계적 발달 영역으로 나누어진다(Ashford et al., 2001; Germain, 1991). 개인체계 내적 발달 영역은 신체적, 심리적, 행동적 영역을 포함하고 환경체계적 발달 영역은 가족, 친구, 학교, 지역사회 등의 영역을 포함한다. 생태체계이론에서 배운 것처럼 이러한 개인체계 내적 요인들 간이나 또는 개인체계 내적 요소들과 환경체계는 서로 상호작용이 있으므로, 발달과정에 있어서도 이러한 영역들 간의 상호작용이 전 생애에 걸쳐서 나타난다. 발달영역 간의 상호작용이란 한 영역의 발달이 다른 영역에 직접적 또는 간접적으로 영향을 미친다는 것을 의미한다. 아동의 신체적 발달은 인지·정서적 발달에 직간접적 영향을 미친다. 예를 들어서 유아기에 키가 크고 힘센 아동이

집단의 리더 역할을 하고 더 많은 책임감을 요구하는 역할을 맡게 되는 경향이 있다.

발달과정은 아동기의 인지가 어떠하다는 것처럼 생애주기별로 공통적으로 나타나는 부분이 있는 반면 개인의 내적 특성이나 환경적 특성에 따라서 차이가 날 수 있다. 이러한 차이가 나타나는 이유는 인간이 자신의 성장과 발달에 능동적 역할을 하는 부분이 있기 때문이다. 즉, 개인은 나면서부터 유전적 특성이나 성장환경이 차이가 날 수 있고 개인마다 활동범위와 흥미가 다르게 형성된다. 이러한 연유로 개인은 주변 세상에 대한 호기심이나 관여하는 정도가 개인의 신체, 심리, 사회적 특성에 따라서 다양하고 주변환경을 이해하고 환경에 반응하는 양식이 서로 다르게 형성될 수 있다. 요약하면 개인의 발달은 신체, 심리, 행동적인 개인체계 내적 특성의 차이와 가족관계나 부모의 양육방식, 관심, 가치관 등의 환경적 요인들의 차이 때문에 상이하게 나타날 수 있다(조수철, 2010).

2 발달에 대한 견해

그러면 발달은 왜 일어나는 것일까? 발달이 일어나는 원인에 대해서는 우리가 앞의 횡단이론에서 배운 인간관이나 인간과 환경에 대한 기본가정에 따라서 서로 다르게 이해하는 경향이 있다(정옥분, 2007; 조수철, 2010). 발달에 대한 몇 가지 논쟁을 살펴보면 다음과 같다. 첫째, 발달이 유전적 요인에 의해서 결정되는 것이냐 아니면 환경적 요인에 의해서 결정되는 것이냐에 대한 논쟁이다. 유전적으로 결정된다고 믿는 사람의 경우는 태어날 때 물려받는 유전적 특성이 발달과정을 결정한다고 믿는다. 반면 환경에 의해서 결정된다고 믿는 사람의 경우는 인간은 출생 시에는 백지상태로 태어나며 출생 후 성장과정에서 환경의 자극 및 학습에 의해서 발달과정이 결정된다고 믿는다. 정신분석이론가들의 경우 발달에서 유전적 영향이 강하다고 이해하는 경향이 강하고, 학습이론가들은 발달이 환경에 의해서 영향을 받는다고 이해하는 경향이 강하다. 둘째, 발달이 연속적으로 일어나는지 아니면 비연속적으로 일어나는지에 대한 논쟁이다. 즉, 발달이 점진적으로 서서히 일어나는 것인지 아니면 특정시기에 급격한 변화를 통해서 일어나는 것인지에 대한 논쟁이다. 셋째, 발달이 안정의 속성이 강한지 아니면 변화의 속성이 강한지에 대한 논쟁이다. 안정성이라는 것은 특정시기 이전의 발달과정이 이후의 발달과정에 필수불가결하게 연결되어 있다는 것이고 변화라는 것은 그렇지 않고 급작스런 변화나 성장이 있을 수 있다고 가정하는 것이다. 이러한 논쟁들에 대해서 좀더 자세히 살펴보면 다음과 같다.

1) 유전결정론과 환경결정론

발달이 유전에 의해서 결정된다고 믿는 유전결정론자들은 인간의 행동은 유전적 요소, 생물학적 성숙 및 신경학적 기능에 의해 결정된다고 가정하는데 대부분 인간발달 초기이론에서 많이 나타난다(정옥분, 2007). 유전결정론자들은 인간의 발달에 있어 유전적 영향이 가장 큰 것이고 인간의 발달은 유전적으로 정해진 순서에 따라서 발달한다고 믿는다. 17세기 후반의 자연주의 철학자 루소(Jean Jacques Rousseau)는 발달 변화는 유전적으로 미리 결정된 단계 및 순서에 따라서 일어난다고 주장하였다. 진화론적 생물학자인 다윈(Charles R. Darwin)은 발달은 자연도태라는 과정을 통해서 일어나므로 발달에 영향을 주는 것은 기본적으로 생물학적 특성이라고 간주하였다. 게젤(Arnold L. Gesell)은 태아의 기관이나 조직이 유전적 계획에 따라서 체계적으로 순서대로 발달하듯이 이러한 유전적 특성이 생애 전반에 걸친 발달과정에 지속적 영향을 미치므로 발달에는 순서가 있다고 주장했다.

유전결정론과 비교되는 이론이 환경결정론이다. 환경결정론자들은 인간의 유전적 특징이나 생물학적 특징들이 발달에 영향을 줄 수 있는 것을 부정하지 않지만 발달에 더욱 중요하게 영향을 미치는 것은 물리적 환경이나 사회적 환경이라고 이해한다(Heinz et al., 2009). 학습이론가인 환경결정론자들의 입장에서 발달은 학습과 훈련의 결과라고 이해한다(Skinner, 1965; 1974). 즉, 아동발달에 영향을 미치는 것은 생물학적 특성보다는 영양이나 의료시설 혜택 여부 등의 물리적 환경이나 가족, 학교, 친구 등의 사회적 환경이라는 것이다. 환경론 지지자들은 인간은 출생 시에는 텅 빈 백지와 같은 상태이지만 성장하면서 인성, 지능, 행동적 특성들이 경험을 통해서 학습된다고 주장하였다(Mortimer & Shanahan, 2003). 앞에서 배운 파블로프의 고전적 조건화 이론이나 손다이크의 시행착오설 등의 행동주의 이론가들은 발달이 생물학적 특성보다는 환경체계의 영향을 더 많이 받는다고 이해한다.

유전적 결정론은 지나치게 유전이나 생물학적 특성이 발달을 결정한다고 믿고, 환경결정론자는 지나치게 환경을 강조하고 있다는 비판을 받아왔다. 이러한 두 이론의 관점을 수용해서 유전적 요인의 중요성도 인정을 하면서 환경의 중요성을 강조한 이론이 상호작용론이다. 상호작용론자들은 발달은 유전적 특징과 환경적 특징의 상호작용에 의해 이루어진다고 이해한다. 상호작용론자들은 발달을 결정하는 기본 프로그램이 유전적 인자에 들어 있어서 이러한 유전인자의 특성에 따라서 발달의 한계가 결정되는 것으로 가정한다(Bronfenbrenner, 2005). 즉, 신체적, 정서적 발달의 범위는 유전인자에 어느 정도 포함되어 있어서 성장과정에서 경험하는 발달은 이 범위 내에서 나타나게 된다. 예를 들어서 신체적 특성인 키의 경우 부모에게서 물려받은 유전인자에 의해서 어느 정도 결정되므로 출생 후의 식생활이나 운동으로 인해서 키에 영향을 줄 수 있는 것은 유전적으로 물려받은 범위 내에서 이루어진다. 이러한 의미에서 상호작용론자들은 발달이 유전적 요인과 환경적 요인의 상호작용에 의해 이루어진다고 가정한다. 상호작용론을 뒷받침하는 실증적 자료는 일란성 쌍생아 연구에서 찾아볼 수 있다. 즉, 일란성 쌍생아의 경우 유사한 유전적 특성을 가졌지만 발달의 결과 신체·심리·행동적으로 유사성을 가지기도 하지만(유전결정론), 환경의 영향에 의해서 차이가 나는 부분들도 있다는 점은(환경결정론) 상호작용론을 경험적으로 지지하는 증거들이다.

2) 연속성과 비연속성

연속성이란 발달이 서서히 점차적으로 이루어지는 것이다. 예를 들어서 씨에서 싹이 나서 나무로 자라는 과정이 점차적으로 진행되는 것처럼 사람의 언어, 사고, 행동, 운동능력 등의 발달은 급작스러운 과정이 아니라 점진적으로 꾸준히 이루어진다. 운동능력의 연속성의 경우 영아기의 아이가 갑자기 걷는 것이 아니라 몸을 뒤집고, 기고, 일어서고, 걷는 과정을 거친 다음에야 비로소 뛸 수 있는 운동능력을 가지게 된다. 발달은 이처럼 연속성을 반영하여 점진적으로 일어나는 경우도 있지만 특정시기에 급격한 변화를 통해서 성장하는 경우도 있는데, 이러한 급격한 변화는 발달의 비연속적 특징을 보여준다(Mortimer & Shanahan, 2003). 예를 들어서 곤충이 애벌레, 유충, 나비로 그 외형이 명확하게 바뀌면서 변화하는 것처럼 청소년기의 추상적 사고, 애착형성, 가치관 등은 점진적이기보다는 급격하게 변화하는 비연속적 특성도 보여준다. 이러한 점에서 발달은 연속적 특징과 비연속적 특징을 함께 나타낸다고 이해할 수 있다(Lerner, 2010).

3) 안정성과 변화

발달에서 안정성과 변화는 초기경험이 그 후의 발달과정에 결정적으로 영향을 미치는지 그렇지 않은지에 대한 견해 차이에 기인한다. 발달의 안정성을 주장하는 사람들은 생애초기의 정서적 특징, 행동적 특징, 인지적 특징 등이 생애 전반적 발달과정에 계속되고 이후의 발달에 영향을 준다고 이해한다. 발달을 안정성이 있는 것으로 가정하는 경우 생애초기에 형성된 신체·심리·행동적인 특성들은 일생을 통해서 수정하는 것이 한계가 있고 지속된다고 이해한다. 한편 발달의 변화속성을 인정하는 사람의 경우에는 생애초기의 신체·심리·행동적 특징은 생애전반에 걸쳐서 지속되는 것이 아니라 여러 과정을 통해서 변화가 가능하다고 가정한다(Lerner, 2010). 예를 들어서 어렸을 적에 열악한 환경에서 자라면서 형성된 신체·심리·사회적 특성들은 성장하면서 개선된 환경에서 생활하게 되면 바뀔 수 있다고 이해한다. 대부분의 학자들은 발달의 안정성만을 지지하거나 또는 변화만을 지지하는 것이 아니라 안정성과 변화가 발달과정에서 혼재해서 나타난다고 이해한다. 대부분의 경우는 영유아기에서 청소년기에 이르는 생애초기에는 신체·심리·행동적 특성이 급격하게 변화하는 속성이 있는 것으로 이해하고 청년기를 지나면서 성년기 이후에는 상대적으로 안정성을 나타낸다고 이해한다. 즉, 특정 생애주기에는 안정성의 속성이 강하게 나타나고 특정 생애주기에는 변화의 속성이 강하게 나타나지만 전체적으로 발달과정에서 안정성과 변화가 공존한다(Mortimer & Shanahan, 2003).

3 발달이론

발달의 요점은 인간의 발달과정에 따라서 개인체계 내적 특성이나 환경체계 특성들이 변한다는 것으로 발달이론을 생태체계이론 관점에서 세부적으로 고찰하면 개인체계 내적 요소와 환경체계 요소들의 전 생애에 걸친 변화과정에 대한 이론으로 이해된다. 이러한 측면에서 발달이론은 새로운 것이라기보다는 제2부에서 배운 횡단적 측면에서 인간행동이나 성격을 이해하는 이론들을 통해서 조명될 수 있다. 그러므로 앞에서 배운 몇 가지 중요한 이론들을 발달을 이해하는 측면에서 조명해 보는 것이 발달을 이해하는 데 도움이 된다.

1) 프로이트의 이론

제3장에서 살펴본 것처럼 정신분석이론은 인간발달에서 무의식의 기제의 역할을 강조한다. 정신분석이론에 따르면 외형적으로 표출된 개인의 행동을 이해하기 위해서는 개인의 내적 정신세계를 이해할 필요가 있다. 정신분석이론 관점에서 특정 시점에서 개인이 나타내는 행동이나 성격특성은 유전적 요인을 토대로 출생 이후 개인이 성장하면서 경험한 부모와의 관계, 경험 등에 의해서 결정된다(정옥분, 2007).

정신분석이론의 대표 이론가는 프로이트이다. 프로이트의 인간행동이나 성격형성에 대한 기본가정들은 행동이나 성격의 발달을 이해하는 데 도움이 된다. 프로이트의 이론은 무의식 결정론으로 대표된다. 즉, 인간의 모든 정신적 활동은 그 이전의 행동이나 사건에 의해서 결정되므로 특정시점에서 나타나는 행동이나 성격의 모든 원인은 과거에 있다. 인간은 평소에 인식할 수는 없지만 과거의 경험들이 잠재되어서 나타나는 무의식적 동기에 의해 행동이나 성격이 결정된다. 정신분석이론은 사고와 행동의 주된 에너지 근원으로 생물학적 성적 에너지(리비도)를 상정한다(박성수 · 한승완, 2003). 그러므로 정신분석이론 입장에서 발달은 과거의 경험이 잠재되어 있는 무의식적 동기와 생물학적 성적 에너지인 리비도가 주된 원인이 되어서 전 생애에 걸쳐서 일어나는 신체, 심리, 사회적 특성의 변화의 과정으로 이해할 수 있다.

프로이트는 성격이 원초아(id), 자아(ego) 및 초자아(superego)로 구조화되어 있다고 가정하였다. 프로이트의 이러한 성격구조에도 발달적 관점이 포함되어 있다. 원초아는 본능으로 즉각적 만족을 추구하는 것으로 선천적이며 출생 시 가지고 태어나는 것이다. 아동이 태어나면서부터

제12장 발달이론 개관

보이는 반사행동은 원초아의 표출로 이해할 수 있으며 만족이나 기쁨을 최대화하기 위한 쾌락원칙에 의해서 작동된다. 즉, 아동의 빨기 반사는 젖을 먹음으로써 배고픔을 해결하고 쾌락을 얻기 위한 행위로 이해할 수 있다. 정신분석이론에 의하면 성격의 세 구조 중에서 원초아는 선천적인 것이지만 자아는 생후 2년 무렵에 형성되는 것으로 이해된다. 출생 시에는 본능에 따라서 움직이는 원초아만 존재하지만 출생 후 환경과의 상호작용을 통해서 현실원리를 따르며 현실과 타협하기 위해 이성적 사고와 인식 그리고 계획 등이 포함되는 이차적 과정의 사고과정인 자아를 형성하게 된다. 정신분석이론에 따르면 자아가 형성되는 2세 무렵부터는 현실 판단을 통해 현실적으로 적절한 해결책을 찾고 그 안에서 본능적 욕구를 충족시킨다. 초자아는 학습에 의해서 획득되는데 물리적 현실보다는 사회적 현실을 자각하면서 나타나게 되고 사회적 처벌에 대한 대처를 가능하게 하며 3세에서 4세 무렵에 형성된다. 초자아가 형성됨으로써 인간은 사회적으로 용인되는 옳고 그름을 구분하게 되고 사회적, 문화적 규범에 맞추어서 욕구를 충족하는 방법을 터득해 나간다. 프로이트의 성격구조에 나타난 것처럼 원초아는 선천적이고 자아는 2세 무렵에 발달하며 초자아는 3~4세 무렵에 발달하게 된다.

프로이트의 성격구조 형성과정에서 나타난 것처럼 정신분석이론도 발달적 관점을 가진 이론이다. 정신분석이론에서는 인간발달은 원초아, 자아, 초자아의 발달로 인해 일련의 발달단계를 거친다. 정신분석이론의 발달단계는 아동이 성장하면서 성적 만족을 얻는 신체부위가 발달단계마다 다르게 나타난다는 가정하에서 형성된 것이므로 심리성적 발달단계라고 한다. 프로이트의 심리성적 발달단계는 구강기, 항문기, 남근기, 잠재기, 생식기 등의 5단계로 나뉜다(정옥분, 2007; Robbins et al., 2006).

첫째, 구강기는 출생 시부터 18개월 정도까지를 지칭한다. 구강기에는 성적 만족을 얻는 부위가 주로 입, 입술, 혀, 잇몸 등의 구강 주변이다. 이 시기에는 구강 주변을 자극하여 만족을 느끼고 성적 쾌감을 얻을 수 있으므로 빨기, 깨물기, 삼키기 등을 통하여 만족을 얻으려고 한다. 어머니가 애정적 분위기에서 수유하게 되면 유아는 본능적 욕구에 대한 만족을 느끼며, 행복하고 안정된 시기를 지나 순조로운 발달을 하게 된다. 반대로 순조로운 수유가 일어나지 못하거나 구강적 욕구가 충족이 되지 못할 경우에는 발달이 지연되는 고착을 경험하게 되고 손가락을 빠는 것과 같은 행동이 나타나게 되고 정서적으로도 불안정해지게 된다.

둘째, 항문기는 대략 18개월에서 4세 사이를 일컫는다. 항문기에는 아동의 성적 에너지가 구강에서 항문주위로 옮겨간다. 구강기가 입 주변을 통해서 쾌감을 얻는 데 비해 항문기에는 대소변의 배출이나 보유에서 만족과 쾌감을 얻는다. 대소변 훈련으로 외부통제를 경험하게 되면서 환경과 나를 구분하게 될 수 있게 되고 이는 자아발달의 밑거름이 되며 자아 형성과 함께 본능적 욕구에 대한 만족을 상황에 따라서는 지연할 수 있는 능력도 생기게 된다. 이 시기에는 배변훈련이 성격형성에 중요한 영향을 미치게 되고 이 시기에 형성된 성격은 이후의 발달과정에도 지속적으로 영향을 준다. 신체적 성숙이 덜된 상태에서 너무 일찍 배변훈련을 하게 되면 고착이 생기고 나아가 결벽증이 생길 수 있다.

셋째, 남근기는 대략 4세에서 7세 사이를 일컫는다. 이 시기 아동은 성기에 관심을 갖게 되어 성기에 가치를 부여하게 되고 성기를 만지고 자극함으로써 성적 만족을 얻고자 한다. 또한 여성, 남성의 성별 차이에 대한 인식도 할 수 있게 된다. 남근기에는 원초아, 자아, 초자아의 성격구조가 형성되어서 역동적으로 작용하기 시작한다. 남근기에 고착을 경험하게 되면 남아는 오이디푸스 콤플렉스를 경험하게 되고 거세불안이 나타나며 여아는 엘렉트라 콤플렉스를 경험하게 되고 남근 선망을 하게 된다.

넷째, 잠재기는 대략 7세에서 사춘기 사이를 말한다. 이 시기는 성적 욕구에 대한 흥미가 약해지고 그 성적 욕망을 억누름으로써 남아와 여아 사이의 성구분에 대한 인식이 약해진다. 성적 만족은 남근기와 마찬가지로 성기부위에 있으나 성 표현을 억제하는 시기이다. 잠재기에는 동성의 친구와 놀면서 규칙을 알게 되고 사회규범에 대해 배우며 이성에 배타적이며 그 사회가 요구하는 기본기술을 획득하기 위해 노력한다. 이 시기에 고착을 경험하면 성장하면서 이성과 관계를 회피거나 성행위 시 정서적으로 위축되거나 공격적이 되기도 한다.

다섯째, 생식기는 대략 사춘기 이후 시기를 말한다. 생식기에는 신체적으로 성기능이 성숙하고 성적 관심이 점차 높아진다. 성적 만족의 기본적 영역은 여전히 성기 부근이고 이성과의 관계에서 성적 욕구도 충족시킬 수 있는 신체적 기능을 갖추게 된다. 이 시기에 성적 에너지를 적절하게 처리하지 못하면 비행으로 표출될 확률이 높다.

프로이트의 이론은 행동이나 성격형성 과정을 생애주기적으로 이해한 초기의 이론이라는 점에서 그 의의가 있다. 하지만 지나치게 무의식의 영향을 강조하고 발달의 주 근원을 생물학적 성적 에너지로 이해하고 있다는 점에서 많은 비판을 받아왔다.

2) 에릭슨의 이론

에릭슨은 초기에는 정신분석이론가 중의 한 사람이었지만 무의식 결정론이나 성적 에너지 결정론적인 정신분석이론에 한계를 느끼고 자아심리이론을 주장한 학자이다. 에릭슨의 자아심리이론은 정신분석이론에서 강조하는 원초아나 초자아보다는 발달과정에 영향을 주는 주요 인을 자아에서 찾는다(Erikson, 1982). 에릭슨에 따르면 발달과정은 생애 주기적으로 나타나는 심리사회적 위기의 해결과정을 통해서 전개되며 각 시기의 위기를 어떻게 극복하는가에 따라 발달이 정상적으로 이루어질 수도 있고 저해될 수도 있다고 주장한다(정옥분, 2007). 프로이트가 리비도인 생물학적 성적 에너지를 발달의 근원으로 이해한 반면 에릭슨은 리비도를 생물학적 성적 에너지에 국한하지 않고 전반적인 생활에너지로 이해하였다. 이러한 측면에서 에릭슨은 발달을 이해하는 데 사회문화적 요인을 강조함으로써 정신분석이론의 한계를 극복하였다는 긍정적 평가를 받은 반면 이론의 개념체계가 명확하지 않고 불분명하므로 이론을 뒷받침하는 실증적 연구와 경험적 근거가 부족하다는 부정적 평가를 동시에 받았다. 프로이트의 발달단계이론이 성적 에너지를 강조하는 심리성적 발달단계임에 비해서 에릭슨의 발달이론은 사회문화적 요소를 포함한 생활에너지를 강조하는 심리사회적 발달단계이론이다. 에릭슨의 심리사회적 발달단계를 자세하게 고찰하면 다음과 같다.

첫째, 출생부터 생후 2년 무렵까지는 정상적 발달을 경험할 경우에는 신뢰감이 형성되지만 고착이 일어날 경우 불신감이 생긴다. 이 시기에는 부모나 주위 환경체계로부터 일관성 있는 지지를 받으면 신뢰감을 얻을 수 있지만 환경체계로부터 부적절한 영향을 받게 되면 불신감을 형성하게 된다. 이 시기의 아동은 어머니와의 관계가 중요하므로 신뢰감과 불신감은 주로 어머니와 아동의 관계의 질에 의해 결정된다. 즉, 어머니로부터 따뜻한 보살핌과 애정을 받게 되면 신뢰감을 갖게 되고 그렇지 못하고 춥고 배고플 때 욕구 충족이 안 된다거나 기저귀가 젖었을 때 제때 갈아주지 않으면 불신감이 형성된다.

둘째, 2세에서 4세 사이에는 정상적 발달을 경험할 때는 자율성이 형성되지만 그렇지 못할 경우는 수치심이나 회의감이 형성된다. 이 시기에는 부모, 특히 어머니나 주위로부터 적절한 도움과 격려를 받게 되면 자율성을 키우게 되지만 과잉보호나 부적절한 도움을 받게 되면 자신의 능력을 의심하는 회의감이 생기거나 수치심이 생기게 된다. 자율성이란 자신이 행동의 주체가 되어서 반사적 또는 반응적 행동을 하는 것을 의미하며 수치심은 외부의 통제가 너무 엄격하게 주어질 때 발생하는, 자신의 통제능력의 미약함에 대한 부끄러움과 자신에 대한 회의로 이해할 수 있다. 수치심이나 회의감을 느끼게 되면 아동은 책임회피나 퇴행을 경험하거나 고집이 세질 수 있다. 반대로 자율성을 발달시키게 되면 아동은 자기통제력을 강화할 수 있고 사회적으로 인정받는 자율감각을 획득할 수 있다.

셋째, 4세에서 6세 사이에는 정상적 발달을 경험할 때는 주도성이 형성되지만 그렇지 못할 경우에는 죄책감이 형성된다. 이 시기에 주변세계를 탐색할 수 있는 기회와 자유는 어린이의 주도성을 발달시키지만 그렇지 않으면 자신의 행동에 죄책감을 갖는다. 이 시기의 발달특징은 언어를 사용하고 신체적 능력이 개발하면서 여러 가지 물건들을 마음대로 다룰 수 있게 되고 정상적 발달을 경험할 경우에는 자신의 행동에 목표를 세우는 주도성을 지니게 된다. 반대로 부모의 제재가 적절하지 못할 경우 아동은 자신감을 잃고 죄책감을 가지게 된다.

　넷째, 6세에서 12세 사이에는 적절한 발달이 일어나면 근면성이 형성되고 그렇지 않으면 열등감을 경험하게 된다. 이 시기에 아동이 무엇을 성취하도록 기회를 부여받으면 그 결과 근면성을 갖게 되지만 아동의 행동에 대해서 비난하거나 이로 인해서 좌절감을 경험하게 되면 열등감을 갖게 된다. 이 시기 발달특징은 아동들이 학교생활을 통해서 많은 지적 능력을 개발하고 친구와의 접촉을 통해서 사회의 가치관이나 규범을 획득하게 되는 것이다. 이러한 발달과정이 순조롭게 진행되는 경우에는 아동들은 친구를 통해 정체감을 확립하고 자신의 존재의 의미를 깨닫게 되고 발달과정에 적절한 과업을 수행하면서 근면성이 높아지게 된다. 반대로 발달과정이 적절하지 못해서 친구와 비교하여 자신감이 떨어지고 실수를 계속하게 되면 열등감이 생긴다.

　다섯째, 12세에서 22세 무렵까지는 청소년기로 대표되는데, 이 시기에 발달이 순조롭게 진행되면 정체감이 형성되고 그렇지 못할 경우에는 정체감 혼미현상이 나타난다. 이 시기에는 정서적 안정과 좋은 성역할의 모델이 있으면 자신에 대한 통찰과 자아정체감을 갖게 되지만 그렇지 않으면 직업선택이나 성역할 가치관의 확립에 있어 갈등을 야기한다. 에릭슨은 상대적으로 이 시기에 제일 관심을 둔 것으로 알려져 있는데 이는 자신의 존재가 무엇인가에 대한 질문에 답을 하는 과정에서 자아정체감이 형성되기 때문이다. 발달특징은 청소년으로서 정확하게 자신의 역할을 인식하고 목적의식을 가지면 자아정체감을 확립하여 위기에 대처하는 능력이 생기고, 그렇지 못할 경우에는 정체감 혼란을 경험하게 되는 것이다.

　여섯째, 22세에서 34세까지는 성인초기로 특징지어지는데, 이 시기에는 발달이 순조롭게 일어나면 친밀감을 형성하게 되고 그렇지 못할 경우에는 고립감을 경험하게 된다. 이 시기의 발달과업은 부모, 배우자, 동료 등과 좋은 인간관계를 발전시키면서 친밀감을 형성하는 것으로 적절한 발달은 친밀감 형성으로 귀결되지만 그렇지 못할 경우에는 타인에 두려움과 고립감이 생기게 된다. 발달특징은 특정 이성과의 친밀한 관계를 유지시키려는 욕구가 생겨나서 궁극적으로 배우자를 선택하게 되는 것이다. 이 시기에 성공적 발달을 경험하게 되면 친밀감이 생기지만, 그렇지 못할 경우에는 사회적인 위축을 느끼게 되어 고립감을 경험하게 된다.

일곱째, 34세부터 60세까지는 성인중기로 특징지어지는데 이 시기에 긍정적 발달을 경험하게 되면 생산성이 형성되지만 그렇지 못할 경우에는 침체감을 경험하게 된다. 이 시기의 발달과업은 자녀와 직업을 통한 생산활동에 참석하는 것인데, 자녀생산이나 직업활동을 통해서 발달과업을 성공적으로 수행하게 되면 생산성을 경험하지만, 그렇지 못할 경우는 자녀생산이나 직업활동에 성공적이지 못하게 되므로 침체를 경험하게 된다. 이 시기에는 다음 세대를 교육시켜 사회적 전통을 전수시키고 가치관을 전달하는 부모로서의 역할이 생산성을 획득하는 것이 주요 발달과업으로 이러한 과업은 다양한 사회적 활동들을 통해서 획득될 수 있다.

여덟째, 60세 이후의 시기는 성인후기로 노년기로 분류된다. 이 시기의 발달과업은 자아통합인데, 발달이 순조롭게 이루어지면 자아통합을 이루게 되지만 그렇지 못할 경우에는 절망감을 느끼게 된다. 이 시기에 지금까지 인생에 만족하게 되면 생명의 유한성도 수용하지만 그렇지 않으면 공허감과 초조함을 느끼며 본인의 인생 전반에 걸쳐서 절망감을 느끼게 된다. 자신의 생애가 가치가 있었다고 생각되면 생을 통해서 획득한 노련한 지혜의 완성을 가져올 수 있으나, 자신의 생이 가치가 없다고 생각하게 되면 신체적 또는 경제적 무력감으로 인해서 자신의 삶이 무의미하다고 느끼게 되고 그 결과 절망감이 형성된다.

3) 학습이론

앞에서 배운 것처럼 학습이론은 인간의 눈으로 본 것을 측정하여야 한다는 전제가 강조되고, 주어진 자극과 자극으로 나타난 반응과의 관련성이 규명될 때 객관성이 있으며, 과학적 설명이 가능하다고 간주한다. 학습이론은 인간의 기본적인 생물학적이고 심리적 동기는 환경에 의해 좌우되므로 보상과 벌에 의한 학습을 발달의 주원인으로 간주한다 (Skinner, 1965; 1974; Bandura, 1977). 이러한 학습이론에는 파블로프의 고전적 조건화 이론, 손다이크의 시행착오설, 스키너의 조작적 조건화 이론, 반두라의 사회학습이론 등이 있는데 이론의 구체적 내용은 제6장에서 자세하게 살펴보았으므로 여기서는 학습이론의 발달적 측면에 대해서만 고찰하기로 한다.

학습이론은 발달에 주 영향을 미치는 요인은 환경체계 및 환경체계에서 오는 자극으로 이해한다(정옥분, 2007). 즉, 환경과 상호작용하는 과정에서 신체적, 심리적, 사회적 발달이 일어난다. 학습이론을 비판하는 사람들은 학습이론이 발달에 있어 환경의 중요성을 지나치게 강조한 나머지 생물학적 요인들이 발달에 미치는 영향을 평가절하 하는 경향이 있다고 주장한다. 또한 학습이론은 발달의 주원인이 학습이라는 것은 보여주지만 생애주기적인 발달 전반을 설명하는 데는 한계가 있고 발달

제12장 발달이론 개관

의 근원이 되는 단순한 행위인 학습과정에 대해서만 설명이 가능하다고 비판받았다. 또한 반두라의 이론을 제외한 대부분의 학습이론들은 인간을 환경에 적응하는 능동적 존재로 보기보다는 환경의 영향을 받는 기계론적 인간관을 보여주는 경향이 있다.

4) 인지이론

인지이론은 의사결정에서 의식적 사고의 과정을 중요시하는데, 아동의 사고발달과정을 이해하는 데 도움을 주었다는 평가를 받는다. 대표적인 인지이론인 피아제의 이론에 따르면 인간은 유기체적 발달을 할 수 있는 유전자를 선천적으로 가지고 태어나지만 환경의 변화에 적응할 수 있는 능력도 동시에 가지고 태어나는 것으로 간주한다. 그러므로 인지이론은 인간의 발달과정이 유기체와 환경과의 상호작용의 과정이라고 이해한다. 즉, 유전적으로 타고난 특성과 환경적응능력으로 인해 아동은 나이가 들면서 사고과정의 유연성을 보이고 문제해결능력을 키워가며 환경에 적응하는 과정에서 인지구조를 변화시킨다(Piaget, 1936). 자세한 인지이론에 대한 설명은 제7장의 인지이론을 참고하면 된다. 인지이론에서 대표적 발달이론은 피아제가 제시한 인지발달이론이다.

피아제는 인지발달단계를 감각운동단계, 전 조작적 단계, 구체적 조작단계, 형식적 조작단계의 4단계로 나누었다(정옥분, 2007). 감각운동단계는 생후부터 2년 정도까지를 말하며 이 시기 아동의 행동은 주로 자극에 반응하는 것이다. 2세부터 7세까지는 전 조작적 단계로 이 시기에는 감각운동적 행위에 상대적으로 덜 의존하게 되며 언어를 획득하고 상징적 사고능력이 증가되는 시기지만 사고의 논리적 조작이 아직까지

가능하지 않으므로 전조작기라고 한다. 7세에서 12세까지를 구체적 조작단계라고 하는데, 이 시기에는 아동들이 논리적으로 조작할 수 있는 인지능력을 습득하게 된다. 하지만 조작적 사고는 관찰이 가능한 구체적 사건이나 사물에 한정되어 있는 경우가 많고 아직까지는 가상적 상황을 만들어서 추론할 수가 없어서 추상적이고 복잡한 가설의 정신적 사고는 가능하지 않다. 12세에서 15세까지를 형식적 조작단계라고 한다. 이 시기에는 지금까지 여러 단계의 인지발달 과정을 통해 획득한 지식이 축적되어서 드디어 추상적 상황에 대한 논리적 사고가 가능해지는 인지적 성숙이 나타난다. 피아제의 이론은 생애초기의 인지발달에 대한 구분을 했다는 점에서 긍정적 평가를 받고 있으나, 발달단계가 15세까지만 포함하고 있어서 그 이후의 인지발달에 대해서는 언급이 없다는 한계가 있다. 또한 피아제의 인지발달단계는 인지 이외의 신체적, 심리적, 사회적 발달에 대해서 언급을 하고 있지 않다는 한계가 있다.

5) 생태체계이론

생태체계이론은 앞에서 살펴본 것처럼 개인체계 내적 요소들과 환경체계 요소들 사이의 상호작용이 인간행동이나 성격형성의 주원인이라고 이해한다(Bronfenbrenner, 1979; 2005). 인간의 발달과정을 이해하는 데 있어 생태체계이론은 인지이론이 발달을 단편적으로 이해한 것에 비해 다양한 체계 내적 요소들과 환경체계의 영향을 고려했다는 장점이 있다. 생태체계이론은 개인체계 내적 요인들뿐 아니라 사회문화적 요소를 포함해 통합적 관점에서 발달을 이해한다는 장점이 있다(von Bertalanffy, 1981; Bronfenbrenner, 1979; Heinz et al., 2009). 개인체계 내

제12장 발달이론 개관

적으로 발달에 영향을 미치는 요인들은 신체적 요소들과 인지·정서·
행동적인 심리적 요소들이 있다. 환경체계는 미시체계, 중간체계, 거시
체계 등으로 나뉘는데, 발달과정에서 부모, 친구, 교사들의 영향은 미시
체계 요인들의 영향으로, 관습, 생활습관, 법률 등의 영향은 거시체계가
발달에 영향을 미치는 것으로 이해할 수 있다.

6) 발달이론의 비교

지금까지 살펴본 것처럼 인간의 행동이나 성격형성을 횡단적으로
설명할 수 있는 정신분석학, 자아심리이론, 행동주의이론, 인지이론,

표 12-1 발달이론의 비교

	이론가	기본개념	유전과 환경의 영향
정신분석학적 접근	정신분석이론: 프로이트	무의식의 생물학적 본능이 발달의 원동력이다.	생물학적 결정론, 초기 가족관계 중시
	자아심리이론: 에릭슨	발달은 심리·사회적 위기의 해결에서 온다.	생물학적 요인과 문화의 상호작용
행동주의적 접근	조작적 조건화: 스키너	발달이란 고전적, 조작적 조건 형성에 근거한 학습과 관계가 있다.	환경이 행동을 좌우
	사회학습이론: 반두라	모방, 간접학습, 강화에 의해 발달이 영향을 받는다.	
인지이론적 접근	인지발달이론: 피아제	환경에 대한 적응은 단계에 따른 지적 구조의 발달에 의한다.	생물학적 요인과 환경의 상호작용
생태체계 이론적 접근	브론펜브레너	아동의 사회문화적 환경이 발달에 중요하다.	환경적 요인 강조

생태체계이론 등은 일정 정도 한계는 있지만 생애주기적 발달에 영향을
미치는 주원인들이 무엇인가를 이해하는 데 도움을 준다. 지금까지 살펴
본 이론들을 이론가, 기본개념 및 유전과 환경의 영향에 대한 이론 특징
등을 비교해서 정리하면 〈표 12-1〉과 같다.

제 12 장 발달이론 개관

요 약

이 장에서는 발달의 개념과 발달이론에 대해서 살펴보았다. 사회복지분야에서 '발달'의 의미는 전 생애를 거쳐 일어나는 변화를 의미하는 것으로 긍정적·상승적 변화와 퇴행적 변화를 포함하는 개념이다. 발달의 구체적인 내용은 신체적 기능이나 심리적 기능 및 사회적 기능 변화를 모두 포함한다. 발달에 대한 다양한 견해는 첫째, 발달의 원인이 선천적인지 후천적인지에 대한 유전결정론적 시각과 환경결정론적 시각, 둘째, 발달의 특성이 연속적인지 비연속적인지에 대한 견해, 셋째, 발달의 속성이 안정성이 강한지 변화가 강한지에 대한 견해 등이 있다. 발달의 요점은 인간 발달과정에 따라서 개인체계 내적 특성이나 환경체계 특성들이 변한다는 것이므로, 발달이론을 생태체계이론 관점에서 세부적으로 고찰하면 개인체계 내적 요소와 환경체계 요소들의 전 생애에 걸친 변화과정에 대한 이론으로 요약된다. 이러한 측면에서 발달이론은 새로운 것이라기보다는 이 교재의 앞부분에서 배웠던 인간행동의 횡단적 측면의 이해를 위해서 적용하였던 다양한 이론들과 일맥상통한다.

프로이트의 정신분석이론 입장에서 발달은 과거의 경험이 잠재되어 있는 무의식적 동기와 생물학적 성적 에너지인 리비도가 주된 원인이 되어서 전 생애에 걸쳐서 일어나는 신체, 심리, 사회적 특성의 변화의 과정으로 이해할 수 있다. 정신분석이론에 의하면 성격의 세 구조 중에서 원초아는 선천적인 것이지만 자아는 생후 2년 무렵에, 초자아는 3∼4세 무렵에 발달하게 된다. 프로이트의 심리성적 발달단계는 구강기, 항문기, 남근기, 잠재기, 생식기 등의 5단계로 나뉜다.

프로이트의 발달단계이론이 성적 에너지를 강조하는 심리성적 발달단계임에 비해서 에릭슨의 발달이론은 사회문화적 요소를 포함 한 생활에너지를 강조하는 심리사회적 발달단계이론이다. 에릭슨의 심리사회적 발달단계는 다음의 8단계로 나뉜다. ① 출생∼생후

2년 무렵(신뢰감 대 불신감) ② 2~4세(자율성 대 수치심 및 회의감), ③ 4~6세(주도성 및 죄책감), ④ 6~12세(근면성 및 열등감), ⑤ 12~22세(정체감 형성 대 정체감 혼미현상), ⑥ 22~34세(친밀감 대 고립감), ⑦ 34~60세(생산성 대 침체감), ⑧ 60세 이후(자아통합 대 절망감).

학습이론은 발달에 영향을 미치는 주요 요인을 환경체계 및 환경체계에서 오는 자극으로 이해하므로, 학습이론 관점에서 보면 환경과 상호작용하는 과정에서 신체적, 심리적, 사회적 발달이 일어난다.

인지이론은 인간의 발달과정이 유기체와 환경과의 상호작용의 과정이라고 이해한다. 인지이론의 대표적인 발달이론은 피아제의 인지발달이론인데, 피아제는 인지발달단계를 감각운동단계, 전 조작적 단계, 구체적 조작단계, 형식적 조작단계의 4단계로 나누었다. 피아제의 이론은 생애초기의 인지발달에 대한 구분을 했다는 점에서 긍정적 평가를 받고 있으나, 발달단계가 15세까지만 포함하고 있어서 그 이후의 인지발달에 대해서는 언급이 없고, 인지 이외의 신체적, 심리적, 사회적 발달에 대해서 언급을 하지 않았다는 한계가 있다.

생태체계이론은 발달을 통합적 관점에서 이해하는데, 신체적 및 인지 · 정서 · 행동적인 심리적 요소들인 개인체계 내적 요인과 부모, 친구, 교사 등의 미시체계 요인, 그리고 관습, 생활습관, 법률 등 거시체계 요인이 발달에 영향을 미친다고 이해할 수 있다.

토 론

• 발달의 개념을 말하고 발달의 원인에 대한 유전적 결정론과
  환경결정론을 비교 설명하고 어느 이론이 더 적절한지에 대한
  개인의 의견과 논리적 근거를 설명하시오.

• 정신분석학적 발달이론과 자아심리이론적 발달이론을
  비교 설명하고 각 이론의 강점과 한계를 논하시오.

• 피아제의 인지발달단계를 설명하고
  강점과 한계를 논하시오.

영아기

이 장에서는 생애초기라고 할 수 있는 영아기(*infancy*)의 발달특징에 대해서 살펴본다. 영아기는 수태에서 출생에 이르는 태내기와 출생에서 약 2세까지를 이르는 영아기로 나누어 볼 수 있다. 발달단계를 연령으로 나누었지만 실질적인 연령의 정확한 구분은 사회문화적 특성이나 개인적 특성에 따라 다소 다르게 나타날 수 있으므로, 발달단계의 연령적 구분은 대략적인 것을 보여주는 것이지 사회문화적 특성을 아우르는 절대적 구분은 아니다.

태내기는 용어에서 알 수 있는 것처럼 수태에서부터 자궁 내에서 태아의 신체조직이 구성되고 발달되어서 출생에 이르는 시기를 말한다. 영아기는 출생에서부터 2세 정도까지를 말하며 이 시기에는 심리적, 신체적 활동에 있어 부모나 조부모 등 성인에게 많이 의존해야만 생존이 가능한 시기이다. 이 장에서는 영아기에 속하는 태내기와 영아기의 발달특성에 대해서 알아본다.

1 태내기

태내기는 수정에서부터 출생까지를 이르는 시기이다. 태내기를 중요하게 여기는 까닭은 태내기에 형성되는 신체적 구조와 기능이 한 개인의 전 생애를 통해 나타나는 신체구조와 행동발달의 기초가 되기 때문이다(Shaffer, 2002). 이 시기는 부모로부터 자녀에게 전달되는 특성이나 기질을 말하는 유전이 중요한 시기로 생명이 시작되는 시기다.

1) 유전

유전이란 부모로부터 자녀에게 전달되는 특성이나 기질을 말한다. 유전적 특징은 주로 부모의 염색체(DNA)에 의해서 결정된다. 사람의 염색체는 23쌍으로 구성되며 23개는 어머니로부터 받고 23개는 아버지로부터 받는다. 염색체는 유전인자를 가지고 있으며, 23쌍 중 22쌍은 체염색체이고 23번째 쌍은 성염색체이다. 즉, 22쌍은 신체적, 심리적 특징과 연관되고 23번째 쌍은 태아의 성별을 결정한다. 염색체는 유전형과 표현형으로 나누어서 고찰할 수 있는데, 유전형은 개인의 독특한 염색체와 유전인자의 구성배치 형태를 말하고, 표현형은 유전형을 통해서 실제 외부로 나타나 관찰될 수 있는 개인의 특성을 말한다.

태내기에는 유전적 요인에 의해서 부모의 특성이 태아에게 전달되는데, 부모의 유전적 특성은 유전인자에 의해서 태아에게 전달되며, 유전인자는 염색체에 의해 전달되므로 염색체가 유전적 요소를 통제하는 주요 단위가 된다. 즉, 정자와 난자는 각각 23개의 염색체를 가지며 수정란

은 정자와 난자의 염색체를 합쳐 23쌍을 가져 이것이 복사되어 새로 형성
된 세포에 각각 전달되고, 이러한 과정을 거쳐서 유전적 요인의 세대
간 전달이 일어난다. 요약하면 정자와 난자의 수정에 의해서 부모로부터
받은 유전적 요인이 태아에게 전달되고 그 결과 태아의 특성이 부모의
특성에 기반을 두어 형성되고 태아의 성이 결정된다(정옥분, 2004).

태내기에 염색체 이상이 있으면 여러 가지 증후군이 나타날 수 있
다. 염색체 이상에 의해서 나타나는 유전질환은 다운증후군, 클라인펠
터증후군, 터너증후군 등이 있다(정옥분, 2004). 다운증후군이란 21번째
의 염색체에 염색체가 하나 더 있어 일어나는 현상으로 경험적 자료들이
고령 임산부에게서 출생되는 빈도가 상대적으로 높음을 보여준다. 다운
증후군이 있는 경우에는 신체적 특징이나 지적 능력이 같은 연령대의
정상아동과 차별화되는 경향이 있다(Shaffer, 2002).

클라인펠터증후군은 남아이면서 성염색체가 X염색체를 하나 더 가
진 경우에 나타난다. 예를 들어, 보통의 남아가 XY의 성염색체를 가진
반면 클라인펠터증후군이 있는 남아는 XXY 성염색체를 가진다. 클라인
펠터증후군이 있는 남아의 경우 외모는 남성이지만 사춘기에 여성의 2차
성징이 나타나고 연령에 비해 키가 큰 경향이 있다(Shaffer, 2002).

클라인펠터증후군이 성염색체를 하나 더 가진 남아에게 나타나는
경우라면 터너증후군은 성염색체가 하나 부족한 경우에 발생한다. 즉,
터너증후군은 23번째 X염색체가 하나인 경우(XO)에 나타난다. 성염색
체가 하나 부족한 경우에는(XO의 경우), 신체상으로는 여성생식기를 가
지고 있으나 사춘기에 들어서 2차성징이 이루어지지 않으며 공간지각,
기억, 추리력에 문제점을 보이는 경우가 많다(Shaffer, 2002). 23번째
X염색체가 하나 더 있는 경우(XXX)에는 XXX증후군(*super female*)이 나타

나는데, 이 경우에는 유사 연령대 정상아동에 비해 발달이 느리거나 불완전한 경우가 많다(Shaffer, 2002).

태내기에 유전인자에 이상이 있으면 여러 가지 유전질환이 나타날 수 있다. 유전인자의 이상에 의해서 나타나는 유전질환은 헌팅턴질병, 타이삭스병, 페닐케토뉴리아 등이 있다.

헌팅턴(Huntington) 질병은 우성 유전인자 질병으로 중추신경조직의 기능이 점진적으로 떨어져 이동이 어려워지고 지적 능력에 문제를 갖게 되는 질병이다. 헌팅턴질병이 있는 사람은 영유아기에는 별 문제점을 발견하지 못하나 성인기나 중장년기에 이르러서 중추신경조직의 기능이 점진적으로 떨어지고 지적 능력에 문제가 생기는 현상을 보인다(정옥분, 2004; Shaffer, 2002).

타이삭스병은 열성 유전인자 질병으로 독일 또는 동부유럽 유대인에게 흔히 나타나며, 유아의 신경세포의 화학적 요소의 균형이 문제가 되는 질병이다. 일반적으로 4세 무렵에 사망하는 것으로 파악된다(Shaffer, 2002).

페닐케토뉴리아는 열성 유전인자 질병으로 단백질 분해효소가 결핍되어 페닐알라닌이라 부르는 아미노산의 활용능력이 없는 질병이다. 질병이 신경계에 영향을 주어 과잉행동이나 정신지체가 나타날 수 있다(Shaffer, 2002).

이러한 염색체 이상으로 인한 증후군이나 유전인자의 이상으로 인한 유전질환은 건강한 아동을 생산하려는 임신을 앞둔 부부에게는 두려움의 대상이 되기도 한다. 특히 가족력에서 이러한 증후군이나 유전질환이 발생한 경우에는 더욱 그렇다. 그러므로 유전으로 인한 증후군이나 유전질환의 발생을 최소화하기 위해서 전문적 개입이 이루어지기도 하는데, 이것을 유전상담(genetic counseling)이라고 한다(Shaffer, 2002).

유전상담은 아기를 가지려는 부모를 대상으로 부모의 유전적 특징을 바탕으로 증후군이나 유전적 질환이 생길 가능성이나 확률에 대해서 사전에 인지하여 부모로 하여금 아기를 가질 것인가의 여부를 결정하는데 도움을 준다. 가계에 유전적 문제가 있고 상담결과 증후군이나 유전질환이 나타날 가능성이 높은 경우에는 부부가 임신을 포기하거나, 건강한 아기를 임신할 수 있는 대안을 모색하고, 임신 중에는 정기적 진단을 통해서 발생가능성을 최소화하려고 노력한다.

하지만 아직까지 국가에 따라서 유전질병을 사전에 알아내는 것에 대한 논란은 계속되고 있다. 예를 들어서 유전질환의 사전 확인의 윤리적 논란과 더불어 사회적으로 유전질환을 사전 진단하는 것을 의료보험으로 혜택을 줄 것인가 주지 않을 것인가 논란이 되고 있다. 또한 만약 유전적 위험이 있다고 할 때 이를 본인 이외의 타인이 알 권리가 있는지 또는 그렇지 않은지에 대한 사적 정보에 관한 논란도 있다.

2) 생명의 시작

난자와 정자가 만나서 생명이 시작되면서 태내기가 시작된다. 중·고등학교 시절 생물시간에 배운 것처럼 난자는 둥근 모양으로 인체 내에서 가장 큰 세포이며 월경이 시작되면 한 달에 한 개씩 배출되어 배출 후 대략 72시간 정도 생존한다. 정자는 난자의 약 40분의 1의 크기로 한 번에 약 4~5억 개 정도 배출되고 배출 후 약 48~72시간 정도 생존한다. 난자와 정자가 생존하는 기간에 성공적으로 만나면 수정이 되고 임신을 하게 된다.

수정은 정자와 난자의 만남이므로 수정란은 어머니와 아버지에게서 받은 23개의 염색체의 쌍, 즉 46개의 염색체로 이루어진다. 23번째 염색체가 성염색체인데, 어머니에게서 받은 성염색체는 XX이고 아버지에게서 받은 성염색체는 XY이다. 성의 결정은 어머니의 XX 염색체와 아버지의 XY 염색체의 조합에 의해서 결정된다. XX와 XY의 가능한 조합은 XX, XY, XX, XY로 남아와 여아가 결정될 가능성은 동일하다. 난자가 X 성염색체의 정자와 만나면 여아가 되고 Y 성염색체의 정자와 만나면 남아가 된다.

3) 태아의 발달

태아는 수정 후 수정란이 자궁벽에 착상하는 과정을 거치면서 발달하는데, 구체적으로 배란기, 배아기, 태아기의 과정을 거친다(Shaffer, 2002). 배란기는 수정과 착상이 일어나는 시기이다.

(1) 배란기

배란기는 수정란이 자궁벽에 착상할 때까지를 말하고, 대략 수정 후 약 2주까지에 해당한다. 이 시기에는 정자와 난자가 만나는 수정이 일어나고, 수정란이 자궁 속을 하루 또는 이틀 정도를 떠돌다가 자궁 속에 정착하는 착상이 일어난다. 난자배출 후 착상까지는 약 10~14일 정도가 걸린다(Shaffer, 2002).

태아의 발달은 좀 더 잘 이해하기 위해서 수정과정을 살펴볼 필요가 있다. 월경을 하게 되면 호르몬이 난자의 성숙을 자극해 월경이 끝나는 날 이후로 성숙된 난자가 난소에서 배출되어 나팔관으로 이동한다. 배출된 난자가 나팔관을 통해 자궁으로 이동하는 기간은 약 3~7일이다. 난자가 난소를 떠난 지 24시간 이내에 정자를 만나야 수정이 이루어진다. 난자를 만나기 위해 정자는 자궁을 지나 나팔관에 들어가는데 나팔관에 들어가게 되는 것은 500개 이하이며 이 중 하나의 정자만이 난자와 수정에 성공하게 되면 임신이 이루어진다(Shaffer, 2002).

　　하지만 여러 가지 원인으로 인해서 임신이 일어나지 않는 불임을 경험하는 사람들이 있다. 불임은 부모의 나이가 많을수록 많이 나타나며, 피임약이나 약물의 복용을 오래 할수록 확률이 높다. 또한 흡연이나 성병 등도 불임의 원인이 되기도 한다. 또한 남성의 비정상적으로 적은 수의 정자생산이나 무정자증 등으로 불임이 일어날 수도 있다. 이처럼 불임이 나타날 경우 자연적 절차 외의 인공적 절차를 통해서 인공수정이 가능하게 할 수도 있다. 예를 들어서 불임의 원인에 따라서 약물치료나 수술에 의한 치유가 있을 수 있고, 의사에 의한 인공수정도 할 수도 있다. 여성의 난자를 채취하여 실험실에서 남성의 정자와 수정시키는 체외인공수정도 하나의 대안이 될 수 있다.

　　또한 최근 생명공학의 발전에 따라서 남성의 정자와 여성의 난자의 수정을 필요로 하지 않고 하나의 세포에서 한 생명을 만들 수 있는 복제가 하나의 대안이 될 수도 있다. 하지만 체외인공수정의 경우나 복제의 경우 한 국가의 법이나 사회문화적 특징에 따라 윤리적, 법적 문제가 야기되기도 한다(정옥분, 2004).

(2) 배아기
　　배아기는 수정란의 착상으로부터 수정 후의 약 8주까지를 말한다. 수정 후 약 2주경이 되면 수정란은 자궁벽에 확실히 착상하게 되며, 이때

부터 수정란을 배아라 부른다. 배아기에는 주요 신체기관과 조직의 발달로 태반이 발달하고 탯줄이 태반과 태아를 연결한다. 배아는 외배엽, 중배엽, 내배엽으로 구성된다. 외배엽은 분열하면서 뇌, 척추, 피부, 치아와 같은 조직을 형성하게 된다. 중배엽은 근육, 뼈, 혈관 등을 형성하고 내배엽은 폐, 간, 소화기관 등을 형성한다.

배아기의 후반에 오면 이러한 신체조직의 발달로 인해서 심장이 박동하게 되며, 뇌와 간 그리고 폐가 형성되며, 눈이 머리의 옆쪽에서 앞쪽으로 옮겨오게 되며, 뚜렷한 얼굴 모양이 형성되고 팔다리가 형성된다. 배아기에는 이러한 신체기관이 형성되므로 배아기에 결함이 있게 되는 경우는 시각장애, 폐의 결함, 언청이 등과 같은 장애를 나타내게 된다(정옥분, 2004).

(3) 태아기

배아기에 태아의 신체구조가 형성되고 그 후 임신과정을 태아기라고 부른다. 즉, 태아기는 수정 후 약 9주부터 출생까지를 일컫는다. 배아기에 외배엽, 중배엽, 내배엽을 통해서 비교적 큰 신체구조인 뇌, 척추, 피부, 치아, 근육, 뼈, 혈관, 폐, 간, 소화기관 등이 형성되어 태아기로 이행한다. 배아기에 비교적 큰 신체구조들이 형성됨에 비해 태아기에 손가락, 손톱, 눈꺼풀, 눈썹 등의 비교적 세부적인 신체구조들을 발달시키기 시작한다.

임신 8개월 정도가 되면 태아는 출생 후에도 체온을 유지할 수 있도록 피부에 지방이 발달한다. 임신 9개월 정도가 되면 지방이 저장되며, 심장박동이 증가하고 신체 내 기관들이 보다 활성화되어서 출산 후 외적 환경에 적응할 수 있는 기본적 신체구조를 갖추게 된다. 태아기에는 자궁 속의 환경에 국한되어 반응하는 것이 아니라 자궁 외의 외부의 환경자극에도 반응한다(정옥분, 2004; Shaffer, 2002).

(4) 태내환경

태내기의 태아는 모체를 통해서 영양을 공급받고 외부와 상호작용한다. 그러므로 태내기에서는 모체의 건강과 태내환경이 태아의 건강한 발달에 중요한 요인으로 작용한다.

첫째, 태내기에는 모체의 영양이 중요하다. 모체의 영양은 태아의 정상적 성장뿐 아니라 자궁, 태반 등의 발육을 위해서도 꼭 필요한 것이므로 영양유지는 필수적이다. 불충분한 모체의 영양섭취는 유산과 사산 등의 원인이 되며, 아동의 지적 발달을 저해하는 요인으로 작용하기도 한다.

둘째, 태아가 모체를 통해서 영양을 공급받기 때문에 임산부가 취하는 약물은 그대로 태반을 통해 태아에게 전달된다. 아스피린, 항생제, 환각제, 안정제, 마약, 백신, 성호르몬, 과다한 비타민 A의 복용은 기형아 발생을 가져올 수 있으므로 임산부는 약물복용 시 반드시 의사와 상의하여야 한다.

셋째, 흡연, 음주, 과다한 카페인의 복용은 태아의 성장에 부정적 영향을 준다. 임산부가 지나친 음주를 한 경우 자녀의 지능이 낮게 나타나고 아동의 공간과 시각 추리력의 정확도가 저조하다. 지나친 흡연의 경우 태아에게 필요한 산소공급을 저해하므로 태아의 호흡 속도를 느리게 하고 심장박동의 증가시켜 유산 가능성과 유아기 사망률을 높인다.

넷째, 태내기에는 방사선과 환경오염 물질에의 노출을 조심하여야 한다. 방사선과 환경오염 물질은 기형아, 정박아 출산율을 높이고 방사선 물질에 노출되었을 경우 유전인자 돌연변이를 초래할 위험이 있다.

다섯째, 모체의 질병은 태아의 건강과 직결되므로 임산부는 건강에 유의해야 한다. 예를 들어서 홍역은 임산부가 경미하게 앓았더라도 태아에게 치명적일 수 있고, 청각장애, 시각장애, 심장병, 정신박약 등의 원인이 되기도 한다. 임산부의 당뇨병은 아이의 신진대사와 관련된 질병 유발의 원인이 될 수 있다. 매독과 임질은 기형아의 출산 가능성을 높이고, 후천성면역결핍증(AIDS)은 태반을 통해서나 출산 시 산모의 혈액이나 체액을 통해서, 또는 출산 후 모유수유로 인해서 감염될 수 있으므로 특히 주의하여야 한다.

여섯째, 모체의 연령도 중요하다. 35세 이후 출산은 자연유산, 임신중독증, 난산의 원인이 되고, 심하면 임산부의 생명까지도 빼앗을 수 있다. 20세 이하 출산은 생식기능이 충분히 발달되지 않았기에 미숙아 출산 가능성이 높고, 10대 이하의 출산은 20대의 출산보다 유아사망률이 더 높다.

일곱째, 모체의 정서상태도 중요하다. 이혼, 사망, 질병, 경제적 문제로 심리적 충격을 받으면 자연유산, 조산 등의 원인이 될 수 있으므로 임산부는 심리적으로 안정상태를 유지하려고 노력해야 한다.

여덟째, 어머니뿐 아니라 아버지도 태아의 건강에 영향을 미친다. 아버지가 유해물질이 많은 곳에서 일하는 경우 기형 정자를 통해 질병을 유발할 가능성이 있다. 특히 납 성분에 노출이 많이 되었을 경우에는 신장병의 위험이 높아지고, 벤젠 솔벤트에 노출이 많이 되었을 경우는 저체중아를 낳을 위험이 높아지며, 유리공장이나 섬유공장 또는 광산에서 일하는 경우에는 미숙아 출산율이 높은 것으로 나타났다(정옥분, 2004; Shaffer, 2002).

(5) 출산

일반적으로 월경의 시작을 중심으로 280일째를 분만예정일로 간주한다. 구체적인 분만예정일 계산은 마지막 월경의 달에 9개월을 더하거나 3개월을 빼고 예정일은 마지막 월경이 시작한 날에 7일을 더해 주어서 계산한다.

분만의 단계는 개구기, 출산기, 후산기로 나누어서 고찰할 수 있다. 개구기는 진통이 시작되면서 자궁구가 10~12 cm 정도 열리는 시기를 말하고, 출산기는 자궁이 전부 열려 태아가 어머니의 몸 밖으로 나오는 출산시기를 일컫는다. 후산기는 자궁이 수축되면서 태반이 자궁벽에서 떨어져 난막과 함께 체외로 배출되는 시기를 말한다.

분만예정일보다 출산이 지나치게 일찍 일어날 경우 미숙아 생산의 가능성이 있다. 미숙아의 출산원인을 살펴보면 다음과 같다. 첫째, 어머니가 다산인 경우 비정상적으로 강한 스트레스가 주어지게 되어 미숙아를 출산하게 될 가능성이 높다. 둘째, 15세 이하의 임산부는 생식기관이 완전히 발달되지 않았을 수가 있기 때문에 미숙아를 출산할 가능성이 높다. 셋째, 임산부의 출산간격이 짧을 경우 조산아나 저체중아 등의 미숙아 출산비율이 높다. 넷째, 임산부의 영양, 의료상태, 음주, 흡연, 스트레스, 빈곤 등은 미숙아 출산을 높이는 원인으로 작용하기도 한다(정옥분, 2004; Shaffer, 2002).

2 발달이론 관점에서 본 영아기의 특성

학자들 사이에서 확실하게 의견이 일치하는 것은 아니지만 영아기는 대략적으로 출생에서부터 약 만 2세까지를 지칭한다(정옥분, 2004; Shaffer, 2002). 영아기의 발달특징을 알아보기 위해서는 다양한 아동발달이론을 살펴보는 것이 도움이 된다. 여기서는 앞에서 언급한 프로이트의 정신분석이론, 에릭슨의 자아심리이론, 피아제의 인지이론 등을 통해서 영아기의 아동발달의 특징에 대해서 살펴본다(정옥분, 2004).

1) 프로이트의 정신분석이론

프로이트는 자신의 양육경험과 환자에 대한 임상적 관찰을 바탕으로 정신분석이론을 확립했다. 앞에서 고찰한 것처럼 프로이트는 인간을 성욕과 공격성에 의해 움직이는 존재로 가정했다(유상우, 2010). 그는 인간의 정신세계를 '의식'(consciousness), '전의식'(preconsciousness), '무의식'(unconsciousness)으로 나누어서 이해하면서 성욕이나 공격성과 같이 강하고 원시적 동기는 무의식 속에 자리 잡고 있다고 가정했다.

프로이트는 인간의 성격을 원초아(id), 자아(ego), 초자아(superego)로 나누었다(Freud, 1961). 원초아는 무의식을 구성하는 핵심적 요소로서 출생 시부터 존재하며 지금 당장의 충동을 만족시키려는 에너지로 만족이나 기쁨을 최대화하기 위해 오직 쾌락원리(pleasure principle)에 따라 움직인다고 가정하였다. 자아는 현실과 타협하고 현실을 인식하는 현실원리(reality principle)에 따라 움직인다고 했다. 초자아는 도덕적이고 윤리적인 측면의 성격으로 개인의 도덕적 양심으로서 2세 이후에 점진적으로 발달하며, 초자아의 가장 주된 목표는 옳고 그름을 구별하여 그 결과를 자아에게 전달하며 자아가 원초아를 조절함으로써 부모와 사회의 지지를 얻도록 하는 것이다.

프로이트는 성적 본능의 에너지를 리비도(libido)라고 가정하고 리비도의 집중부위에 따라 발달단계를 나누었다. 그는 성격은 5세 무렵에 거의 완성된다고 보았으며, 그 후의 성장은 성격의 기본적 구조가 마무리되는 과정이라고 간주하였다.

프로이트는 성격발달에 대해 다음과 같은 두 가지 전제를 했다. 첫째, 성격은 어린 시절의 각종 경험에 의해 형성되며, 둘째, 출생 시부터 인간에게는 특정 양의 성적 에너지가 있는데, 이것이 심리성적 단계(psychosexual stage)를 따라 변화한다고 가정하였다.

이러한 이론적 패러다임에 기반을 두고 프로이트는 인간이 성숙해감에 따라 생리적 쾌감을 얻게 되는 주요 신체부위를 중심으로 성격발달단계를 구강기, 항문기, 남근기, 잠재기, 생식기로 나누었다(Freud, 1933).

각 발달 단계마다 인간은 만족감을 가져야 하며, 이 만족감의 정도에 따라 또는 성취 여부에 따라 성격형성이 변화될 수 있다고 했다. 프로이트의 성격발달단계에서 영아기에 해당하는 단계는 태내기와 출생 후부터 18개월까지의 구강기(oral stage)이다(Freud, 1933; Robbins et al., 2006).

구강기는 출생에서 18개월에 이르는 기간으로 이때는 영아가 생리적 쾌감을 얻는 주 기관, 즉 리비도가 집중하는 부위는 입, 입술, 혀 등의 구강부위이다. 영아는 입으로 빠는 일을 통해 배고픔을 해소하게 되며 동시에 만족감을 느끼게 된다. 그러므로 이 시기의 특징은 빨기, 물기, 삼키기 등으로 나타난다. 구강기 동안에 지나친 자극이나 불충분한 자극은 후의 성격형성 과정에 영향을 줄 수 있다. 즉, 구강기 초기에 문제가 있었던 경우는 성인이 되어서도 타인에게 지나치게 의존적이며 수동적인 성격이 된다. 반면에 후기에 문제가 있었던 경우는 공격적, 풍자적 성격을 낳게 한다. 이들은 논쟁적이고, 비꼬기를 잘하며, 타인을 이용하거나 지배하려고 한다. 또한 쉽게 속는 성격적 특징을 가진 사람은 구강기에 고착되어 있는 것으로 볼 수 있다(정옥분, 2004).

2) 에릭슨의 자아심리이론

앞의 이론부분에서 살펴본 것처럼 에릭슨은 프로이트로부터 깊은 영향을 받았으나, 프로이트가 발달과정에서 성적·생물학적 맥락을 강조한 것에 비해 신프로이트학파의 한 사람으로서 에릭슨은 발달이 이루어지는 사회적 맥락을 더 중시하였다(Erikson, 1950).

에릭슨은 프로이트가 제안한 성격구조의 3요소(원초아, 자아 및 초자아)를 수용하고 무의식적 동기를 인정하며 리비도의 역할을 받아들였지만 프로이트보다 사회문화적 요인과 심리역사적 환경에 더 큰 중요성을 부여하며 심리성적 이론에서 한 걸음 더 나아가 심리사회적 이론 (*psychosocial theory*)을 발전시켰다. 에릭슨은 어린이의 성격이 오로지 부모의 양육방법에 의해 결정된다고 주장한 프로이트와는 달리, 가족구성원, 사회·문화적 유산 등에 의해 영향을 받는다고 보았다.

프로이트가 인생 초기의 병리적 부모자녀관계에 의해 형성된 어린이의 성격은 불가역적이라고 주장한 데 비하여, 에릭슨은 한 단계에서의 실패를 불가역적이라고 보지 않았고 오히려 바람직한 성격으로 성장할 수 있도록 도울 수 있는 환경조건에 관심을 가졌다. 그는 병리적 성격형성의 예방을 중요시하였으며 한 단계에서 어린이가 실패했다고 할지라도 이후의 단계에서 적절한 환경조건이 주어지면, 건전한 성인으로 성장할 수 있다고 믿었다.

에릭슨은 인간의 발달이 일생을 통해 진행된다고 보았다. 그가 제시한 8개의 발달단계는 각 단계마다 심리·사회적 위기를 지니고 있다. 위기(crisis)란 개인이 각 발달단계에서 환경적 요구에 적응하기 위한 심리적 노력으로서 일상생활에서 겪게 되는 긴장이나 갈등을 의미한다(박아청, 1993).

인간은 태어나면서 부모를 비롯한 주변 사람들과 관계를 맺기 시작하고, 이러한 관계를 통해 형성되는 신뢰감은 향후 건전한 발달의 밑거름이 된다. 따라서 영아기에는 신뢰적 관계의 부족으로 나타날 수 있는 불신감의 위기를 만족스럽게 해결하면서, 자아에 긍정적 요소로 작용할 밑거름인 신뢰감이 형성되어야 향후 건전한 발달이 보장된다고 보았다. 반대로 만약 긴장이나 갈등이 계속되거나 불만족스러운 양상이 반복될 경우 불신감으로 인해 발달과정의 중요한 요소인 자아에 부정적 영향을 미칠 수 있다고 이해하였다. 그러므로 건전한 방향의 발달이 이루어지려면, 위기의 해결이 적절해야 한다.

영아기는 출생으로부터 대략 약 2세까지를 지칭하는 시기이며 프로이트의 구강기에 해당되는 시기로, 에릭슨의 분류에 따르면 '신뢰 대 불신감'의 단계이다(정옥분, 2004). 즉, 이 시기의 발달과업은 신뢰감인데 발달과정의 위기를 적절하게 해소하지 못하면 불신감이 생긴다. 이 시기에 영아가 형성하는 긍정적 요인은 신뢰감이며 부정적 요인은 불신감이다. 신뢰감은 부모 특히 어머니가 영아에게 제공하는 보호의 질에 의해 결정되는데, 어머니가 유아에게 제공하는 보호의 질이 신뢰감을 줄 정도가 되지 못하는 경우에는 불신감이 생기게 된다.

이 시기의 영아는 어머니를 통해 인생의 모든 경험을 하며, 어머니가 만족감, 안정감을 통제하게 된다. 이 시기에 어머니가 일관성이 없거나 어머니의 역할에 대한 부정적 태도를 가지고, 자녀를 거부하는 태도를 보이면 이것이 위기를 유발하게 되어 영아는 불신감을 형성하게 된다. 이때 신뢰감이라 하는 것은 자신에 대한 것뿐 아니라 남에 대한 신뢰도 의미하며 이것은 생후 처음부터 2년 사이에 생기는 것이다.

영아는 생후 2년간 주위에서 그를 돌보는 사람들이 얼마나 그의 요구에 민감하게 반응하는가에 따라 이 세상을 믿을 수 있는가 없는가를 알게 된다. 즉, 배고플 때 얼마나 잘 돌보아 주었으며, 고통이 있을 때 얼마나 잘 보살펴 주었나 하는 것에 민감하다. 이러한 상태에서 영아들은 신뢰감을 발전시키고 이 신뢰감은 안정감, 안도감, 편안함 속에서 성장하는 것이다. 그래서 에릭슨은 이 신뢰감을 모든 성격발달의 기초가 되는 것이라고 설명하고 있다. 이러한 신뢰감을 처음 2년간 발달시키지 못한다면 유아는 비신뢰감, 즉 세상은 믿을 수 없구나 하는 불신감에 사로잡히게 될 가능성이 높다.

기본적 신뢰감을 증진하는 데 중요한 것은 프로이트적인 양적 구강욕구 충족보다는 어머니와의 관계의 질이다. 어머니는 영아의 개별적 욕구를 민감하게 보살피고 문화적으로 전수된 양육방식에 의해 자녀의 신뢰를 받게 되므로 이 시기에는 어머니의 보살핌에서 영아가 일관성, 신뢰성, 예측성을 느끼는 것이 중요하다.

불신감은 어머니의 행동을 전혀 예측할 수 없고 믿을 수 없으며 필요할 때 어머니가 옆에 없을 것이라는 느낌에서 싹튼다. 즉, 자녀를 양육하는 데 다양한 양육방식을 시도하는 어머니, 부모역할에 자신감이 부족한 어머니, 지배적 문화와 갈등을 일으키는 가치관을 가진 어머니는 그 모호성이 자녀에게도 감지되므로 영아의 불신감을 낳는다.

영아가 분별력 있는 신뢰를 하기 위해서는 일정 정도의 불신을 경험해야 하나 지나친 불신은 과도한 경계심을 유발하므로 다음 단계의 위기를 해결하는 데 필요한 신뢰감의 토대를 마련하지 못하게 만든다. 따라서 불신보다 신뢰를 더 많이 획득한 영아가 효과적으로 기능하는 자아의 기초를 형성할 수 있다.

3) 피아제의 인지발달이론

앞에서 살펴본 것처럼 피아제는 인지발달단계를 감각운동기, 전조작기, 구체적 조작기, 형식적 조작기의 4단계로 나누었다(Piaget, 1954). 영아기는 피아제의 인지발달단계에서 출생 후부터 2세 무렵까지의 감각운동기에 해당한다. 감각운동기 아동의 행동은 주로 자극에 반응하는 것이다.

감각운동기(sensory motor stage)의 주요 발달특징은 영아가 자신의 감각이나 손가락을 입에 넣고 빠는 등의 행동을 통하여 자신의 주변세계를 탐색하는 것이다. 이 시기의 영아는 새로운 정보를 얻기 위해 자신의 감각을 사용하고 새로운 경험을 찾기 위해 운동능력을 사용하고자 애쓴다. 이러한 노력의 결과 반사활동에서부터 제법 잘 조직된 활동을 할 수 있기까지 간단한 지각능력이나 운동능력이 발달하게 된다.

감각운동기의 주요 발달과업은 주변의 여러 대상물로부터 자신을 분리시키기, 빛과 소리 자극에 반응하기, 흥미 있는 일을 계속하기, 조작을 통한 물체의 속성 알기, 대상 영속성의 개념 획득하기 등이 있다.

이 중에서도 '대상 영속성'의 발달이 이 시기의 가장 중요한 특징이라 할 수 있는데, 이 시기에는 부모와 같은 특정한 대상에 대한 영속성이 더 빨리 이루어지는 경향이 있다. 대상 영속성이 빨리 발달한 아기의 경우 부모와 헤어질 때 더 강하게 저항할 수 있다.

3 영아기의 발달특성

영아의 신체·심리·사회적 발달은 개인에 따라서 차이가 있을 수 있다. 하지만 지금까지의 이론적 고찰을 통해서 영유아기의 일반적 발달 특성을 신체·심리·사회적 특성으로 나누어 살펴보면 다음과 같다.

1) 신체적 발달

영아기 초반에 해당하는 출생에서 6개월 사이의 아이는 손가락 빨기를 시작하고, 움직이는 물건을 주시하며, 성장이 빠른 아이는 목을 가누기 시작한다. 이 시기의 영아는 기기 시작하고 무언가 붙잡고 일어서는 시도를 하며 손으로 몸을 지지하고 앉을 수도 있다. 또한 바로 누운 자세에서 엎드린 자세로 몸을 뒤집는 것도 가능하게 된다.

6개월에서 12개월에 해당하는 영아는 한 손에서 다른 손으로 물건을 옮기는 것이 가능하고, 무엇인가를 붙잡고 서는 것이 가능하다. 또한 앉아서 손 뻗기, 엄지와 검지를 사용해서 바닥에 떨어진 물건을 잡는 행동도 가능해진다. 또한 다른 사람에게 물건을 건네주는 것도 가능해지며 12개월에 가까워질수록 혼자 서고 걷는 것도 가능해진다.

1세에서 2세 사이의 아이는 걷기나 조금씩 뛰기도 가능해지며 물건을 던지기 시작한다. 네 발로 기어서 계단을 내려가는 것도 가능하고 연필이나 크레용을 이용하여 낙서를 하는 것도 가능하다. 손잡이를 돌리고, 장난감을 밀고 당기며, 공을 차는 것도 가능하다. 영아기 후반에 가까워질수록 걸어서 계단을 오르내리는 것도 가능해지고 달리는 것과 머리 위로 공을 던지는 것도 가능하다. 또한 어른용 의자에 기어오르는 것이나 세발자전거 타기도 가능해지고 발을 번갈아 디디며 계단을 오르내리는 것도 가능하다.

2) 인지 · 심리적 발달

출생 후 6개월간 영아는 소리와 촉각에 반응한다. 따라서 이 시기의 영아는 얼굴, 무늬, 물건을 바라보는 것이 가능하고 움직이는 물건을 따라 눈을 움직이는 것이 가능하다. 영아는 자기 손과 손가락을 주시할 수 있으며, 매달려 있는 물건을 향해 손을 뻗으며, 사람에 대해서 더 많은 관심을 보이기 시작한다. 바닥에 물건이 떨어질 경우는 눈이 물건을 따라가며 다른 사람의 동작을 흉내 내고 되풀이하는 경향이 있다.

6개월에서 12개월 정도의 영아는 인지적으로 안과 밖에 대한 개념이 생긴다. 또한 특정 결과를 얻기 위한 행동이나 동작을 수행하게 되고, 감추어진 물건을 열어서 찾는 것도 가능해지고, 상자 안에 물건을 넣는 것도 가능해진다. 이러한 행동을 통해서 다양한 방법으로 물건을 탐색하게 되므로 인지가 발달하게 된다. 언어적 측면에서는 단어와 유사한 소리를 내기 시작하여 "엄마", "아빠"와 비슷한 소리를 내기 시작한다. 또한

"안 돼", "앉아" 등의 단순한 단어에 대한 반응도 보이기 시작한다.

영아기 후반의 아기는 물건이 시야를 벗어나도 물건을 따라서 주시하려는 경향이 있다. 또한 목적을 가지고 물건을 사용하기 시작하며, 다른 사람의 몸동작도 흉내 내기 시작한다. 장애물이 있을 경우 옆으로 피해서 가는 것도 가능해지고, 장난감을 적절한 방법으로 사용하는 것도 가능해진다. 언어적 측면에서는 다른 사람의 말을 흉내 내기 시작하면서 사용하는 어휘가 증가하게 되고, 단순한 단어로 자신이 원하는 것을 요구하는 것이 가능해진다. 억양을 사용하여 말하는 것이나 두 개의 단어를 사용하여 말하는 것이 가능해진다. 또한 눈, 코, 입 등의 얼굴의 각 부분을 인식하기 시작하고 복수형 단어를 사용한다. 또한 "이것 주세요", "저것 주세요" 등의 도움을 요청하는 것도 가능해지고 그림 속의 사물의 이름을 대는 것도 가능하다. 3세에 가까울수록 두 개 이상의 단어로 된 문장을 사용하는 것도 가능하다.

3) 사회적 발달

출생에서 6개월 사이의 영아의 사회성은 소리와 촉각에 반응하는 것, 물건을 바라보는 것, 움직이는 물건에 따라 눈을 움직이는 것 등을 통해서 상호작용함으로써 발달하게 된다. 이 시기에는 앞에서 언급한 것처럼 사람에 대해서 많은 관심을 나타내게 되고 다른 사람의 동작을 흉내 내고 반복해서 되풀이하게 된다.

6개월에서 12개월 사이의 영아는 낯선 사람에 대해서 적절히 반응하여 낯선 사람을 보면 운다거나 하는 낯가림 현상을 나타낸다. 또한 거울을 보는 것을 좋아하고, 까꿍 놀이와 같은 상호작용적 놀이를 좋아한다.

또한 이때가 되면 엄마나 아빠 등의 가족을 위주로 선호하는 사람이 생기게 된다.

영아기 후반의 아이는 자신이 선호하는 사람이 다른 아이를 주목할 때 질투감정을 느끼게 되며, 옛날이야기 등의 얘기 듣는 것을 좋아한다. 혼자 옷 벗기와 옷 입기를 시도하고 사물에 대해서 소유욕과 애착을 가진다. 또한 자기가 하는 일에 자부심을 가지게 되고, 남의 도움을 거부하기 시작을 하면서 자기 스스로 시도해 보려는 경향을 보인다.

4 영아기와 관련한 사회복지적 관심영역

1) 태내기 발달과 관련한 사회복지적 관심영역

태내기의 발달에 영향을 미치는 요인은 태아와 관련된 요인들보다는 산모나 산모가 처한 환경과 관련된 요인들로 이해할 수 있다(정옥분, 2004). 먼저 불임은 아이를 갖고 싶어 하는 부부의 안녕상태를 위협하는 부정적 요인으로 작용할 수 있으므로 불임부부에게는 불임의 원인이나 불임대책에 대한 정보제공이 충분히 이루어질 필요가 있다. 불임치료를 위한 사회적 의료적 지원이나 입양에 관한 정보를 제공하는 것이 포함될 수 있다.

유전적으로 선천성 질환이나 장애가 우려되는 부부에게는 아이를 가질 경우 장애나 질환이 생길 확률이나 확률을 낮출 수 있는 방법에 대한 상담(*genetic counseling*)이 도움이 될 수 있다. 선천성 질환의 확률이 높은 부부를 대상으로 임신 후에도 지속적 검진을 통해서 임산부나 태아의 건강관리가 필요하다. 일단 임신을 하게 되면 임산부의 건강이 태아의 건강이나 발달에 직접적 영향을 주게 된다. 그러므로 임산부의 건강이나 태아의 건강을 위한 예방적, 치료적 의료서비스 제공과 임산부의 금연·금주에 대한 교육이 필요하다.

임신 중에는 산모의 정신건강이 태아의 발달에 영향을 줄 수 있다는 것은 잘 알려진 사실이다. 특히 성폭력 등으로 인한 원하지 않은 임신의 경우에는 임산부나 태아의 발달에 부정적 영향을 줄 수 있으므로 피임에 대한 교육이나 낙태에 대한 인식이나 낙태의 법적 허용범위 등에 대한 정책적 고려도 필요하다.

결혼한 부부의 경우에도 첫아이의 임신은 생애 최초의 경험으로 잘못 적응할 경우 스트레스 원으로 작용할 수 있다. 임신이나 육아에 대한 불안을 해소하고 임신이나 출산으로 나타나는 새로운 상황에 대한 적응력을 제고하는 맥락에서 태교나 육아에 대한 정보와 지식을 제공하는 교육 프로그램도 필요하다. 또한 임신이나 출산으로 인한 호르몬이나 몸 상태 변화 및 가족환경의 변화로 인해서 산후우울증이 생길 수 있다. 이러한 산후우울증을 예방하고 치료하는 차원에서 예방 및 치료 프로그램의 확충이나 사회적 지지망을 활성화하는 방안도 꾸준히 연구되어야 한다.

임산부의 건강은 태아의 건강과 직결된다. 예를 들어 임산부의 영양 상태는 태아의 발달과 밀접한 관련이 있으므로 임산부의 영양을 보장할 수 있는 균형 잡힌 식생활이 중요하다. 이러한 맥락에서 균형 잡힌 식생활 유지가 힘든 임산부를 위해서 빈곤가정에 대한 기초생활보장과 같은 사회안전망이 필요하다.

또한 임산부의 건강이 태아의 건강과 연결되어 있다는 점에서 빈곤가정을 위해서 임산부의 건강증진을 위한 의료보호제도의 확충을 통해서 예방적, 치료적 의료서비스에 대한 접근성을 보장할 필요가 있다. 적절한 주거나 가정생활이 태아의 건강에 미치는 영향을 고려할 때 직접적 재정지원이나 주거 및 가사도우미서비스 또한 태아의 정상적 발달에 도움을 줄 수 있다.

2) 영아기 발달과 관련한 사회복지적 관심영역

아마도 농담 반 진담 반으로 아이가 태어났을 때 제일 먼저 손발 및 신체상의 장애가 있는지를 확인하였다는 얘기를 주변에서 들어보았을 것이다. 사실 모든 부모들에게 출산 후 영아기의 신체적 발달과 관련해서 가장 관심의 대상이 되는 것은 선천성 질병이나 장애의 유무이다.

신체적 장애나 지체에 못지않게 중요한 것이 심리적 장애나 지체이다. 영아기는 감각 및 지각발달이 빠른 속도로 일어나는 시기이고 향후 발달의 기초가 된다는 점에서 중요하다. 자폐와 같은 발달장애가 있는 경우 조기발견과 적절한 치료적 개입을 한 경우에는 아동의 정상적 발달에 도움이 되지만, 그렇지 못한 경우에는 아동의 발달에 심각한 부정적 영향을 미치는 것으로 알려져 있다. 따라서 장애의 조기발견 및 치료를 위한 예방적, 치료적 서비스의 제공과 선천적 장애에 대한 인식(*insight*)을 높일 수 있는 교육 프로그램이 필요하다.

아이가 선천적 장애가 있을 경우 장애에 대한 부모의 인식이나 적응력을 높이는 일환으로 부모나 가족에 대한 지지서비스의 제공이나 연계가 도움이 될 수도 있다. 또한 운동이나 신체발달상의 지체가 나타나는 경우 발달상태에 대한 정확한 평가 및 의학적 진단을 받을 수 있게 해주고 진단결과에 따라 필요한 서비스를 받을 수 있도록 연계해 주는 것이 필요하다. 즉, 신체적, 심리적 발달과 관련해서 선천적 장애나 지체에 대한 조기치료와 훈련 및 부모에 대한 지지 서비스가 중요하다.

영아기의 사회적 발달도 생애전반의 발달과정에 중요한 영향을 미친다. 특히 부모와 아이의 부적절한 애착관계는 향후 아이의 사회성 발달에 부정적 영향을 준다. 출산 직후 영아기의 사회적 관계는 주로 부모 특히 어머니와의 관계인데, 어머니가 산후우울증이나 출산 후 부적응이나 스트레스로 인해서 적절한 애착관계를 형성하지 못할 경우 아동방임이나 학대로 연결될 수 있다. 그러므로 산후우울증이 있는 경우 상담, 약물치료, 심리치료 등을 통한 치료와 부모교육을 통한 적절한 애착관계 형성을 도와주는 것이 필요하다. 어머니의 우울증으로 인한 부정적 애착관계와 더불어 관심의 대상이 되는 것은 아이의 자폐증상으로, 이로 인해서 부적절한 애착관계의 형성이 나타날 수도 있다.

제16장에서 살펴볼 아동청소년기의 부적응 행동에 정리되어 있는 것처럼 자폐는 전반적 발달장애의 하나로 자폐증상이 있는 아동은 인지적, 행동적, 사회적으로 광범위하게 어려움을 갖고, 그 결과 사회적 관계형성에서도 어려움을 겪는 경우가 많다. 이러한 맥락에서 자폐의 조기발견과 적절한 개입을 위한 조기 진단 및 치료 프로그램의 확충이 필요하다.

요 약

이 장에서는 생애초기라고 할 수 있는 영아기의 발달특징 및 사회복지적 함의에 대해서 살펴보았다. 영아기는 태내기와 영아기로 나누어 볼 수 있다. 태내기는 수태에서부터 자궁 내에서 태아의 신체조직이 구성되고 발달되어서 출생에 이르기까지의 시기이다. 태내기를 중요하게 여기는 까닭은 태내기에 형성되는 신체적 구조와 기능이 한 개인의 전 생애를 통해 나타나는 신체구조와 행동발달의 기초가 되기 때문이다. 이 시기는 부모로부터 자녀에게 전달되는 특성이나 기질인 유전이 중요한 시기이다. 태내기의 태아는 모체를 통해서 영양을 공급받고 외부와 상호작용하므로, 태내기에서는 모체의 건강과 태내환경이 태아의 건강한 발달에 중요한 요인으로 작용한다.

영아기는 출생에서부터 2세 정도까지를 말하며 이 시기에는 심리적, 신체적 활동에 있어 부모 등 성인에게 많이 의존해야 생존이 가능한 시기이다. 프로이트의 성격발달단계에서 영아기에 해당하는 단계는 태내기와 출생 후부터 18개월까지의 구강기이다. 구강기에 영아가 생리적 쾌감을 얻는 주 기관, 즉 리비도가 집중하는 부위는 입, 입술, 혀 등의 구강부위이다. 에릭슨의 분류에 따르면 '신뢰 대 불신감'의 단계이다. 즉, 이 시기의 발달과업은 신뢰감인데 발달과정의 위기를 적절하게 해소하지 못하면 불신감이 생긴다. 신뢰감은 부모, 특히 어머니가 제공하는 보호의 질에 의해 결정되는데, 어머니가 유아에게 제공하는 보호의 질이 신뢰감을 줄 정도가 되지 못하는 경우에는 불신감이 생기게 된다. 피아제의 인지발달단계에서 영아기는 감각운동기에 해당한다. 감각운동기 아동의 행동은 주로 자극에 반응하는 것으로, 주요 발달특징은 영아가 자신의 감각이나 행동을 통하여 자신의 주변세계를 탐색하고, 이러한 노력의 결과 반사활동에서부터 제법 잘 조직된 활동을 할 수 있기까지 간단한 지각능력이나 운동능력이 발달하게 된다.

이 시기의 신체적 발달특성은 다음과 같다. 영아기 초반에 해당하는 출생에서 6개월 사이에는 손가락 빨기를 시작하고, 움직이는 물건을 주시하며, 성장이 빠른 아이는 목을 가누기 시작한다. 6개월에서 12개월에 영아는 한 손에서 다른 손으로 물건을 옮기는 것이 가능하고, 무엇인가를 붙잡고 서는 것이 가능하다. 1세에서 2세에는 걷기나 조금씩 뛰기도 가능해지며 물건을 던지기 시작한다. 네 발로 기어서 계단을 내려가는 것도 가능하고 연필이나 크레용을 이용하여 낙서를 하는 것도 가능하다. 영아기 후반에 가까워질수록 걸어서 계단을 오르내리는 것도 가능해지고 달리는 것과 머리 위로 공을 던지는 것도 가능하다. 또한 어른용 의자에 기어오르는 것이나 세발자전거 타기도 가능해지고 발을 번갈아 디디며 계단을 오르내리는 것도 가능하다.

인지·심리적 발달 특성은 다음과 같다. 출생 후 6개월간 영아는 소리와 촉각에 반응한다. 따라서 이 시기의 영아는 얼굴, 무늬, 물건을 바라보는 것이 가능하고 움직이는 물건을 따라 눈을 움직이는 것이 가능하다. 6개월에서 12개월 정도에는 인지적으로 안과 밖에 대한 개념이 생긴다. 또한 특정 결과를 얻기 위한 행동이나 동작을 수행하게 되고, 감추어진 물건을 열어서 찾는 것도 가능해지고, 상자 안에 물건을 넣는 것도 가능해진다. 영아기 후반에는 물건이 시야를 벗어나도 물건을 따라서 주시하려는 경향이 있다. 또한 목적을 가지고 물건을 사용하기 시작하며, 다른 사람의 몸동작도 흉내 내기 시작한다.

사회적 발달특성은 다음과 같다. 출생에서 6개월 사이의 영아의 사회성은 소리와 촉각에 반응하는 것, 물건을 바라보는 것, 움직이는 물건에 따라 눈을 움직이는 것 등을 통해서 상호작용함으로써 발달한다. 6개월에서 12개월에는 낯선 사람에 대해서 적절히 반응하여 낯선 사람을 보면 운다거나 하는 낯가림 현상을 나타낸다. 영아기 후반에는 자신이 선호하는 사람이 다른 아이를 주목할 때 질투감정을 느끼게 되며, 옛날이야기 등의 얘기 듣는 것을 좋아한다. 혼자 옷 벗기와 옷 입기를 시도하고 사물에 대해서 소유욕과 애착을 가진다.

영아기와 관련한 사회복지적 관심영역은 다음과 같다. 먼저 불임은 아이를 갖고 싶어 하는 부부의 안녕상태를 위협하는 부정적 요인으로 작용할 수 있으므로 불임부부에게는 불임의 원인이나 불임대책에 대한 정보제공이 충분히 이루어질 필요가 있다. 유전적으로 선천성 질환이나 장애가 우려되는 부부에게는 아이를 가질 경우 장애나 질환이 생길 확률이나 확률을 낮출 수 있는 방법에 대한 상담이 도움이 될 수 있다. 선천성 질환의 확률이 높은 부부를 대상으로 임신 후에도 지속적 검진을 통해서 임산부나 태아의 건강관리가 필요하다. 임산부의 건강은 태아의 건강이나 발달에 직접적 영향을 주게 되므로, 임산부의 건강이나 태아의 건강을 위한 예방적, 치료적 의료서비스 제공과 임산부의 금연·금주에 대한 교육, 그리고 임산부의 영양을 보장할 수 있는 균형 잡힌 식생활이 필요하다. 또한 빈곤가정을 위해서 임산부의 건강증진을 위한 의료보호제도의 확충을 통해서 예방적, 치료적 의료서비스에 대한 접근성을 보장할 필요가 있다. 적절한 주거나 가정생활이 태아의 건강에 미치는 영향을 고려할 때 직접적 재정지원이나 주거 및 가사도우미서비스 또한 태아의 정상적 발달에 도움을 줄 수 있다. 임신 중에는 산모의 정신건강 또한 태아의 발달에 영향을 줄 수 있다는 것은 잘 알려진 사실이므로 산모의 정신건강 증진 및 유지가 필요하다. 첫아이의 임신은 생애 최초의 경험으로 잘못 적응할 경우 스트레스 원으로 작용할 수 있다. 임신이나 육아에 대한 불안을 해소하고 임신이나 출산으로 나타나는 새로운 상황에 대한 적응력을 제고하는 맥락에서 태교나 육아에 대한 정보와 지식을 제공하는 교육 프로그램도 필요하다.

영아기는 감각 및 지각발달이 빠른 속도로 일어나는 시기이고 향후 발달의 기초가 된다는 점에서 중요하다. 자폐와 같은 발달장애의 조기발견 및 치료를 위한 예방적, 치료적 서비스의 제공과 선천적 장애에 대한 인식을 높일 수 있는 교육 프로그램이 필요하며, 아이가 선천적 장애가 있을 경우 부모나 가족에 대한 지지서비스의 제공이나 연계가 도움이 될 수도 있다. 사회복지의 관심의 대상이 될 수 있는 구체적인 문제행동이나 문제정서에 대해서는 청소년기의 발달특징을 공부하는 장에서 상세하게 살펴보도록 한다.

• 영아기의 발달특징을 프로이트의 정신분석이론,
  에릭슨의 자아심리이론 및 피아제의
  인지발달이론을 중심으로 비교 설명하시오.

• 태내기의 발달특성에 대해 설명하고
  태내기 발달의 중요성에 대해 논하시오.

• 영아기의 신체적 발달, 인지·심리적 발달 및
  사회적 발달의 특징을 설명하시오.

• 영아기의 발달특징을 이해함에 있어 프로이트의
  정신분석이론, 에릭슨의 자아심리이론 및
  피아제의 인지발달이론의 강점과 한계를 논하시오.

• 영아기의 신체적 발달, 인지·심리적 발달 및
  사회적 발달의 특징을 중심으로 영아기에 필요한
  사회복지적 관심영역에 대해서 논하시오.

유아기

이 장에서는 전체적으로 생애초기이면서 영아기 다음의 발달단계에 해당하는 유아기의 발달특징에 대해서 살펴본다. 유아기는 약 2세에서 취학 전까지 연령에 해당하는 약 6세까지의 시기이다. 앞 장에서도 논의한 것처럼, 발달단계를 연령으로 나누었지만 실질적인 연령의 정확한 구분은 사회문화적 특성이나 개인적 특성에 따라 다소 다르게 나타날 수 있다. 예를 들어서 영아기와 유아기에 해당하는 시기는 주로 초등학교 이전 시기를 이르는 말로서 우리나라 학제의 경우에는 초등학교 1학년이 7세에 시작하므로 6세 이전을 영유아기로 볼 수 있으나 미국의 경우는 공교육의 시작인 프리스쿨(preschool) 연령이 6세에 시작하므로 영유아기를 5세 이전으로 보는 것도 가능하다. 즉, 다시 한 번 강조하지만, 발달단계의 연령적 구분은 대략적인 것을 보여주는 것이지 사회문화적 특성을 아우르는 절대적 구분은 아니다.

이 교재에서는 유아기를 약 2세부터 취학 전까지 연령을 이르는 시

기로 간주한다. 이 시기는 언어의 획득이나 사고범위의 확장이 급속하게
증가하는 시기로 부모와의 대화나 친구와의 접촉을 기반으로 한 기본적
사회화가 이루어지는 시기이다. 이 장에서는 유아기의 발달특성에 대해
서 알아본다.

　　학자들 사이에서 확실하게 의견이 일치하는 것은 아니지만 유아기는 약 2세부터 6세까지를 지칭한다(정옥분, 2004; Shaffer, 2002). 유아기의 발달특징을 알아보기 위해서는 다양한 아동발달이론을 살펴보는 것이 도움이 된다. 여기서는 앞에서 언급한 프로이트의 정신분석이론, 에릭슨의 자아심리이론, 피아제의 인지이론 등을 통해서 유아기의 발달의 특징에 대해서 살펴본다(정옥분, 2004). 유아기를 좀더 세분화하는 경향도 있는데, 프로이트의 경우는 항문기와 남근기로 나누고, 에릭슨의 경우 걸음마기에 해당하는 아동초기와 학령전기에 해당하는 놀이기로 나누어서 발달특성을 살펴본다.

1) 프로이트의 정신분석이론

　　앞에서 고찰한 것처럼 프로이트는 인간을 성욕과 공격성에 의해 움직이는 존재로 가정했다(유상우, 2010). 프로이트는 성욕과 공격성으로 대표되는 인간 본능적 에너지를 리비도라고 가정하고, 리비도의 집중부위에 따라 구강기, 항문기, 남근기, 잠재기, 생식기로 발달단계를 나누었다(Freud, 1933). 프로이트의 성격발달단계에서 유아기에 해당하는 단계는 약 18개월부터 4세에 해당하는 항문기(*anal stage*)와 4세부터 7세에 해당하는 남근기(*phallic stage*)이다(Freud, 1933; Robbins et al., 2006).

　　항문기는 약 18개월에서 4세에 해당하고, 이 시기의 리비도는 입에서 항문으로 옮겨간다. 이 시기는 대소변 훈련의 시기로서 리비도가 항문 주위에 집중하는 시기이다. 유아는 배설물을 보유하고 방출하는 것에서 쾌감을 느끼며 배변훈련 과정에서 부모에 의해 최초로 환경적 제한이 가해진다. 유아는 대변의 방출을 통해 신체적 긴장으로부터 해방감을 느끼기도 하지만, 어떤 방식으로 배변훈련을 하였는가에 따라 향후의 성격 발달에 영향을 받게 된다.

배변훈련을 할 때 부모가 지나치게 엄격하고 억압적일 경우 유아는 성인이 되어서 지나치게 완고하거나 인색한 사람이 될 수 있다. 또한 지나치게 청결을 주장하거나 반대로 극단적으로 지저분한 사람이 되기 쉽다. 예를 들어, 부모가 너무 일찍 혹은 너무 심한 배변훈련을 시켜 항문기에 고착(fixation)되면 고집이 세고, 인색하며, 복종적이고, 시간을 엄수하며, 지나치게 청결한 특징을 가지거나 정반대로 파괴적이며, 난폭하고, 적개심이 강하며, 불결한 특징을 보이기도 한다(정옥분, 2004).

프로이트의 남근기는 약 4세에서 7세에 이르는 시기로, 이 시기는 성적 욕구를 자극하는 영역이 바로 성기관이 된다. 즉, 프로이트에 따르면 남근기에는 리비도가 성기관 부위에 집중되며, 아동은 자신의 성기관에 대해 관심이 증가하고, 출산 및 성에 대해서도 많은 질문을 한다. 이 시기에는 남아와 여아가 약간씩 다른 경험 및 성격발달을 겪게 되는데, 이러한 관점은 프로이트 이론 중에서 가장 많이 비판을 받고 있는 부분이기는 하지만, 고전이론을 이해한다는 측면에서 간단하게 소개한다.

이 시기에 남아는 어머니에 대해 이성적 관심을 갖고 아버지를 적수로 생각하여 아버지와의 사이에 갈등을 느끼게 되는 오이디푸스 콤플렉스(Oedipus complex)를 경험하기도 한다. 오이디푸스 콤플렉스라고 하는 것은 남자아이가 어머니를 소유하고 싶은 욕망에서 아버지를 제거하려는 욕망이다. 그러나 실제로 아버지를 제거할 수 없기 때문에 이것이 무의식중에 마음속 깊이 억압되어 버리고 이 억압된 것은 결과적으로 엄마의 사랑을 받기 위해서는 아버지처럼 되어야 한다는 현상, 즉, 아버지를 닮아가려는 동일시 현상으로 일어나게 된다. 이러한 것을 촉진시키는 것 중의 하나로 혹시 내가 잘못하면 거세당하지 않을까 하는 거세공포가 있게 되는데 이것을 거세불안(*castration anxiety*) 이라 한다.

반면에 이 시기의 여아는 자신의 성기가 남자와 다른 것을 알게 되고 그 거세의 책임을 어머니에게 돌려 어머니에 대한 적대감을 가지게 되는데, 이러한 현상을 엘렉트라 콤플렉스(*Electra complex*) 라 부른다. 엘렉트라 콤플렉스라고 하는 것은 여자아이가 아버지를 소유하기 위해서는 어머니가 없어야 하는데 어머니를 제거할 수 없으므로 엄마처럼 행동함으로써 아빠에게 가까이 가려는 행동을 보이는 것을 말한다. 또한 여자아이는 이 시기에 남근을 부러워하는 남근선망증(*penis envy*) 의 심리상태를 보인다. 프로이트 이론에서 오이디푸스 콤플렉스나 엘렉트라 콤플렉스가 중요한 것은 아이들이 이 시기에 자기와 같은 성과 동일시하는 과정에서 심리행동적 발달이 영향을 받는다는 점을 이론의 기저에 깔고 있다는 점이다.

동일시 현상은 프로이트 이론에서 아주 중요한 요소들 중의 하나이다. 동일시를 통해 아이들은 어른들처럼 되고 싶어 하는 욕망이 생기고 이 욕망에 의해 어른들이 "하지 말라", "해서는 안 된다"라고 하는 말들을 따르게 되는데, 이러한 과정을 통해서 양심의 발달, 즉 초자아의 발달이 시작된다. 프로이트는 남근기에 초자아가 확립되는 것이 이러한 오이디푸스 콤플렉스의 결과라고 했다. 남아의 경우 오이디푸스 콤플렉스를 거세불안으로 인해 극복하게 되고, 결론적으로 근친상간의 본능을 억압하게 되면서 초자아가 발달하게 된다는 것이다. 즉, 아동은 이성의 부모로부터 독점적 관심을 받고 싶어 다른 쪽 부모가 떠나거나 죽기를 바라는 동시에 이성의 부모에 대한 연모가 동성의 부모로부터 적대감이나 보복을 초래하지 않을까 두려워하거나 혹은 사랑하는 부모가 그 사랑을 철회하지 않을까 걱정한다. 남근기에 고착된 남아는 경솔하고, 과장이 심하고, 야심이 강하고, 여자는 난잡하고, 유혹적이며 경박하다(정옥분, 2004).

2) 에릭슨의 자아심리이론

프로이트가 발달과정에서 성적・생물학적 맥락을 강조한 것에 비해, 에릭슨은 발달이 이루어지는 사회적 맥락을 함께 고려하거나 오히려 더 중시하였다(Erikson, 1950). 에릭슨은 프로이트보다 사회문화적 요인과 심리역사적 환경에 더 큰 중요성을 부여하며 심리성적 이론에서 한 걸음 더 나아가 심리사회적 이론(*psychosocial theory*)을 발전시켰다.

에릭슨의 심리사회적 발달이론에 따르면 성격이 오로지 부모의 양육방법에 의해 결정된다고 이해한 프로이트의 주장과 달리, 부모의 영향을 포함해서 가족구성원, 사회・문화적 유산 등에 의해서도 지대한 영향을 받을 수 있다고 보았다. 에릭슨은 인간의 발달이 일생을 통해 진행된다고 보고, 8개의 전 생애 발달단계를 제시하였다.

에릭슨은 유아기에 향후 긍정적 발달의 주요 특성인 자율성과 주도성이 형성되어야 향후 지속적인 건전한 발달이 보장된다고 보았다. 반대로 만약 긴장이나 갈등이 계속되거나 불만족스러운 양상으로 해결되면 수치심이나 죄의식 등의 부정적 요소들이 어린이의 자아 속에 통합된다.

에릭슨의 자아심리이론의 발달단계에서 유아기에 해당하는 시기는 2세부터 4세까지의 아동초기와 4세부터 6세까지의 놀이기(play age)가 해당된다(Erikson, 1950).

(1) 아동초기

걸음마기에 해동되는 아동초기(early childhood)는 에릭슨의 분류에 따르면 '자율성 대 수치심'의 단계로 영아기 동안 성인에 의존하던 상태에서 일정 정도 벗어나는 시기이며, 발달과업은 자율성의 획득이고 이 시기에 위기를 경험하게 되면 수치심이 생기게 된다. 대략 2세부터 4세까지를 지칭하는데, 프로이트의 항문기에 해당된다(정옥분, 2004).

이 시기가 되면 유아들은 배변훈련 등을 통해서 자기 스스로 자기의 행동에 책임질 수 있다는 것을 배우기 시작한다. 이때 어른들이 자율성을 존중해 주지 않고 아이에게서 스스로 해 볼 수 있는 기회를 박탈해 버린다면 '나는 할 수가 없구나' 하는 수치감에 빠지게 된다. 유아들은 자신이 새로 발달시킨 동작 기술을 자랑스럽게 여기고 무엇이든 혼자 해 보려고 한다. 이때 만약 부모가 자녀의 한계를 알면서도 점차 자유를 허용하는 경우 자율성이 싹트게 된다. 그러나 부모가 과잉 통제하여 아동이 적절히 자신의 자율성을 연습해 보지 않는 경우는 수치심과 회의가 생기게 된다.

(2) 놀이기

학령전기에 해당되는 놀이기(play age)는 약 4세에서 6세에 해당하는 시기로 유아기의 마지막 단계이며, 에릭슨의 분류에 따르면 '주도성 대 죄책감'의 단계라고 할 수 있다(정옥분, 2004). 이 시기는 유아들이 적극적으로 주위세계에 도전하고, 새로운 과제나 기술을 습득하여 스스로가 생산적 존재임을 인정받고자 하는 때로, 발달이 순조로우면 발달과업인 주도성을 성취하게 되지만 발달과정상 위기를 경험하게 되면 죄의식을 느끼게 된다.

이 단계에서는 신체 근육의 발달로 인해 더 자유롭고 더 격렬하게 움직이는 것을 배우게 되고 언어능력이 발달하여 이해의 폭이 넓어지고 많은 질문을 한다. 또한 언어능력과 운동능력이 인지적 활동을 확대시켜 과제를 계획하여 수행하고 처리하는 능력을 갖게 되면서 점차 주도성을 형성하게 된다. 이때 부모가 아동으로 하여금 스스로 자신의 일을 하도록 격려할 경우 아동의 주도성이 북돋워질 것이나, 부모가 아동으로 하여금 스스로 과제를 완수할 기회를 주지 않을 때 아동에게 죄의식이 생기게 된다.

이 시기의 아동은 사회적 놀이(social play)에 참여하는데 신체적 놀이뿐만 아니라 어른들을 모방하는 흉내놀이(pretend play)도 한다. 이러한 경험을 통해 자신이 한 인간으로서 목적이 있다는 것을 깨닫게 되고 그러한 과정을 통하여 계획을 세우고, 목표를 설정하며, 이를 달성하기 위해 노력하는 주도성이 생기게 된다.

그러나 과도하게 처벌하거나 무시하면 아동은 자신의 주도적 행동에 자신감을 잃고 죄의식을 가지게 된다. 주도성 대 죄의식의 갈등해결에 관련된 주된 기제는 동일시이므로 동일시의 주 대상인 부모와 가족은 가장 중요한 영향을 미친다. 부모가 자신의 권위를 절대시하지 않으면서 아동의 주도성을 격려하여 이끌어주면 아동은 자신의 열망과 대범함을 성인기 사회생활의 목표에 맞게 부합시킬 수 있게 된다. 반면 부모가 유아 스스로 어떤 일을 하도록 기회를 주지 않고 지나친 통제를 하면 아동은 죄의식이 발달하게 된다.

3) 피아제의 인지발달이론

앞에서 살펴본 것처럼 피아제는 인지발달단계를 감각운동기, 전조작기, 구체적 조작기, 형식적 조작기의 4단계로 나누었다(Piaget, 1954). 유아기는 피아제의 인지발달단계에서 2세에서 7세 무렵까지의 전조작기에 해당한다. 전조작기는 감각운동적 행위에 상대적으로 덜 의존하게 되며 언어를 획득하고 상징적 사고능력이 증가되는 시기이지만 사고의 논리적 조작이 아직까지 가능하지 않으므로 전조작기라고 한다. 전조작기(preoperational stage)의 유아는 상징적 사고, 직관적 사고, 자아중심적 사고, 물활론적 사고 등을 하게 된다.

상징적 사고는 상징놀이에 의해서 발달된다. 상징놀이는 언어의 발달과 함께 급속하게 발달하며 언어수준이 연령에 따라서 변하므로 상징놀이의 수준도 연령에 따라서 변한다. 유아는 4세 이후에 일정 정도의 언어를 습득하게 되므로 더욱 정교하고 복잡한 상징놀이를 하게 되는데, 이러한 상징놀이를 통해 유아는 다른 사람이 어떻게 느끼는가를 이해할 수 있게 되고 새로운 어휘를 배우게 되며 새로운 생각을 이야기할 수 있게 된다.

직관적 사고란 사고 자체가 여러 사실에 초점을 두지 못하고 현재의 특정 사실에만 초점을 두는 사고이다. 이 시기의 유아는 어휘력의 증가로 상징적 사고가 가능하지만 문제해결 면에서는 아직 지적 조작능력이 부족하여 사고의 초점이 한 가지 사실에만 맞추어지며 여러 가지 사실에 동시에 초점을 두지 못하는 경우가 많다.

　　　　　　　　　　　　　　　　　　　　　제14장 유아기

자아중심적 사고란 사물을 자신의 입장에서만 보고 이해하고 다른 사람의 입장에서 보고 이해하는 데는 한계가 있는 사고이다. 개인차이가 있기는 하지만 대체로 유아기에는 자아중심적 사고를 많이 하게 된다.

물활론적 사고란 생물과 무생물을 구별하지 못하고 무생물도 살아 있으며 자신들처럼 감정을 가지고 있다고 사고하는 것이다. 유아기의 아이가 인형을 대상으로 사람을 대하는 것처럼 말하고 행동하는 것은 이러한 물활론적 사고의 결과라고 볼 수 있다.

유아기의 아이는 놀이의 규칙을 통하여 도덕적 규칙을 체득하게 되어 찾아내고 과실이 크면 벌을 받아야 한다는 도덕적 실재론적 사고를 보인다. 이 시기의 유아는 규칙이란 지키지 않으면 벌을 받기 때문에 절대적으로 지켜야 하며 규칙은 본래부터 정해져 있고 변경할 수 없는 것이라고 생각하는 경향이 있는데 이를 도덕적 실재론이라고 한다. 도덕적 실재론과 유사하게 이 시기의 유아는 꿈과 실재를 동일시하는 사고를 보여준다. 즉, 자신이 꾼 꿈속의 상황이 실제로 일어난 것으로 믿고 자신의 꿈속에 있었던 다른 사람도 꿈속의 상황을 경험하였다고 믿는 경향이 있다.

유아기 발달특성

유아의 신체·심리·사회적 발달은 개인에 따라서 차이가 있을 수 있다. 하지만 지금까지의 이론적 고찰을 통해서 유아기의 일반적 발달특성을 신체·심리·사회적 특성으로 나누어 살펴보면 다음과 같다.

1) 신체적 발달

유아기 초기인 걸음마기에는 영아기 후반의 아이들이 보여주는 것과 유사한 신체적 발달을 보여주기도 한다. 즉, 유아기의 아이는 걷거나 뛰기도 가능해지며 물건을 던지고, 네 발로 기어서 계단을 내려가거나 연필이나 크레용을 이용하여 낙서를 하기도 한다. 신체적 기능이 보다 정밀해져서 손잡이를 돌리거나, 장난감을 밀고 당기며, 공을 차는 것도 가능하다. 이 시기에는 또한 어른용 의자에 기어오르는 것이나 세발자전거 타기도 가능해지고 발을 번갈아 디디며 계단을 오르내리는 것도 가능하다.

유아기 후기에 이르면 젖니가 다 나오고, 학령전기에 이르게 되면 유아들은 큰 구슬을 실에 꿰는 것과 같은 정교한 행동도 가능하다. 또한 유아기 후반에 해당하는 학령전기에는 한 발로 뛰기, 단추 채우기, 스스로 손발을 씻고 닦는 것도 가능해진다. 또한 공 잡기, 발을 번갈아가며 건너뛰기가 가능해지고 배설처리를 혼자서 하는 것도 가능해진다.

2) 인지·심리적 발달

유아기 초기인 걸음마기의 아이는 영아기 후기의 아이와 유사한 발달특성을 보이기도 한다. 이시기의 유아는 물건이 시야를 벗어나도 물건을 따라서 주시하려는 경향이 있다. 또한 목적을 가지고 물건을 사용하기 시작하며, 다른 사람의 몸동작도 흉내 내기 시작한다. 장애물이 있을 경우 옆으로 피해서 가는 것도 가능해지고, 장난감을 적절한 방법으로 사용하는 것도 가능해진다.

언어적 측면에서는 다른 사람의 말을 흉내 내기 시작하면서 사용하는 어휘가 증가하게 되고, 단순한 단어를 사용하여 자신이 원하는 것을 요구하는 것이 가능해진다. 억양을 사용하여 말하는 것이나 두 개의 단어를 사용하여 말하는 것이 가능해진다. 또한 눈, 코, 입 등의 얼굴의 각 부분을 인식하기 시작하고 복수형 단어를 사용한다. 또한 "이것 주세요", "저것 주세요" 등의 도움을 요청하는 것도 가능해지고 그림 속의 사물의 이름을 대는 것도 가능하다. 3세 정도가 되면 대부분의 유아들은 두 개 이상의 단어로 된 문장을 사용하는 것이 가능하다.

유아기 후기에 해당하는 학령전기의 아이는 크고 작은 것을 이해하는 것이 가능해지고, 양이나 공간개념을 이해하기 시작한다. 또한 일부와 전체 관계를 이해하기 시작하고, 인과관계를 이해하기 시작하며 간단한 지시를 이해하여 반응하게 된다. 언어적 측면에서는 성과 이름을 말하는 것이 가능해지고, 간단한 문장으로 말하는 것이 가능해진다. 또한 유치원에서 노래, 동시 등을 외우는 것도 배우게 된다. 또한 하루 일과에 관해서 이야기하기를 좋아하고 그림 이야기를 순서대로 맞추기도 가능하게 된다. 개인적으로 차이가 있기는 하지만 책을 읽는 기술이 생기게 된다.

3) 사회적 발달

유아기 초기에 해당하는 걸음마기의 아이는 자신이 선호하는 사람이 다른 아이를 주목할 때 질투감정을 느끼게 되며, 옛날이야기 등의 얘기 듣는 것을 좋아한다. 혼자 옷 벗기와 옷 입기를 시도하고 사물에 대해서 소유욕과 애착을 가진다. 또한 자기가 하는 일에 자부심을 가지게 되고, 남의 도움을 거부하기 시작을 하면서 자기 스스로 시도해 보려는 경향을 보인다.

성장함에 따라서 유아기 후기에 해당하는 학령전기의 유아기 아이는 단체놀이를 하는 것이 가능하게 되고 혼자 옷 입기와 옷 벗기가 가능해진다. 또한 연극 등의 단체적 놀이를 하는 것을 좋아하며, 다른 아이들과 협동놀이를 하는 것이 가능해진다.

3 　유아기와 관련한 사회복지적 관심영역

유아기는 초기인 걸음마기와 후기인 학령전기로 나눠 살펴볼 수 있다. 걸음마기의 영양결핍과 질병은 아동의 건강을 위협하고 장애로 인한 사회적 고립의 가능성이 있기 때문에 걸음마기에는 정상적 신체발달을 위해서 적절한 영양섭취와 질병에 대한 예방이 필요하므로 유아의 성장과 활동성을 고려한 적절한 영양급식 프로그램이 필요하다. 부모의 적절한 보호는 발달에 긍정적으로 작용하지만 과잉보호는 아이의 적절한 옷입기, 수저 사용 등에 있어 부분운동능력 발달의 저해요인으로 작용하므로 부모교육과 아동을 위한 일상동작 능력향상 프로그램도 도움이 된다.

걸음마기에는 다음 장에서 배울 자폐증, 눌어증, 야뇨증 등의 부적응 행동이 나타날 수 있다. 이러한 부적응 행동을 예방하고 치료하는 데는 애정 어린 신체적 접촉이나 언어발달을 촉진할 수 있게 적절한 자극을 제공할 수 있는 환경을 제공하는 것이 필요하다. 아이의 주의력결핍이나 과잉행동장애 및 공격성 등의 부적응 행동은 꾸준하게 증가하는 경향을 나타내고 있어서 최근 많은 관심사가 되고 있다. 하지만 우리나라에서 아동에 대한 예방 및 치료 프로그램이나 제도는 초보적 단계에 있어서 주의력결핍 및 행동장애의 예방이나 치료를 위한 제도, 프로그램, 그리고 서비스 개발이 필요하다.

과잉보호는 신체적 발달을 저해할 뿐 아니라 심리적 발달도 저해한다. 부모의 과잉보호는 아동의 새로운 탐색활동 기회를 박탈하고 부모에 대한 아동의 의존성을 높이는 부정적 결과를 초래할 수 있으므로 가족상담을 통한 유아의 자발적 환경탐색 여건 조성이나 부모의 훈육기술 교육을 통한 건강한 가족분위기 조성을 지지해 줄 수 있는 프로그램이 도움이 될 수 있다.

걸음마기의 건강한 사회적 발달을 위해서는 유아의 사회적 발달을 지원해 줄 수 있는 프로그램이 중요하다. 부모의 훈육방법이 유아의 사회적 발달에 미치는 영향을 고려할 때 부모역할 훈련 프로그램을 통해 부모의 유아에 대한 건전한 훈육방법과 놀이지도 기술을 제고해 줄 필요가 있다. 부모에 의한 아동학대나 방임도 유아의 사회적 발달을 저해하는 요인으로 작용하므로 학대나 방임의 예방이나 개입을 위한 프로그램이나 서비스의 개발이 필요하다.

유아기의 후반부인 학령전기의 신체적 발달에서 중요한 것은 질병

예방과 치료이다. 유아의 건전한 신체적 발달을 도모하고 질병을 예방하기 위해서 전염병 예방을 위한 예방주사나 보육시설 아동의 전염병을 예방하고 치료할 수 있는 서비스나 프로그램이 필요하다. 또한 유아기에는 놀이를 통한 안전사고의 가능성이 높은 시기이다. 특히 유아기는 유치원, 어린이집, 놀이터 등에서 부모의 일차적 통제권을 벗어난 환경에서의 안전사고가 많이 일어날 수 있는 시기이다. 그러므로 가정 내에서의 안전사고예방은 물론 유치원, 어린이집, 놀이터 등의 이차적 환경에서 안전사고를 예방할 수 있도록 안전점검이나 지도감독이 철저하게 이루어질 수 있는 구조가 마련될 필요가 있다.

학령전기는 가족을 벗어나 유치원이나 보육시설을 통해서 사실상의 공적 인지교육이 처음 시작되는 시기이다. 발달상황에 맞는 적절한 인지가 학습이나 사회성에 미치는 영향을 생각할 때 경제적 이유 때문에 공적 인지교육을 받지 못하는 유아가 발생하지 않도록 사회적 지원책을 마련하는 것이 필요하고, 사회적 욕구에 부응하는 적절한 수준의 보육시설을 확충하는 것이 필요하다.

교육의 방식에서 타율적 교육은 유아의 공포심이나 죄책감의 근원이 될 수 있으므로 타율적 교육보다는 감정이입식 교육이 필요하고 이러한 교육을 부모 및 관계자 들이 실행할 수 있게 지원하기 위해서는 상담이나 교육 프로그램이 도움이 될 것이다. 사회적으로 학령전기에는 아직까지 사회적 관점을 수용할 수 있는 능력이 미발달한 상태이므로 아동에 대한 적절한 놀이지도 및 부모나 관계자 교육이 필요하다.

제 14 장 유아기

요 약

이 장에서는 유아기의 발달특징 및 사회복지적 합의에 대해서 살펴보았다. 유아기는 대략 약 2세부터 6세까지를 지칭한다. 이 장에서도 프로이트의 정신분석이론, 에릭슨의 자아심리이론, 피아제의 인지이론 등을 중심으로 살펴보았다.

프로이트의 성격발달단계에서 유아기에 해당하는 단계는 약 18개월부터 4세에 해당하는 항문기와 4세부터 7세에 해당하는 남근기이다. 항문기에는 리비도가 항문 주위에 집중하며, 어떤 방식으로 배변훈련을 하였는가에 따라 향후의 성격 발달에 영향을 받게 된다. 남근기에는 리비도가 성기관 부위에 집중되며, 남아와 여아가 약간씩 다른 경험 및 성격발달을 겪게 된다. 이러한 관점은 프로이트 이론 중에서 가장 많이 비판을 받고 있는 부분이기는 하지만, 고전이론을 이해한다는 측면에서 간단하게 소개하였다. 이 시기에 남아는 어머니에게 이성적 관심을 갖고 아버지와 갈등을 느끼게 되는 오이디푸스 콤플렉스를 경험하는 반면, 여아는 어머니에게 적대감을 갖는 엘렉트라 콤플렉스를 경험하기도 한다. 에릭슨의 자아심리이론의 발달단계에서는 2세부터 4세까지의 아동초기(걸음마기)와 4세부터 6세까지의 학령전기(놀이기)가 유아기에 해당된다. 아동초기는 '자율성 대 수치심'의 단계로 영아기 동안 성인에 의존하던 상태에서 일정 정도 벗어나는 시기이며, 발달과업은 자율성의 획득이다. 학령전기는 '주도성 대 죄책감'의 단계라고 할 수 있다. 피아제의 인지발달단계에서 유아기는 전조작기에 해당하는데, 이 시기에 유아는 감각운동적 행위에 상대적으로 덜 의존하게 되며 언어를 획득하고 상징적 사고능력이 증가되는 시기로, 상징적 사고, 직관적 사고, 자아중심적 사고, 물활론적 사고 등을 하게 된다.

유아기의 신체적 발달특성은 다음과 같다. 유아기 초기에 유아는 걷기나 뛰기도 가능해지며 물건을 던지고, 네 발로 기어서 계단을 내려가거나 연필이나 크레용을 이용하여 낙서를 하기도 한다. 신체적 기능이 보다 정밀해져서 손잡이를 돌리거나, 장난감을 밀고 당기며, 공을 차는 것도 가능하다. 유아기 후기에 이르면 젖니가 다 나오고, 학령전기에 이르게 되면 유아들은 큰 구슬을 실에 꿰는 것과 같은 정교한 행동도 가능하다. 또한 한 발로 뛰기, 단추 채우기, 스스로 손발 씻고 닦는 것도 가능해진다.

인지 · 심리적 발달특성을 보면, 유아기 초기의 아이는 물건이 시야를 벗어나도 물건을 따라서 주시하려는 경향이 있고, 목적을 가지고 물건을 사용하기 시작하며, 다른 사람의 몸동작도 흉내 내기 시작한다. 언어적 측면에서는 다른 사람의 말을 흉내 내기 시작하면서 사용하는 어휘 수가 증가하게 되고, 단순한 단어를 사용하여 자신이 원하는 것을 요구하는 것이 가능해진다. 유아기 후기의 아이는 크고 작은 것을 이해하는 것이 가능해지고, 양이나 공간개념을 이해하기 시작한다. 언어적 측면에서는 성과 이름을 말하는 것이 가능해지고 간단한 문장으로 말하는 것이 가능해진다.

사회적 발달특성을 살펴보면, 유아기 초기의 아이는 자신이 선호하는 사람이 다른 아이를 주목할 때 질투감정을 느끼게 되며, 혼자 옷 벗기와 옷 입기를 시도하고 사물에 대해서 소유욕과 애착을 가진다. 유아기 후기에 아이는 단체놀이를 하는 것이 가능하게 되고 혼자 옷 입기와 옷 벗기가 가능해진다. 또한 연극 등의 단체적 놀이를 하는 것을 좋아하며, 다른 아이들과 협동놀이를 하는 것이 가능해진다.

이러한 발달특성을 고려할 때 유아기의 사회복지 관심영역은 다음과 같은 부분들을 고려해 볼 수 있다. 유아기 초기의 영양결핍과 질병은 아동의 건강을 위협하고 장애로 인한 사회적 고립의 가능성이 있기 때문에 정상적 신체발달을 위해서 적절한 영양섭취와 질병에 대한 예방이 필요하다. 따라서 유아의 성장과 활동성을 고려한 적절한 영양급식 프로그램이 필요하다. 유아기의 신체적 발달에서 중요한 것은 질병예방과 치료이므로, 유아의 건전한 신체적 발달을 도모하고 질병을 예방하기 위해서 전염병 예방을 위한 예방주사나 보육시설 아동의 전염병을 예방하고 치료할 수 있는 서비스나 프로그램이 필요하다. 부모의 적절한 보호는 발달에 긍정적으로 작용하지만 과잉보호는 아이의 적절한 옷 입기, 수저 사용 등에 있어 부분운동능력 발달의 저해요인으로 작용하므로 부모교육과 아동을 위한 일상동작 능력향상 프로그램도 도움이 된다. 유아기의 건강한 사회적 발달을 위해서는 유아의 사회적 발달을 지원해 줄 수 있는 프로그램이 중요하다. 부모의 훈육방법이 유아의 사회적 발달에 미치는 영향을 고려할 때 부모역할 훈련 프로그램을 통해 건전한 훈육방법과 놀이지도 기술을 제고해 줄 필요가 있다. 학령전기는 가족을 벗어나 유치원이나 보육시설을 통해서 사실상의 공적 인지교육이 처음 시작되는 시기이다. 발달상황에 맞는 적절한 인지가 학습이나 사회성에 미치는 영향을 생각할 때 경제적 이유 때문에 공적 인지교육을 받지 못하는 유아가 발생하지 않도록 사회적 지원책을 마련하는 것이 필요하고, 사회적 욕구에 부응하는 적절한 수준의 보육시설을 확충하는 것이 필요하다.

토론

• 유아기의 발달특성에 대해 설명하고
  유아기 발달의 중요성에 대해 논하시오.

• 유아기의 발달특징을 프로이트의 정신분석이론,
  에릭슨의 자아심리이론 및 피아제의
  인지발달이론을 중심으로 비교 설명하시오.

• 유아기의 신체적 발달, 인지·심리적 발달 및
  사회적 발달의 특징을 설명하시오.

• 유아기의 신체적 발달, 인지·심리적 발달 및
  사회적 발달의 특징을 중심으로 유아기에
  필요한 사회복지적 관심영역에 대해서
  논하시오.

• 유아기의 발달특징을 이해함에 있어 프로이트의
  정신분석이론, 에릭슨의 자아심리이론 및 피아제의
  인지발달이론의 강점과 한계를 논하시오.

15

아동기

영아기와 유아기가 취학하기 전인 학령전기에 해당한다면, 아동기는 초등학교 시기의 학령기에 해당한다. 이러한 맥락에서 연구자에 따라서는 영아기와 유아기를 학령전기로, 청소년기와 함께 아동기를 학령기로 구분하기도 한다. 영아기와 유아기에서 살펴본 것처럼 이 장에서도 먼저 아동기에 해당하는 발달특징을 프로이트의 정신분석이론, 에릭슨의 자아심리이론, 피아제의 인지발달이론의 관점에서 살펴본다. 이러한 이론에 기반을 둔 발달단계의 특징들을 바탕으로 아동기의 발달특징을 신체적 발달, 인지·심리발달, 그리고 사회적 발달의 부분으로 나누어서 살펴보고, 아동기와 관련한 사회복지적 관심영역에 대해서 고찰한다.

1 발달이론 관점에서 본 아동기의 특성

영유아기와 마찬가지로 아동기의 기간에 대해서도 학자들 사이에서 확실하게 의견이 일치하는 것은 아니다. 아동기가 주로 초등학교 시기와 일치한다는 점을 감안할 때 각 국가나 사회의 학제에 따라서 아동기 연령에 대한 약간의 차이는 있다. 우리나라의 경우는 주로 초등학교에 진학하는 만 7세부터 초등학교를 졸업하는 만 12세까지를 아동기라고 볼 수 있다.

아동기의 발달은 이제 가족뿐 아니라 학교생활과 관련된 사회적 상호작용을 통해서 진행되게 된다. 아동기의 발달특징을 알아보기 위해서도 앞 장에서 살펴본 아동발달이론을 살펴보는 것이 도움이 되므로 여기서도 프로이트의 정신분석이론, 에릭슨의 자아심리이론, 피아제의 인지발달이론 등을 통해서 아동기의 특징에 대해서 살펴본다.

1) 프로이트의 정신분석이론

프로이트의 심리성적 발달이론에서는 아동기는 잠재기(*latency stage*)에 해당하는 약 7세부터 12세까지의 시기를 말한다(Freud, 1933; Robbins et al., 2006). 잠재기는 성적 욕망이 억눌려지고 비성적(非性的) 활동, 예를 들면 지적 호기심, 운동, 친구관계의 활동이 싹트는 시기이다(정옥분, 2004). 즉, 리비도가 무의식 속에 잠복하므로 이 시기의 아동들은 성적 욕구를 일시적으로 잊어버리고 그 사회가 요구하는 기본 기술을 획득하기 위하여 노력한다.

프로이트는 이 시기에 성적 흥미나 관심도가 줄어드는 것을 생리적 현상으로 보았으며, 따라서 이 시기에 대해서는 별로 신경을 쓰지 않았다. 이 시기를 잠재기라고 부르는 이유는 이 시기의 아동들은 상대방의 성에 대하여 무관심하며 흥미를 전혀 보이지 않기 때문이다. 초등학교 아이들을 보면 여아들은 여아들끼리, 남아들은 남아들끼리 놀면서 서로 섞이지 않는 현상을 볼 수 있다.

프로이트에 의하면 위와 같은 현상의 이유는 오이디푸스 콤플렉스나 엘렉트라 콤플렉스에서 나오는 갈등의 표출이 사회문화적으로 받아들여지지 않기 때문이다. 즉, 이러한 콤플렉스로 인한 갈등이 수용이 되지 않는다는 것을 인식하기 때문에 성적 충동이 있기는 하지만, 이 시기에는 무관심하게 행동한다. 하지만 이 시기의 외현적 성적 무관심은 무의식 속에서조차 무관심하다는 것을 의미하는 것은 아니고 잠복되어 있는 상태라고 볼 수 있다. 잠재기 아동들의 리비도의 지향대상은 주로 동성친구이고 동일시 대상도 주로 동성친구가 된다.

잠재기 아동의 에너지는 지적 활동, 운동, 친구와의 우정 등에 집중된다. 특히 신체발육과 성장에 에너지가 집중되므로 리비도의 본능적 욕구 형태인 성적 관심이 약하게 표출된다. 프로이트 이론에 따르면 잠재기에 과도한 성적 억압을 하게 되면 수치심, 도덕적 반동형성, 혐오감 등에 빠질 수 있고, 이 시기에 고착되면 성인이 되어서도 이성에 대한 정상적인 친밀감을 갖는 것이 힘들어질 수도 있다. 예를 들어 동성 간의 우정에 고착되어 버리면 생식기에 가서도 분리되지 못하고, 이성과의 관계 형성에 어려움을 겪을 가능성이 높다.

2) 에릭슨의 자아심리이론

에릭슨의 심리사회적 발달이론에서 아동기는 학령기 중에서 초등학교 시기에 해당한다. 학령기(*school age*)는 대략 6세에서 12세에 해당하는 것으로 이 시기의 발달특징은 '근면성'과 '열등감'으로 특징지어진다(정옥분, 2004; Erikson, 1950).

이 시기의 아동은 학교에서 근면하게 생활을 성실하게 잘 수행하면 근면성이라는 발달과업을 성취할 수 있고, 만약 근면성이라는 발달과업을 성공적으로 수행하지 못하면 열등감을 경험하게 된다. 이 시기에 해당하는 거의 모든 문화권의 아동들은 정규교육을 통해 읽기, 쓰기, 상호협동 등과 같이 자신이 속한 문화권의 기본 기술을 배우게 된다. 이 시기에는 지적 호기심과 그 성취가 행동의 핵심이 되며, 이러한 호기심과 부응하는 행동을 통하여 아동은 근면성과 성취감을 갖게 된다.

반면에 학습에 실패한다든지 과제를 수행할 능력이 없을 때 열등감이 생기며, 가정에서 학교생활에 대한 준비를 시키지 못하거나 학교생활이 전 단계의 기대에 못 미치는 경우 아동의 발달수준은 미흡하게 된다. 열등감은 아동이 자신의 무능력이나 하찮음을 지각하면서 생기지만 또한 열등감을 조장하는 사회적·문화적 요소들도 근면성의 발달을 방해한다. 다시 말하면, 아동은 그의 사회적 가치를 결정하는 것이 자신의 소망과 의지보다 피부색, 부모의 배경, 의복가격이라고 느끼기 시작하면 상처를 받게 되어 그 결과 정체감에 영향을 받을 수 있다.

또한 이 시기의 아동들은 무엇인가에 몰두하게 되는데 그런 데서 오는 성취감을 맛보지 않으면 안 되는 때이다. 이러한 근면을 통한 성취가 이뤄지지 않을 때 아이들은 그 반대인 열등감, 즉 '나는 아무것도 못해', '나는 해낼 수가 없어'라는 감정에 빠지게 된다. 이 시기의 성취라고 하는 것은 꼭 학업성취가 아니라 모든 활동에서 오는 결과에 대한 만족감이다. 예를 들면 학교에서 어떤 일을 해서 칭찬받은 경험이나, 게임에서 이겨본 경험이나 상을 받은 경험 등은 모두 다 성취감에 포함될 수 있다.

3) 피아제의 인지발달이론

앞에서도 언급한 것처럼 인지이론은 의사결정에서 의식적 사고과정을 중요시하는데, 대표적 인지이론인 피아제의 이론에 따르면 인지발달은 유전적 영향도 받지만 환경의 변화나 이에 적응하는 과정을 통해 영향을 받기도 한다. 피아제의 인지발달단계 중에서 아동기에 해당하는 시기는 7세에서 12세에 해당하는 구체적 조작기이다(Piaget, 1954).

구체적 조작기(7~12세) 단계에 있는 아동들의 인지구조는 전조작기에 있는 아동들에 비하여 현저하게 발달된 형태를 띤다. 자기중심적 사고에서 벗어나게 되며, 보존개념을 획득하게 된다(정옥분, 2004). 앞의 발달이론에서 언급한 것처럼 구체적 조작기의 아동은 세 가지 논리에 의해 보존개념을 획득한다. 첫째는 "물을 더 붓거나 부어 내버리지 않았으므로 물의 양은 같다"라고 대답하는 '동일성의 원리'를 획득한다. 두 번째는 "이 컵은 여기가 더 길지만, 저 컵은 여기가 더 넓다. 따라서 물의 양은 같다"라고 말하는 것이 가능해지는 '보상성의 논리'를 획득한다. 셋째는 "이것을 전에 있던 컵에다 그대로 다시 부을 수 있기 때문에 두 컵의 양은 같다"라고 말할 수 있는 '가역성의 논리'를 획득한다.

또한 이 시기에는 사물이나 대상을 크기, 무게, 밝기 등과 같은 특성에 따라 차례로 순서를 매길 수 있는 '서열화'의 능력을 갖추게 되며, 또한 대상과 대상 간의 공통점과 차이점, 관련성을 이해할 수 있는 '유목화'의 능력을 갖게 된다. 유목화의 대표적인 예로는 비행기, 자동차, 배는 서로 다르지만 '운송기관'이라는 공통성으로 인해 한 범주로 묶을 수 있다는 것이다.

　구체적 조작기의 아동들의 인지특성은 현존하는 사물이나 현상에 국한하여 조작적 사고가 가능하다는 점이다. 하지만 아직까지 현존하는 것을 초월하여 여러 가지 상황이나 조건을 가정한 상태에서 사고를 하는 형식적 조작기의 인지적 사고를 하는 것은 한계가 있다.

2 　아동기 발달특성

　앞에서 말한 것처럼 아동기는 대체적으로 초등학교 시기에 해당하는 기간이다. 아동기의 발달특성에 대해서 신체적 측면, 심리적 측면, 사회적 측면으로 나누어서 살펴보면 다음과 같다.

1) 신체적 발달

　아동기의 신체적 발달특징은 전 단계인 영유아기에 비하여 신체적 성장속도가 완만하다는 것이다(정옥분, 2004). 하지만 이 시기의 신체적 발달은 신장이나 체중에 있어 개인차이가 크게 나타나고 신체적 발달이 빠른 아동의 경우에는 성장통이 나타나기도 한다. 하지만 운동기능은 영유아기에 비해서 더욱 정교해지고 자신의 신체에 대한 통제력이 증가하게 된다. 이러한 증가된 신체적 능력이나 정교해진 운동기능을 바탕으로 또래들과 경쟁적 게임을 즐기게 된다.

신체적으로는 2차성징이 나타나기 이전이므로 성적으로 중성기적 특징을 보인다. 인간 발달과정에서 신체적 기능이 심리적 부분과 연관되어 있는 것처럼 아동기에도 신체적 기능은 자아존중감의 바탕이 되기도 한다. 즉, 운동기능이 상대적으로 우월하여 또래와의 경쟁적 게임에서 상대를 이길 수 있는 아동의 경우는 그렇지 못한 아동에 비해서 높은 자아존중감을 나타내기도 한다.

2) 인지 · 심리적 발달

아동기의 인지 · 심리적 발달도 전 단계인 영유아기에 비해서 차이가 난다. 아동기에는 감각발달에 있어서 객관적 지각이 가능하여 공간과 시간에 대한 지각이 가능해진다(정옥분, 2004). 이러한 객관적 지각의 발달을 통해서 자신의 감정이나 생각이 타인과 차이가 있다는 점을 인식하게 되고 이러한 지각을 통해서 '나' 이외의 '타인'에 대해서도 인식할 수 있게 된다. 이러한 '나'와 '타인'의 구분이 가능해지면서 아동기에는 자신의 개인적 특성에 대해서 지각할 수 있는 자아개념이 발달하게 된다.

또한 학교생활을 하면서 문자언어, 어휘 수, 발표력, 문법력, 독해력 등 언어적으로도 급속한 발달이 나타나게 된다. 이러한 문자언어나 어휘 수의 증가는 상황을 객관적으로 인식하고 개념화할 수 있는 능력의 증가를 가져오고, 그 결과 영유아기에 비해서 훨씬 조직적이고 논리적인 사고를 하는 것이 가능해진다. 또한 환경에 적응하는 총체적 능력을 나타내는 지능도 영유아기에 비해서 급속도로 발달하게 되고, 이러한 지능을 바탕으로 융통성 있는 사고를 통한 새로운 아이디어의 고안능력을 나타내는 창의성도 영유아기에 비해서 증가하게 된다.

3) 사회적 발달

아동기의 사회적 발달도 영유아기에 비해서 차이가 난다. 이 시기는 학교생활을 하면서 더욱 크게 형성되는 또래관계를 중시하게 되고, 이를 통하여 협동, 경쟁, 협상하는 능력이 향상된다(정옥분, 2004). 영유아기의 사회적 관계가 주로 가족을 중심으로 형성되었다면, 아동기에는 가족이나 또래와의 관계가 더욱 강화되거나 장기화되고, 이와 더불어 학교에서 형성되는 선생님이나 또래와의 관계 등 외부사람과의 관계가 증가하게 된다. 이러한 외부사람들과의 관계를 통하여 타인과 공감하는 능력이나 타인에 대해서 염려하는 정도가 영유아기에 비해서 증가하게 된다. 이 시기에는 주로 같은 성의 아이들과 어울리기를 좋아하고, 부모와의 관계에서도 동성의 부모와 동일시하여 역할의 본보기로 삼으며 동성의 부모와 특별한 관계를 가지는 경향이 있다.

3 아동기와 관련한 사회복지적 관심영역

　아동기의 정상적인 신체적 발달도 영유아기와 마찬가지로 평생의 건강을 좌우할 수 있다는 측면에서 생애주기적으로 볼 때 매우 중요하다. 아동기의 영양부족은 정상적인 신체적 발달을 저해할 수 있는 주요한 요인이므로 기초생활보장제도나 결식아동 프로그램의 확충으로 결식아동을 최소화하는 제도 및 프로그램이 필요하다. 영양부족과 더불어 현대사회로 오면서 경제수준의 향상과 식생활 개선으로 인해서 영양과다의 문제도 심각하게 대두하고 있다. 패스트푸드의 확산과 필요 이상의 음식물 섭취로 인한 영양과다는 만병의 근원이라고 할 수 있는 비만의 원인이 되므로 필요한 영양만큼을 섭취할 수 있는 식생활 문화의 개선이 필요하다.

　아동기에는 백혈병이나 심장 및 신장질환이 생길 수도 있는데 이러한 아동을 위한 예방이나 조기치료 프로그램 및 치료시설의 확충도 필요하다. 아동학대나 방임도 아동의 신체적 발달을 저해하는 요인으로 작용할 수 있으므로 아동학대나 방임의 예방 및 개입 프로그램도 사회복지에서 신경 써야 하는 분야 중의 하나이다.

　언어는 의사소통의 주요 수단이면서 동시에 인지적 발달을 가능하게 하는 기본 요소이다. 아동기에 생길 수 있는 언어장애는 의사소통 및 사회적 관계형성을 저해할 뿐 아니라 언어를 기본 수단으로 가능한 정상적 인지발달을 저해하고 나아가 학습장애를 유발하는 요인으로 작용한다. 따라서 아동기에는 언어장애나 학습장애의 예방이나 치료에 도움이 되는 제도나 프로그램의 개발이 필요하다.

사회적으로 아동기의 부적응 양상은 학교생활에서의 왕따현상으로 나타날 수 있다. 왕따는 심리적, 사회적 부적응으로 인해서 정상적 아동 발달을 저해하는 요소로 작용할 수 있기 때문에 학교의 심리상담 프로그램이나 학교사회사업의 활성화를 통한 왕따 예방 및 개입 프로그램이 요구된다. 아동기의 부정적 심리사회적 발달은 거짓말이나 결석 등의 사소한 문제행동에서부터 심하게는 가출이나 도벽 등의 심각한 문제행동을 나타내는 품행장애로 발전할 가능성도 있다. 이러한 품행장애의 예방 및 치료를 위한 제도 및 프로그램의 확립 및 정착이 필요하다.

요 약

　이 장에서는 초등학교 시기의 학령기에 해당하는 아동기의 발달특징을 프로이트의 정신분석이론, 에릭슨의 자아심리이론 및 피아제의 인지발달이론의 측면에서 이론적 고찰을 한 다음, 구체적 발달특징을 신체적, 심리적, 사회적 측면으로 나누어서 살펴보았다. 아동기가 주로 초등학교 시기와 일치한다는 점을 감안할 때 각 국가나 사회의 학제에 따라서 아동기 연령에 대한 약간의 차이는 있지만, 우리나라의 경우는 주로 초등학교에 진학하는 만 7세부터 초등학교를 졸업하는 만 12세까지를 아동기라고 볼 수 있다. 아동기의 발달은 이제 가족뿐 아니라 학교생활과 관련된 사회적 상호작용을 통해서 진행된다.

　프로이트의 심리성적 발달이론에서 아동기는 잠재기로 7~12세에 해당한다. 잠재기에는 성적 욕망이 억눌리고 비성적(非性的) 활동, 예를 들면 지적 호기심, 운동, 친구관계의 활동이 싹트는 시기이다. 잠재기 아동의 에너지는 지적 활동, 운동, 친구와의 우정 등에 집중된다. 에릭슨의 심리사회적 발달이론에서 아동기는 학령기 중에서 초등학교 시기에 해당하는 대략 6~12세로 이 시기에는 '근면성 대 열등감'으로 특징지어진다. 아동이 학교에서 근면하게 생활을 성실하게 잘 수행하면 근면성이라는 발달과업을 성취할 수 있고, 그렇지 못하면 열등감을 경험하게 된다. 피아제의 인지발달단계 중에서는 7~12세에 해당하는 구체적 조작기이다. 이 단계에 아동들의 인지구조는 전조작기에 있는 아동들에 비하여 현저하게 발달된 형태를 보여, 자기중심적 사고에서 벗어나게 되며 보존개념을 획득하게 되고 사물이나 대상을 크기, 무게, 밝기 등과 같은 특성에 따라 차례로 순서를 매길 수 있는 '서열화'의 능력을 갖추게 되며, 대상과 대상 간의 공통점과 차이점, 관련성을 이해할 수 있는 '유목화'의 능력을 갖게 된다. 이러한 인지능력의 영향으로 구체적 조작기의 아동은 현존하는 사물이나 현상에 국한하여 조작적 사고가 가능하다.

아동기의 신체적 발달의 특징은 전 단계인 영유아기에 비하여 신체적 성장속도가 완만하다는 것이다. 신체적 발달이 빠른 아동의 경우에는 성장통이 나타나기도 하고, 운동기능은 영유아기에 비해서 더욱 정교해지고 자신의 신체에 대한 통제력이 증가한다. 2차성징이 나타나기 이전이므로 성적으로 중성기적 특징을 보인다. 인지 · 심리적 측면에서 아동기에는 감각발달에 있어서 객관적 지각이 가능하여 공간과 시간에 대한 지각이 가능해진다. 이러한 객관적 지각의 발달을 통해서 자신의 감정이나 생각이 타인과 차이가 있다는 점을 인식하게 되고 '타인'에 대한 인식과 자아개념이 발달한다. 학교생활을 하면서 문자언어, 어휘 수, 발표력, 문법력, 독해력 등 언어적으로도 급속한 발달이 나타나고, 그 결과 영유아기에 비해서 훨씬 조직적이고 논리적인 사고를 하는 것이 가능해진다. 사회적 발달측면에서도 이 시기의 아동들은 학교생활을 하면서 더욱 크게 형성되는 또래관계를 중시하게 되고, 이를 통하여 협동, 경쟁, 협상하는 능력이 향상된다.

이러한 발달특성을 고려할 때 아동기의 사회복지적 관심영역은 다음과 같은 부분들을 고려해 볼 수 있다. 아동기의 영양부족은 정상적인 신체적 발달을 저해할 수 있는 주요한 요인이므로 기초생활보장제도나 결식아동 프로그램의 확충으로 결식아동을 최소화하는 제도 및 프로그램이 필요하다. 패스트푸드의 확산과 필요 이상의 음식물 섭취로 인한 영양과다는 만병의 근원이라고 할 수 있는 비만의 원인이 되므로 필요한 영양만큼을 섭취할 수 있는 식생활 문화의 개선이 필요하다. 아동학대나 방임도 아동의 신체적 발달을 저해하는 요인으로 작용할 수 있으므로 아동학대나 방임의 예방 및 개입 프로그램도 사회복지에서 신경 써야 하는 분야 중의 하나이다. 아동기에 생길 수 있는 언어장애는 의사소통 및 사회적 관계 형성을 저해할 뿐 아니라 정상적 인지발달을 저해하고 나아가 학습장애를 유발하는 요인이므로 아동기에는 언어장애나 학습장애의 예방이나 치료에 도움이 되는 제도나 프로그램의 개발이 필요하다. 사회적으로 왕따는 심리적, 사회적 부적응으로 인해서 정상적 아동발달을 저해하는 요소이기 때문에 학교의 심리상담 프로그램이나 학교사회사업의 활성화를 통한 왕따 예방 및 개입 프로그램이 요구된다.

토 론

• 아동기의 발달특성에 대해서 설명하고
  아동기 발달의 중요성에 대해서 논하시오.

• 아동기의 발달특징을 프로이트의 정신분석이론,
  에릭슨의 자아심리이론 및 피아제의
  인지발달이론을 중심으로 비교 설명하시오.

• 아동기의 발달특징을 이해함에 있어서 프로이트의
  정신분석이론, 에릭슨의 자아심리이론 및 피아제의
  인지발달이론의 강점과 한계를 논하시오.

- 아동기 사회복지적 개입의 필요성을
  아동기 발달특성과 관련해서 논하시오.

- 아동기 발달특징을 고려할 때 아동기 사회복지
  개입의 구체적 예들을 열거하고, 각각에 대한
  논리적 근거를 제시하시오.

- 아동기의 신체적 발달, 인지·심리적 발달 및
  사회적 발달의 특징을 설명하시오.

16

청소년기

영아기와 유아기가 취학 전인 학령전기에 해당하고, 아동기가 초등학교 시기에 해당한다면, 청소년기는 중·고등학교 시기에 해당한다. 지금까지 발달단계의 특성을 살펴볼 때처럼, 이 장에서도 청소년기에 해당하는 발달특징을 프로이트의 정신분석이론, 에릭슨의 자아심리이론, 피아제의 인지발달이론의 관점에서 살펴본다. 이러한 이론에 기반을 둔 발달단계의 특징들을 바탕으로 청소년기의 발달특징을 신체적 발달, 인지·심리발달, 그리고 사회적 발달의 부분으로 나누어서 살펴보고, 청소년기와 관련한 사회복지적 관심영역에 대해서 고찰한다. 마지막으로 생애초기인 영아기, 유아기, 아동기 및 청소년기의 발달특성을 고려할 때 이 시기에 많이 나타날 수 있는 부적응 행동의 양상에 대해서 소개한다.

발달이론 관점에서 본 청소년기의 특성

다른 발달단계와 마찬가지로 청소년기 기간에 대해서도 학자들 사이에서 확실하게 의견이 일치하는 것은 아니다. 앞 장에서 초등학교에 진학하는 만 7세부터 초등학교를 졸업하는 만 12세까지를 아동기라고 이해한 것처럼, 우리나라의 경우는 대체로 중·고등학교 시기인 만 13세부터 만 18세까지를 청소년기로 볼 수 있다. 청소년기의 발달특징을 알아보기 위해서도 앞 장에서 살펴본 발달이론을 살펴보는 것이 도움이 되므로 여기서도 프로이트의 정신분석이론, 에릭슨의 자아심리이론, 피아제의 인지발달이론 등을 통해서 청소년기의 특징에 대해서 살펴본다.

1) 프로이트의 정신분석이론

프로이트의 심리성적 발달이론은 청소년기까지만 언급한다. 즉, 12세 이후를 생식기라고 분류하면서 그 특징을 정리하고(Freud, 1933; Robbins et al., 2006), 그 이후의 발달단계에 대해서는 언급하지 않는다. 비록 전 생애주기에 걸친 발달이론을 제시하지는 않았지만, 인간의 특성을 생애주기에 따른 발달적 관점에서 이해하려고 한 시도는 발달심리학자를 비롯한 많은 학자들에게 지대한 영향을 준 것으로 평가된다.

프로이트의 발달이론에서 생식기(*genital stage*)는 12세 이후의 시기가 해당된다(정옥분, 2004). 이전 장에서 언급한 것처럼 전 단계의 각 발달단계를 성공적으로 끝내지 못했을 경우에는 두 가지 형태로 발달이 왜곡될 수 있는 위험이 있다.

첫 번째는 고착(*fixation*)으로 이것은 한 발달단계에서 머물고 다시 다음 단계로 넘어가지 못하는 현상을 말한다. 이 경우는 어떤 특정한 단계에서 지나치게 만족스러운 경험을 하면 다음 단계로 넘어가는 것을 거부하고 그 단계에서 계속 요구되는 만족을 즐기는 것이다.

두 번째는 퇴행(*regression*)으로 현재 처해 있는 발달단계에서 적응하기가 너무 어려워서 또는 고통스러워서 그것을 이겨낼 수 없을 때 그 개인이 전 단계, 즉 자신이 방금 벗어난 전 단계로 후퇴해 버리는 현상이다.

이 두 가지 형태는 우리 주위에서 흔히 볼 수 있는 것으로 어떤 아이가 손톱을 깨물거나 손가락을 빨거나 또는 성인이 줄담배를 피우거나 술을 많이 마시거나, 또는 수다스러운 것도 어떻게 보면 구강기에 있었던 입을 중심으로 하는 만족을 찾으려는 현상이라 볼 수 있다.

이러한 위험들을 잘 극복하면 청소년기는 신체적 성숙이 이루어짐에 따라 진정한 의미에서의 성욕이 나타나는 시기이다. 아동이 사춘기가 되면서 성적·공격적 충동이 이성에 대한 흥미와 관심으로 나타나게 된다. 초기에는 생리적·생화학적 변화가 나타나게 되고 성기의 성숙, 내분비선에서 호르몬이 분비되는 등 2차성징이 나타나게 된다.

생식기를 원만히 지낼 경우 성숙하고 책임 있는 사회적·성적 관계를 유지하게 되며, 이성과의 사랑에서 만족감을 느끼게 된다. 성적 관심이나 만족에 있어 생식기가 잠재기 이전의 시기와 다른 점은 잠재기 이전에는 자신의 신체에서 성적 쾌감을 추구하는 자기애착적 경향을 보이나, 생식기에는 타자인 이성으로부터 성적 만족을 얻으려 하는 이성애착적 경향을 보인다는 점이다. 따라서 이 시기를 이성애착기(*heterosexual period*)라고도 한다(Freud, 1925).

2) 에릭슨의 자아심리이론

에릭슨의 이론에 따르면 청소년기(*adolescence*)는 대략 12세에서 22세 무렵으로 이 시기에 발달과업을 성공적으로 수행하면 '정체감'이 형성되나 만약 성공적으로 수행하지 못하면 '정체감 혼란'을 경험하게 된다(정옥분, 2004; Erikson, 1950). 이 시기에 청소년은 다음과 같은 특징을 가진다.

청소년기에는 2차성징이 나타나고 동반되는 여러 신체적 변화에 직면하는데, 이러한 신체적 변화와 더불어 청소년들은 정체감 형성을 통해서 자신의 사회적 역할을 명확히 하려는 노력을 하게 된다. 이 시기에 청소년들은 때때로 자신이 무엇이고 어떠한 사람인가에 대해 생각할 뿐만 아니라, 자신이 남의 눈에 무엇으로 어떻게 비칠 것인가에 대해서도 관심을 가지게 된다.

청소년기의 신체적 성숙은 성인과 유사하게 발달하게 되지만, 대부분의 문화에서 사회적으로는 청소년 집단에게 성인의 역할과 책임을 일정 기간 연기하는 것이 허락된다. 청소년기의 이러한 특성을 고려하여 청소년기를 심리사회적 유예기간(*psychosocial moratorium*)이라고 말하기도 한다. 즉, 심리사회적 유예기간은 청소년이 본인에게 적합한 사회적·직업적 역할을 탐색하는 기회가 되기도 한다.

정체감에 관한 확고한 선택, 즉 동일시를 할 수 없을 때 이 단계의 위험인 정체감 혼란이 발생한다. 에릭슨에 따르면 청소년기 이전의 성장 발달과업을 얼마나 성공적으로 수행하였는가에 따라서 동일시 과업의 달성 여부가 결정된다. 청소년이 정체감을 형성하지 못하는 것은 주로 어린 시절의 불행한 경험이나 현재 청소년을 둘러싼 부정적인 사회환경 때문으로, 이럴 경우 정체감 발달에 실패하고 그 결과 정체감 혼란을 겪게 된다.

요약하면, 청소년이 자신을 돌이켜볼 때 자신을 이제까지와 같은 동일한 사람으로 보아 내적 동일성과 지속성을 느끼게 되고, 자신이 이루어 놓은 내적 통합성이 다른 사람에 의해서도 같게 지각된다고 확신할 때 자아 동일시를 형성하게 된다. 반대로 이러한 확신이 없는 경우 역할의 혼란이 오며 무력감을 느끼고 목적 없는 방황을 하게 된다.

3) 피아제의 인지발달이론

앞에서도 언급한 것처럼 인지이론은 의사결정에서 의식적 사고과정을 중요시하는데, 대표적 인지이론인 피아제의 이론에 따르면 인지발달은 유전적 영향도 받지만 환경의 변화나 이에 적응하는 과정을 통해 영향을 받기도 한다. 피아제의 인지발달단계 중에서 청소년기에 해당하는 시기는 12세에서 15세에 해당하는 형식적 조작기이다(Piaget, 1954).

아동기에 해당하는 구체적 조작기의 아이들이 현존하는 사물이나 현상에 국한하여 조작적 사고가 가능한 데 비하여, 형식적 조작기(12~15세) 단계에 있는 아이들은 현존하는 것을 초월하여 여러 가지 가능한 경우를 가정한 상태에서 사고하는 것이 가능하다(정옥분, 2004). 예를 들면, 새로운 과학문제에 직면했을 때, 그들은 단지 관찰 가능한 실험결과에만 집착하지 않고, 그 상황에서 일어날 수 있는 가능한 모든 경우를 동시에 생각하기 때문에, 실제로 나타난 현상은 가능한 여러 결과 중의 하나에 불과할 수 있다는 점을 인식한다.

형식적 조작의 사고가 가능한지 알아보는 것으로서 피아제가 고안한 유명한 실험은 추의 진동에 관한 고전적 물리학 실험이다. 길이, 무게, 높이, 힘 등의 상대적 효과를 잘 고려해야만 대답할 수 있는 문제인데, 이 실험에서 형식적 조작의 사고가 가능한 아이들은 효과적 실험을 설계하고, 이를 잘 관찰하여 타당한 결론을 끌어낼 수 있었다.

그러나 모든 사람들이 항상 형식적 조작을 사용하는 것은 아니다. 또, 이 시기가 되면 처음으로 도덕적, 정치적, 철학적 생각과 가치문제 등을 이해하기 시작한다. 게다가 다른 사람의 사고과정을 이해하고, 다른 사람들은 문제를 어떻게 보고, 어떻게 생각할까 등의 문제에도 관심을 갖기 시작한다. 피아제는 주로 '평균적' 아동에 대하여 언급하고 있으며 교육과 문화가 아이들에게 미치는 영향에 대해서는 언급하지 않고 있다. 우선 피아제에 의하면 아동은 어른의 직접적 가르침 없이도 자연적으로 자신의 인지구조를 발달시킨다고 한다. 피아제는 특정 발달단계에 도달하여야만 특정한 인지적 능력이 획득된다고 보았다.

물론 피아제가 훈련이나 학습의 효과에 대해서는 거의 언급하지 않았다는 점에서 비판의 대상이 되기도 하지만, 피아제의 인지발달단계는 선행학습이 보편적 관행으로 이루어지는 교육 현실을 생각할 때 한번쯤 되새겨 볼 필요가 있다. 특히 피아제의 관점에서 보았을 때 아직 언어와 상징이 발달되지 않은 2세 미만의 어린 유아를 대상으로 하는 문자나 수리 학습은 상당히 부적절한 접근이라 할 수 있겠으며, 자칫하면 인지적 혼란만을 가중시키는 결과를 초래할 소지도 있다.

청소년기 발달특성

청소년기의 발달특성에 대해서 신체적 측면, 심리적 측면, 사회적 측면으로 나누어서 살펴보면 다음과 같다.

1) 신체적 발달

청소년기는 신체적 발달 측면에서 급속한 변화를 경험하는 시기이다. 개인에 따라서 성장속도에 차이가 있기는 하지만 청소년기 말기에 이르러서는 대부분의 청소년들이 신체적으로 신장이나 체중에 있어 성인과 유사한 신체적 특징을 보이게 된다. 특히 성적으로 2차성징이 나타나면서 남성은 더욱 남성답고 여성은 더욱 여성다운 신체적 특징을 나타내게 된다(정옥분, 2004).

2) 인지 · 심리적 발달

인지 · 심리적 발달에 있어서도 청소년기는 전 단계인 영유아기나 아동기와 비교해서 특징적 부분들이 많다. 청소년기는 인지적으로는 구체적 조작기인 아동기에 비해서 훨씬 정교한 논리적 추론이 가능한 형식적 조작기에 해당한다. 자아정체감의 발달은 아동기에 이어서 연속적으로 발전하는데, 이 시기에 정체감의 성취는 청소년기의 발달과업을 적절히 수행해서 긍정적 적응을 나타내지만, 정체감의 유실이나 혼란을 경험하게 되면 부적응 양상을 나타낸다(정옥분, 2004).

3) 사회적 발달

사회적 발달도 이전 단계인 영유아기나 아동기에 비해서 특징적 부분들이 많다. 먼저 아동기에는 가족관계가 공고해지는 경향을 보여주었으나 청소년기는 현실적으로는 가족에 속해서 생활하지만 심리적으로는 가족으로부터 독립을 준비하는 심리적 이유기에 해당한다. 반면 가족 이외의 사회적 관계가 확대되는데, 특히 동성 간의 우정을 바탕으로 한 친구관계나 이성관계 등이 아동기에 비해서 확대되기 시작한다(정옥분, 2004).

청소년의 발달단계에서는 다음 사항에 대해서 유념할 필요가 있다. 현대사회에서 대부분의 청소년기들은 신체적 속도는 빠르지만 심리사회적 성숙의 여건에는 한계가 있어서, 신체적 성장속도에 부합하지 못하는 심리·사회적 발달을 경험하게 된다. 신체적 발달속도와 심리사회적 발달속도의 차이를 보여주는 이러한 신체와 심리·사회적 성장 간의 지체현상은 청소년기의 정서적으로 불안, 고독, 공허감, 반항 등으로 표출되기도 한다. 이러한 연유로 청소년기를 '질풍노도의 시기'라고도 한다.

　　청소년기는 신체적으로 급성장하는 시기로 신체적 성장과 사회적 성장이나 정신적 성장 사이의 괴리현상이 나타날 수 있다. 성적으로는 성숙한 반면 사회적, 심리적으로는 미성숙한 상태에서 청소년기의 성관계는 성폭력이나 미혼부모와 같은 사회적 문제를 야기할 수도 있다. 또한 최근의 외모를 강조하는 사회적 풍조 때문에 청소년들이 신경성 식욕부진이나 거식증을 경험할 수도 있다. 이러한 청소년기의 신체적 발달특징을 고려할 때 정상적인 신체적 발달을 지원해 줄 수 있는 사회복지적 차원의 교육 및 지원체계가 필요하다.

　　청소년기의 심리적 발달과업으로는 인지학습발달과 신체발달의 조화나 자아정체감 형성 등이 있다. 학습발달과 신체발달의 조화를 위해서는 청소년에 걸맞은 여가 및 인성 프로그램 개발이 필요하고, 정체감 형성을 지원하기 위해서는 개인 또는 집단상담 프로그램이 도움이 될 수 있다. 청소년기는 심리적 격동기라고 표현할 정도로 심리적, 정신적으로 방황할 수 있는 시기이고 이러한 방황을 적절하게 해결하지 못하면 정신장애로 발전할 위험이 있다. 실제로 성년기에 나타나는 정신분열증과 같은 주요 정신장애의 전구증상은 청소년기에 나타나는 경우가 많다. 그러므로 청소년기에 적합한 정신장애 예방 및 치료 프로그램 개발 및 보급도 필요하다.

　　대중매체 및 인터넷의 발달로 인해서 선정적이고 유해한 자극에 청소년들이 노출될 확률이 점점 높아지고 있다. 유해한 자극에 대한 부적절한 노출이나 대응은 청소년 비행문제로 발전될 가능성이 높으므로 대중매체의 연령등급이나 인터넷 사이트에 대한 관리가 필요하다. 더불어 무조건 통제하거나 격리할 것이 아니라 청소년들이 유해사이트에 대해서 주체적이고 능동적으로 적응할 수 있도록 교육 및 지원 프로그램 또한 필요하다. 최근까지 청소년 비행문제에 대한 접근은 사전 예방적 접근보다는 사후 처벌적 성격이 강하였다. 정상적 발달을 지원하고 비행문제의 개인적, 사회적 부작용을 최소화하기 위해서는 가족 및 사회적 차원에서 체계적인 예방, 보호, 재활 프로그램의 확충이 필요하다.

4 영유아기 및 아동청소년기의 부적응 행동*

정신장애 진단체계(DSM-5)를 기준으로 영유아와 아동, 그리고 청소년기에 많이 나타나는 부적응 행동들은 대체로 신경발달장애(neuro-developmental disorder)라는 큰 범주에 속하는 장애들이다(APA, 2013). 이 범주의 장애들에는 지적장애(intellectual disability), 의사소통장애(communication disorder), 자폐계열 장애(autism spectrum disorder), 주의력결핍 과잉행동장애(attention-deficit/hyperactivity disorder), 학습장애(specific learning disorder), 운동장애(motor disorder), 틱 장애(tic disorder), 그리고 기타 신경발달장애로 나누어 볼 수 있다. 인간행동과 사

---

* 이 부분은 이용표·강상경·김이영 공저 《정신보건의 이해와 실천 패러다임》의 제5장 "정신의학적 진단분류체계"의 일부를 DSM-5(2013)에 맞추어서 수정 보완한 것이다.

회환경 교과목의 특성상 여기서는 각각을 자세하게 살펴보는 것보다는 몇 가지 주요 부적응 양상들을 중심으로 개관적 특성을 소개하는 것으로 대신한다.

1) 지적장애

지적장애(*intellectual disabilities*)는 DSM-IV(APA, 1994)에서는 정신지체(MR, *mental retardation*)로 불리던 진단으로, 일반인들 사이에서는 정신박약, 정신저하, 또는 저능 등으로 불리기도 한다. 지적장애의 특성은 유의하게 낮은 지능, 적응행동의 결함 또는 장애로 요약할 수 있으며 대체로 발달단계의 초기인 18세 이전에 발병하는 경우가 많다. DSM-IV에서는 지능지수를 중심으로 정신지체를 4단계로 진단하였으나[1] 개정된 DSM-5에서는 지적장애를 다양한 측면에서 진단하고 있다. 즉, DSM-5에서 지적장애를 진단할 때는 지적기능을 개념적 영역(*conceptual domain*), 사회적 영역(*social domain*), 실용적 영역(*practical domain*) 등의 3가지 영역에 있어서 기능수준을 경도, 중등도, 고도 및 최고도

---

1 DSM-IV에서 정신지체 진단의 분류는 지능지수의 정도에 따라 다음과 같이 분류되었다.
- **경도 정신지체:** 지능지수가 50-55 ~ 70 정도로 교육 가능한 정도
- **중등도 정신지체:** 지능지수가 25-40 ~ 50-55 정도로 훈련 가능한 정도
- **고도 정신지체:** 지능지수가 20-25 ~ 35-40 정도로 보호해야 하는 정도
- **최고도 정신지체:** 지능지수가 20 ~ 25 이하인 경우로 완전 보호해야 하는 정도
- **상세불명의 정신지체:** 임상적 특징은 정신지체이나 표준화된 지능검사를 시행할 수 없어서 정확한 진단이 불가한 상태

등의 4가지 수준으로 진단한다.

위의 지적장애의 세부 분류에 대해서 부연 설명하면, 경도(*mild*) 지적장애의 경우는 성인이 되어서도 초등학생 정도의 학습능력과 사회적 기능을 습득하고, 정신연령은 9~12세 정도에 머무르게 되나, 원조를 받아가며 독립적 생활을 할 수 있다고 사료된다. 중등도(*moderate*) 지적장애의 경우 정신연령은 약 4~8세 정도이나 훈련을 통하여 기본적 의사소통능력이나 단순한 작업이 가능하다. 고도(*severe*) 지적장애는 정신연령이 약 2~3세에 불과하며 언어발달이나 신변처리능력이 부족하여 생활 전반에 보호가 필요하다. 최고도(*profound*) 지적장애는 정신연령이 약 2세 미만이며 언어발달의 한계로 의사소통이 거의 불가능하며, 운동기능발달의 한계로 거의 모든 기본적인 생활이나 신변처리에 개호가 필요하다. 지적장애의 유병률은 약 1%이고, 최고도 지적장애의 경우는 0.1%, 즉 1,000명 중 1명 정도로 추정된다(APA, 2013).

2) 자폐계열 장애

자폐계열 장애(*autism spectrum disorders*)의 특징은 사회적 의사소통이나 상요작용에서 결함을 나타내거나 생각이나 행동의 반복적 경향으로 일상생활 기능상의 장애를 경험하게 되는 특징이 있다. 경우에 따라서는 언어, 운동능력, 집중력, 지각, 현실파악능력 등 발달의 여러 분야에서 심각하고 광범위한 장애를 지속적으로 나타내는 경향이 있는데, 이러한 광범위성과 지속성 때문에 자폐계열 장애는 아동청소년 대상의 사회복지 현장에서 가장 심각한 정신건강 문제의 하나에 속한다.

자폐계열 장애는 사회적 상호작용, 의사소통, 활동과 흥미의 영역

등 전반적 영역에서 장애를 나타낸다. 자폐증의 임상적 양상은 사회적 관계 발달의 장애, 의사소통 및 언어장애, 행동장애 및 놀이장애, 동일성의 유지 및 변화에 대한 저항, 지각장애, 과잉운동, 자해행위 등 광범위하다. 자폐계열 장애의 임상적 특징은 다음과 같다.

다양한 영역에서 사회적 의사소통이나 상호작용의 지속적 결여 (persistent deficits in social communication and social interaction across multiple contests)

- 사회정서적 상호성의 결여 (deficits in social-emotional reciprocity)
- 사회적 상호작용에 필요한 비언어적 의사소통의 결여 (deficits in nonverbal communicative behaviors used for social interaction)
- 관계 형성, 유지 및 이해의 결여 (deficits in developing, maintaining, and understanding relationships)

행동, 관심, 활동 등의 제한적이고 반복적 양상 (restricted repetitive patterns of behavior, interests, or activities)

- 편견적이거나 반복적 신체움직임, 도구 사용 및 말 (stereotyped or repetitive motor movements, use of objects, or speech)
- 동일한 것에 대한 집착, 일상의 고수, 또는 의식화된 형태의 언어 및 비언어적 행동 (insistence on sameness, inflexible adherence to routines, or ritualized patterns of verbal or nonverbal behavior)
- 강도 및 집중 면에서 비정상적으로 편협하고 고착된 관심 (highly restricted, fixated interests that are abnormal in intensity or focus)
- 지각적 자극에 대한 과도한 반응 및 주변 환경자극에 대한 비정상적인 관심 (hyper- or hyporactivity to sensory input or unusual interest in sensory aspects of the environment)

자폐계열 장애 진단을 내리기 위해서는 위에서 열거한 증상들이 아동청소년기나 그 이전인 발달초기에 나타나야 한다. 또한 자폐계열 장애 진단은 반드시 앞에서 열거한 자폐계열 증상들로 인해서 당사자의 사회적, 직업적 또는 다른 중요한 영역에서 기능수준이 현저하게 저하되었을 때 진단할 수 있다. 자폐계열 장애의 유병률은 약 1% 정도로 추정된다(APA, 2013).

3) 주의력결핍 과잉행동장애

주의력결핍 과잉행동장애(ADHD, *attention-deficit / hyperactivity disorder*)는 최근 급속한 증가추세로 국내외적으로 사회적 관심이 집중되고 있는 부적응 행동 중의 하나이다. 주의력결핍 과잉행동장애의 주된 임상적 증상은 주의력결핍, 과잉운동, 지각운동장애, 감정적 불안정, 운동조화장애, 충동성, 기억과 사고장애 등이며 임상적 특징은 다음과 같다.

주의력결핍증상

- 자주 집중하지 못한다(*often fails to give close attention*).
- 자주 집중을 유지하기 어렵다(*often has difficulty sustaining attention*).
- 자주 다른 사람의 말을 귀 기울여 듣지 않는다(*often does not seem to listen when spoken to directly*).
- 자주 지시를 따르지 못하여 학교과제, 집안일 및 직장업무를 마무리하지 못한다(*often does not follow through on instructions and fails to finish schoolwork, chores, or duties in the workplace*).
- 주어진 일이나 활동을 조직화하는 데 자주 어려움이 있다(*often has difficulty organizing tasks or activities*).

제16장 청소년기

- 지속적인 정신적 노력을 요구하는 임무를 수행하는 것을 피하거나 싫어하고 거부감을 갖는다 (*often avoids, dislikes, or is reluctant to engage in tasks that require sustained mental effort*).
- 임무수행이나 활동에 필요한 것들을 자주 잃어버린다 (*often loses things necessary for tasks or activities*).
- 외부자극에 자주 쉽게 산만해진다 (*is often easily distracted by extraneous stimuli*).
- 일상적 활동을 자주 잊어버린다 (*is often forgetful in daily activities*).

과잉운동 또는 충동증상
과잉행동증상 (*hyperactivity symptoms*)
- 자주 손발을 가만히 있지 못한다 (*often fidgets with hands or feet*).
- 부적절하게 자주 자리를 뜬다 (*often leaves seats inappropriately*).
- 부적절하게 자주 달리거나 기어오른다 (*often runs about or climbs inappropriately*).
- 조용하게 놀거나 여가활동을 하는 데 자주 어려움이 있다 (*often unable to play or engage in leisure activities quietly*).
- 전동기에 의해 움직이는 것처럼 끊임없는 움직임을 자주 보인다 (*is often "on the go", acting as if "driven by a motor"*).
- 자주 지나치게 말을 많이 한다 (*often talks excessively*).

충동증상 (*impulsivity symptoms*)
- 자주 질문이 끝나기 전에 불쑥 대답한다 (*often blurts out an answer before a question has been completed*).
- 차례를 기다리는 데 자주 어려움이 있다 (*often has difficulty waiting his or her turn*).
- 자주 다른 사람의 일을 간섭하거나 방해한다 (*often interrupts or intrudes on others*).

앞에서 열거한 9개의 주의력 결핍 증상 중에서 최소한 6개 이상의 증상들과 과잉행동 증상 9개 중에서 최소한 6개 이상의 증상들이 최소 두 세팅 이상에서(예를 들면 학교와 집, 등) 6개월 이상 지속적으로 나타나고, 이러한 증상들 때문에 학업이나 직업 등에서의 기능 저하가 현저하게 나타났을 때 주의력결핍 과잉행동장애 진단을 내릴 수 있다. 주의력 결핍 과잉행동장애의 유병률은 어린이의 경우 약 5%로 추정되고, 성인의 경우 약 2.5%로 추정된다(APA, 2013).

요 약

청소년기의 특징 또한 프로이트의 정신분석이론, 에릭슨의 자아심리이론, 피아제의 인지발달이론을 통해서 살펴보았다. 우리나라의 경우는 대체로 중·고등학교 시기인 만 13세부터 만 18세까지를 청소년기로 볼 수 있다.

프로이트의 심리성적 발달이론에서는 12세 이후인 청소년기 이후를 전체적으로 생식기라고 분류하고 그 이후의 발달단계에 대해서는 언급하지 않는다. 에릭슨의 이론에 따르면 청소년기는 대략 12세에서 22세 무렵으로 이 시기에 발달과업을 성공적으로 수행하면 '정체감'이 형성되나 만약 성공적으로 수행하지 못하면 '정체감 혼란'을 경험하게 된다. 청소년기에는 2차 성징이 나타나고 이에 동반되는 여러 신체적 변화에 직면하는데, 이 시기 청소년들은 자신이 무엇이고 어떠한 사람인가에 대해 생각할 뿐만 아니라, 자신이 남의 눈에 무엇으로 어떻게 비칠 것인가에 대해서도 관심을 가지게 된다. 청소년이 정체감을 형성하지 못하는 것은 주로 어린 시절의 불행한 경험이나 현재 청소년을 둘러싼 부정적인 사회환경 때문으로 이해되며, 이럴 경우 정체감 발달에 실패하고 정체감 혼란을 겪게 된다. 피아제의 인지발달단계 중에서 청소년기는 12세에서 15세에 해당하는 형식적 조작기이다. 형식적 조작기 단계에 있는 아이들은 현존하는 것을 초월하여 여러 가지 가능한 경우를 가정한 상태에서 사고하는 것이 가능하다. 또한 이 시기가 되면 처음으로 도덕적, 정치적, 철학적 생각과 가치문제 등을 이해하기 시작한다.

청소년기는 신체적 발달 측면에서 급속한 변화를 경험하는 시기이다. 대부분의 청소년들이 신장이나 체중에 있어 성인과 유사한 신체적 특징을 보이게 되고, 성적으로 2차 성징이 나타난다. 청소년기는 인지적으로는 구체적 조작기인 아동기에 비해서 훨씬 정교한 논리적 추론이 가능해진다. 자아정체감의 발달은 아동기에 이어서 연속적으로 발전하는데, 이 시기에 정체감의 성취는 청소년기의 발달과업을 적절히 수행해서 긍정적 적응을 나타내지만, 정체감의 유실이나 혼란을 경험하게 되면 부적응 양상을 나타내기도 한다. 사회적 발달 측면에서 청소년기는 현실적으로는 가족에 속해서 생활하지만 심리적으로는 가족으로부터 독립을 준비하는 심리적 이유기에 해당한다.

이러한 발달특성을 고려할 때 청소년기와 관련한 사회복지 관심영역은 다음과 같은 부분들을 고려해 볼 수 있다. 신체적 성장과 심리 · 사회적 성장 사이의 괴리현상이나 외모 지상주의 따른 거식증 등은 청소년기 건전한 신체적 발달을 저해할 수 있으므로 건강한 신체적 발달을 지원해 줄 수 있는 사회복지 차원의 교육 및 지원체계가 필요하다. 청소년기의 학습발달과 신체발달의 조화를 위해서는 청소년에 걸맞은 여가 및 인성 프로그램 개발이 필요하고, 정체감 형성을 지원하기 위해서는 개인 또는 집단상담 프로그램이 도움이 될 수 있다. 청소년기는 심리적 격동기라고 표현할 정도로 심리적, 정신적으로 방황할 수 있는 시기이고 이것을 적절하게 해결하지 못하면 정신장애로 발전할 위험이 있으므로, 적합한 정신장애 예방 및 치료 프로그램 개발 및 보급도 필요하다. 대중매체 및 인터넷의 발달로 인해서 선정적이고 유해한 자극에 청소년들이 노출될 확률이 점점 높아지고 있으나 이를 무조건 통제하거나 격리할 것이 아니라 청소년들이 유해사이트에 대해서 주체적이고 능동적으로 적응할 수 있도록 하는 교육 및 지원 프로그램 또한 필요하다. 최근까지 청소년 비행문제에 대한 접근은 사전 예방적 접근보다는 사후 처벌적 성격이 강하였는데, 정상적 발달을 지원하고 비행문제의 개인적, 사회적 부작용을 최소화하기 위해서는 가족 및 사회적 차원에서 체계적인 예방, 보호, 재활 프로그램의 확충이 필요하다.

이 장의 마지막에서는 유아기 및 아동청소년기에 많이 나타나는 부적응 행동들을 DSM-5를 기준으로 살펴보았다. 대체로 신경발달장애라는 큰 범주에 속하는 장애들로, 지적장애, 의사소통장애, 자폐계열 장애, 주의력결핍 및 과잉행동장애, 학습장애, 운동장애, 틱 장애, 기타 신경발달장애 등이 있는데, 이 장에서는 몇 가지 주요 부적응 양상들을 중심으로 개관적 특성을 소개하였다.

토 론

• 청소년기의 발달특성에 대해서 설명하고
  청소년기 발달의 중요성에 대해서 논하시오.

• 청소년기의 발달특징을 프로이트의 정신분석이론,
  에릭슨의 자아심리이론 및 피아제의 인지발달이론을
  중심으로 비교 설명하시오.

• 청소년기의 발달특징을 이해함에 있어서 프로이트의
  정신분석이론, 에릭슨의 자아심리이론 및 피아제의
  인지발달이론의 강점과 한계를 논하시오.

- 청소년기의 신체적 발달, 인지 · 심리적 발달 및 사회적 발달의 특징을 설명하시오.

- 청소년기의 발달특징을 고려할 때 청소년기에 필요한 사회복지 개입들은 어떠한 것이 있는지 설명하고, 필요성에 대한 논리적 근거를 논하시오.

- 아동청소년기에 나타날 수 있는 부적응 행동에 대해서 이 시기의 발달특징과 연관해서 설명하시오.

성인초기

사회제도나 문화에 따라서 다를 수 있지만 일반적으로 성인의 범주에는 영유아 및 아동청소년을 제외한 이른바 어른들이 성인기에 포함된다. 성인기는 고등학교 졸업연령 정도 이상부터 30대 초반까지의 청년 및 성인기를 포함하는 성인초기, 30대 중반부터 60세까지의 중장년기를 포함하는 성인중기 및 60세 이상 노년기를 포함하는 성인후기로 구분할 수 있다. 성인초기에 해당하는 청년 및 성년기의 발달특성과 성인중기에 해당하는 중장년기 발달특성 및 성인후기에 해당하는 노년기의 신체 · 심리 · 사회적 발달특성들이 상당한 차이가 나타날 수 있으므로 이 교재에서는 성인초기, 성인중기 및 노년기인 성인후기에 대해서 각각 고찰해 보도록 한다.

이 장에서는 성인초기에 해당하는 20대 및 30대 초반 성인의 발달특성을 고찰한다. 앞서 살펴본 장들과 마찬가지로 이 장에서도 먼저 발달 이론적 관점에서 성인초기의 특징을 살펴보고, 이를 바탕으로 성인초기의 발달특성을 신체적, 심리적, 사회적 발달을 중심으로 고찰한다. 이러한 성인초기의 발달특징을 바탕으로 마지막으로 성인초기에 사회복지영역에서 관심을 가져야 할 부분이 어떠한 것인지에 대해서 살펴보고자한다. 성인초기의 부적응 행동양상은 성인중기와 크게 다르지 않기 때문에 부적응 행동의 양상은 성인중기를 살펴보는 다음 장에서 성인기 전체적으로 살펴본다.

이 장의 구성

1. 발달이론 관점에서 본
   성인초기의 특성
   1) 에릭슨의 자아심리이론
   2) 레빈슨의 인생주기이론

2. 성인초기 발달특성
   1) 신체적 발달
   2) 인지·심리적 발달
   3) 사회적 발달

3. 성인초기와 관련한 사회복지적
   관심영역

   • 요약 • 토론과제

1   발달이론 관점에서 본 성인초기의 특성

앞의 발달이론에서 살펴본 것처럼 전통적인 프로이트의 정신분석이론과 피아제의 인지발달이론의 한계는 영유아기 및 아동청소년기의 발달을 살펴보는 데는 도움이 되지만 성인기의 발달특성에 관해서는 다루지 않는다는 점인데, 최근 발달이론은 성인기 발달도 중요하게 고려한다(전경아, 2010). 상대적으로 에릭슨의 자아심리이론은 프로이트의 이론에 기반을 두기는 하지만 프로이트 이론의 한계를 넘어서서 영유아기 및 아동청소년기는 물론 성인기의 발달특성에 관해서도 다룬다는 강점이 있다.

이 장에서는 발달이론 관점에서 성인초기의 발달특성을 심리사회적 발달에 초점을 둔 에릭슨의 자아심리이론(Erikson, 1982)과 성인의 인생구조 형성과정에 초점을 둔 레빈슨의 성인 인생주기이론(Levinson, 1980; 1984; 1986; 1990)을 중심으로 살펴본다.

1) 에릭슨의 자아심리이론

에릭슨의 심리사회적 발달단계에서 성인초기에 해당하는 단계는 '친밀감 대 소외감'(*intimacy vs. isolation*) 단계이다(정옥분, 2004; Erikson, 1982). 에릭슨의 심리사회적 발달단계에 의하면 '친밀감 대 소외감'의 단계는 연령적으로 대략 20세에서 30대 중반까지의 시기를 포함한다(정옥분, 2004). 정체감 형성의 청소년기가 끝나면 초기 성인기에 해당하는 20대 및 30대 초반의 성인초기에 접어들게 된다.

초기 성년기는 생애주기적으로 볼 때 영유아기부터 청소년기까지의 발달과업에 대한 성공적 수행의 결과로 형성된 신뢰감, 자율성, 주도성, 근면성 및 자아 정체감을 바탕으로 한 개인의 전체적 삶의 양식(life style)이 형성되는 시기라고 볼 수 있다. 삶의 양식이란 한 개인이 어떠한 가치관을 가지고, 어떠한 사람들과 교류하며, 어떠한 배우자와 결혼하게 되고, 어떠한 직업을 가지고, 어떤 형태의 직업 및 가정생활을 영위하게 되는가 등에 대한 특성들을 기반으로 이러한 요인들이 통합적으로 나타난 삶의 특징이라고 할 수 있다. 에릭슨의 이론에 따르면 성년 초기는 청소년기까지 형성된 자아정체감을 기반으로 하여 가정이나 학교를 벗어나 직장이나 결혼 등을 통한 더 광범위한 사회생활을 시작하는 시기로 볼 수 있다.

이처럼 성인초기에는 청소년기에 형성된 자아정체감을 바탕으로 가족 및 학교의 사회적 관계를 벗어나서 직업적 관계, 부부관계 등의 훨씬 광범위한 사회적 관계가 형성되게 되는데, 에릭슨의 자아심리이론에 의하면 이러한 광범위한 사회적 관계를 성공적으로 이끌어가는 데 필요한 중요한 심리적 조건이 바로 '친밀감'이다(정옥분, 2004). 에릭슨이 말한 친밀감을 한마디로 정의하는 것은 쉽지 않지만 일반적으로 친밀감이란 사회적 관계를 형성하는 과정에서 다른 사람들과 긍정적 관계를 형성할 수 있는 능력이라고 볼 수 있다.

에릭슨에 의하면 이러한 친밀감은 관계를 바탕으로 형성될 수 있는 것이기 때문에 친밀감은 긍정적 자아정체성의 기반 위에서 실현 가능한 것이므로 친밀한 관계형성은 당사자들 자신이 가치 있고 의미 있는 존재라는 믿음이 강할 때 실현이 가능하다고 볼 수 있다. 친밀감을 바탕으로 형성된 관계에서 당사자들은 상대방의 생각을 서로 이해하고 존중하면서 상호간의 애정과 존중을 바탕으로 서로의 생각을 솔직하게 표현하고 다른 사람의 의견을 수용하면서 함께 성장할 수 있다.

성인초기에 경험하게 되는 대표적 관계는 부부관계나 부모자녀관계 및 직장에서의 관계이다. 에릭슨의 이론에 따르면 부부관계로 대표할 수 있는 결혼생활을 성공적으로 이끌어가기 위해서는 친밀감이 뒷받침 되어야 하는데, 이러한 친밀감은 아내의 여성으로서의 정체감과 남편의 남성으로서의 정체감의 바탕 위에서 형성이 가능한 것이다. 유사한 맥락 에서 부모자녀관계에서도 부모는 부모로서의 정체감과 자녀는 자녀로서 의 정체감이 밑바탕이 되었을 때 부모자녀관계가 긍정적으로 형성 유지 될 수 있다.

성인초기에 일반적으로 경험하게 되는 또 하나의 관계가 직장생활 이다. 직장관계에서 찾아볼 수 있는 동료들과의 유대나 우정 또는 상사 나 선배에 대한 존경 등도 직장 내 위치에 따른 정체감을 바탕으로 한 친밀감을 통해서 가능하다. 이처럼 다양한 사회적 관계에서 친밀감이 긍정적 관계의 원동력이 되는데, 관계 당사자들의 관계적 특징에 맞는 각자의 정체감이 친밀감 형성 및 유지에 필요하다.

성인초기에 정체감을 바탕으로 한 이러한 친밀감을 성공적으로 이 루어내지 못할 경우에는 관계를 형성하는 데 한계가 있게 되고 나아가 '소외'를 경험하게 된다(정옥분, 2004). 소외란 친밀감 형성의 실패로 나 타나게 되는 부정적 모습으로, 소외를 경험하는 사람들은 특정 관계에서 본인의 자아가 상실될 두려움을 느낀다거나 타인의 자아가 위협적으로 느껴져서 친밀감 형성을 하지 못하게 된다.

성인초기에 형성되는 친밀감은 성인중기의 생산성 과업의 성공적 수행을 위한 바탕이 된다. 성인초기에 친밀감 발달과업을 성공적으로 수행하지 못하는 경우에는 소외를 경험하게 되고, 이러한 소외는 성인중기의 생산성 발달과업의 성공적 수행의 저해요인이 되어서 성인중기 발달과업의 실패요인인 침체감을 경험하게 되는 원인이 되기도 한다.

2) 레빈슨의 인생주기이론

레빈슨(Daniel J. Levinson)은 인간의 일생을 봄, 여름, 가을, 겨울의 사계절에 비유하면서, 발달단계를 인생구조 중심으로 설명하였다(Levinson, 1978; 1990; 1996). 인생을 사계절에 비유한 레빈슨의 인생주기이론에 의하면 영유아, 아동청소년 시기를 포함하는 성인 이전 시기를 인생의 봄에 해당하는 시기, 성인초기에 해당하는 청년기와 성년기를 인생의 여름에 해당하는 시기, 성인중기인 중장년기에 해당하는 시기를 인생의 가을에 해당하는 시기, 성인후기인 노년기를 인생의 겨울에 해당하는 시기로 분류하였다. 레빈슨의 이론은 성인기 이전 발달단계도 봄으로 비유하면서 분류에 포함하였으나 상대적으로 성적 정체감이 형성된 청소년기를 지난 성인기에 초점을 두었다(Levinson, 1984; 1986; 1990). 그러므로 프로이트나 피아제와 같은 발달이론을 전개한 학자들에 비해서 상대적으로 레빈슨은 성인기 발달을 중심으로 이론을 전개한 대표적 학자이다.

레빈슨의 인생주기이론은 발달을 인생구조에 초점을 맞추어서 전개한다(정옥분, 2004). 인생구조란 특정 시점에서 개인생활의 기본이 되는 횡단면적 유형 또는 설계라고 정의할 수 있는데, 인생구조는 외적 측면과 내적 측면으로 나누어서 이해할 수 있다. 외적 측면의 인생구조는 사람, 장소, 제도, 사물 등을 일컫는 것으로 사회체계론적 관점에서 볼 때 개인체계 외적 요소들을 지칭하는 환경 관련 요소들을 포함한다. 내적 측면의 인생구조는 사회체계론적 관점에서 개인체계 내적 요소들을 포함하는 것으로 개인의 가치, 꿈, 정서 등을 포함한다. 레빈슨에 의하면 사회환경도 변화하고 개인도 성장 변화하기 때문에 인생구조도 전 생애를 거쳐서 변화하고, 그 결과 생애주기에 따른 발달특성을 나타낸다 (Levinson, 1978; 1996). 이 장에서는 여름에 해당하는 성인초기의 인생주기적 발달특성을 살펴보고, 가을 및 겨울에 해당하는 성인중기 및 성인후기인 노년기는 다음 장들에서 살펴보기로 한다.

레빈슨은 여름에 해당되는 성인초기의 발달단계를 4개의 세부적 발달단계로 나눈다(정옥분, 2004). 레빈슨의 초기 저술은 남성 인생주기에 초점을 두었는데 이를 살펴보면 다음과 같다(Levinson, 1978). 첫째, 청소년기 이후부터 약 22세까지에 해당하는 시기의 발달단계는 개인이 성인세계로 첫발을 내딛는 단계로, 여러 가지에 대한 가능성의 탐색이나 시험적 수행 등의 과업이 특징적이다. 둘째, 22세부터 28세를 포함하는 시기는 초보적 인생구조가 시작되는 시점이라는 점이 특징적이다. 이 시기에는 결혼을 통한 기존 가족으로부터의 분리, 보다 폭넓은 공적·사적인 사회적 관계를 형성하게 되고, 인생의 원대한 목적이나 꿈을 형성하기도 한다. 결혼 및 사회적 관계를 중요하게 살펴보았다는 점에서 에릭슨의 친밀감 형성기와 일맥상통한다고 볼 수 있다. 셋째, 28세부터 33세는 전환기로 첫 인생구조에 대한 문제점을 인식하고, 재평가하고, 새로운 인생구조를 선택하고 형성하는 시기이다. 넷째, 33세에서 40세까지는 앞선 전환기에서의 재평가 및 새로운 선택을 바탕으로 두 번째로 인생구조를 선택하는 시기로 성인초기에서는 가장 절정의 인생구조를 형성하는 때이다. 여성 대상의 연구에서 레빈슨은 남성 발달이론이 여성에게도 적용될 수 있다고 하면서도, 남성과 여성이 직면하는 도전이나 대처 방법이 달라서 인생주기에 있어 성차를 고려해야 한다는 점을 동시에 강조한다(Levinson, 1996).

2 성인초기 발달특성

이상에서 살펴본 발달이론들을 바탕으로 성인초기의 발달특성을 살펴보면 다음과 같다. 여기서는 성인초기를 20대인 청년기와 30대인 성년기로 구분하여 살펴본다.

1) 청년기 발달특성

(1) 신체적 발달

청년기의 신체적 발달의 가장 큰 특징은 신체적 성숙의 완성단계로 인생에서 최상의 신체적 상태를 가지게 되는 것이다. 즉, 신장, 생식기관, 운동능력, 근육이나 내부기관의 기능이 최고 상태에 이르게 된다. 즉, 이 시점을 계기로 신체적 상태는 일정 정도 안정상태를 유지하다가 이후 점점 쇠퇴하기 시작한다. 신체적 상태가 최고조인 만큼 이 시기는 질환으로 인해서 새롭게 유발되는 기능장애는 상대적으로 적다.

(2) 인지·심리적 발달

감각 및 인지발달 등의 심리적 특성에 대해서는 다양한 이론이 제시되고 있다. 즉, 어떤 학자들은 감각이나 인지기능이 신체기능처럼 완성상태로 최고조에 달해 있다고 보는 반면, 다른 학자들은 감각이나 인지는 완성상태로 있는 것이 아니라 지속적으로 발달하고 있다고 본다. 이러한 학자들 간의 의견 차이는 어떠한 심리적 특성에 초점을 두고 완성인지 계속인지를 판단하고 있는가의 차이에서 그 원인을 찾아볼 수 있다. 예를 들어 새로운 지식의 습득이나 새로운 상황에 적응하는 유동적 지능 수준은 청년기에 최고조라고 보는 반면, 사회적 경험에 의해서 강화될 수 있는 결정적 지능은 청년기 이후에도 경험이나 강화의 여부에 따라 지속적으로 증가할 수 있다고 본다.

(3) 사회적 발달

에릭슨의 발달이론에서 청년기가 친밀감 형성의 시기인 점에서 알 수 있듯이, 애정발달의 측면에서는 청년기의 사회적 발달은 인생의 동반자를 구하는 사랑을 하게 된다는 점이 특징적이다. 이 시기의 사회적 발달상의 가장 큰 특징 중의 하나는 부모로부터 신체적, 심리적, 사회적으로 독립하는 것이다. 사회적으로는 직업의 준비와 선택이 이루어져서 부모로부터 사회적 독립이 가능한 시기이다.

2) 성년기 발달특성

(1) 신체적 발달

성년기에는 청년기에 형성된 신체적 상태가 대부분의 경우 지속되어서 상대적으로 긍정적 신체상태를 유지한다. 하지만 성년기에 접어들면서 증가하는 스트레스에 대한 대처로 많이 의존할 가능성이 있는 흡연, 음주, 약물사용 등은 신체적 건강상태를 저해하고 성인병의 요인으로 작용할 수 있다.

(2) 인지 · 심리적 발달

심리적 측면에서 성년기의 인지발달에 대한 관점은 청년기에서 설명한 것처럼 다소 상반된 이론이 존재한다. 즉, 사회적 경험을 바탕으로 형성되는 결정적 지능은 성년기에도 완만하게 증가하지만, 생물학적 특성에 기반을 둔 유동적 지능은 신체기능의 저하와 함께 연령이 증가함에 따라 하강곡선을 그리는 경향이 있다(Horn & Donaldson, 1980). 창의성은 결정적 지능과 유동적 지능의 복합적 작용으로 나타나게 되는데, 이 시기에는 통합적으로 볼 때 창의성이 최고조에 도달하는 시기라고 보는 학자도 있다(Horner et al., 1986; Lehman, 1953).

(3) 사회적 발달특성

성공적 발달과정을 경험하는 성인초기의 개인들 사이에서는 가족, 직장 및 기타 사회적 관계에서 친밀감의 발달이 특징적으로 나타나는 시기이기도 하다. 성년기의 가장 큰 사회적 특징은 결혼과 부부관계이다. 결혼생활의 만족도는 신혼초기에는 상당히 높은 수준을 유지하다가 시간이 지나면서 점차 감소하는 경향을 나타내다가 노년기에 이르면서 다시 증가하는 경향을 나타낸다(Scanzoni & Scanzoni, 1976). 결혼한 시기에 따라서 개인적으로 차이가 날 수 있지만 평균적으로 성년기는 결혼 초기에 해당하는 시기로 신혼 때보다는 낮지만 이 시기의 결혼만족도는 상당히 높은 수준을 유지하는 것으로 나타난다. 결혼으로 인한 사회적 관계의 변화는 부부관계뿐 아니라 부모자녀관계라는 새로운 관계로 연결되고 성년기에는 자녀양육이 중요한 과제 중의 하나가 된다. 또한 직업을 통한 경제활동이 성년기에 왕성하게 이루어진다.

3 성인초기와 관련한 사회복지적 관심영역

신체적 발달특성과 관련해서 청년기는 신체적 성숙이 최고조에 달하는 시기이므로 신체적 발달문제는 다른 발달단계에 비해서 상대적으로 적다. 질병이나 장애로 인한 신체적 기능 저하보다 교통사고나 안전사고로 인한 신체기능 저하나 장애의 위험이 높은 시기이므로 장애예방과 치료를 위한 서비스나 프로그램이 필요하다.

심리적으로 청년기는 대학진학을 통해서 고등학교까지의 안정적 구조와는 다른 자율적 대학생활을 하면서 종종 자유방임적 상황에 부적절하게 적응하여 심리적 방황을 경험할 가능성이 있는 시기이다. 또한 남성의 경우 군입대나 군생활에 잘 적응하지 못할 경우 심리적 방황을 경험할 수 있는 시기이다. 이러한 한국적 특성을 고려하여 대학 내에서의 상담 및 지원 프로그램의 확충과 군 사회복지분야의 확대 및 개입 프로그램의 개발이 필요하다.

사회적으로 청년기는 취업이나 결혼을 경험하게 되는 시기이다. 취업난 해소를 위한 정책적 대안과 지원 프로그램 및 필요한 사람들이 이용할 수 있는 결혼지원 서비스나 프로그램의 개발도 도움이 될 것이다.

제대로 관리를 하지 못할 경우 성년기 이후에는 신체적 기능이 급속하게 저하할 수 있다. 급속한 신체적 기능 저하를 예방하기 위해서는 규칙적 운동이 필요한데, 규칙적 운동을 가능하게 하는 지역사회 차원의 사회체육시설이나 프로그램 개발이 필요하다.

성년기에는 스트레스나 흡연 또는 음주로 인한 건강 저하가 나타날 수 있다. 이러한 부작용을 예방적 차원이나 치료적 차원에서 접근할 수 있는 금주·금연 프로그램이나 스트레스 교실 등이 도움이 될 수 있다.

증가하는 이혼에 대한 대응으로 성년기 부부를 위한 부부교실이나 부부상담 프로그램을 통해서 친밀감을 높일 필요가 있다. 필요한 경우에 부모자녀 간의 관계를 긍정적으로 유지하는 데 도움을 줄 수 있도록 자녀 양육기술 훈련이나 양육스트레스를 줄일 수 있도록 방과후 학교 프로그램도 도움이 될 수 있다. 성년기에 경험할 수 있는 스트레스에 대한 대처 자원으로 직장인 여가선용 프로그램을 확충하는 것도 도움이 될 수 있다.

요 약

성인기는 청년기와 성년기에 해당하는 성인초기, 중장년기에 해당하는 성인중기, 성인 후기라고 할 수 있는 노년기로 나눌 수 있다. 이 장에서는 성인초기의 발달특성을 심리사회 적 발달에 초점을 둔 에릭슨의 자아심리이론과 성인의 인생구조 형성과정에 초점을 둔 레빈슨의 성인 인생주기이론을 중심으로 살펴보고, 사회복지적 합의를 고찰하였다.

에릭슨의 심리사회적 발달단계에서 성인초기는 '친밀감 대 소외감' 단계이고, 대략 20 세에서 30대 중반까지의 시기를 포함한다. 성인초기에는 청소년기에 형성된 자아정체감을 바탕으로 가족 및 학교의 사회적 관계를 벗어나서 직업적 관계, 부부관계 등의 훨씬 광범위 한 사회적 관계를 형성하는데, 에릭슨의 자아심리이론에 의하면 이러한 광범위한 사회적 관계를 성공적으로 이끌어가는 데 필요한 중요한 심리적 조건이 바로 '친밀감'이다. 이를 성공적으로 이루어내지 못할 경우에는 '소외'를 경험하게 되는데, 소외를 경험하는 사람들 은 특정 관계에서 본인의 자아가 상실될 두려움을 느낀다거나 타인의 자아가 위협적으로 느낀다. 성인초기에 형성되는 친밀감은 성인중기의 생산성 과업의 성공적 수행을 위한 바탕 이 된다. 인생을 사계절에 비유한 레빈슨의 인생주기이론에 의하면 영유아 및 아동청소년 시기를 포함하는 성인 이전 시기를 인생의 봄, 성인초기에 해당하는 청년기와 성년기를 인생의 여름, 성인중기인 중장년기에 해당하는 시기를 인생의 가을, 성인후기인 노년기를 인생의 겨울로 분류하였다. 레빈슨은 여름에 해당되는 성인초기의 발달단계를 4개의 세부 적 발달단계로 나누는데, ① 청소년기 이후부터 약 22세까지 성인세계로 첫발을 내딛는 단계에는 여러 가지에 대한 가능성의 탐색이나 시험적 수행 등의 과업이 특징적이고, ② 22세부터 28세를 포함하는 시기는 초보적 인생구조가 시작되는 시점으로, 결혼을 통한 원 가족으로부터의 분리, 보다 폭넓은 공적ㆍ사적인 사회적 관계를 형성하게 되고, 인생의 원대한 목적이나 꿈을 형성하는 시기이고, ③ 28세부터 33세는 전환기로 첫 인생구조에 대한 문제점을 인식하고, 재평가하고, 새로운 인생구조를 선택하고 형성하는 시기이며, ④ 33세에서 40세까지는 앞선 전환기에서의 재평가 및 새로운 선택을 바탕으로 성인초기에 서는 가장 절정의 인생구조를 형성하는 때이다.

성인초기의 발달특성을 20대인 청년기와 30대인 성년기로 구분하여 살펴보면 다음과 같다. 청년기의 신체적 발달의 가장 큰 특징은 신체적 성숙의 완성단계로 인생에서 최상의 신체적 상태를 가지게 되는 것이다. 청년기 심리적 발달에 대해서는 다양한 이론이 제시되 는데, 어떤 학자들은 감각이나 인지기능이 신체기능처럼 완성상태로 최고조에 달해 있다고 보는 반면, 다른 학자들은 감각이나 인지는 완성상태로 있는 것이 아니라 지속적으로 발달 하고 있다고 본다. 에릭슨의 발달이론에서 볼 수 있듯이, 청년기의 사회적 발달은 친밀감을 바탕으로 인생의 동반자를 구하는 사랑을 하게 된다는 점이 특징적이다. 이 시기의 사회적 발달상의 가장 큰 특징 중의 하나는 부모로부터 신체적, 심리적, 사회적으로 독립하고, 사회 적으로는 직업의 준비와 선택이 이루어져서 부모로부터 사회적 독립이 가능한 시기이다.

성년기에는 청년기에 형성된 신체적 상태가 대부분의 경우 지속되어서 상대적으로 긍 정적 신체상태를 유지하지만 성년기에 접어들면서 증가하는 스트레스에 대한 대처로 많이 의존할 가능성이 있는 흡연, 음주, 약물사용 등은 신체적 건강상태를 저해하고 성인병의 요인으로 작용할 수 있다. 심리적 측면에서 성년기의 인지발달은 청년기처럼 다소 상반된 이론이 존재하는데, 사회적 경험을 바탕으로 형성되는 결정적 지능은 성년기에도 완만하게 증가하지만, 생물학적 특성에 기반을 둔 유동적 지능은 신체기능의 저하와 함께 연령이 증가함에 따라 하강곡선을 그리는 경향이 있다. 성년기의 가장 큰 사회적 특징은 결혼과 부부관계인데, 결혼생활의 만족도는 신혼초기에는 상당히 높은 수준을 유지하다가 시간이 지나면서 점차 감소하는 경향을 나타내다가 노년기에 이르면서 다시 증가하는 경향을 나타 낸다. 또한 직업을 통한 경제활동이 성년기에 왕성하게 이루어진다.

성인초기와 관련한 사회복지적 관심영역은 다음과 같은 부분들을 고려해 볼 수 있다.

신체적 발달문제는 다른 발달단계에 비해서 상대적으로 적지만, 교통사고나 안전사고로 인한 신체기능 저하나 장애의 위험이 높은 시기이므로 장애예방과 치료를 위한 서비스나 프로그램이 필요하다. 심리적으로 청년기는 대학진학 및 군 경험을 할 수 있는 시기로 대학 내에서의 상담 및 지원 프로그램의 확충과 군 사회복지분야의 확대 및 개입 프로그램의 개발이 필요하다. 사회적으로 청년기는 취업이나 결혼을 경험하게 되는 시기인데, 취업난 해소를 위한 정책적 대안과 지원 프로그램 및 필요한 사람들이 이용할 수 있는 결혼지원서 비스나 프로그램의 개발도 도움이 될 것이다. 제대로 관리를 하지 못할 경우 성년기 이후에 는 신체적 기능이 급속하게 저하할 수 있으므로, 급속한 신체적 기능 저하를 예방하기 위해 서는 규칙적 운동을 가능하게 하는 지역사회차원의 사회체육시설이나 프로그램 개발이 필 요하다. 성년기에는 스트레스나 흡연 또는 음주로 인한 건강 저하가 나타날 수 있으므로, 이러한 부작용을 예방적 차원이나 치료적 차원에서 접근할 수 있는 금주·금연 프로그램이 나 스트레스 교실 등이 도움이 될 수 있다. 증가하는 이혼에 대한 대응으로 성년기 부부를 위한 부부교실이나 부부상담 프로그램을 통해서 친밀감을 높일 필요가 있다. 필요한 경우에 부모자녀 간의 관계를 긍정적으로 유지하는 데 도움을 줄 수 있도록 자녀양육기술 훈련이 나 양육스트레스를 줄일 수 있도록 방과후 학교 프로그램도 도움이 될 수 있다.

토 론

• 성인초기의 발달특성에 대해서 설명하고
  성인초기 발달의 중요성에 대해서 논하시오.

• 성인초기의 발달특징을 에릭슨의 자아심리이론 및
  레빈슨의 인생주기이론을 중심으로 비교 설명하시오.

• 성인초기의 발달특징을 이해함에 있어서 에릭슨의
  자아심리이론 및 레빈슨의 인생주기이론의 강점과
  한계를 논하시오.

- 성인초기 발달특성을 바탕으로 이 시기의 사회복지적
  관심영역에 대해서 논하시오.

- 성인초기의 신체적 발달, 인지·심리적 발달 및
  사회적 발달의 특징을 설명하시오.

18

성인중기

앞서 살펴본 장들과 마찬가지로 이 장에서도 먼저 발달이론적 관점에서 성인중기의 특징을 살펴보고, 이러한 논의를 바탕으로 성인중기의 발달특성을 신체적, 심리적, 사회적 차원을 중심으로 고찰한다. 나아가 이러한 성인중기의 발달특성을 바탕으로 사회복지영역에서 관심을 가져야 할 부분에 대해서 논의한 다음, 마지막으로 성인기라는 발달 시기에 자주 나타날 수 있는 대표적 부적응 행동에 대해서 DSM - 5 (APA, 2013)를 중심으로 고찰한다.

465

발달이론 관점에서 본 성인중기의 특성

이 장에서도 성인중기의 발달특성을 심리사회적 발달에 초점을 둔 에릭슨의 자아심리이론(Erikson, 1982)과 성인의 인생구조 형성과정에 초점을 둔 레빈슨(Levinson, 1980; 1984; 1986; 1990)의 성인 인생주기이론을 중심으로 살펴본다.

1) 에릭슨의 자아심리이론

자아심리이론을 기반으로 형성한 에릭슨의 심리사회적 발달단계에서 성인중기에 해당하는 단계는 '생산성 대 침체성'(*generativity vs. stagnation*)의 단계이다(정옥분, 2004; Erikson, 1982). 심리사회적 발달단계에 의하면 '생산성 대 침체성'의 단계는 연령적으로 대략 30대 중반에서 60세까지의 시기를 포함한다(정옥분, 2004; Erikson, 1982). 에릭슨에 의하면 이전까지의 단계는 자아정체감 및 친밀감을 바탕으로 한 자아정립과 관계형성의 단계였다면, 이 시기는 형성된 자아정체감과 관계를 바탕으로 개인적, 사회적으로 의미 있는 일들을 실천하는 단계로 이해할수 있다.

에릭슨의 이론에서 말하는 '의미 있는 일'이란 일차적으로는 사회및 구성원의 존속을 가능하게 하는 자녀의 생산, 양육, 교육 등을 의미하지만, 거시적 관점에서 이해하면 자녀 생산 및 양육을 포함한 사회구성원으로서 사회의 유지 발전에 기여할 수 있는 제반 생산활동을 포함하는 것으로 이해할 수 있다. 에릭슨은 후속세대가 건전하게 성장 발전할 수 있는 데 기여할 수 있는 '의미 있는 일'을 '생산성'으로 표현하였다.

자녀의 생산과 양육과 관계된 생산성은 일차적으로는 이전 단계의 친밀감을 바탕으로 하고 있다. 즉, 이전 단계의 발달과업인 친밀감을 제대로 형성하지 못한 개인의 경우 부부관계 형성이 어렵고 나아가 자녀의 생산과 양육이라는 생산활동이 불가능하게 된다. 광범위한 생산활동이란 자녀 생산 및 양육을 넘어서서 직업이나 사회적 관계를 바탕으로 한 제반 생산활동까지를 포함한다. 예를 들어서 직업관계에서 상사 및 부하직원의 관계를 바탕으로 하는 생산적 직업활동 또한 사회유지와 존속에 필요한 것이므로 광범위한 의미의 생산성에는 이러한 직업 생산성까지 포함된다고 볼 수 있다. 이러한 맥락에서 생산성이란 정체성을 기반으로 형성된 친밀감이 이루어진 다음에 실현 가능한 과업이다.

만약 정체성이 미약하여 친밀감이라는 과업달성에 실패하였다면, 이 시기의 발달과업인 생산성 달성에 한계가 있고, 이러한 경우에는 생산적 활동에서 배제되는 침체를 경험하게 된다(정옥분, 2004). 에릭슨 이론에서 말하는 생산성은 개인적 생산성을 넘어선 사회의 유지와 존속에 기여할 수 있는 생산성을 의미한다. 그러므로 침체성을 가진 개인은 사회에 이익이 되는 긍정적 생산활동에 몰입하는 것이 어렵다.

2) 레빈슨의 인생주기이론

앞에서 설명한 것처럼 레빈슨은 인간의 일생을 봄, 여름, 가을, 겨울의 사계절에 비유하면서, 발달단계를 인생구조를 중심으로 설명하였다(Levinson, 1978; 1990; 1996). 인생을 사계절에 비유한 레빈슨의 인생주기이론에 의하면 성인중기인 중장년기에 해당하는 시기는 인생의 가을에 해당하는 시기로 비유하였다.

레빈슨은 가을에 해당하는 성인중기인 중장년기의 발달단계를 다시 4개의 세부적 발달단계로 나눈다(Levinson, 1978; 1990; 1996). 첫째 단계는 40세부터 45세에 해당하는 성인중기 전환기로 이 시기는 성인초기와 성인중기의 가교역할을 하는 시기이다. 이 시기는 중간점검의 차원에서 자신에 대한 질문이나 역할수행에 대한 의문을 갖게 되고 때로는 위기의식도 경험하면서 성인중기로 이행하기 위한 초기 단계에 해당한다.

둘째 단계는 45세에서 50세에 해당하는 시기로 성인중기의 초보적 인생구조를 형성하는 단계이다. 앞 단계인 성인중기 전환기에서의 고민과 위기의식을 바탕으로 성인중기의 새로운 인생구조 형성을 위해서 다양한 노력을 경주하는 시기이다.

셋째 단계는 50세에서 55세에 해당하는 50세 전환기로 30세 전환기에서 성인초기 인생구조에 적응하는 것처럼 이 시기에는 성인중기 인생구조에 적응하는 시기이다.

마지막으로 55세에서 60세에는 성인중기 절정인생구조가 형성되는 시기로 새로운 인생구조 형성과 적응을 통해서 성인중기의 성공적 인생구조를 형성하고 완성하는 시기이다(정옥분, 2004).

성인중기 발달특성

이상에서 살펴본 발달이론들을 바탕으로 성인중기의 발달특성을 살펴보면 다음과 같다.

1) 신체적 발달

대략적으로 40세에서 60세에 해당하는 중장년기에는 대부분의 사람들이 부정적인 신체적 발달을 경험하게 된다(Boyd & Bee, 2006). 예를 들어 신장이 축소하기 시작하고, 신진대사가 둔화되며, 피부노화가 일어나기 시작한다. 또한 질병에 대한 저항력이 감소하여 암, 당뇨병, 고혈압 등의 성인병의 위험이 높아지고 전반적 신체기능이 감소하기 시작한다. 중장년기에는 일반적으로 성기능이 저하되는 것으로 알려져 있다.

2) 인지 · 심리적 발달

성인중기에는 건강악화나 조기실업 등의 부정적인 신체적 사회적 경험으로 인한 우울증 위험이 높아진다. 또한 여성의 경우 이러한 요인들에 더하여 갱년기를 경험하게 되면 우울증이나 무기력증을 경험할 가능성이 더 높아진다. 인지적 측면에서는 앞의 성년기에서 설명한 것처럼 결정적 지능은 꾸준히 증가하지만 유동적 지능은 감소한다고 보는 것이 일반적이다. 창의성은 성년기에 비해서 저하될 수 있지만 사회적 경험을 통한 결정적 지능의 도움으로 문제해결능력은 최고조에 달한다고 보는 견해도 있다.

3) 사회적 발달

사회적으로는 청년기와 성년기에 이룬 가족이 안정이 되어서 안정된 가족생활환경을 보여주는 시기이다. 자녀교육은 가족과 관련해서 이 시기에 경험하게 되는 가장 큰 사회적 과업 중의 하나이다. 직업적으로는 다양한 특성을 나타내는 시기이다. 직업적으로 안정된 사람은 직업적 성취를 누릴 수 있는 시기인 반면, 직업적으로 불안정한 사람들은 직업전환이나 비자발적 퇴직을 경험하게 되는 시기이기도 하다.

3 성인중기와 관련한 사회복지적 관심영역

성인중기는 신체적으로 성인병에 걸릴 위험이 상당히 높은 시기이므로 성인병 예방을 위한 건강교육이나 상담 프로그램 및 성인병으로 인한 기능을 회복하기 위한 치료 프로그램이나 재활 프로그램이 필요하다.

성인중기에 해당하는 중장년기는 신체적 변화가 급속도로 일어날 수 있는 시기로 부정적 신체적 변화에 건강하게 적응하지 못할 경우 우울이나 무기력을 경험할 수 있다. 이러한 우울이나 무기력에 대한 예방 및 치료적 차원의 상담 프로그램이 도움이 될 수 있다.

사회적 측면에서 성인중기에는 조기퇴직 등의 직업적 실패를 경험할 확률이 점차 높아지고, 부부갈등으로 인해서 이혼을 경험할 수 있는 시기이다. 이러한 현상에 대응하기 위해서 위기지원 프로그램의 확충 및 상담지원 프로그램이 필요하다.

경제위기로 인한 실업자의 증가, 노숙인의 증가, 알코올 중독 증가 현상들을 고려할 때, 직업훈련과 고용알선 프로그램이나 노숙자 부랑인을 위한 시설확충 및 단주집단 및 알코올 상담센터의 확충이 필요하다. 제도적으로는 고용보험이나 산재보험 및 의료보험과 관련된 사회안전망에 대한 지속적인 확충과 강화가 필요하다.

4 성인초기 및 성인중기의 부적응 행동*

제 17장과 18장에서 성인초기 및 성인중기의 발달특성에 고찰하였다. 청소년기에서 성인초기로 성장하는 시기나 성인초기 초반부에는 중증 정신장애 중의 하나인 조현병의 발병이 가장 많이 나타나는 시기로 알려져 있다. 성인중기인 중장년기는 성인병과 같은 다양한 신체적 질환이 많이 나타나는 시기이고, 특정 신체적 질환은 약물의 부작용이나 호르몬의 변화를 초래하여 특정 부적응 행동의 원인이 되기도 한다. 또한 이 시기는 지나친 음주로 인한 알코올 중독이나 의존의 문제도 심각해질

---

* 이 부분은 이용표 · 강상경 · 김이영 공저 《정신보건의 이해와 실천 패러다임》의 제 5장 "정신의학적 진단분류체계"의 일부를 DSM-5(2013)에 맞추어서 수정 보완한 것이다.

수 있다. 사회적으로 성인기 실업은 우울증과 같은 정동장애의 발병과 관계가 높은 것으로 알려져 있다. 이러한 발달특성으로 인해서 이 시기에는 다음과 같은 부적응 행동들이 나타날 확률이 높다.

1) 물질 관련 장애 및 중독장애

정신장애 관련 부적응 행동의 원인은 아직까지 명확하게 밝혀지지 않았지만, 물질 사용 및 이로 인한 각종 중독이 부적응 행동을 초래할 가능성이 높다는 것은 알려진 사실이다. 성인초기 및 중기에는 알코올 등의 정신활성물질에 대한 사용이 증가하고 이로 인한 부적응 행동인 물질 관련 장애(*substance-related disorder*)와 중독장애(*addictive disorder*)가 나타나기도 한다.

뇌에 영향을 주어 의식이나 정서를 변화시킬 수 있는 물질을 정신활성물질이라고 한다. DSM-5(APA, 2013)에서 물질 관련 장애는 알코올, 카페인, 대마, 환각제, 흡입제, 아편계 약물, 진정제, 수면제 또는 항불안제, 자극제, 담배 등 여러 종류의 약물과 관련되어 있다. 이와 같은 약물들은 정신활성물질에 포함된다.

물질 관련 장애는 각 물질에 대해서 물질 사용장애(*substance use disorder*)와 물질로 유발된 장애(*substance-induced disorder*)로 나누어진다. 정신활성물질 사용장애는 정신활성물질을 지속적으로 취하려고 하는 '의존'(*substance dependence*)과 정신활성물질을 과다 사용하는 '남용' (*substance abuse*)으로 구분할 수 있다. 정신활성물질이 초래하는 장애들은 '정신활성물질 중독'(*substance intoxication*)과 '정신활성물질 금단증상'(*substance withdrawal*)으로 대분된다. 이를 정리하면 다음과 같다.

정신활성물질 사용과 관련한 장애
- 정신활성물질 의존
- 정신활성물질 남용

정신활성물질이 초래하는 정신장애
- 정신활성물질 중독
- 정신활성물질 금단증상

각각의 정신활성물질의 종류에 따라 위에 나열된 의존, 남용, 중독, 금단증상의 4가지 진단이 가능하다. 즉, 알코올을 예로 들어 설명하면 알코올 의존, 알코올 남용, 알코올 중독 및 알코올 금단증상 등으로 나누어 진단하는 것이 가능하다.

2) 조현병 계열의 정신증적 장애

성인기와 관련해서 조현병 계열의 정신증적 장애(*schizophrenia spectrum and other psychotic disorder*)가 중요한 것은 조현병(*schizophrenia*)을 비롯한 중증 정신장애의 발병 연령대가 남성의 경우 15~24세, 여성의 경우 25~34세로 알려져 있고, 이러한 질병은 한번 발병하면 완치율이 낮아서 청년기·성년기·중장년기 전반에 걸쳐서 심각한 영향을 주는 만성질환이기 때문이다.

조현병의 개념에 대해서는 논자에 따라서 이견이 있을 수 있으나 보통 사고, 정동, 지각, 행동 등 전반적이고 다양한 측면에서 와해를 초래하는 뇌기능장애라는 것이 일반적 견해이다(권준수 외, 2013). 조현병의 주요증상은 ① 사고과정(*thought process*)과 사고내용(*thought con-*

tent) 상의 장애로 특징지어지는 '사고의 장애', ② 부적절한 감정표현 (inappropriate affect), 정서의 둔화(emotional bluntness), 무감동(apathy) 등으로 특징지어지는 '정동의 장애', ③ 주변의 사물이 이상하게 변형되어 보이고 소리가 전과는 다르게 들리는 '지각의 장애', ④ 망상, 환각, 관계망상, 초조감 등의 '양성증상'(positive symptoms)과 정서적 둔마(鈍痲), 자폐증, 사회적 격리, 철퇴 및 자발성의 감소 등을 수반하는 '음성증상'(negative symptoms) 등이 있다. 조현병 계열의 정신증적 증상의 특징에는 다음과 같은 것들이 있다.

조현병 계열의 정신증 증상
조현병 진단을 위해서는 다음 증상들 중에서 최소한 2개 이상이 나타나야 한다.
- 망상 (delusions)
- 환각 (hallucinations): 시각(visual), 청각(auditory), 후각(olfactory), 지각(sensory) 등
- 비조직적 말이나 연설 (disorganized speech)
- 비조직적 행동이나 긴장형 행동 (grossly disorganized or catatonic behavior)
- 음성증상 (negative symptoms): 정서적 둔마(affective flattening), 무의욕증(avolition) 등

3) 정동장애

기분장애(affective disorder)라고도 불리는 정동장애(mood disorder)는 우울증과 조증으로 대표되는 기분 상의 장애로 인해 정신운동, 인지

기능, 대인관계 등에 부정적 영향을 주는 것이 특징이다(권준수 외, 2013). 성인기와 관련해서 정동장애가 주목받는 이유는 성인 남성의 약 10%, 성인 여성의 약 20%가 평생 동안 한 번 이상의 정동장애를 가지는 것으로 나타날 정도로 발병률이 높기 때문이다. 여기서는 실천현장에서 가장 많이 접할 수 있는 주요 우울증과 양극성 장애를 유발하는 조증 증상을 중심으로 정동장애의 특성을 고찰한다.

(1) 우울증

다음에 나열된 9가지 우울증상(*depressive episode*) 중 최소 5개 이상의 증상이 지난 2주간 나타나고, 이로 인한 기능상의 장애가 나타날 때 우울증이라고 진단할 수 있다. 단, 5개 이상의 증상들 중 우울한 기분(*depressed mood*)이나 관심과 즐거움의 저하(*loss of interest or pleasure*) 중 하나의 증상은 반드시 나타나야 한다.

우울의 증상
- 거의 하루 종일 거의 매일 나타나는 우울한 기분
- 관심과 즐거움의 감소
- 몸무게 감소
- 불면증 또는 수면과다증
- 불안정한 몸동작이나 몸동작 기능의 저하
- 피곤과 에너지 부족
- 무가치감과 지나치고 부적절한 죄의식
- 사고력이나 집중력의 저하
- 죽음에 대한 반복적 생각, 구체적 계획이 없는 자살에 대한 생각, 또는 구체적 계획이 있는 자살에 대한 생각

(2) 조증과 준조증

조증(*manic episode*)과 준조증(*hypomanic episode*)의 임상적 증상의 특징은 유사하나 지속기간이 조증은 최소 1주일, 준조증은 최소 4일로 차이가 있다. 조증 증상의 특징은 다음과 같은데, 이러한 증상들 중 최소 3개의 증상을 보일 때 조증 증상이 있는 것으로 판단되고, 지속기간이 1주일 이상이면 조증, 4일 이상 1주일 미만이면 준조증이 있다고 판단한다.

조증의 증상
- 증가된 자존감과 과대망상증
- 감소된 수면욕구
- 평소보다 말수가 많고 말을 계속함
- 비약적 생각들이나 연속적 사고
- 집중하지 못하는 산만함
- 증가된 목표지향적 행동의 증가
- 쾌락지향적 활동 참가의 증가

4) 불안장애

불안이란 심리적으로 불쾌한 불안한 느낌으로 가슴 두근거림, 진땀 등 관련된 신체적 증상과 과민성이나 서성댐 등의 행동증상을 동반한다. 이것을 불안장애(*anxiety disorder*)라고 하며, 다양한 진단들이 포함되어 있으나 여기서는 공황장애와 외상후 스트레스 장애(PTSD)를 중심으로 살펴본다.

(1) 공황장애

공황장애(*panic disorder*)의 대표적 증상들인 공황발작(*panic attack*) 증상의 특징은 아래에 나열된 13가지 정도로 요약될 수 있다. 이들 증상들 중에서 최소 4가지의 증상이 약 10분 이내에 최고조에 달하고 이러한 증상으로 인해 일정기간 두려움과 불편함을 겪을 경우 공황장애가 있다고 판단할 수 있다.

공황발작의 증상

- 심장박동 수의 증가
- 발한
- 떨림 또는 후들거림
- 호흡곤란
- 질식감
- 가슴통증이나 불쾌감
- 메스꺼움 또는 복부의 불편함
- 어지러움, 불안정한 느낌 또는 현기증
- 이인증 또는 비현실감
- 미칠 것 같은, 또는 행동조절이 안 될 것 같은 공포
- 죽음의 공포
- 무감각 등의 감각이상
- 차갑거나 뜨거운 느낌

(2) 외상후 스트레스 장애

외상후 스트레스 장애(*post-traumatic stress disorder*)는 생명을 위협하는 천재지변이나 재난 등의 사건을 경험하였을 때 많이 발생한다. 재난을 당한 사람의 약 50~80% 정도가 이 장애를 경험하는 것으로 보고되었다(권준수, 2013). 외상후 스트레스 장애의 임상적 특징은 다음과 같은데, 아래의 증상들 중의 상당부분이 한 달 이상 지속될 때 진단을 내릴 수 있다.

다음과 같은 외상적 경험이 있을 때(다음 중 한 가지 이상)
- 생명의 위협이 되는 사건을 경험할 때
- 이러한 사건들을 직접 경험하지는 않더라도 직접 목격했을 때
- 이러한 사건들이 가족이나 가까운 친구에게 일어났음을 알았을 때
- 이러한 경험에 대한 반응이 두려움, 무기력감, 공포를 수반할 때

외상적 경험이 다음의 한 형태로 지속적으로 반복 경험될 때(다음 중 한 가지 이상)
- 반복적으로 경험이 회상될 때
- 반복적으로 그 경험에 대한 꿈을 꿀 때
- 마치 그 상황이 실제로 일어나는 것처럼 느끼고 행동할 때
- 유사 상황에서 유발되는 심리적 불안을 경험할 때
- 유사 상황에서 유발되는 육체적 반응을 경험할 때

자극에 대한 회피 증상(다음 중 한 가지 이상)
- 외상 기억, 생각, 느낌 등을 피하려고 하는 노력
- 외상 기억, 생각, 느낌을 되살릴 수 있는 사람, 상황 물건 등을 피하려고 하는 노력

다음의 경우를 통하여 지속적으로 외상과 관계된 자극을 피하려고 할 때(다음 중 세 가지 이상)
- 외상적 경험과 관계된 생각, 느낌, 대화를 피하려고 노력할 때
- 외상적 경험을 회상시키는 활동, 장소, 사람들을 피하려고 노력할 때
- 외상의 중요한 측면들을 회상해 낼 능력이 없을 때
- 이로 인해 유의미한 활동에 대한 관심이나 참여가 현저하게 저하될 때
- 이로 인해 다른 사람과 소원해지거나 단절될 때

- 이로 인해 한정된 정서의 폭을 보일 때
- 이로 인해 미래에 대해 근시안적 이해를 가질 때

증가된 각성을 보일 때(다음 중 두 가지 이상)
- 사람이나 사물에 대한 흥분 또는 분노의 표출
- 부주의 및 자기파괴적 행동
- 과도한 각성상태
- 과도한 놀람 반응
- 집중의 어려움
- 수면의 어려움

요 약

　이 장에서는 성인중기의 발달특성을 에릭슨의 자아심리이론과 레빈슨의 인생주기이론을 중심으로 살펴보고, 이러한 발달특성과 연관된 사회복지 관심영역에 대해서 고찰하였다.

　에릭슨의 심리사회적 발달단계에서 성인중기에 해당하는 단계는 '생산성 대 침체성'의 단계인데, 연령적으로 대략 30대 중반에서 60세까지의 시기를 포함한다. 이 시기는 형성된 자아정체감과 관계를 바탕으로 개인적, 사회적으로 의미 있는 일들을 실천하는 단계로, '의미 있는 일'이란 사회 및 구성원의 존속을 가능하게 하는 자녀의 생산, 양육, 교육 및 거시적 관점에서 사회구성원으로서 사회의 유지 발전에 기여할 수 있는 제반 생산활동을 포함하는 것이다. 레빈슨의 인생주기이론에 의하면 성인중기인 중장년기에 해당하는 시기는 인생의 가을로 다음의 4개의 세부적 발달단계로 나누어진다. ① 40~45세에 해당하는 성인중기 전환기로 이 시기는 성인초기와 성인중기의 가교역할을 하는 시기이다. ② 45~50세에 해당하는 시기로 성인중기의 초보적 인생구조를 형성하는 단계이다. ③ 50~55세에 해당하는 50세 전환기로 30세 전환기에서 성인초기 인생구조에 적응하는 것처럼 이 시기에는 성인중기 인생구조에 적응하는 시기이다. ④ 55~60세에는 성인중기 절정인생구조가 형성되는 시기로 새로운 인생구조 형성과 적응을 통해서 성인중기의 성공적 인생구조를 형성하고 완성하는 시기이다.

　40세에서 60세에 해당하는 성인중기에는 대부분의 사람들은 신장축소, 신진대사둔화, 피부노화 등의 부정적인 신체적 발달을 경험하게 된다. 심리적 발달과 관련해서 성인중기에는 건강악화나 조기실업 등의 부정적인 신체적 사회적 경험으로 인한 우울증 위험이 높아진다. 사회적으로는 청년기와 성년기에 이룬 가족이 안정이 되어서 안정된 가족생활환경을 보여주는 시기이다. 직업적으로 안정된 사람은 직업적 성취를 누릴 수 있는 시기인 반면, 직업적으로 불안정한 사람들은 직업전환이나 비자발적 퇴직을 경험하게 되는 시기이기도 하다.

　　이러한 발달특성을 고려할 때 성인중기와 관련한 사회복지적 관심영역은 다음과 같은 부분들 고려해 볼 수 있다. 성인중기는 신체적으로 성인병에 걸릴 위험이 상당히 높은 시기이므로 성인병 예방을 위한 건강교육 및 상담 프로그램이나 성인병으로 인해 저하된 기능을 회복하기 위한 치료 프로그램이나 재활 프로그램이 필요하다. 성인중기에는 부정적 신체적 변화에 건강하게 적응하지 못할 경우 우울이나 무기력을 경험할 수 있으므로 우울이나 무기력에 대한 예방 및 치료적 차원의 상담 프로그램이 도움이 될 수 있다. 사회적 측면에서 성인중기에는 조기퇴직 등의 직업적 실패를 경험할 확률이 점차 높아지고, 부부갈등으로 인해서 이혼을 경험할 수 있는 시기인데, 이러한 현상에 대응하기 위해서 위기지원 프로그램의 확충 및 상담지원 프로그램이 필요하다. 경제위기로 인한 실업자의 증가, 노숙인의 증가, 알코올 중독 증가 현상들을 고려할 때, 직업훈련과 고용알선 프로그램이나 노숙자 부랑인을 위한 시설확충 및 단주집단 및 알코올 상담센터의 확충이 필요하고, 제도적으로는 고용보험이나 산재보험 및 의료보험과 관련된 사회안전망에 대한 지속적인 확충과 강화가 필요하다.

　　성인초기 및 성인중기에 많이 나타나는 부적응 행동에 대해서 살펴보았다. 중증 정신장애 중 하나인 조현병 발병은 성인초기 초반부에 가장 많이 나타나는 시기로 알려져 있고, 성인중기에는 신체적 질환 및 호르몬 변화로 인해 부적응 행동을 경험하기도 하며, 알코올 중독이나 의존의 문제도 심각해질 수 있다. 사회적으로 성인기 실업은 우울증과 같은 정동장애의 발병과 관계가 높은 것으로 알려져 있다. 이러한 발달특성으로 인해서 이 시기에는 ① 물질 관련 장애 및 중독장애, ② 조현병 계열의 정신증적 장애, ③ 정동장애, ④ 불안장애 등의 대표적 특성들에 대해서 소개하였다.

토론

• 성인중기의 발달특성에 대해서 설명하고
  성인중기 발달의 중요성에 대해서 논하시오.

• 성인중기의 발달특징을 에릭슨의
  자아심리이론 및 레빈슨의 인생주기이론을
  중심으로 비교 설명하시오.

• 성인중기의 발달특징을 이해함에 있어 에릭슨의
  자아심리이론 및 레빈슨의 인생주기이론의
  강점과 한계를 논하시오.

- 성인중기의 신체적 발달, 인지 · 심리적 발달 및 사회적 발달의 특징을 설명하고, 이를 바탕으로 성인중기의 사회복지적 관심영역을 논하시오.

- 성인초기 및 성인중기에 나타날 수 있는 부적응 행동에 대해서 이 시기의 발달특징과 연관해서 설명하시오.

19

성인후기 (노년기)

　노년기는 발달단계에서 성인후기에 해당하는 시기로 노년기가 시작
되는 시기는 획일적으로 얘기하기 어려우나 대체적으로 60세 또는 65세
이후로 간주하는 경우가 많다. 우리나라에서는 국민연금법에서는 60세
이상을 노인으로 규정하고, 노인복지법에서는 65세 이상을 노인이라고
규정한다(최성재·장인협, 2010). 의료 및 식생활 수준의 향상으로 인한
수명연장은 급속한 인구 고령화 현상을 초래하게 되었고, 더불어 노년기
가 상대적으로 길어지는 결과를 초래하였다. 우리나라는 세계에서도 가
장 빠른 속도로 인구 고령화 현상이 진행되고 있는 나라 중의 하나로,
인구 추계에 의하면 인구의 20% 이상이 노인으로 구성되는 초고령화
사회가 2025년 무렵에 도래할 것으로 예측된다(통계청, 2005). 인구고령
화 현상 및 노년기의 장기화로 인해서 나타날 수 있는 노년기의 신체적,
심리적, 사회적 부적응 증가의 경향은, 노년기에 대한 관심을 증폭시키
는 계기가 되었다(Cavanaugh & Blanchard-Fields, 2011). 이 장에서는 증

가하는 노년인구 및 노년기의 장기화 추세를 염두에 두고 노년기의 특징을 살펴보고, 노년기의 안녕상태를 증진시키기 위한 사회복지적 관심영역이 어떤 것이 있는지를 살펴본다. 이 장에서도 앞의 장들과 유사하게 먼저 발달이론적 관점에서 노년기의 특징을 살펴보고, 노년기 발달특징을 신체, 심리, 사회적 차원을 중심으로 고찰한다. 나아가 이러한 발달특징을 바탕으로 사회복지영역에서 관심을 가져야 할 부분에 대해서 논의한 다음, 노년기에 나타날 수 있는 대표적인 부적응 행동에 대해서 고찰한다.

발달이론 관점에서 본 노년기의 특성

1) 에릭슨의 자아심리이론

에릭슨의 심리사회적 발달단계에 의하면 노년기는 '자아통합 대 절망감 또는 혐오감'(*integrity vs. despair/disgust*)으로 표현된다(Erikson, 1982). 즉, 노년기의 발달과업은 자아통합이고 자아통합이라는 발달과업을 성공적으로 달성하지 못하게 되는 경우 절망감이나 혐오감을 경험하게 된다. 영유아기, 아동청소년기, 성인초기 및 성인중기의 발달과업을 성공적으로 수행하고 노년기 발달과업인 자아통합의 과업을 성공적으로 달성할 경우, 노년기에는 인간의 모든 갈등을 조화롭게 해결하거나 해결하지 못하더라도 갈등에 적응할 수 있는 능력을 갖게 되고, 그 결과 자아통합을 통해 인생의 성숙한 경지에 도달할 수 있다.

자아통합의 특징을 요약적으로 설명하면, 자아통합이란 자신의 과거 및 현재의 인생을 인정하고, 다가올 죽음까지도 인정하는 태도이다. 자아통합의 과업을 성공적으로 달성한 경우, 본인 인생에 대한 통합과 죽음에 대한 수용뿐 아니라 세대 및 시공을 초월한 교감 및 유년기의 순진성을 회복할 수 있고, 이러한 것을 바탕으로 한 삶의 지혜를 통해서 많은 사람을 공감하게 만드는 기지가 넘쳐 나올 수 있다.

노년기에 자아통합을 통한 통합과 성숙이라는 과업을 성공적으로 성취하지 못할 경우에 나타나는 것이 혐오감이나 절망감이다(정옥분, 2004). 혐오감이나 절망을 가진 사람은 자신을 향해서는 지금까지 살아온 삶을 후회하면서 염세적 태도를 취하게 되고, 타인을 향해서는 타인의 업적이나 가치를 인정하려고 하지 않으면서 아무리 위대한 업적을 달성한 사람에 대해서도 그것을 인정하려고 하기보다는 인정하지 않고 경멸하려고 하는 경향이 강하다. 이러한 자신에 대한 절망이나 타인에 대한 혐오와 경멸은 자아통합에 실패한 자신의 삶에 대한 부정적 평가나 자기 자신에 대한 후회스러운 감정의 결과이면서 이러한 부정적 감정을 타인에게 투사하려는 방어기제의 결과로 이해된다.

노년기에 자신의 삶을 가치 있었다고 평가할 수 없게 되면, 절망감이나 혐오감은 우울을 초래할 수 있고, 우울은 본인에 대한 거부에서 한 걸음 더 나아가 세상에 대한 거부로 이어져 삶에 대한 싫증을 느낄 수 있다. 즉, 자아통합의 실패의 결과로 나타나는 절망이나 혐오는 슬픔, 의기소침, 불평, 자기경멸, 타인경멸 등의 감정이나 행동과 연결될 수 있는데, 극단적인 경우는 노인자살의 원인이 되기도 한다.

2) 레빈슨의 인생주기이론

앞 장에서 살펴본 것처럼 레빈슨은 일생을 사계절에 비유하면서 인간의 발달단계를 인생구조를 중심으로 설명했다(Levinson, 1978; 1990; 1996). 레빈슨의 인생주기이론에 의하면 성인후기인 노년기는 인생의 겨울에 해당하는 시기로 분류된다(Levinson, 1978; 1996).

앞 장에서 전술한 바와 같이 인생주기이론에서 인생구조란 특정 시점에서 개인 생활의 기본이 되는 횡단면적 유형 또는 설계라고 정의될 수 있는데, 외적 측면의 인생구조는 사회체계론적 관점에서 환경적 요소에 해당하는 사람, 장소, 제도, 사물 등을 일컫는 것이고 내적 측면의 인생구조는 개인체계 내적 요소들인 개인의 가치, 꿈, 정서 등을 포함한다(Levinson, 1984; 1990). 레빈슨의 인생주기이론에 의하면 노년기는 인생의 겨울에 해당하는 시기로 '성인후기 전환기'와 '성인후기'의 두 단계로 나누어진다(Levinson, 1978; 1996).

성인후기 전환기는 연령적으로 60세에서 65세를 포함하는 시기이다 (Levinson, 1978; 1996). 이 시기에는 사회적으로는 은퇴를 경험하는 시기이고, 신체적으로는 노화가 급격하게 일어날 수 있는 시기이다. 성인중기는 성공적으로 발달해온 개인의 경우 절정 인생구조를 보여주는 시기로 경제적, 사회적으로 절정을 보여준다. 하지만 60세에서 65세 사이에는 은퇴로 인해서 사회적 역할의 변화 및 사회적 관계가 급속하게 감소할 수 있고, 경제적으로도 이전과는 다르게 어려움을 겪을 수 있는 시기이다. 신체적으로도 절정 인생구조 시기인 성인중기에 비해서 신체기능의 저하가 더 가속화될 수 있는 시기이다. 이러한 특성을 염두에 두고 레빈슨은 60세에서 65세 사이를 노년후기로 전이해 가는 성인후기 전환기로 명명하였다.

레빈슨은 위와 같은 성인후기 전환기 다음인 65세 이상을 '성인후기'로 분류하였다(Levinson, 1978; 1990). 이 시기는 은퇴와 신체기능의 노화로 인한 변화가 지속적으로 나타나거나 이러한 변화가 정착되는 시기이다. 은퇴나 노화와 같은 사회적·신체적인 객관적 변화와 더불어 이러한 객관적 변화에 적응할 수 있는 심리·인지적인 주관적 변화도 나타나게 된다. 즉, 성인후기는 성인후기 전환기를 통해서 시작한 다양한 성인후기로의 변화들이 65세 이상이 되면서 새로운 신체·심리·사회적 인생구조를 확립하게 되는 시기라고 볼 수 있다. 그 결과 성인후기는 그 이전의 인생주기에서 나타나는 인생구조와는 다른 특징을 지닌 노년기의 고유한 인생구조를 형성하게 된다.

3) 정체감 위기이론

노년기에 정체감이 유지 혹은 와해되는지에 대한 견해는 학자들에 따라서 다양하다. 노년기 정체감에 대한 두 가지 대표적인 이론은 정체감 위기이론과 정체감 유지이론이다. 정체감위기이론은 밀러(Stephen J. Miller)에 의해서 주장되었다.

정체감 위기이론에 의하면 사회적 존재로서 개인이 정체감을 형성하고 유지하는 데는 직업적 기반이나 사회적 관계가 중요하다(Miller, 1965). 직장에서 직업역할이 무엇인가에 따라서 직업적 정체감이 형성되고 사회적 관계에서 사회적 역할이 무엇인가에 따라서 사회적 정체감이 형성된다. 직장에서 개인은 직책이 과장, 부장 또는 간부사원이냐에 따라서 직업적 역할 및 관계가 형성되고 이러한 직업적 역할이나 관계는 개인의 정체감 형성에 영향을 미친다. 비슷한 맥락에서 가족관계에서 부모냐 자식이냐에 따라서 역할 및 정체감이 다르게 형성되고 부부관계에서 남편 혹은 부인으로서의 역할은 개인의 정체감 형성에 영향을 준다(Troll et al., 1979).

정체감 위기이론에 따르면 노년기에서는 퇴직으로 인해서 직업역할을 상실하게 되고 이러한 직업역할 상실은 직업 정체감에 위기를 초래한다. 비슷한 맥락에서 부부간의 사별이나 자녀의 결혼 및 분가는 가족 내에서 개인의 정체감 변화를 초래한다. 정체감 위기이론에 따르면 노년기는 퇴직이나 사별 및 자녀 결혼으로 인한 직업 및 가족관계의 변화가 일어나고 이러한 관계의 변화로 인한 역할의 변화 및 상실은 기존에 유지되던 개인의 정체감에 위기요인으로 작용하게 된다.

4) 정체감 유지이론

정체감 위기이론이 노년기를 정체감 위기의 시기로 이해하는 데 반해, 정체감 유지이론(Atchley & Barusch, 2004)은 노년기에도 정체감을 유지할 수 있다고 본다. 정체감 유지이론에 따르면 사람은 자신의 정체감을 직업이나 가족관계 등과 같이 노년기에 축소하는 경향이 있는 특정 사회적 관계 및 역할만을 바탕으로 해서 형성되는 것이 아니라 다양한 사회적 역할을 바탕으로 형성된다고 이해한다. 몇 가지 예를 들어보면 다음과 같다.

퇴직으로 인한 직업 역할의 상실은 직업 정체감에는 변화가 일어날 수 있지만, 퇴직 후에 자원봉사활동이나 노인에 적합한 새로운 직업활동을 통하여 새로운 역할 정체감을 형성할 수 있다. 또한 사별이나 자녀 결혼으로 인한 부부 정체감이나 부모 정체감의 상실은 종교활동이나 동호인 모임 등과 같은 새로운 사회적 관계를 통해서 형성될 수 있는 정체감으로 대체될 수 있다(Troll et al., 1979).

즉, 정체감 유지이론에 따르면 기존 세대에 비해서 노년기에는 줄어드는 관계나 역할에서 오는 정체감 상실도 있을 수 있지만, 반대로 기존 세대와 비교할 때 비슷한 수준이나 그 이상으로 참여할 수 있는 새로운 관계와 역할의 가능성이 있으므로 반드시 정체감이 위기를 맞는 것은 아니고 유지될 수 있다고 볼 수 있다.

노년기 발달특성

1) 신체적 발달

노년기의 신체적 발달을 한마디로 표현하면 노화(aging)다(정옥분, 2004). 일반적으로 노화는 체중, 신장, 피하조직, 골밀도 등의 신체구조 변화 및 장기, 심장, 폐조직, 신장, 성기능 등의 신체내부 기능의 변화로 나타난다. 노화의 특징은 신체의 거의 모든 부분에서 점진적으로 기능이 감소되는 것이다. 이러한 노화는 세포의 노화로 나타나게 된다. 세포는 유전적으로 한정된 횟수의 세포분열을 하고 기능을 다하게 되어 있는데, 노년기에는 거의 모든 신체부분에서 세포노화 현상이 나타나 세포분열이 중단되고 신체적 노화를 촉진하게 된다.

노년기 신체적 노화의 증상은 다양한 신체부위에서 광범위하게 나타난다. 노년기에는 거의 모든 장기의 중량이 감소하게 된다. 하지만 심장은 중량이 오히려 증가하는 경향을 나타내고 이러한 심장비대는 심장질환을 증가시키는 요인으로 작용한다. 소화기능이 감퇴하고, 폐의 용적이 점차 감소하여서 기관지 기능도 약화된다. 혈당의 증가로 인한 당뇨병 위험이 높아지고, 혈액순환 장애로 인해서 뇌졸중이나 치매의 위험도 높아진다. 노년기에는 시각, 청각, 미각 등의 감각기능이 약화되고, 성 의욕이 상실되는 것은 아니지만 생식기능 또한 점차 약화된다. 또한 뇌의 신경전달세포의 감소로 인해서 외부자극에 대한 반응속도도 둔화되는 것으로 알려져 있다.

2) 인지 · 심리적 발달

노년기의 심리적 발달 또한 다양한 특징을 나타낸다. 노년기의 인지발달에 대한 이론은 반드시 일치하지는 않지만 앞의 장년기와 유사하게 사회적 경험에 기반을 둔 결정적 지능은 유지되거나 증가하지만 생물적 특성에 기반을 둔 유동적 지능은 감소한다고 보는 것이 일반적인 견해이다(Horn & Donaldson, 1980). 노년기에는 다른 발달단계에 비해서 인지와 관련된 기억력 장애나 복합적 인지장애인 치매에 걸릴 확률이 높아진다.

노년기의 감정표현능력에 대한 의견은 항상 일치하지는 않는다. 노년기에는 신체적, 심리적 발달특성상 감정표현능력이 저하된다고 보는 견해도 있으나, 노년기에 감정표현능력이 저하되는 것은 노인은 감정표현에 초연해야 한다는 사회문화적 요구에 순응한 결과로 보는 견해도 있다.

노년기에는 변화하는 역할에 적응을 잘하지 못하거나 자아통합이 성공적으로 일어나지 않을 경우 절망이나 혐오로 인해서 우울이나 불안을 경험하게 될 위험도 높아진다.

3) 사회적 발달

노년기의 사회적 발달은 기존 사회적 관계망의 변화로 특징지어진다(Mortimer & Shanahan, 2003). 노년기에는 은퇴나 자녀결혼 및 배우자 사망 등으로 인해서 기존의 직업적 관계나 사회적 관계에서 다양한 변화가 일어난다. 변화의 전체적 특징은 성인중기까지 유지되던 다양한 이차적 관계는 축소하는 경향이 있고 동호인 모임이나 봉사활동 등을 통해서 형성되는 새로운 사회적 관계가 증가하는 경향이 있다.

직장인에서 퇴직자로의 역할 변화나 부양자에서 피부양자로의 역할 변화는 사회적 생산성이라는 일반적 관점에서 보면 사회적 지위나 역할에 있어 얻는 것보다 잃는 것이 많다고 볼 수도 있다. 하지만 또 다른 측면에서 퇴직으로 인해서 새롭게 형성하는 사회적 관계를 통해서 발생하는 다양한 새로운 사회적 역할을 고려할 때 노년기 사회적 역할에서 반드시 잃는 것이 많다고 보는 것이 적절하지 않다는 견해도 있다.

노년기의 발달특성을 요약하면, 노화란 성숙한 유기체의 신체적, 심리적, 사회적 제반 기능이 시간이 경과함에 따라 소진되어가는 과정이다(정옥분, 2004; Kimmel, 1980). 노화에 따른 신체적 변화는 연령증가에 따라 장기기능이 저하되고, 키가 줄어들며, 피하지방의 소실, 근육의 감소, 뇌의 무게 감소, 복부 피하지방의 축적, 심박출량의 감소, 그리고 뇌의 생화학적 변화 등 광범위하게 나타난다. 노화에 따른 심리적 측면의 변화는 인지기능의 감소(예: 언어능력, 반응성, 기억력 등의 감소), 성격상의 변화(예: 내향성, 조심성, 순응성의 증가), 죽음에 대한 지각으로 인한 인생에 대한 회상 등 다양하다. 사회적 측면에서 노화는 퇴직과 주변 사람들의 결혼이나 죽음으로 인한 사회적 관계의 이탈, 은퇴로 인한 경제적인 박탈, 사회적 관계의 축소로 인한 격리와 고독 등이 있다.

3 노년기와 관련한 사회복지적 관심영역

위에서 살펴본 노년기의 신체적, 심리적, 사회적 발달특성을 고려할 때 다음과 같은 사회복지적 관심이 필요하다. 노년기에는 신체기능의 저하와 만성질환이 증가하는 시기이고 이로 인하여 신체기능 저하나 만성질환을 예방하는 차원의 개입은 물론 신체기능의 저하로 독립적 생활이 불가능한 노인들을 대상으로 장기보호 서비스가 필요하다. 수명 연장으로 길어진 노년기와 급속하게 증가하는 노인인구를 생각할 때 노인장기요양보험의 정착과 함께 노인장기요양시설의 확충이 필요하다. 이러한 제도적 확충과 더불어서 노인이나 가족을 대상으로 건강상담 프로그램이나 건강교육 프로그램을 확충하고, 이를 담당할 수 있는 노인 전문인력을 양성하는 것이 필요하다.

심리적 측면에서 노년기는 고독과 소외를 경험할 확률이 높아서 우울을 경험하는 노인들이 증가하는 추세에 있다. 또한 우울이나 사회적 스트레스로 인한 노인 자살 또한 급속한 증가추세에 있어서 사회적 관심사로 등장하였다. 먼저 우울을 예방하기 위해서는 우울의 원인이라고 할 수 있는 고독이나 소외에 대한 예방적 개입이 필요하다. 노인을 위한 여가 프로그램이나 노인복지관을 통한 고독이나 소외 예방 프로그램 및 노인 일자리 사업의 확충을 통해서 노인들이 사회적 관계망에서 소외되지 않고 사회적 역할과 정체감을 유지해 나갈 수 있도록 지원해 주는 것이 필요하다.

우울을 경험하고 있는 노인들을 위해서는 적절한 상담이나 약물 치료 프로그램의 확충이 필요하다. 이러한 목적을 달성하기 위해서는 지역사회정신보건센터에 노인우울 전담 프로그램을 확충해 나가는 것도 도움이 될 수 있다. 노년기에는 다양한 인지장애가 나타날 확률이 높은데, 인지장애 중에서 치매가 병의 예후나 치료비용 상 가장 사회적 관심을 받고 있다. 따라서 치매 예방이나 치료 프로그램의 확충이 필요하다. 노인복지관을 통한 치매 예방 프로그램의 확충이나 치매전문병원이나 보호시설 확충이 도움이 될 수 있다.

노년기 사회적 발달의 특징은 은퇴, 퇴직으로 인한 수입 감소 및 사회적 관계의 축소 등이 있다. 은퇴로 인한 수입 감소는 은퇴 전에 은퇴를 준비하는 것을 도와줄 수 있는 은퇴준비 프로그램 확충이나, 은퇴후 줄어드는 소득을 보완하여 줄 수 있는 노인일자리 사업 등의 소득보완 사업의 확충이 도움이 될 수 있다. 더불어 국민연금과 같은 사회보험제도의 보장성을 확충하여 노후 보장수준을 현실화하는 방안도 필요하다.

또한 수명연장으로 인해 길어지는 노년기를 고려할 때 정년을 연장하거나 제도적인 정년 제도를 폐지하는 방안을 고려해 볼 수 있다. 은퇴나 자녀결혼으로 인해 축소된 사회적 관계나 역할은 노년기 고독이나 소외의 원인이 될 수 있으므로 노인들을 위한 직업교육이나 일자리 사업 등을 통해서 노년기의 고독이나 소외를 최소화할 필요가 있다.

4 노년기의 부적응 행동

노년기의 신체적 발달의 특징인 노화는 유기체의 신체적, 심리적, 사회적 제반 기능이 시간이 경과함에 따라 소진되는 과정이라고 볼 수 있다. 노화는 신체적 측면에서는 장기기능 저하, 키 축소, 피하지방 소실, 근육 감소, 뇌의 무게 감소, 복부 피하지방 축적, 심박출량 감소, 뇌의 생화학적 변화 등으로 나타난다. 노화에 따라 심리적 측면에서는 인지기능 감소, 성격 변화, 죽음에 대한 지각, 인생에 대한 회상 등이 나타난다. 사회적 측면에서 퇴직과 주변 사람들의 결혼이나 죽음으로 인한 사회적 관계의 축소, 은퇴로 인한 경제적 어려움의 증대, 격리와 고독으로 인한 우울의 증가 등이 나타난다. 이러한 신체적, 심리적, 사회적 변화로 인해서 노년기에는 섬망이나 신경인지장애가 나타날 수 있다.

1) 섬망

섬망(*delirium*)은 지역사회 유병률은 약 1~5% 정도이지만, 85세 이상 노인의 경우 유병률이 14%에 달하고, 응급실에 온 노인들의 경우 유병률이 약 10~30% 정도로 나타난다(APA, 2013). 이러한 통계치는 섬망이 일반인들에 비해 노인들 사이에서 많이 나타나는 노인성 부적응 행동 양상이라는 점을 보여준다. 섬망의 진단적 특징은 의식의 장해가 나타나고, 기억력이나 언어장애를 동반하는 인지변화가 나타나는 것이다. 섬망은 수면장애나 운동장애, 정서장애 등이 동반해서 나타날 수 있다. 섬망은 질병과 특정 질병과 같은 의학상태가 원인이 되어 직접적인 생리적 효과에 의해서 나타나기도 하고 물질 중독이나 금단과 동반되어서 증상이 나타나기도 한다. 섬망의 증상적 특징들은 다음과 같다(APA, 2013).

- 집중력의 장해(*a disturbance in attention*)

- 집중력 장해는 단기간(*a short period of time*)에 일어나고, 장해의 강도
  는 변화(*fluctuate in severity*)하는 경향이 있음
- 추가적인 인지장해(*an additional disturbance in cognition*)

2) 신경인지장애

신경인지장애(NCD, *neurocognitive disorder*)는 일반적으로 치매
(*dementia*)로 많이 알려져 있다. 치매는 지적장애 등 다른 인지기능 장애
가 없음에도 불구하고 통상적 사회생활이나 대인관계에 장애를 초래할
정도로 기억을 비롯한 여러 인지기능의 장애가 생기는 경우를 말한다.
구체적 증상들로는 기억, 추상적 사고, 판단 및 고등대뇌피질 기능상의
장애증상들을 포함한다.

　주요 신경인지장애(*major neurocognitive disorder*)의 경우 통계적으
로 65세 무렵에는 약 1~2%의 유병률을 보이다가, 85세 무렵에는 약
30%의 유병률을 보여, 연령 증가에 따라서 위험성이 높아지는 것을 알
수 있다. 경도 신경인지장애(*mild neurocognitive disorders*)의 경우는 65세
무렵에 약 2~10%의 유병률을 보이고, 85세 무렵에 약 5~25%의 유병
률을 나타내 중증도 신경인지장애와 마찬가지로 연령 증가에 따라서 위
험성이 높아진다는 것을 알 수 있다. 중증도와 경도 신경인지장애를 모
두 고려할 때 65세 무렵의 유병률은 약 3~12% 정도로 추정되고, 85세
무렵에는 최소 5% 정도에서 많게는 55%까지로 추정된다(APA, 2013).

　정신장애의 분류에서 신경인지장애 진단의 증상적 특징들은 다음
과 같다. 첫째, 집중력, 수행기능, 기억, 언어, 사회적 인지 등에 있어
서 복합적 인지 기능 쇠퇴 현상이 나타나고, 둘째, 이러한 증상들이 일

상적 기능 수준이 저하되는 기능장애 증상이 나타난다. 셋째, 섬망이나 기타 진단의 인지장애와는 구분이 되어야 하고, 넷째, 이러한 인지기능 저하의 원인은 알츠하이머 질병이나 뇌손상 등 다양한 원인들이 있다. DSM-5에 의한 인지기능장애의 임상적 증상(*general characteristics*)과 원인에 따른 장애의 구분은 다음과 같다.

임상적 증상
- 기억장애와 인지장애에 의해 나타나는 복합적 인지장애 증상 [이러한 인지장애가 두드러질(*significant*) 때는 주요 신경인지장애로, 장애 정도가 경미할(*modest*) 때는 경도 신경인지장애로 진단]
- 위의 증상으로 인해 일상 기능상에 유의미한 장애를 수반할 때

원인에 따른 신경인지장애의 구분
- 알츠하이머형 : 위의 임상적 증상이 점진적이고 다음의 원인에 의한 것이 아닐 때
- 뇌졸중 등의 다발적 경색에 의한 신경인지장애
- 기타 의학적 질병에 의한 신경인지장애
- 물질 사용에 의해서 야기되는 신경인지장애
- 복합적 원인에 의한 신경인지장애
- 기타

요 약

　　노년기는 발달단계에서 성인후기에 해당하는 시기로 노년기의 시작은 대체적으로 60세 또는 65세 이후로 간주하는 경우가 많다. 우리나라에서는 국민연금법에서는 60세 이상, 노인복지법에서는 65세 이상을 노인이라고 규정한다. 이 장에서는 노년인구의 증가 및 노년기의 장기화 추세를 염두에 두고 발달이론 관점에서 노년기의 특징을 신체, 심리, 사회적 차원으로 고찰하고, 이러한 발달특징을 바탕으로 노년기에 사회복지영역에서 관심을 가져야 할 부분과 노년기에 나타날 수 있는 대표적인 부적응 행동에 대해서 살펴보았다.

　　에릭슨의 심리사회적 발달단계에 의하면 노년기는 '자아통합 대 절망감 또는 혐오감'으로 표현된다. 자아통합이란 자신의 과거 및 현재의 인생, 그리고 다가올 죽음까지도 인정하는 태도인데, 자아통합의 과업을 성공적으로 달성한 경우 본인 인생에 대한 통합과 죽음에 대한 수용뿐 아니라 세대 및 시공을 초월한 교감 및 유년기의 순진성을 회복할 수 있고, 이러한 것을 바탕으로 한 삶의 지혜를 통해서 많은 사람을 공감하게 만드는 기지를 가질수 있다. 반면 자아통합의 실패의 결과로 나타나는 절망감이나 혐오감은 슬픔, 의기소침, 불평, 자기경멸, 타인경멸 등의 감정이나 행동과 연결되는데, 극단적인 경우는 노인자살의 원인이 되기도 한다. 레빈슨의 인생주기이론에 의하면 성인후기인 노년기는 인생의 겨울로 '성인후기 전환기'와 '성인후기'의 두 단계로 나누어진다. 성인후기 전환기는 60세에서 65세를 포함하는 시기로, 사회적으로 은퇴를 경험하고, 신체적으로는 노화가 급격하게 일어날수 있는 시기이다. 65세 이상은 '성인후기'인데, 이 시기는 신체기능의 노화로 인한 변화가 지속적으로 나타나거나 이러한 변화가 정착되는 시기이다. 성인후기 전환기를 통해서 시작한 다양한 변화들로 성인후기에는 새로운 신체 · 심리 · 사회적 인생구조가 확립되는 시기라고 볼 수 있다. 정체감 위기이론에 따르면 노년기에서는 퇴직으로 인해서 직업역할을 상실하게 되고 이러한 직업역할 상실은 직업 정체감에 위기를 초래할 수 있고, 부부간의 사별이나 자녀의 결혼 및 분가는 가족 내에서 개인의 정체감 변화를 초래할 수 있으며, 이러한 변화로 인한 역할의 변화 및 상실은 기존에 유지되던 개인의 정체감에 위기요인으로 작용하게 된다. 반면 정체감 유지이론에 따르면 기존 세대에 비해서 노년기에는 줄어드는 관계나 역할에서 오는 정체감 상실도 있을 수 있지만, 반대로 기존 세대와 비교할 때 비슷한 수준이나 그 이상으로 참여할 수 있는 새로운 관계와 역할의 가능성이 있으므로 반드시 정체감이 위기를 맞는 것은 아니고 유지될 수 있다고 볼 수 있다.

노년기의 신체적 발달을 한마디로 표현하면 노화인데, 이는 신체의 거의 모든 부분에서 점진적으로 신체적 기능이 감소하는 것이다. 노년기의 심리적 발달은 다양한 특징을 나타내는데, 노년기의 인지발달도 사회적 경험에 기반을 둔 결정적 지능은 유지되거나 증가하지만 생물적 특성에 기반을 둔 유동적 지능은 감소한다고 보는 것이 일반적인 견해이다. 하지만 노년기에는 다른 발달단계에 비해서 상대적으로 인지와 관련된 기억력 장애나 복합적 인지 장애인 치매에 걸릴 확률이 높아진다. 노년기의 사회적 발달은 기존 사회적 관계망의 변화로 특징지어지는데, 노년기에는 은퇴나 자녀결혼 및 배우자 사망 등으로 인해서 기존의 직업적 관계나 사회적 관계에서 다양한 변화가 일어나고, 노년기 변화의 전체적 특징은 성인중기까지 유지되던 다양한 이차적 관계는 축소하는 경향이 있고 동호인 모임이나 봉사 활동 등을 통해서 형성되는 새로운 사회적 관계가 증가하는 경향이 있다.

이러한 신체적, 심리적, 사회적 발달특성을 고려할 때 다음과 같은 사회복지적 관심이 필요하다. 노년기에는 신체기능 저하나 만성질환을 예방하는 차원의 개입은 물론 신체기능의 저하로 독립적 생활이 불가능한 노인들을 대상으로 장기보호 서비스가 필요하고, 이를 위해서 노인장기요양보험의 내실화와 함께 노인장기요양시설의 확충과 더불어 건강상담 프로그램이나 건강교육 프로그램 확충 및 담당 노인 전문인력을 양성하는 것이 필요하다. 심리적 측면에서 노년기는 고독과 소외를 경험할 확률이 높아서 우울을 경험하는 노인들이 증가하는 추세에 있는데, 우울을 예방하기 위해서는 고독이나 소외에 대한 예방적 개입이 필요하다. 또한 우울을 경험하고 있는 노인들을 위해서는 적절한 상담이나 약물 치료 프로그램의 확충이 필요하며, 이러한 목적을 달성하기 위해서는 지역사회정신보건센터에 노인우울 전담 프로그램을 확충해 나가는 것도 도움이 될 수 있다. 사회적 측면에서 보면, 은퇴로 인한 수입 감소에는 은퇴준비 프로그램 확충이나 은퇴 후의 노인일자리 사업 등의 소득보완 사업의 확충이 도움이 될 수 있다. 더불어 국민연금과 같은 사회보험제도의 보장성을 확충하고, 사각지역 해소를 위해서 노인기초연금의 보장수준을 현실화하는 방안도 필요하다.

노년기에는 다양한 부적응 행동 양상이 나타날 수 있는데, 이러한 부적응 양상에는 섬망이나 치매로 대표되는 신경인지장애가 있다.

토 론

• 노년기의 발달특징을 에릭슨의 자아심리이론 및
  레빈슨의 인생주기이론을 중심으로 비교 설명하시오.

• 노년기의 발달특징을 이해함에 있어 에릭슨의
  자아심리이론 및 레빈슨의 인생주기이론의 강점과
  한계를 논하시오.

• 노년기의 신체적 발달, 인지·심리적 발달 및
  사회적 발달의 특징을 설명하시오.

- 노년기의 특징을 정체감 위기이론과
  정체감 유지이론을 중심으로 설명하고,
  각 이론의 장점과 한계를 서술하시오.

- 노년기에 나타날 수 있는 부적응 행동에 대해서
  이 시기의 발달특징과 연관해서 설명하시오.

- 노년기에 발달특성 및 부적응 행동을 고려할 때, 노년기 건강한
  발달을 위해서 필요하다고 생각되는 사회복지적 개입에 대해서
  논하시오.

이 교재는 총 5부 21장으로 구성되어 있다. 제 1부는 총론으로 제 1장 '사회복지학이란 무엇인가?'와 제 2장 '인간행동과 사회환경이란?'으로 구성되어 있다. 제 1장에서는 복지국가의 개념 및 등장배경과 연관하여 인간행동과 사회환경에 대한 이해의 필요성에 대해서 논의하였고, 제 2장에서는 인간행동과 사회환경 교과목의 특성 및 이 교재의 전체적 구성에 대해서 소개하였다.

제 2부와 3부는 '인간행동의 횡단적 이해'로 제 3장에서 8장, 그리고 제 9장에서 11장까지 각각 6장과 3장으로 구성되어 있다. 제 2부, 제 3장부터 8장까지는 인간행동의 이해에 도움을 주는 개인체계 내적 요인들 중심의 이론으로 제 3장은 무의식 결정론, 제 4장은 무의식 결정론에 바탕을 두고 논의를 더 진행한 분석심리이론, 개인심리이론, 자아심리이론, 제 5장은 인간중심이론인 인본주의 이론, 제 6장은 환경결정론인 행동주의 이론, 제 7장은 환경적 요인에 대한 주관적 인지의 중요성을 강조하는 인지이론, 제 8장은 통합이론인 인지행동치료 이론으로 구성되어 있다. 제 3부의 9장 '사회 · 정치환경의 이해'에서는 체계 외적 환경요소를 중심으로 전개된 이론들을 살펴보고, 제 10장 '사이버환경의 이해'에서는 사이버공간 및 4차 산업혁명과 사회복지의 관계를 살펴보았으며, 제 11장 '체계 간 상호작용에 대한 이해'에서는 개인체계 내적 요인과 개인체계 외적 요인의 상호작용에 대한 이해에 도움이 되는 이론들을 살펴보았다.

제 4부는 '인간행동의 종단적 이해'로 제 12장에서 19장까지 총 8개의 장으로 구성되어 있다. 제 12장 '발달이론 개관'에서는 인간행동의 종단적 이해에 도움이 되는 대표적 발달이론에 대해서 살펴보고, 제 13장부터 19장까지는 인간행동에 대한 이해를 생애주기별로 이해할 수 있도록 구성되어 있다. 제 13장에서는 출생 전인 태내기 및 학령전

기인 영아기, 제14장은 유아기, 제15장에서는 아동기, 제16장은 청소년기, 제17장에서는 성인초기, 제18장은 성인중기인 중장년기, 제19장에서는 성인후기에 해당하는 노년기에 대해서 각 단계의 신체·심리·사회적 발달특성 및 사회복지적 함의, 그리고 부적응 행동의 양상을 중심으로 살펴보았다.

제5부는 이 교재의 결론으로, 제20장과 21장으로 구성되어 있다. 제20장은 이 교재에서 지금까지 다룬 내용을 요약 정리하였고, 제21장은 이 교재 내용을 바탕으로 사회복지분야에의 응용방안을 고찰하고 사회복지 학문영역의 구성 및 적용 등에 대해서 논한다. 제4부는 교재의 전체적 내용을 토대로 이러한 이론이나 관점들의 사회복지 분야에의 적용 및 응용에 대해서 살펴보고, 마지막으로 사회복지학도로서 배우게 될 사회복지 학문영역의 구성에 대한 이해와 사회복지정책 및 실천영역의 구성에 대한 이해를 높이는 것을 목적으로 한다.

20

교재 요약

이 교재는 총 5부로 구성되어있다. 제 1부는 복지국가 및 인간행동과 사회환경에 대한 이해에 초점을 두었다. 제 2부와 3부는 인간행동과 사회환경의 횡단적 이해 및 관련 이론을 중심으로 구성되었다. 제 4부는 인간행동과 사회환경의 종단적 이해 및 관련 이론을 중심으로 구성되었다. 마지막으로 제 5부는 교재를 간략하게 요약하고, 이 교재에서 배운 내용이 인간행동과 사회환경의 이해 및 사회복지적 실천에 어떻게 적용될 수 있고, 향후 우리가 배울 사회복지 교과목과는 어떻게 연관되어있는지에 대한 이해에 초점을 두었다.

제 1 부

제 1부의 1장에서는 복지국가의 등장배경 및 개념에 대해서 공부하고, 복지의 실현을 위해서 왜 인간행동과 사회환경에 대한 이해가 필요한지에 대해 공부하였다. 제 2장에서는 '인간행동과 사회환경'이 무엇이고, '인간행동과 사회환경'이라는 주제가 왜 사회복지학의 기초 교과목으로서 중요하고, 앞으로 사회복지학을 공부할 사회복지학도가 인간행동과 사회환경에 대해서 왜 이해해야 하는지에 대해서 공부하였다. '인간행동과 사회환경'에 대한 이해는 앞으로 다양한 사회복지 교과목들을 접하게 될 사회복지학도들 및 사회복지학에 관심이 있는 사람들에게 인간행동과 사회환경 교과목이 다른 사회복지 교과목과 어떻게 유기적으로 연관되어 있는지에 대한 기본적 이해의 지평을 넓히는 데 기여한다. 이러한 목표를 달성하기 위해서 제 1부는 복지국가의 개념과 등장배경, 사회복지학 및 사회복지영역의 특징, 인간행동 및 사회환경에 대한 횡단적 이해, 인간행동과 사회환경에 대한 종단적 이해 및 이 교재의 구성에 대한 소개를 주로 다루었다.

제 2 · 3 부

제 2부와 3부는 인간행동과 사회환경에 대한 횡단적 이해로 제 2부는 제 3장부터 10장까지, 제 3부는 제 9장부터 11장까지로 구성된다.

제 3장에서는 개인체계 내적 요인을 중심으로 한 인간행동의 횡단적 이해를 위한 첫 번째 이론으로, 인간행동에 영향을 주는 성격형성을 설명하는 이론의 원조 격인 프로이트의 정신분석이론을 중심으로 한 '무의식 결정론'에 대해서 공부하였다. 구체적으로 무의식 결정론의 기본관점 및 인간관, 이론의 주요내용 및 개념, 이론의 강점과 한계에 대해서 살펴보았다.

제 4장에서는 정신분석이론가 사이에서 무의식 결정론에 대한 도전에서 형성된 이론들에 대해서 공부하였다. 정신분석이론이 발달함에 따라 추종하는 학자들이 생겨났지만, 이러한 추종자들 중에서 정신분석이론의 한계에 도전하면서 정신분석이론에서 분화된 새로운 심리학적 이론들이 전개하는 학자들도 생겨나게 된다. 제 4장에서는 초기에는 정신분석이론적 관점을 수용하다가 후기로 갈수록 정신분석이론의 한계를 지적하면서 나름대로의 이론을 전개시킨 학자들의 이론을 살펴보았다. 구체적으로 제 4장에서는 융의 분석심리이론, 아들러의 개인심리이론, 에릭슨의 자아심리이론에 대해서 이론의 기본관점, 이론의 주요내용 및 개념, 이론의 강점과 한계를 중심으로 공부하였다.

제 5장에서는 인본주의 이론에 대해서 공부하였다. 이론에 따라서 약간의 차이는 있지만 정신분석이론이나 정신분석에 기반을 둔 이론들의 특징은 무의식 결정론적인 수동적 인간관이다. 인본주의 이론가들은

이러한 수동적 인간관의 한계를 지적하면서 무의식뿐 아니라 창조적이고 합리적인 인간의 의지도 성격형성에 중요한 역할을 한다고 주장한다. 제5장에서는 이러한 인본주의 이론가들 중에서 로저스와 매슬로를 중심으로 살펴보았다. 인본주의 이론은 무의식의 영향을 완전히 부정하는 것은 아니지만 성격형성 과정에서 인간의 창조성과 합리성이 중요한 역할을 하는 것으로 이해한다. 이러한 인본주의 이론들을 구체적으로 이론의 기본관점, 주요개념, 이론의 장단점을 중심으로 공부하였다.

제6장에서는 행동주의 이론에 대해서 공부하였다. 인간의 성격이나 행동이 생물학적 성적 에너지에 의한 무의식에 의해서 결정된다는 정신분석이론이나 인간의 합리성이나 창조성이 성격이나 행동에 영향을 준다는 인본주의 이론에 비해, 행동주의 이론은 환경의 영향이 성격형성의 근원적 요소가 된다고 이해하는 이론이다. 초창기 행동주의 이론은 사회과학자들보다는 주로 동물을 대상으로 실험하던 파블로프나 손다이크와 같은 자연과학자들을 중심으로 발달하였다. 이러한 동물대상의 실험결과를 바탕으로 이론을 형성한 학자들과 더불어 인간을 대상으로 실험과 관찰을 통해서 행동주의 이론을 전개한 스키너나 반두라 같은 학자들도 있다. 동물을 대상으로 행동주의 이론을 전개한 파블로프의 고전적 조건화 이론과 손다이크의 시행착오설을 살펴본 다음, 이러한 초기 행동주의 이론을 인간을 대상한 행동주의 이론으로 발전시킨 스키너의 조작적 조건화 이론과 반두라의 사회학습이론에 대해서 공부하였다. 행동주의학자들 중에서 반두라는 행동이나 성격의 근원이 환경의 자극에 있는 것으로 인식한 점에서 기본적으로는 행동주의의 원칙에 입각하고 있으나, 인간이 자극에 수동적으로 반응만 하는 것이 아니라 능동적으로 환경의 자극에 반응함으로써 행동이나 성격형성이 달라질 수 있다는 상호

작용론적인 입장을 취하였다. 구체적으로 제6장에서는 행동주의 이론의 기본관점에 대해서 공부한 다음, 고전적 조건화 이론, 시행착오설, 조작적 조건화 이론, 사회학습이론의 주요내용, 개념 및 이론의 장단점에 대해서 공부하였다.

제7장에서는 인지이론에 대해서 공부하였다. 행동주의 이론에서 환경을 인간행동의 주요 영향요인으로 이해하고, 특히 반두라의 이론에서는 환경의 자극에 대해서 인간이 능동적으로 작용할 수 있다고 보았다. 인간이 환경에 능동적으로 반응할 수 있는 원인을 인지이론에서는 '인지'에서 찾는다. 환경적 자극이 주어질 때 이 자극을 인간이 인지적으로 재해석해서 의미를 부여하게 되고, 이러한 인지적 재해석에 따라서 성격이나 행동형성이 영향을 받을 수 있다. 인지이론은 객관적 자극의 중요성보다는 개인의 자극에 대한 인지적 해석이 행동의 근원이라고 이해하지만 환경적 자극을 인정한다는 점에서 행동주의적 관점을 태생적으로 내포한다. 행동주의와 인지이론의 이러한 특징이 인지행동치료를 위한 실천이론의 근간이 된다. 구체적으로 제7장에서는 인지이론의 기본관점과 주요내용 및 개념, 인지발달이론, 인지이론의 강점과 한계에 대해서 공부하였다.

제8장에서는 순수이론을 바탕으로 형성된 실천이론이라고 할 수 있는 인지행동치료 이론에 대해서 공부하였다. 행동주의 이론과 인지이론에 의하면 환경적 자극이 주어질 때 이러한 자극을 인간이 인지적으로 재해석해서 의미를 부여하게 되고, 이러한 인지적 재해석에 따라서 성격이나 행동형성이 영향을 받을 수 있다. 이러한 이론적 특징에 바탕을 두고 실천가들은 인지이론과 행동주의 이론을 통합적으로 적용하여 인지행동치료라는 것을 많이 시행한다. 인지행동치료이론에 따르면 인간

의 부적응 행동의 원인은 환경적 자극이나 인지의 문제이기 때문에 부적응 행동의 치료를 위해서는 환경적 자극에 대한 개입이나 인지에 대한 개입이 도움이 될 수 있다. 제8장에서는 인지행동치료의 역사와 가정 및 특징을 살펴보고, 벡의 인지치료와 엘리스의 합리적 정서적 행동치료에 대해서 공부하였다.

제2부에서 개인체계 내적 요소들에 초점을 맞추어서 인간행동 및 성격의 형성에 대한 이론들을 살펴보았다. 개인체계 내적 요소에 초점을 맞춘 이러한 이론들은 행동주의 이론을 위시하여 환경의 중요성에 대해서도 일정 정도 인정하고 있지만, 대부분 심리학적 이론들이다. 즉, 인간성격 및 행동의 형성을 심리학적인 개인체계 내적 요소들을 중심으로 설명하고 있어서 환경적 요소에 대한 이해를 도모하는 데는 한계가 있다. 이러한 한계를 염두에 두고 제3부의 9장에서는 환경의 이해에 도움을 주는 사회학적 이론과 정치학적 이론들을 살펴보았다. 사회학적 이론은 기능주의와 갈등주의 이론처럼 사회환경을 거시적 측면에서 이해하는 데 도움을 주는 총체적 접근과 사회환경을 미시적 측면에서 이해하는 데 도움을 주는 상징적 상호작용주의와 소집단이론과 같은 원소적 접근으로 나누어서 살펴볼 수 있다. 환경을 고려할 때 사회복지와 관련해서 사회환경과 더불어서 중요한 환경적 요인이 국가이다. 국가라는 환경을 이해하는 데 도움이 되는 이론은 주로 정치학 이론들인데, 제9장에서는 다원주의, 계급이론, 엘리트주의, 조합주의 등의 정치과정론을 중심으로 고찰하였다.

제10장에서는 사이버공간의 확대와 4차 산업혁명으로 인한 급속한 변화들이 사회복지에 미치는 영향에 대해서 고찰하였다. 구체적으로 제10장에서는 사이버환경의 역사, 사이버환경의 확장과 인간생활의 변화,

4차 산업혁명으로 인한 사회변화, 그리고 이러한 변화들이 사회복지에 주는 함의를 탐색적 수준에서 고찰하였다.

인간행동과 사회환경의 기본전제는 '환경 속의 인간'으로 이는 개인 체계와 환경체계 간의 상호작용을 전제로 한다. 지금까지 살펴본 이론들이 개인체계 내적 요소와 환경체계를 중심으로 이원적으로 살펴본 이론들이라면 제 11장에서 살펴본 이론들은 개인체계 및 환경체계 간의 상호 작용이나 항상성을 이해하는 데 도움을 주는 이론들이다. 제 11장에서는 체계 간의 상호작용을 설명하는 대표적 이론인 생태체계이론에 대해서 이론의 배경, 기본가정, 주요개념, 현실적용을 중심으로 고찰하였다. 나아가 제 11장에서는 생태체계이론에 기반을 두고 체계 간의 상호작용 이나 항상성에 대한 논의를 좀더 진행시킨 스트레스-코핑 모형, 앤더슨 모형, 스티그마 형성 및 유지 메커니즘을 설명하는 이론을 살펴보면서, 개인체계 내적 요소와 환경적 요소 간의 항상성 유지의 메커니즘에 대한 이해를 도모하고자 하였다.

3 제 4 부

제 11장까지 배운 이론은 인간행동을 생태체계적 관점에서 횡단적 으로 이해하는 데 도움을 주는 이론들이지만, 개인체계 및 사회체계는 고정되어 있는 실체가 아니라 항상성과 안정상태를 유지하면서 동시에 변화하는 속성도 있다. 즉, 인간은 수정에서부터 출생, 영유아기, 아동 청소년기, 청년기 및 성년기의 성인초기, 중장년기의 성인중기, 노년기

515

로 대표되는 성인후기를 거쳐서 사망에 이르기까지 체계 내적 속성인 신체·심리·행동적 속성들이 변화하는 존재이다. 그러므로 인간행동이나 성격을 더 정확하게 이해하기 위해서는 횡단적 이해와 더불어서 변화하는 개인체계와 사회체계를 염두에 두고 종단적 관점에서 이해해야 한다. 전 생애에 걸쳐서 일어나는 신체·심리·행동 및 사회적 측면에서 나타나는 연속적이며 상승적 또는 퇴행적 변화의 과정을 '발달'이라고 한다. 따라서 인간행동의 횡단적 측면뿐 아니라 종단적 측면에 대해 이해를 하려면 발달이론에 대해서 살펴볼 필요가 있다. 제 12장에서는 인간행동을 종단적으로 이해하는 데 도움을 주는 이론들인 프로이트의 심리성적 발달단계이론, 에릭슨의 자아심리이론, 피아제의 인지발달이론 등을 중심으로 고찰하였다.

제 13장에서는 생애초기인 영아기의 발달특징에 대해서 살펴보았다. 영아기는 태내기와 영아기로 세분해 볼 수 있다. 태내기는 용어에서 알 수 있는 것처럼 수태에서부터 출생에 이르는 시기를 말한다. 영아기는 출생에서부터 두 살 정도까지를 말하며 심리적, 신체적 활동에 있어서 부모나 조부모 등 성인에게 많이 의존해야만 생존이 가능한 시기이다. 제 13장에서는 프로이트의 정신분석이론, 에릭슨의 자아심리이론, 피아제의 인지발달이론을 중심으로 영아기의 발달특성에 대해서 고찰한다음, 이를 신체적 발달, 인지·심리적 발달, 사회적 발달로 나누어서좀더 구체적으로 살펴보았다. 나아가 이러한 발달특성을 고려할 때 영아기의 사회복지적 관심영역에는 어떠한 것들이 있는지 고찰하였다.

제 14장에서는 학령전기에 해당하는 유아기의 발달특징에 대해서살펴보았다. 유아기는 두 살부터 취학 전까지를 이르는 시기로, 언어의획득이나 사고범위의 확장이 급속하게 증가하는 시기로 부모와의 대화

나 친구와의 접촉을 기반으로 한 기본적인 사회화가 이루어지는 시기이다. 제 14장에서도 프로이트의 정신분석이론, 에릭슨의 자아심리이론, 피아제의 인지발달이론을 중심으로 유아기의 발달특성에 대해서 고찰한 다음, 이를 신체적 발달, 인지·심리적 발달, 사회적 발달로 나누어서 좀더 구체적으로 살펴보았다. 나아가 이러한 발달특성을 고려할 때 유아기의 사회복지적 관심영역에는 어떠한 것들이 있는지 고찰하였다.

제 15장에서는 학령기 초기단계에 해당하는 아동기의 발달특징에 대해서 살펴보았다. 먼저 아동기에 해당하는 발달특성을 프로이트의 정신분석이론, 에릭슨의 자아심리이론, 피아제의 인지발달이론의 관점에서 살펴보았다. 좀더 구체적으로 이를 신체적 발달, 인지·심리적 발달, 사회적 발달로 세분화해서 고찰한 다음, 이러한 발달특성을 고려할 때 아동기의 사회복지적 관심영역이 어떠한 것들이 있는지에 대해서 공부하였다.

제 16장에서는 학령기 후기단계에 해당하는 청소년기의 발달특성에 대해서 살펴보았다. 먼저 청소년기에 해당하는 발달특성을 프로이트의 정신분석이론, 에릭슨의 자아심리이론, 피아제의 인지발달이론의 관점에서 살펴보았다. 구체적으로 이를 신체적 발달, 인지·심리적 발달, 사회적 발달로 세분화해서 고찰한 다음, 이러한 발달특성을 고려할 때 청소년기의 사회복지적 관심영역이 어떠한 것들이 있는지에 대해서 공부하였다. 마지막으로 영아기, 유아기, 아동기 및 청소년기의 발달특성을 고려할 때 이 시기에 많이 나타날 수 있는 부적응 행동의 양상에 대해서 지적장애, 자폐계열 장애, 주의력결핍 및 과잉행동장애를 중심으로 고찰하였다.

제 17장에서는 성인초기에 해당하는 청년기와 성년기의 발달특성에

대해서 공부하였다. 성인초기의 발달을 에릭슨의 자아심리이론과 레빈슨의 인생주기이론을 중심으로 살펴보았다. 다른 장에서와 마찬가지로 이 시기의 신체·심리·사회적 발달특성에 대해서 세부적 고찰을 한 다음, 이러한 발달특성을 고려할 때 사회복지영역에서 관심을 가져야 하는 영역이 어떠한 것들이 있는지를 살펴보았다.

제18장에서는 성인중기에 해당하는 중장년기의 발달특성에 대해서 공부하였다. 이 장에서도 에릭슨의 자아심리이론과 레빈슨의 인생주기이론을 중심으로 살펴보았다. 성인중기의 발달특성을 신체·심리·사회적 발달로 세분화해 고찰한 다음, 이러한 발달특성을 고려할 때 사회복지영역에서 관심을 가져야 하는 영역이 어떠한 것들이 있는지를 살펴보았다. 마지막으로 성인초기 및 성인중기에 나타날 수 있는 부적응 행동의 특성들에 대해서 물질 관련 장애 및 중독장애, 조현병 계열의 정신증적 장애, 정동장애, 불안장애 등을 중심으로 소개하였다.

제19장에서는 성인후기에 해당하는 노년기의 발달특성에 대해서 공부하였다. 인구 고령화 현상 및 노년기의 장기화로 인해서 노년기에 대한 관심은 증가 일로에 있다. 제19장에서는 노년기의 발달특성을 에릭슨의 자아심리이론, 레빈슨의 인생주기이론, 정체감 위기이론 및 정체감 유지이론을 중심으로 고찰하였다. 이를 신체적, 인지·심리적, 사회적 측면으로 나누어서 좀더 구체적으로 살펴본 다음, 이러한 발달특성을 고려할 때 노년기의 안녕상태를 증진시키기 위한 사회복지적 관심영역이 어떤 것이 있는지 고찰하였다. 마지막으로 노년기에 나타날 수 있는 부적응 행동의 특성을 섬망과 신경인지장애(치매)를 중심으로 공부했다.

4 제 5 부

이 장이 속하는 제 5부는 이 교재의 결론으로, 제 20장과 21장으로 구성되어 있다. 제 20장은 이 교재에서 지금까지 다룬 내용을 요약정리 하였고, 제 21장은 이 교재 내용을 바탕으로 한 사회복지분야에의 응용 방안을 고찰하고 이 교재의 내용을 바탕으로 사회복지 학문영역의 구성 및 적용 등에 대해서 다룬다. 즉, 제 5부는 교재의 전체적 내용을 토대로 이러한 이론이나 관점들의 사회복지분야에의 적용 및 응용에 대해서 살펴보고, 마지막으로 사회복지학도로서 배우게 될 사회복지 학문영역의 구성에 대한 이해와 사회복지정책 및 실천영역의 구성에 대한 이해를 높이는 것을 목적으로 한다.

요 약

　이 장은 지금까지 배운 내용을 정리하는 차원에서 교재에서 다룬 내용을 요약적으로 정리하였다. 이 교재는 총 5부로 이루어져 있다. 제1부는 복지국가 및 인간행동과 사회환경에 대한 이해에 초점을 둔 1장과 2장으로 구성되어 있다. 제1장에서는 복지국가와 사회복지학이 무엇인가를 살펴보고, 사회복지학 공부를 위한 '인간행동과 사회환경'에 대한 필요성에 대해서 피력하였다. 제2장에서는 인간행동과 사회환경의 횡단적 이해 및 종단적 이해와 사회복지 실천의 관계에 대해서 공부하고, 이 교재의 전체적인 구성을 소개하였다.

　제2부와 3부는 인간행동과 사회환경에 대한 횡단적 이해 중심으로, 각각 제3장부터 8장, 제9장부터 11장까지로 구성된다. 제2부 3장에서는 인간행동에 영향을 주는 성격형성을 설명하는 이론의 원조 격인 프로이트의 정신분석이론을 중심으로 한 '무의식 결정론'에 대해서 공부하였다. 제4장에서는 정신분석이론가 사이에서 무의식 결정론에 대한 도전에서 형성된 이론들인 융의 분석심리이론, 아들러의 개인심리이론, 에릭슨의 자아심리이론에 대해서 공부하였다. 제5장에서는 인본주의 이론가들 중에서 로저스와 매슬로를 중심으로 무의식에 추가적으로 성격형성 과정에서 인간의 의지의 중요성을 피력한 인본주의 이론에 대해서 살펴보았다. 제6장에서는 동물을 대상으로 실험하던 파블로프나 손다이크와 같은 자연과학자들의 이론과, 이러한 실험결과를 바탕으로 인간을 대상으로 실험과 관찰을 통해서 이론을 전개한 스키너와 반두라의 행동주의 이론을 공부하였다. 제7장에서는 환경적 자극이 주어질 때 이 자극을 인간이 인지적으로 재해석해서 의미를 부여하게 되고, 이러한 인지적 재해석에 따라서 성격이나 행동형성이 영향을 받을 수 있다는 것을 보여준 인지이론에 대해서 공부하였다. 제8장에서는 순수이론을 바탕으로 형성된 실천이론이라고 할 수 있는 인지행동치료 이론에 대해서 벡의 인지치료와 엘리스의 합리적 정서적 행동치료를

중심으로 공부하였다.

인간행동을 이해하려면 환경 및 환경과 인간의 상호작요에 대한 이해가 필수적이다. 제 3부 9장에서는 환경에 대한 이해를 사회학적 이론 및 정치학적 이론을 중심으로 살펴보았다. 제10장에서는 사이버환경과 사회복지에 대해서 고찰하였으며, 제11장에서는 개인체계 및 환경체계를 중심으로 체계 간 상호작용에 대해서 공부하였다.

제 4부는 인간행동의 종단적 이해에 대한 부분으로 제 12장부터 19장까지로 구성되었다. 제 12장은 발달이론 개관으로 인간행동을 종단적으로 이해하는 데 도움을 주는 이론들인 프로이트의 심리성적 발달단계이론, 에릭슨의 자아심리이론, 피아제의 인지발달이론 등을 중심으로 고찰하였다. 제 13장에서는 생애초기인 영아기의 발달특징을 태내기와 영아기로 구분하여 살펴보았다. 제 14장에서는 학령전기에 해당하는 유아기의 발달특징에 대해서 살펴보았다. 제 15장에서는 학령기 초기단계에 해당하는 아동기의 발달특징에 대해서 살펴보았다. 제 16장에서는 학령기 후기단계에 해당하는 청소년기의 발달특징에 대해서 살펴보았다. 제 17장에서는 성인초기에 해당하는 청년기와 성년기의 발달특징에 대해서 공부하였다. 제 18장에서는 성인중기에 해당하는 중장년기의 발달특징에 대해서 공부하였다. 제 19장에서는 노년기의 발달특징에 대해서 공부하였다.

마지막으로 제 5부인 제 20장과 21장에서는 교재를 요약하고 사회복지분야와 교과목 구성을 인간행동과 사회환경의 관점에서 정리해 보았다.

토 론

• 복지국가란?

• 인간행동과 사회환경이란?

• 사회복지학이란?

• 성격형성을 설명하는 개인체계 내적 요인과
  관련된 이론의 전개과정을 설명하시오.

• 생애주기적 관점에서 발달이론 및 발달단계를
  약술하고 사회복지적 함의를 논의하시오.

21

결론 :
사회복지체계 및
분야와의 연관성

　이 교재에서 지금까지 복지국가에 대한 이해, 인간행동과 사회환경에 대한 이해의 필요성을 살펴보고, 세부적으로 인간행동의 횡단적 이해 관련 이론과 종단적 이해 관련 이론을 살펴보았다. 이 장에서 기금까지 배운 내용을 바탕으로 인간행동과 사회환경의 이해가 사회복지적 실천에 어떻게 적용될 수 있는지에 대한 이해 증진을 도모하고, 이 교재에서 배운 내용이 향후 우리가 배울 사회복지 교과목과는 어떻게 연관되어있는지를 설명하는데 초점을 둔다.

1 인간행동에 대한 다차원적 이해의 응용

제1부에서 살펴본 것처럼 인간이 살아가는 궁극적 목표 중의 하나는 신체적, 심리적, 사회적 측면 등 다양한 측면에서 총체적 안녕상태를 달성하는 것이다. 인간의 신체적 안녕, 심리적 안녕, 사회적 안녕은 독립적으로 형성되거나 유지되는 것이 아니라 서로 영향을 주고받으면서 형성되고 유지되는 관계이다. 예를 들어 신체적 안녕이 깨어진 상태인 질병을 가진 개인은 심리적으로 우울해지기 쉽고 질병으로 인해서 직업생활과 같은 사회적 관계를 유지하기 어려울 것이다. 사회적 관계 및 직업을 상실하는 경우 자존감이나 정체감 등의 심리적인 측면의 안녕상태에 부정적 영향을 미치게 되고, 나아가서는 소득불안정으로 인해 적절한 식생활 및 건강행위를 유지하는 데 한계가 있어서 다시 건강상태에 위협을 받을 수 있다. 이처럼 인간의 신체적, 심리적, 사회적 특성은 상호연관성이 높고, 이러한 연유로 인간행동을 이해하기 위해서는 다차원적 접근이 필요하다.

사회복지학은 과학적 방법을 이용한 사회현상에 대한 관찰 및 이론화를 통해서 사회에 대한 이해와 인간의 안녕상태에 영향을 미치는 메커니즘에 대한 이해에 기여하면서, 이러한 관찰과 이론을 바탕으로 안녕상태의 극대화를 위해서 서비스 전달이나 정책 등의 구체적 개입방법을 개발하는 응용사회과학이다. 즉, 사회복지학은 환경 속의 인간이라는 관점에서 환경 및 개인체계의 구성요소와 상호작용에 대한 이해 및 안녕상태에 영향을 주는 요인에 대한 심층적 이해를 바탕으로 안녕상태의 위협에 대한 예방과 안녕상태의 달성·유지에 기여하는 학문이다. 이러한 사회복지학의 목적을 달성하기 위해서는 인간과 환경의 다차원적 측면에 대한 과학적인 이해가 선행되어야 한다.

'인간행동과 사회환경'이라는 이 교과목은 인간과 환경의 다차원적 측면에 대한 과학적 이해에 도움을 주는 기본적 관점이나 이론적 틀을 공부하는 교과목이다. 기본적 관점이나 이론들에 대해서 사회복지학도들이 사전에 일정 정도 이해하고 있어야 하는 이유는 이러한 기본적 관점이나 이론이 향후 사회복지학의 분야론이나 사회복지적 개입을 이해하는 데 필요하기 때문이다. 사회복지적 개입 측면에서 기본적 이론을 이해하는 것은 이론에 대한 이해를 바탕으로 사회복지적 개입의 기초가 되는 사정 및 개입에 대한 계획이 이루어지기 때문이다. 이러한 목표를 달성하기 위해서 이 교재에서는 인간행동의 개인체계 내적 요소에 초점을 둔 이론들과 개인체계 외적 요소에 초점을 둔 환경이론들을 중심으로 인간행동에 대한 횡단적 이해에 도움이 되는 이론을 살펴본 다음에 인간행동의 종단적 이해를 도모하기 위해서 발달론적 관점에서 생애주기별로 인간행동의 특성을 살펴보았다.

사회복지적 개입의 차원에서 인간행동과 사회환경의 특성 및 상호작용에 대해서 다차원적 이해가 필요한 이유를 요약하면 두 가지로 살펴볼 수 있다. 첫 번째 이유는 순수이론을 바탕으로 사회복지 관련 현상에 대한 과학적 이해를 높이기 위해서는 인간과 환경에 대한 다차원적 이해가 필요하기 때문이다. 두 번째 이유는 사회복지 관련 현상을 이해한 다음에 개인내적 부적응 요인이나 환경적 부적응 요인에 대한 예방 및 치료가 필요한데, 이러한 사회복지적 개입을 위해서는 현상에 대한 이해를 바탕으로 사정을 통한 주요영역의 파악이 필요하기 때문이다. 구체적인 사정 및 개입의 기술은 사회복지실천론이나 실천기술론에서 다루어

그림 21-1   사정영역 및 기본틀

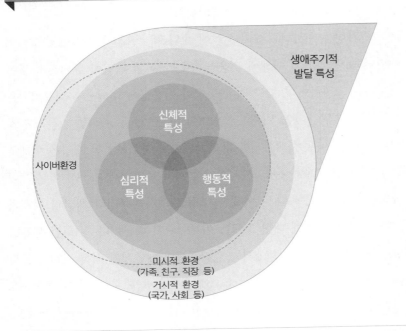

질 것이기 때문에 여기서는 지금까지 배운 이론들을 토대로 다차원적 차원의 사정영역 및 구체적으로 사정해야 할 사항들을 살펴본다. 구체적으로 파악돼야 할 사정 영역은 〈그림 21-1〉처럼 표현될 수 있다.

〈그림 21-1〉에 나타난 것처럼 사정의 기본틀은 ① 개인 및 환경의 횡단적 특성과 ② 생애주기적 발달을 보여주는 종단적 특성으로 나누어 볼 수 있다. 횡단적 사정 영역은 다시 세부적으로 ① 개인체계 내적 특성으로 신체적, 심리적, 행동적 특성에 대해서 파악할 필요가 있고, ② 환경적 특성으로 개인의 지지체계 또는 스트레스 원이 될 수 있는 가족, 친구, 직장관계 등의 직접적인 미시적 환경과 ③ 개인에게 직접 또는

간접적으로 영향을 줄 수 있는 개인이 속한 국가나 사회의 특성에 대해서 고려할 필요가 있다.

1) 개인체계 내적 특성

(1) 신체적 측면

신체적 측면의 사정영역은 인간행동에 영향을 줄 수 있는 신체적 특징들을 포함한다. 사회복지사는 인간행동을 이해하기 위해서 개인의 인간행동에 영향을 줄 수 있는 다음과 같은 신체적 영역에 대해서 사정을 통한 구체적 이해가 필요하다. 신체적 측면의 사정에서 주 대상이 되는 것은 개인의 신체적 성장 및 발달과정, 질병의 유무, 가까운 가족이나 친척의 병력 등 다양한 것이 포함된다.

① 임신 및 출산과정

신체적 성장 및 발달 영역에서는 출생 후의 신체적 성장 및 발달에 대한 사정뿐 아니라 태내기의 성장 및 발달에 대한 특징도 파악할 필요가 있다. 태내기 어머니의 신체·심리적 상태와 태아의 발달이 생후의 발달에 영향을 준다는 것은 널리 알려져 있다. 그러므로 신체적 성장 및 발달에 대해서 사정할 때 태내기에 어머니의 영양상태가 어떠하였는지, 어머니의 물질 사용은 있었는지, 태내기의 수정 후 발달과정이 어떠하였는지 등에 대해서 사정할 필요가 있다. 더불어 임신 전후의 어머니와 아버지의 건강상태, 가족의 유전적 질환 여부, 기형 여부, 염색체의 비정상 여부, 각종 장애 여부에 대한 사정이 필요하다.

② 신체기능 발달과정

개인의 신체기능 발달과정은 현재 건강상태나 미래의 건강에 미치는 영향이 크다. 이러한 이유로 개인의 신체기능의 발달과정에 대한 사정이 신체적 성장 및 발달을 사정하는 데 중요한 부분이 된다. 신체기능 발달과정에서 사정해야 하는 영역에는 언제 첫 걸음마를 하였는지, 언제 처음으로 말하였는지, 언제 혼자 음식을 먹기 시작하였는지, 언제 혼자서 옷을 입기 시작하였는지, 기저귀는 언제 떼었는지, 언제 2차성징이 나타났는지 등 다양한 영역이 포함된다.

③ 일반적 건강상태

태내기 및 출생 후 신체건강 발달상태와 더불어서 신체적 영역의 사정에서 중요한 것은 현재의 건강상태이다. 이는 현재의 건강상태나 건강행위가 미래의 건강발달 과정에 미치는 영향이 지대하기 때문이다. 일반적 건강상태에서 사정되어야 할 영역은 비만정도, 몸무게의 변화가 얼마나 심한지, 월경주기는 일정한지, 규칙적인 수면습관을 가지고 있는지, 신체적 활동을 얼마 정도 하는지, 영양상태는 어떤지, 내분비계의 불안정성은 없는지, 신체적 장애는 없는지, 술이나 담배와 같은 물질 사용은 어떠한지, 연령에 비해서 외모상태가 어떠한지, 일상생활 기능 정도는 어떠한지 등 다양한 영역이 포함된다.

④ 신체적 질병 및 가족내력

신체적 영역에서 사정되어야 할 또 하나의 중요한 영역은 신체적 질병 및 가족의 병력에 관한 것이다. 구체적으로 심장질환, 호흡기 질환, 암, 당뇨병 등 질병의 유무와 이러한 질병의 가족력에 대한 파악이 필요하다. 또한 가까운 가족 및 친척들의 사망원인에 대한 파악이나 주요 질병의 증상 여부에 대한 사정도 필요하다.

(2) 심리 · 행동적 측면

심리적 측면은 구체적으로 인지 · 정서 · 행동적 영역 및 이러한 영역들의 발달과정을 포함한다. 개인체계 내적으로 신체 · 심리 · 사회적 요소가 서로 밀접한 관계가 있는 것처럼, 개인의 심리적 측면의 세부요인인 인지 · 정서 · 행동적 요소들이 독립적인 것이 아니라 서로 연관되어 있는 경우가 많다. 즉, 상황에 대한 부정적 인지는 우울을 유발하고 우울정서는 다시 위축된 행동으로 연결되는 경우가 많다. 따라서 심리 · 행동적 측면의 사정도 다음과 같은 영역들에 대해서 통합적으로 진행될 필요가 있다.

① 인지발달

인지발달 영역의 사정에는 개인의 주의력이나 집중력, 연령에 적합한 문제해결능력, 기억력 등이 포함된다. 인지발달에 대한 사정에서 또하나 중요한 것은 학업성취도, 문제해결능력, 통찰력 등의 개인의 학습잠재력이나 수행능력에 대한 사정이다.

② 의사소통

인간의 인지적 학습은 주로 언어를 바탕으로 하는 의사소통을 통해서 이루어지는 경우가 많다. 그러므로 심리 · 행동적 측면에서 개인의 언어 구사력과 어휘력에 대한 사정은 중요하다. 의사소통 영역의 사정에서는 언어적 자기표현능력이나 비언어적 자기표현능력에 대한 사정과 더불어, 다문화 사회로 급속하게 변하고 있는 한국의 현실을 생각할 때 이중 언어 구사자인지 또는 주로 사용하는 언어가 한국어인지 아닌지에 대한 사정도 필요하다.

③ 태도 및 정서

태도란 특정 객체나 이슈에 대한 긍정적 또는 부정적 평가를 의미한다. 개인의 특정 객체에 대한 긍정적 태도는 그 사물에 대한 긍정적 정서 및 행동과 연결되고, 반대로 부정적 태도는 부정적 정서 및 행동으로 연결된다. 예를 들어서 '갑'이라는 식당에 대해서 긍정적으로 평가하면 '갑'이라는 식당에 호감을 가지고 행동적으로는 가서 식사하게 될 확률이 높아진다. 즉, 어떠한 태도를 가지는가에 따라서 정서 및 행동이 영향을 받을 수 있다. 태도는 자기 자신에 대한 것과 타인이나 외부 객체 대한 것으로 나누어 볼 수 있다. 그러므로 사정에서 자기 자신에 대한 태도인 '자아개념'(self-perception) 및 타인이나 객체에 대한 태도를 포함하여야 한다. 더불어서 개인의 정서도 사정에 포함해야 하는데, 특히 부정적 정서인 화남, 슬픔, 실망 등은 부정적 행동으로 연결될 수 있으므로 사정에 포함되어야 한다.

④ 사회인지적 특성

개인을 통합적으로 파악하려면 개인의 사회인지적 특성도 파악되어야 한다. 예를 들어 개인이 판단하는 사회적 관계나 상호작용, 친구관계, 다른 사람들에 대한 기대 등의 사회관계에 대한 인지적 평가를 알아야 한다. 만약 개인의 인지적 기능이 정상이 아닐 때는 위와 같은 인지적 평가를 그대로 받아들일 수 없으므로, 이러한 인지적 평가를 할 때는 반드시 개인의 인지기능이 정상적인지 아닌지에 대해서 동시에 사정할 필요가 있다. 더불어서 개인의 사회적 상호작용이 적절한지, 사회적 기술은 적절한지, 사회적 문제해결능력은 어느 정도 되는지, 사회적 관계에서 부적응적 행동패턴은 없는지 등에 대한 사정도 필요하다.

⑤ 심리적 위기상황 및 내력

부정적 삶의 경험은 심리·행동 발달과정에 부정적 영향을 주므로 개인의 과거 삶의 부정적 경험에 대한 사정이 필요하다. 다시 말해, 아동기의 특기할 만한 부정적 경험, 부모님이나 양육자로부터의 학대나 방임 경험, 동료나 친구로부터의 부정적 경험, 개인이나 가족의 정신병력, 항우울제나 항정신성 의약품의 사용 여부 및 경험 등에 대한 사정이 필요하다.

2) 사회·환경적 특성

이 교재의 초반부에서 강조하였듯이 인간행동과 사회환경을 비롯한 사회복지분야에서 중요한 관점은 '환경 속의 인간'이다. 즉, 개인에 대해서 통합적 사정을 하기 위해서는 위에서 살펴본 개인체계 내적 속성인 신체적, 심리적, 행동적 특성과 더불어 개인이 속해 있는 미시적, 거시적 환경에 대한 사정도 필요하다. 사회환경적 측면에서는 개인이 직접적 관계를 유지하고 있는 가족, 친구 등의 미시적 환경과 사회 및 국가와 같은 거시적 환경에 대한 사정이 이루어질 필요가 있다.

(1) 미시적 환경

개인이 속한 가족이나 친구 또는 직장 등의 환경은 개인의 신체적, 심리적, 사회적 발달에 지대한 영향을 미친다. 가족환경을 예로 들어보면 부모의 양육방식이나 경제상태가 아동의 교육, 인지발달 및 건강상태에 지대한 영향을 미친다. 미시적 환경에 대한 사정에는 다음과 같은 영역이 포함된다.

① 가족환경

가족은 개인의 발달에 미치는 영향이 가장 큰 사회환경 중의 하나이므로 가족환경에 대한 사정은 반드시 필요하다. 예를 들어 가족의 범위, 구성원, 가족에 대한 평가, 가족의 의사소통 양식, 가족 내 갈등구조 및 해결방법, 가족 내 정서표현 방법, 가족 구성원의 역할 및 책임, 역할에 대한 만족도, 가족 내 권위, 역할갈등, 가족 내 지지 등에 대한 사정이 필요하다.

② 지지체계

지지나 스트레스는 가족으로부터 받을 수도 있으나 가족 이외의 친구나 직장에서도 받을 수 있으므로 가족체계 이외의 미시적 환경에 대한 사정도 필요하다. 지지체계에 대한 사정에서는 친구, 자조집단, 직장 등의 비공식적 지지환경에 대한 사정과 더불어서 자녀양육, 복지 및 건강과 관련해서 제도적인 도움을 제공하는 공식적 지지체계에 대한 사정을 함께 할 필요가 있다. 또한 주변에서 접근 가능한 돌봄, 공원, 보안서비스 등을 제공해 줄 수 있는 환경적 자원에 대한 사정도 필요하고, 더불어서 이러한 지지적 체계 및 서비스로 접근하는 데 장애요소는 무엇이 있는지에 대해서 파악해 두는 것도 통합적 사정을 바탕으로 한 개입계획을 세우는 데 도움이 된다.

(2) 거시적 환경

직접적 지지체계인 가족이나 친구와 같은 미시적 환경과 더불어서 사회나 국가와 같은 거시적 환경에 대한 파악도 필요하다. 개인의 삶이 사회나 국가에 속해서 영위될 수 있는 것이므로 사회의 직업상황이나 고령화 정도 등의 사회적 상황이나 국가의 지배 정당의 이념이나 사회복지제도 확립 수준 등의 정치적 상황들도 사정할 필요가 있다. 거시적 환경 측면에서 사정 대상의 예는 다음과 같은 것들이 있다.

① 사 회

인간은 사회에 속해서 살아가는 존재이기 때문에 사회적 상황이 개인발달에 미치는 영향은 지대하다. 예를 들어서 2백 년 전 조선시대에 살았던 사람들과 현대사회를 살아가는 사람들은 주어진 사회상황 및 사회적 자극의 차이로 인해서 상이한 신체 · 심리 · 사회적 발달을 경험할 확률이 높다. 예를 들어 사회적 생산력의 차이로 인한 식생활 습관이나 건강 차이, 교육 시스템의 차이로 인한 인지적 발달 차이, 문화적 차이로 인한 가치관의 차이 등 다양한 영역에서 차이가 날 것이다. 그러므로 사회복지적 사정을 함에 있어 사회환경에 대한 사정은 중요한 영역의 하나이다. 사회환경에 대한 사정의 예는 한 사회의 실업률, 평균수명, 고령화 정도, 연령대별 인구구성, 빈곤율, 다문화 정도, 공동체 의식의 정도, 복지의식 수준, 이혼율 등이 포함된다.

② 국가

한 국가의 사법체계, 행정체계, 입법체계 등은 그 국가에 속하는 모든 국민들에게 직간접적으로 영향을 준다. 특히 사회복지 제도인 전 국민 의료보험제도 여부, 국민기초생활보장제도 여부, 국민연금제도 여부 등은 개인을 위한 사회복지적 개입계획 수립과 직접적으로 관련이 있으므로 국가의 사회복지제도에 대해서 파악하는 것이 사회복지적 사정에서 평가되어야 할 중요한 부분이다. 현재 한국과 같이 지방자치제를 실시하고 있는 국가에서는 중앙정부의 특징뿐 아니라 지방자치정부의 정치적 성향이나 사회복지 관련 제도 및 서비스에 대한 평가가 그 지역에 거주하는 사람들을 위한 사회복지적 개입을 고려함에 있어서 반드시 파악되어야 할 영역이다.

(3) 사이버환경

사회복지의 기본 관점은 '환경 속의 인간'이다. 전통적으로 환경은 가족, 친구 등 미시체계에서부터 국가, 지구촌 등의 거시체계 등의 물리적 공간을 중심으로 논의되었다. 1969년부터 시작된 인터넷은 2000년대 들어서 급속히 확산되면서 최근에는 인간의 다양한 행위가 인터넷 공간에서 일어나고 있다. 이러한 점을 고려할 때 향후 사회복지 사정 및 개입의 주요영역으로 사이버환경체계 부분은 포함되어야 할 것이다. 이 교재에서는 초보적 수준에서 논의주제를 던졌지만, 4차 산업혁명에 동반하는 급속한 변화들을 고려할 때 사이버환경체계는 사회복지분야에서 미래에 매우 중요하게 다루어져야 할 부분이다.

지금까지 '환경 속의 인간'의 관점에서 개인체계 내적 요인과 개인체계 외적 환경요인에 대한 횡단적 접근을 통해서 사회체계에 대해서 이해하였다. 또한 종단적 접근을 통해서 이러한 사회체계가 정태적인 것이 아니라 시대 흐름이나 개인의 발달 상황에 따라서 변하기 때문에 영유아기부터 노년기에 이르기까지 각 연령대별 신체·심리·사회적 특성에 대해서 이해하였다. 인간행동과 사회환경이라는 교과목에서 배운 이러한 접근 및 이론들은 앞으로 사회복지학과에서 배울 교과목들에 대한 이해로 연결될 수 있다. 〈표 21-1〉은 한국사회복지교육협의회에서 권장하는 사회복지 교과목을 특성에 따라서 분류한 것이다. 인간행동과 사회환경에서 배운 내용은 앞으로 이러한 교과목들을 배우는 과정에서 내용을 이해하는 데 필요한 기본적인 관점과 기초이론을 제공한다.

교과목 영역을 수준별로 구분해 보면 거시적 국가 사회복지정책이나 제도 및 법적 근거를 공부하는 사회복지법제론, 사회복지정책론, 사회보장론 등이 있고, 미시적 수준에서는 실질적 서비스를 전달하는 사회복지실천론이나 실천기술론이 있다. 생애주기별 인간의 신체·심리·사회적 특징의 차이를 감안하여 사회복지 교과목을 생애주기별로 나누어서 접근하는 것도 있는데, 이러한 생애주기별 구분의 교과목에는 아동복지론, 청소년복지론, 노인복지론 등이 있다. 사회복지분야를 대상자별로 구분해 보면 생애주기별로 접근한 아동, 청소년, 노인분야와 더불어서 장애인복지, 가족복지, 산업복지, 의료복지, 정신보건복지, 교정복지 등으로 나누어 볼 수 있다. 분야론의 특징은 각 분야의 사회복

표 21-1   사회복지영역과 교과목

교과과정 영역		교과목
수준별	거시적	사회복지법제론, 사회복지정책론, 사회보장론
	미시적	사회복지실천론, 사회복지실천기술론
분야론	생애주기별	아동복지론, 청소년복지론, 노인복지론
	대상별	장애인복지론, 여성복지론, 가족복지론, 산업복지론, 의료사회복지론, 학교사회복지론, 정신보건복지론, 교정복지론
행정 및 프로그램		사회복지행정론, 사회복지 프로그램 개발과 평가
조사와 자료분석		사회복지조사론, 사회복지자료분석론
실습		사회복지현장실습
기초과목		사회복지개론, 사회문제론, 사회복지발달사

지 법, 제도, 정책을 이해하는 거시적 측면에서부터 서비스 전달체계나 직접적 서비스 전달과 관련된 미시적 측면까지를 포괄하고 있다는 특징이 있다.

사회복지서비스 전달을 위해서는 전달체계 및 기관의 행정조직이 필요하고, 실질적으로 서비스를 전달할 수 있는 프로그램이 필요하다. 전달체계 및 행정조직에 대해 다루는 교과목이 '사회복지행정'이고, 필요한 프로그램의 개발이나 프로그램을 통한 서비스가 효과적으로 전달되었는지를 평가하는 것을 공부하는 교과목이 '사회복지 프로그램 개발과 평가'이다. 사회복지적 개입을 효율적으로 하기 위해서는 현상에 대한 과학적 이해와 정책이나 서비스 전달의 효율성 및 효과성에 대한 평가가 필수적이다. 이러한 사회현상에 대한 이해나 정책이나 실천적 개입의 효과성 평가를 하는 데 필요한 것이 조사방법론인데, 이러한 목적을 위해서 개설된 교과목이 '사회복지조사론' 및 '사회복지자료분석론'이다.

사회복지는 순수이론을 통한 현상에 대한 과학적 이해를 바탕으로 실질적 사회문제 해결을 위해서 노력하는 응용사회과학이다. 그러므로 사회복지학에서는 세계 대부분의 사회복지학과나 사회복지대학원에서 '사회복지 현장실습' 교과목을 필수적으로 수강하도록 규정한다. 실습교과목을 통해서 학생들은 교과목에서 배운 이론들을 실제 현장에서 적용해 볼 수 있는 경험을 쌓게 된다. 사회복지 기초교과목으로는 사회복지학에 대한 전반적 이해를 도모하기 위한 '사회복지개론', 사회복지의 직접적 대상이 되는 사회적 욕구라고 할 수 있는 사회문제에 대해서 공부하는 '사회문제론', 사회복지 제도, 법, 영역의 전개과정에 대해서 공부하는 '사회복지발달사' 등이 있다. 좀더 자세한 사회복지교과목의 내용 및 특성에 대해서는 한국사회복지교육협의회에서 발행한 《사회복지학 교과목 지침서》를 참고하기 바란다.

요 약

이 장에서는 우리가 이 교재를 통해서 배운 인간행동에 대한 다차원적 이해의 응용에 대해 배웠다. 다차원적 이해가 필요한 이유는 ① 인간행동과 사회환경 및 그 역학에 대한 과학적 이해를 높이고 ② 개인내적 요인이나 환경적 요인에 대한 증진, 예방 및 치료가 필요할 때, 사회복지적 개입을 위한 과학적 사정의 주요영역을 파악하는데 필요하기 때문이다. 사정의 기본 틀은 크게 개인 및 환경의 횡단적 특성과 생애주기적 발달을 보여주는 종단적 특성으로 나누어 볼 수 있다. 횡단적 사정 영역은 다시 세부적으로 ① 개인체계 내적 특성으로 신체적, 심리적, 행동적 특성에 대해서 파악할 필요가 있고, ② 환경적 특성으로 개인의 지지체계 또는 스트레스 원이 될 수 있는 가족, 친구, 직장관계 등의 직접적인 미시적 환경과 ③ 개인에게 직접 또는 간접적으로 영향을 줄 수 있는 개인이 속한 국가나 사회의 특성에 대해서 고려할 필요가 있다.

이 장에서는 또한 사회복지영역의 이해를 배웠다. 인간행동과 사회환경이라는 교과목에서 지금까지 배운 접근 및 이론들은 앞으로 사회복지학과에서 배울 교과목들에 대한 이해로 연결될 수 있다. 〈표 21-1〉에 정리된 사회복지교육 영역과 교과목은 한국사회복지교육협의회에서 권장하는 사회복지 교과목을 특성에 따라서 분류한 것이다. 인간행동과 사회환경에서 배운 내용은 앞으로 이러한 교과목들을 배우는 과정에서 내용을 이해하는 데 필요한 기본적인 관점과 기초이론을 제공한다.

• 인간행동과 사회환경에서 배운 내용과
  사회복지의 실천적 개입을 위한 사정과의
  관계를 설명하시오.

• 개인체계 내적 차원에서 사정에 포함되어야
  할 영역에 대해서 설명하시오.

• 환경 차원에서 사정에 포함되어야 할 영역에
  대해서 설명하시오.

• 사회복지 교과목에서 생애주기적
  발달특성을 고려해서 구분한 것은
  무엇이 있는지 알아보시오.

• 앞으로 배울 사회복지 교과목의 전체적인
  구성을 설명하시오.

강영계, 2001, 《정신분석이야기: 프로이트의 혁명적 생애와 사상》, 서울: 건국대학교 출판부.

곡세홍·모민수·장형태, 2017, "우울증환자 치료에 있어 인공지능(AI) - 생체인터넷(IoB) - 증강현실(AR) 융합기반 자가인치행동치료(Self-CBT) 서비스 모델", 〈2017 한국경영정보학회 추계학술대회〉: 401~406.

곽금주·정윤경·김민화·박성혜·송현주(역), 2006, 《아동발달심리학》(John W. Santrock 저), 서울: 박학사.

권중돈·김동배, 2005, 《인간행동과 사회환경》, 학지사.

권석만(역), 2007, 《아론 벡: 인지치료의 창시자》, 학지사.

권육상·이명재, 2002, 《인간행동과 사회환경》, 대영문화사.

권화현(역), 2010, 《공산당 선언》(Karl Marx & Friedrich Engels 공저), 서울: 웅진씽크빅.

김구섭, 1990, "정치권력 이론과 정치다원주의", 서울대학교 대학원 정치학과 박사학위 논문.

김대규(역), 1994, 《꿈의 해석》, 서울: 그레이트북.

김미옥·최혜지·정익중·민소영, 2017, "사회복지실천의 미래: 사람과 사람", 〈한국사회복지학〉, 69(4): 41~65.

김상균·최일섭·최성재·조흥식·김혜란·이봉주·구인회·강상경·안상훈, 2008, 《사회복지개론》, 나남.

김성이·김상균, 1994, 《사회과학과 사회복지》, 나남.

김영혜(역), 2010, 《심리적 문제의 인지도식과 핵심믿음》(Lawrence P. Riso 외 편), 서울: 시그마프레스.

김인규·여태철·윤경희·임은미·임진영·황매향(역), 2009, 《인간의 학습》

(Jeanne Ellis Ormrod 저), 파주: 시그마프레스.

김일철, 1986, 《사회구조와 사회행위 이론》, 전예원.

김정민(역), 2006, 《피아제의 인지발달이론》(Herbert P. Ginsburg & Sylvia Opper 공저), 서울: 학지사.

김정희·김현주·정인숙, 1997, 《아동발달심리》, 동문사.

김정희·조원영 (역), 2017, 《4차 산업혁명: 이미 와 있는 미래》(Roland Berger 저), 서울: 다산.

김진균 외, 1989, 《사회학 이론의 구조》, 한길사.

김춘경(역), 2005, 《Adler 상담 및 심리치료: 개인심리학의 통합적 접근》(Don Dinkmeyer, Jr. & Len Sperry 공저), 서울: 시그마프레스.

김태성·성경륭, 2000, 《복지국가론》, 나남.

김형섭(역), 2004, 《융 심리학 입문》(C. S. Hall & V. J. Nordby 공저), 서울: 문예.

나은영(역), 2010, 《정신·자아·사회: 사회적 행동주의가가 분석하는 개인과 사회》(George Herbert Mead 저), 파주: 한길사.

노안영 외(역), 2005, 《아들러 상담이론과 실제》(Thomas J. Sweeney 저), 서울: 학지사.

라영균(역), 2009, 《인간의 이해》(Alfred Adler 저), 서울: 일빛.

박노영·이호열(역), 1984, 《현대사회와 정치구조》(C. W. Mills 저, I. L. Horowitz 역), 서울: 돌베개.

박성수·한승완(역), 2003, 《정신분석학 개요》(Sigmund Freud 저), 파주: 열린책들.

박선영·권정혜·안정광, 2016, "인터넷 기반 사회불안장애 인지행동치료 리뷰: 치료자 개입 수준과 추가적 치료 개입을 중심으로", 〈인지행동치료〉, 16(3): 233~267.

박소영·조성희, 2015, "SNS를 통한 사회적 관계 형성과 청소년의 삶의 만족", 〈디지털융복합연구〉, 13(2): 371~379.

박아청, 1993, 《아이덴티티의 세계》, 서울: 교육과학사.

_____, 2010, 《에릭슨의 인간이해》, 파주: 교육과학사.

박영신(역), 1995, 《아동사고의 발달》(Robert S. Siegler 저), 서울: 미리내.

_____(역), 2007, 《아동사고의 발달》(Robert S. Siegler & Martha Wagner Alibali 저), 서울: 아카데미프레스.

박인찬(역), 1999, 《공간의 역사》(Margaret Wertheim 저), 서울: 생각의 나무.

박재규(역), 1991, 《삐아제 이론과 유아교육》(Constance Kamii & Rheta De Vries 공저), 서울: 창지사.

박정선·조재숙·함선희·박지수·권정아, 2016, "청소년 우울증 측정 및 관리를 위한 스마트폰 어플리케이션 콘텐츠 개발", 〈한국웰니스학회지〉, 11(2): 319~329.

박종수, 2009, 《융심리학과 성서적 상담》, 서울: 학지사.

배소미·유채린·최아영·유준, 2017, "스마힐링: 우울증 환자를 위한 웃음 치료 모바일 어플리케이션", 〈2017년 한국컴퓨터종합학술대회 논문집〉: 1738~1740.

배수연, (2018. 1. 3), "미국, 빅데이터와 인공지능으로 빈곤 퇴치 앞장서", 〈데일리시큐〉, 2018. 1. 22. 접속.

보건복지부, 2018, "원격의료", 보건복지부 홈페이지(https://www.mohw.go.kr/), 2018. 1. 22. 접속.

서울대학교 사회복지학과, 2009, 《서울대 사회복지학과 50년사》, 서울대학교 사회복지학과 50주년 기념사업위원회, 나남.

서창렬(역), 1999, 《피아제》(Margaret A. Boden 저), 서울: 시공사.

설영환(역), 1992, 《아들러 심리학 해설》(A. Adler & H. Augler 저), 서울: 선영사.

_____(역), 2007, 《C. G. 융 심리학 해설》, 서울: 선영사.

손정락(역), 2005, 《성격심리학》(Walter Mischel 저), 서울: 시그마프레스.

_____(역), 2006, 《성격심리학: 통합을 향하여》(Walter Mischel, Yuichi Shoda, & Ronald E. Smith 공저, 7th ed.), 서울: 시그마프레스.

송경진(역), 2016, 《제4차 산업혁명》(Klaus Schwab 저), 서울: 새로운 현재.

신혜선·윤석희, 2017, "청소년의 SNS중독과 현실공간 및 가상공간에서의 자아정체감의 관계", 〈디지털융복합연구〉, 15(8): 225~234.

양옥경·김정진·서미경·김미옥·김소희, 2000, 《사회복지실천론》, 나남.

오제은(역), 2007, 《칼 로저스의 사람-중심 상담》(Carl R. Rogers 저), 서울: 학지사.

오혜경(역), 2009, 《에이브러햄 매슬로의 동기와 성격》(Abraham H. Maslow 저), 파주: 21세기북스.

이기숙·주영희(역), 1989, 《어린이를 위한 피아제 이해》(M. A. S. Pylaski 저), 창지사.

이부영, 1998, 《분석심리학》, 서울: 일조각.

_____, 1999, 《그림자》, 파주: 한길사.

이영희·박외숙·고향자(공역), 2007, 《인간중심치료의 창시자 칼 로저스》(Brian Thorne 저), 서울: 학지사.

이용표·강상경·김이영, 2006, 《정신보건의 이해와 실천 패러다임》, 서울: EM 커뮤니티.

이인정·최해경, 2008, 《인간행동과 사회환경》, 나남.

이혜성(역), 2007, 《성장심리학: 건전한 성격의 모형》(Duane Schultz 저), 서울: 이화여자대학교 출판부.

임호, 2017, "4차 산업혁명과 사회적 대응방향", 〈부산발전포럼〉, 164: 6~15.

유정선·이경선·권정아, 2017, "인지행동치료기법을 활용한 청소년의 우울 정서 측정 및 관리 어플리케이션 설계 및 구현", 〈한국디지털콘텐츠학회논문지〉, 18(3): 443~455.

유상우(역), 2010, 《프로이트 심리학 입문》(Calvin S. Hall 저), 서울: 홍신문화사.

윤명숙·박완경, 2014, "대학생의 심리사회적 특성과 SNS 중독성향 연구", 〈정신보건과 사회사업〉, 42(3): 208~236.

윤현숙·이은경·범경아·김영자, 2016, "노인의 온라인 사회관계가 우울에 미치는 영향", 〈한국콘텐츠학회논문지〉, 16(5): 623~637.

전광석(역), 2005, 《복지국가의 기원》(Gerhard A. Ritter 저), 서울: 법문사.

전경아(역), 《간단 명쾌한 발달심리학》(Atsuko Onodera 저), 서울: 시그마북스.

정문영(역), 1998, 《정신분석학 입문》(Anthony Elliott 저), 서울: 한신문화사.

정옥분, 2004, 《발달심리학: 전생애 인간발달》, 서울: 학지사.

_____, 2007, 《인간발달의 이론》, 서울: 학지사.

정원모, 2017, "4차 산업혁명과 환경", 〈2017 한국환경정책확회 학술대회논문집〉: 269~291.

정태연·노현정(역), 2005, 《존재의 심리학》(Abraham H. Maslow 저), 서울: 문예.

조복희, 2006, 《아동발달》, 서울: 교육과학사.

_____·도현심·유가효, 2010, 《인간발달》, 파주: 교문사.

조수철, 2010, 《인간의 발달과 생존: 힘과 통제의 원리》, 서울: 학지사.

조현춘·조현재·문지혜(역), 2002, 《성격심리학》(Robert M. Liebert & Lynn Langenbach Liebert 저), 서울: 시그마프레스.

주은선(역), 2009, 《진정한 사람되기》(Carl R. Rogers 저), 서울: 학지사.

진혜경(역), 2008, 《좋은 생각 좋은 느낌: 소아청소년을 위한 인지행동치료 가이드 북》(Paul Stallard 저), 서울: 여문각.

최성재·장인협, 2010, 《고령화사회의 노인복지학》, 서울: 서울대학교 출판문화원.

최순남, 2002, 《인간행동과 사회환경》(개정판), 한신대학교 출판부.

최영민, 2010, 《쉽게 쓴 정신분석이론》, 서울: 학지사.

최영희·이정흠(공역), 1997, 《인지치료: 이론과 실제》(Judith S. Beck 저), 서울: 하나의학사.

최항섭, 2017, "4차 산업혁명과 인간, 사회", 〈미디어와 교육〉, 7(1): 35~40.

최현수·오미애, 2017, "4차 산업혁명 및 지능정보사회의 사회적 위험과 복지 패러다임 전환 필요성", 〈보건복지 ISSUE & FOCUS〉, 333: 1~8.

통계청, 2005, 《장래인구특별추계》, 서울: 통계청.

황희은·김향숙, 2015, "자존감, 사회불안 및 대인관계 지향성이 중학생의 SNS 중독경향성에 미치는 영향", 〈청소년학연구〉, 22(9): 233~253.

Abrahamson, M., 1978, *Functionalism*, Englewood Cliffs, NJ: Prentice-Hall.

Andersen, R. M., 1995, "Revisiting the behavioral model and access to medical care: Does it matter?", *Journal of Health and Social Behavior*, 36(3): 1~10.

Andersen, R. M., and Newman, J. F., 1973, "Societal and individual determinants of medical care utilization in the United States", *The Milbank Memorial Fund Quarterly: Health and Society*, 51(1): 95～124.

Andersson, G., 2009, "Using the internet to provide cognitive behaviour therapy", *Behaviour Research and Therapy*, 47(3): 175～180.

ADAA(Anxiety and Depression Association of America), 2018, "Facts and statistics", ADAA 홈페이지(https://adaa.org/about-adaa/press-room/facts-statistics), 2018. 1. 23. 접속.

APA(American Psychiatric Association), 1994, *Diagnostic and Statistical Manual of Mental Disorders*(4th ed.), Washington DC: American Psychiatric Association.

_____, 2013, *Diagnostic and Statistical Manual of Mental Disorders*(5th ed.), Washington DC: American Psychiatric Association.

Ashford, J. B., Lecroy, C. W., and Lortie, K. L., 2001, *Human Behavior in the Social Environment: A Multidimensional Perspective*, Belmont, CA: Brooks/Cole.

Ashmore, R. D. and Del Boca, F. K., 1981, "Conceptual Approaches to Stereotypes and Stereotyping", In Hamilton, D. L. (ed.), *Cognitive Processes in Stereotyping and Intergroup Behavior*, pp. 1～34, Hillsdale, NJ: Erlbaum.

Atchley, R. C. and Barusch, A. S., 2004, *Social Forces and Aging: An Introduction to Social Gerontology*, Belmont, CA: Wadsworth/Thomson Learning.

Bandura, A., 1977, *A Social Learning Theory*, Englewood Cliffs, NJ: Prentice-Hall.

_____, 1982, "Self-efficacy mechanism in human agency", *American Psychologist*, 37: 122～147.

_____, 1986, *Social Foundations of Thoughts and Action: A Social Cognitive Theory*, Englewood Cliffs, Nj: Prentice-Hall.

Beck, A. T., 1979, *Cognitive Therapy of Depression*, New York: Guilford Press.

Beck, A. T. et al., 2004, *Cognitive Therapy of Personality Disorders*, New York:

Guilford Press.

Bertalanffy, L., 1968, *General System Theory*, Human Relation, NY: Braziller.

————, 1981, *A Systems View of Man*, Boulder, CO: Westview Press.

Bjork, D. W., 1997, *B. F. Skinner: A Life*, Washington DC: American Psychological Association.

Bockting, C. L. H., Kok, G. D., Kamp, L., Smit, F., Valen, E., Schoevers, R., Marwijk, H., Cuijpers, P., Riper, H., Dekker, J., and Beck, A. T., 2011, "Disrupting the rhythm of depression using Mobile Cognitive Therapy for recurrent depression: Randomized controlled trial design and protocol", *BMC Psychiatry 2011, 11: 12*.

Boyd, D. R. and Bee, H. L., 2006, *Lifespan Development*, Boston, MA: Allyn and Bacon.

Bronfenbrenner, U., 1979, *The Ecology of Human Development*, Cambridge, MA: Harvard University Press.

————, 2005, *Making Human Beings Human: Bioecological Perspectives on Human Development*, Thousand Oaks: Sage Publications.

Cavanaugh, J. C. and Blanchard-Fields, F., 2011, *Adult Development and Aging*, Belmont, CA: Wadsworth/Cengage Learning.

Clarke, T., 2004, *Theories of Corporate Governance: The Philosophical Foundations of Corporate Governance*, New York: Routledge.

Cohen, D., 1997, *Carl Rogers: A Critical Biography*, London: Constable.

Colomy, P. B., 1990, *Neofunctionalist Sociology*, Brookfield, VT: E. Elgar.

Cooley, C., 1909, *Social Organization*, New York: Charles Scribner's Sons.

Dahrendorf, R., 2008, *The Modern Social Conflict: The Politics of Liberty*, New Brunswick, NJ: Transaction Publishers.

Dale, D., Norlin, J. M., and Smith, R., 2010, *Human Behavior and the Social Environment: Social Systems Theory*, Moorpark, CA: Academic Publishers.

Daloz, J., 2010, *The Sociology of Elite Distinction: From Theoretical to Compara-*

tive Perspectives, New York: Palgrave Macmillan.

Delamater, J., 2003, *Handbook of Social Psychology*, New York: Kluwer Academic/ Plenum Publishers.

Dickens, P., 2004, *Society and Nature: Changing Our Environment, Changing Ourselves*, Cambridge, Uk: Polity Press.

Eagly, A. H., and Chaiken, S., 1993, *The Psychology of Attitudes*, Fort Worth, Tx: Harcourt Brace Javanovich College Publishers.

_____, and Chaiken, S., 1984, "Cognitive theories of persuasion", *Advances in Experimental Social Psychology*, 17: 267~359, New York: Academic Press.

Easton, D., 1979, *A Framework for Political Analysis*, Chicago: University of Chicago Press.

Ellis, A., 2004, *Rational Emotive Behavior Therapy: It Works for Me - It Can Work For You*, Amherst, NY: Prometheus Books.

_____, and Bernard, M. E., 2006, *Rational Emotive Behavioral Approaches to Childhood Disorders: Theory, Practice, and Research*, New York: Springer.

_____ and Dryden, W., 2007, *The Practice of Rational Emotive Behavior Therapy*, New York, NY: Springer Pub, Co.

_____ and Maclaren, C., 2005, *Rational Emotive Behavior Therapy: A Therapist's Guide*, Atascadero, CA: Impact Publishers.

Erikson, E. H., 1950, *Childhood and Society*, New York: Norton.

_____, 1959, *Identity and the Life Cycle*, NY: Norton.

_____, 1975, *Life History and the Historical Moment*, New York: Norton.

_____, 1982, *The Life Cycle Completed*, NY: Norton.

Fiske, S. T., 1995, "Social cognition", In Tesser, A. (ed.), *Advanced Social Psychology*, pp. 148~193, New York: Mcgraw Hill.

Franklin, A., 2002, *Nature and Social Theory*, London: Sage.

Freud, S., 1925, "Three contributions to the sexual theory", *Nervous and Mental Disease Monograph Series, No. 7*, New York: Nervous and Mental Disease

Publishing Co.

_____, 1933, *New Introductory Lectures in Psychoanalysis*, New York: Norton.

_____, 1961, *The Ego and the Id*, London: Hogarth.

Friedman, L. J., 1999, *Identity's Architect: A Biography of Erik H. Erikson*, New York: Scribner.

Garvin, C. D., 1981, *Contemporary Group Work*, Englewood Cliffs: Prentice-Hall.

_____ and Tropman, J. E., 1998, *Social Work in Contemporary Society*, Boston: Allyn and Bacon.

Germain, C. B., 1991, *Human Behavior in the Social Environment: An Ecological View*, New York: Columbia University Press.

Gilbert, D. T., Fiske, S. T., and Lindzey, G., 1998, *The Handbook of Social Psychology* (4th ed.), New York: McGraw-Hill Companies, Inc.

Greene, R. R., 1994, *Human Behavior Theory: A Diversity Framework*, New York: Adline De Gruyter.

_____, and Ephross, P. H., 1991, *Human Behavior Theory and Social Work Practice*, New York: Aldine De Gruyter.

Stay Alive, 2018, "Grassroots Suicide Prevention", Grassroots 홈페이지 (http://prevent-suicide. org. uk/stay_alive_suicide_prevention_mobile_phone_application. html), 2018. 1. 22. 접속.

Hawton, K., 1989, *Cognitive Behaviour Therapy for Psychiatric Problems*, Oxford: Oxford University Press.

Heinz, W. R., Huinink, J., Weymann, A., and Swader, C., 2009, *The Life Course Reader: Individuals and Societies Across Time*, New York: Campus Verlag.

Hewitt, J. P., 2007, *Self and Society: A Symbolic Interactionist Social Psychology*, Boston: Allyn and Bacon.

Horn, J. L., and Donaldson, G., 1980, "On the myth of intellectual decline in adulthood", *American Psychologist*, *31*: 701~719.

Horner, K. W., Rushton, J. P., and Vernon, P. A., 1986, "Relation between aging and research productivity of academic psychologists", *Psychology and Aging*, 1: 319~324.

Horowitz, I. L., 1964, *The New Sociology: Essays In Social Science and Social Theory*, New York: Oxford University Press.

Jarvis, P, 2006, *Towards a Comprehensive Theory of Human Learning*, New York: Routledge.

Joncich, G., 1968, *The Sane Positivist: A Biography of Edward L. Thorndike*, Middletown, Conn: Wesleyan University Press.

Kahng, S. K., 2006, "Psychological and Social Nature of Mental Illness Stigma: Implications for Social Work", *Mental Health and Social Work*, 22: 125~148.

Kessler, D., Lewis, G., Kaur, S., Wiles, N., King, M. Weich, S., Sharp, D., Araya, R., Hollinghurst, S., and Peters, T., 2009, "Therapist-delivered internet psychotherapy for depression in primary care: A randomised controlled trial", *Lancet*, 374: 628~634.

Kimmel, D. C., 1980, *Adulthood and Aging: An Interdisciplinary, Developmental View*, New York: Wiley.

Kruglanski, A. W., and Higgins E. T., 2007, *Social Psychology: Handbook of Basic Principles*, New York: Guilford Press.

Lavond, D. G. and Steinmetz, J. E., 2003, *Handbook of Classical Conditioning*, Boston: Kluwer Academic Publishers.

Lazarus, R. S. and Folkman, S., 1984, *Stress, Appraisal, and Coping*, New York: Springer Pub. Co.

Lehman, H. C., 1953, *Age and Achievement*, Princeton, NJ: Princeton University Press.

Lerner, R. M., 2010, *The Handbook of Life-Span Development*, Hoboken, NJ: Wiley.

Levinson, D. J., 1978, *The Seasons of A Man's Life*, New York: Knopf.

————, 1980, *Conceptions of the Adult Life Course*, In Smelser, N. and Erikson, E. H. (eds.), *Themes of Work and Love in Adulthood*, Cambridge, MA: Harvard University Press.

————, 1984, "The Career is in the life structure, the life structure is in the career: An adult development perspective", In Arther, M. B., Bailyn, L., Levinson D. J., and Shepard, H. (eds.), *Working with Careers*, New York: Columbia University School of Business.

————, 1986, "A Conception of Adult Development", *American Psychologist*, 41: 3~13.

————, 1990, "A theory of life structure in adulthood", In Alexander, C. N. and Langer, E. J. (eds.), *Higher Stages of Human Development: Perspectives on Adult Growth*, New York: Oxford University Press.

————, 1996, *The Seasons of a Woman's Life*, New York: Knopf.

Maslow, A. H., 1987, *Motivation and Personality*, New York: Harper and Row.

McCracken, M., 2017, "10 mental health apps for depression and anxiety", Care2 홈페이지(https://www.care2.com/greenliving), 2018. 1. 23. 접속.

Miller, S. J., 1965, "The Social Dilemma of the Aging Leisure Participant", In Rose, A. M. and Peterson, W. A. (eds.), *Older People and Their Social World*, Philadelphia: F. A. Davis.

Minuchin, S., *Families and Family Therapy*, Cambridge, MA: Harvard University Press.

Mortimer, J. T., and Shanahan, M. J., 2003, *Handbook of the Life Course*, New York: Kluwer Academic/Plenum Publishers.

Naisbitt, J., 2009, *Mind Set!: Eleven Ways to Change the Way You See and Create the Future*, New York: Collins Business.

Nicholls, D., 1974, *Three Varieties of Pluralism*, New York: St, Martin's Press.

Piaget, J., 1936, *The Origins of Intelligence in Children*, New York: International University Press.

————, 1953, *Logic and Psychology*, Manchester: Manchester University Press.

_____, 1954, *The Construction of Reality in the Child*, New York: Basic Books.

_____, 2001, *The Psychology of Intelligence*, New York: Routledge.

Plummer, K., 1991, *Symbolic Interactionism*, Brookfield, VT: Edward Elgar.

Robbins, S. P., Chatterjee, P., and Canda, E. R., 2006, *Comtemporary Human Behavior Theory: A Critical Perspective for Social Work* (2nd ed.), New York: Pearson Allyn and Bacon.

Rogers, C. R., 1961, *On Becoming a Person: A Therapist's View of Psychotherapy*, Boston: Houghton Mifflin Co.

_____, 1995, *A Way of Being*, Boston: Houghton Mifflin Co.

Rutherford, A., 2009, *Beyond the Box: B. F. Skinner's Technology of Behavior from Laboratory to Life*, 1950's~1970's, Toronto: University of Toronto Press.

SAMHSA, 2018, "Garrett Lee Smith (GLS) Campus Suicide Prevention Grant", SAMHSA 홈페이지 (https://www.samhsa.gov/), 2018. 1. 22. 접속.

Scanzoni, L., and Scanzoni, J. H., 1976, *Men, Women, and Change: A Sociology of Marriage and Family*, New York: Mcgraw-Hill.

Schwab, K., 2016, *The Fourth Industrial Revolution*, World Economic Forum.

Scott, J., Williams, J. M., and Beck, A. T., 1989, *Cognitive Therapy in Clinical Practice: An Illustrative Casebook*, New York: Routledge.

Shaffer, D. R., 2002, *Developmental Psychology: Childhood and Adolescence*, Belmont, CA: Wadsworth Thomson Learning.

Skinner, B. F., 1948, *Walden Two*, New York: Macmillan.

_____, 1965, *Science and Human Behavior*, New York: Free Press.

_____, 1974, *About Behaviorism*, New York: Vintage.

Stepan, A. C., 1978, *The State and Society: Peru in Comparative Perspective*, Princeton, NJ: Princeton University Press.

Streufert, S., and Streufert, S. C., 1978, *Behavior in the Complex Environment*, New York: Wiley.

Suchman, L. A., 2007, *Human-Machine Reconfigurations: Plans and Situated*

Actions, Cambridge: Cambridge University Press.

Sudak, D. M., 2006, *Cognitive Behavioral Therapy for Clinicians*, Philadelphia: Lippincott Williams and Wilkins.

Szigethy, E., Solano, F., Wallace, M., Perry, D. L., Morrell, L., Scott, K., Bell, M. J., and Oser, M., 2018, "A study protocol for a non-randomized comparison trial evaluating the feasibility and effectiveness of a mobile cognitive-behavioural programme with integrated coaching for anxious adults in primary care", *BMJ Open* (http://bmjopen.bmj.com), 2018. 1. 19. 접속.

Taylor, R. R., 2006, *Cognitive Behavioral Therapy for Chronic Illness and Disability*, New York: Springer.

Thorndike, E. L., 1931, *Human Learning*, New York: The Century Co.

Thomas, R. M., 2000, *Comparing Theories of Child Development* (5th ed.), Belmont, CA: Wadsworth.

Troll, L. E., Miller, S. J., and Atchley, R. C., 1979, *Families in Later Life*, Belmont: Wadsworth.

Turner, F. J., 1996, *Social Work Treatment: Interlocking Theoretical Approach*, New York: The Free Press.

Wilensky, H. L., and Lebeaux, C. N., 1958, *Industrial Society and Social Welfare*, New York: Free Press.

Zastrow, C., and Kirst-Ashman, K., 2004, *Understanding Human Behavior and the Social Environment* (5th ed.), Belmont, CA: Cole-Thomson Learning.

찾아보기

저자약력

강 상 경

서울대학교 사회복지학과 졸업
미국 미시간대학교 사회사업학 석사(MSW)
미국 미시간대학교 사회심리학 석사(MA)
미국 미시간대학교 사회사업학 및 사회심리학 박사(Ph. D.)
미국 아시아태평양상담치료센터 정신보건사회복지사
미국 미시간대학교 Institute for Social Research 미국 노인국 박사후연구원
미국 워싱턴대학교 조교수
서울대학교 사회복지학과 조교수, 부교수
현재 서울대학교 사회복지학과 교수
    서울대학교 대학생활문화원 원장
    미국 미시간대학교 Institute for Social Research 겸임 연구교수

저서: 《한국 정신보건서비스의 전개과정》, 《사회복지개론》(공저),
    《정신보건의 이해와 실천 패러다임》(공저),
    《정신재활》(공역), 《정신재활의 실제》(공역),
    《이민자와 난민을 위한 사회복지》(공역)